König/Volmer
Handbuch Systemisches Coaching

Eckard König/Gerda Volmer

Handbuch
Systemisches Coaching

Für Coaches und Führungskräfte, Berater und Trainer

2. Auflage

Prof. Dr. Eckard König ist Professor an der Universität Paderborn
mit dem Arbeitsschwerpunkt Weiterbildung/Organisationsberatung.

Dr. Gerda Volmer ist nach mehrjähriger Forschungs- und Projekttätigkeit
Leiterin des Wissenschaftlichen Instituts für Beratung und Kommunikation,
Paderborn.

Beide Autoren verfügen über langjährige Erfahrung als Coach und führen seit mehr als 20 Jahren
Ausbildungen in Coaching und Systemischer Organisationsberatung durch.
Homepage: www.wibk-beratung.de
E-Mail: wibk@wibk-beratung.de

Dieses Buch ist auch als E-Book erhältlich:
ISBN 978-3-407-29239-1

2., überarbeitete und erweiterte Auflage 2012

Lektorat: Ingeborg Sachsenmeier

© 2009 Beltz Verlag · Weinheim und Basel
www.beltz.de
Herstellung: Nancy Püschel
Satz: Beltz Bad Langensalza GmbH, Bad Langensalza
Druck: Beltz Druckpartner, Hemsbach
Zeichnungen: Ulrike Rath, Aachen
Umschlagkonzept: glas ag, Seeheim-Jugenheim
Umschlaggestaltung: Sarah Veith
Umschlagabbildung: Florian Mitgutsch, München
Printed in Germany

ISBN 978-3-407-36522-4

Inhaltsverzeichnis

Vorwort

Dieses Buch ist geschrieben für Sie, liebe Leserin und lieber Leser, wenn Sie

- Coaching lernen möchten: Hier wird Ihnen schrittweise gezeigt, was Coaching ist und wie Sie ein Coachinggespräch systematisch strukturieren oder einen längeren Prozess aufbauen können.
- verschiedene Themen im Coaching bearbeiten möchten. Hier finden Sie zahlreiche Hinweise, wie Sie Themen wie berufliche Übergänge, Führung, Konflikte, Selbstmanagement im Coaching bearbeiten können.
- Ihre Kompetenz als Coach erweitern und Ihren persönlichen Coachingstil weiterentwickeln, aber dabei zugleich professionell vorgehen möchten.
- als Führungskraft, Ausbilder, Dozentin, Lehrer oder als Expertin »immer schon« intuitiv coachen – hier können Sie Ihr Vorgehen bewusst reflektieren und professionalisieren.
- im Coaching Ihren Coachee unterstützen möchten, den Blick nicht nur auf den Inhalt zu richten, sondern sein jeweiliges soziales System in den Blick zu nehmen und daraus neue Handlungsmöglichkeiten zu entwickeln – hier finden Sie konkrete Hinweise, was »systemisches Coaching« heißt, und wie Sie das konkret umsetzen können.

Systemisches Coaching ist aus unseren Coachingausbildungen entstanden, um den Teilnehmerinnen und Teilnehmern eine klare Struktur für den Coachingprozess an die Hand zu geben. Der methodische Aufbau, die theoretische Grundlegung in der personalen Systemtheorie im Anschluss an Gregory Bateson, aber auch die immer wieder anklingende, mehr als dreißigjährige Erfahrung beim Coaching von Führungskräften, Projektleitern, Ausbildern, Lehrern, Experten und Teams machen die Besonderheit dieses Buches aus.

Diese zweite Auflage arbeitet die neuere Diskussion auf und wurde im Vergleich zur ersten Auflage insbesondere in den folgenden Bereichen erweitert:

- Nutzung intuitiven Wissens im Coaching
- Selbstmanagement als Thema im Coaching
- Evaluation des Coachings
- Erfolgsfaktoren: Struktur und Intuition, Coachingsystem und Menschenbild

Zu danken haben wir all unseren »Coachees«, die uns gefordert haben, unser Vorgehen im Blick auf die jeweiligen Themen weiterzuentwickeln. Zu danken haben wir den Teilnehmerinnen und Teilnehmern unserer Ausbildungsgruppen, die uns immer wieder angeregt haben, die Schritte des Coachingprozesses zu präzisieren und den Aufbau didaktisch und methodisch weiterzuentwickeln.

Paderborn, im April 2012 *Eckard König und Gerda Volmer*

Kapitel 1:
»Systemisches Coaching« – was ist das?

Beate Scholz war früher einige Jahre Mitarbeiterin in der Personalabteilung eines Unternehmens. Vor einem Jahr hat sie eine Ausbildung »Systemisches Coaching« gemacht und arbeitet seitdem selbstständig als Coach. »Beate Scholz, Systemischer Coach, Coaching und Training« steht auf ihrer Visitenkarte. Mittlerweile hat sie eine Reihe von Kunden: Teilweise sind es einzelne Personen, die sich coachen lassen, teilweise sind es Unternehmen, die Coaching als Bestandteil der Personalentwicklung eingeführt haben. Eines Morgens findet sie folgende E-Mail in ihrer Mailbox:

> »Hallo, Frau Scholz,
>
> über einen Kollegen wurden Sie uns als Coach empfohlen. Wir suchen einen Coach für Herrn Berg. Herr Berg ist seit einem halben Jahr Bereichsleiter bei uns im Unternehmen und hat Schwierigkeiten, Fuß zu fassen. Wir haben in seinem Mitarbeitergespräch vereinbart, dass er zur Unterstützung Coaching erhält.
> Vielleicht könnten Sie sich mit mir in Verbindung setzen und Ihr Konzept vorstellen.
>
> Mit freundlichem Gruß
>
> Bettina Göppler
> Personalleiterin Firma Achsenroth«

Au, prima, denkt Beate Scholz. Das könnte interessant werden! Aber klar, die wollen zunächst mal wissen, was ich unter »systemischem Coaching« verstehe!

Vermutlich ist das genau die Frage, die Sie, liebe Leserin, lieber Leser, an dieses Buch stellen. »Coaching« ebenso wie »systemisch« sind mittlerweile Modewörter geworden: Was verstehen die Autoren darunter? Mit diesen Fragen wollen wir uns in diesem ersten Kapitel befassen.

Was ist Coaching?

Coaching ist ein Modewort – andererseits hat es für manche auch einen unangenehmen Beigeschmack, als hätte es was mit »Couch« zu tun: sich auf die Couch legen, also so etwas wie Therapie? Was genau ist Coaching?

Diese Frage müssen Sie eigentlich immer als erste beantworten, wenn Sie eine Anfrage als Coach erhalten. Sie müssen Ihr Coachingkonzept vorstellen. Was verstehen Sie unter Coaching? Was ist das Besondere an systemischem Coaching? Wie gehen Sie vor? Sie werden aber auch (mehr oder minder explizit) gefragt, was Sie unter Coaching verstehen, wenn Sie als Führungskraft ankündigen, Sie wollen Ihre Mitarbeiter coachen. Schließlich ist die Frage »Was ist Coaching?« auch eine Frage, die Sie als Coach sich immer wieder selbst stellen – nicht nur dann, wenn Sie Coaching lernen möchten, sondern auch als erfahrener Coach, um sich Ihres eigenen Verständnisses von Coaching zu vergewissern.

Der Begriff »Coaching« kommt ursprünglich von »Coach«, »Kutscher«, »Kutsche«. »Coachman« oder »Coach« ist der Kutscher, der die Aufgabe hat, die Pferde sicher und schnell ans Ziel zu lenken. Damit erhalten wir einen ersten Hinweis auf die Bedeutung des Wortes »Coach«: Der Coach hat nicht die Aufgabe, die Kutsche selbst zu ziehen; er hat die Aufgabe, dafür zu sorgen, dass die Pferde sicher und schnell das Ziel erreichen. Diese Bedeutung, jemanden zu unterstützen, schnell und sicher ein Ziel zu erreichen, hat sich im Begriff »Coach« bis heute erhalten.

In den 60er-Jahren des 20. Jahrhunderts wird der Begriff »Coaching« in den Sport übertragen. Hier hat der Coach die Aufgabe, einen Sportler oder eine Sportlerin dabei zu unterstützen, Spitzenleistungen zu erbringen. Dabei ist Coaching mehr und etwas anderes als Training. Während der Trainer einem Sportler dabei hilft, seine Fähigkeiten zu entwickeln und zum Beispiel einzelne Abläufe mit ihm übt, bearbeitet der Coach gleichermaßen persönliche Themen: Wie geht der Sportler oder die Sportlerin mit Misserfolgen um? Was traut sie sich zu? Ist sie überzeugt, dass sie es schafft, oder zweifelt sie an ihren eigenen Fähigkeiten?

Hintergrund für diesen Wechsel vom Training zum Coaching ist die Erfahrung, dass Erfolg nicht nur von den Fähigkeiten des Betreffenden abhängt, sondern auch von der Einstellung. Coaching ist Unterstützung eines Sportlers oder einer Sportlerin nicht nur in Bezug auf seine Fähigkeiten, sondern ebenso in Bezug auf seine Einstellungen, Befürchtungen, Ängste, Zweifel und Hoffnungen.

Seit den 1980er-Jahren wird diese Bedeutung dann auf den Businessbereich übertragen: Der Coach hat die Aufgabe, eine Führungskraft, eine Projektleiterin, einen Fachexperten, Mitarbeiter und Teams darin zu unterstützen, schnell und sicher ihre Ziele zu erreichen

Maßgeblich für diese Ausweitung des Begriffs »Coaching« dürften drei Faktoren gewesen sein (vgl. Rauen 2001, 26ff.):

- Entscheidend für den Erfolg eines Unternehmens ist in zunehmend stärkerem Maße das Wissen der Mitarbeiterinnen und Mitarbeiter und nicht mehr wie früher die Technik. Ein IT-Unternehmen lebt von der Kompetenz der Mitarbeiter bei der Entwicklung neuer Produkte oder der Adaption dieser Produkte auf unterschiedliche Bedürfnisse von Kunden. Das erfordert aufseiten der Mitarbeiter deutlich höhere Kompetenz und größeren Entscheidungsfreiraum, aufseiten der Führungskraft ein anderes Führungsverhalten. Ein hoch spezialisierter Fachexperte lässt sich nicht durch enge Anweisungen führen. Er kann auch nicht im traditionellen Sinn »überwacht« werden. Ein solcher Mitarbeiter ist aber auch nicht mehr wie in früheren Zeiten an ein Unternehmen gebunden. Er wird es verlassen, wenn es ihm hier nicht mehr gefällt, und er hat gute Chancen, in einem anderen Unternehmen eine entsprechende Stelle zu finden. Im sogenannten »Wissenszeitalter«, in dem das Wissen von Mitarbeitern zum entscheidenden Erfolgsfaktor wird, ist eine andere Art von Führung gefordert, die weniger auf Anweisung und Kontrolle basiert, sondern in besonderem Maße auf Unterstützung und »Coaching« der Mitarbeiter ausgerichtet ist.

- Zunehmend komplexer werdende Situationen lassen sich zunehmend weniger analysieren und steuern. Es sind zahlreiche Faktoren gleichzeitig zu berücksichtigen, sodass die Gefahr besteht, dass wichtige Aspekte außer Acht gelassen werden. Hilfreich ist, in dieser Situation jemanden neben sich zu haben, der andere Gesichtspunkte einbringt, der dabei unterstützt, die Situation aus einer anderen Perspektive zu sehen. Damit gewinnt Coaching Bedeutung für die Bewältigung komplexer Problemlagen: Coaching ist Unterstützung, eine Situation klarer oder aus einer anderen Perspektive zu sehen.

- Ein dritter Anstoß für Coaching ist schließlich die Tatsache, dass klassische Trainingsmaßnahmen, wie sie bis in die 1990er-Jahre in großem Umfang in den meisten Organisationen für Führungskräfte, aber auch Mitarbeiter durchgeführt wurden, in vielen Fällen zu umfangreich und zu aufwendig sind. In einem Führungskräftetraining ist für die einzelnen Teilnehmer immer nur ein bestimmter Umfang der Inhalte unmittelbar in der Praxis umsetzbar. Damit stellt sich die Frage nach einer Unterstützung, die ausdrücklich auf die konkrete Situation ausgerichtet ist: Wie kann der neue Bereichsleiter bei der Durchführung von Zielvereinbarungen vorgehen? Wo sind bei dem ersten Versuch Schwierigkeiten aufgetreten, was hat geklappt?

Heute ist Coaching ein Modebegriff geworden. Coaching ist »in«: Es gibt zahllose berufliche Coaches, Führungskräfte »coachen« ihre Mitarbeiter; ein Vater erzieht seine Kinder nicht mehr, sondern, so stellt er stolz fest, er »coacht« sie nur noch. Es gibt Gartencoachs, Tanzcoachs, Verkehrscoachs. Damit wird der Begriff »Coach« inflationär und ist letztlich nicht mehr aussagekräftig. Demgegenüber ist für uns wichtig: Coaching ist eine ganz besondere Gesprächsform; nicht jedes Gespräch ist Coaching. Schauen wir uns zunächst einige Definitionen an.

Definitionen von Coaching

- »Coaching bedeutet, das Potenzial eines Menschen freizusetzen, um seine eigene Leistung zu maximieren. Coaching hilft eher, etwas zu lernen, als dass es etwas lehrt« (Timothy Gallwey, zitiert nach Whitmore 2006, 16).
- »Coaching ist der Prozess, Menschen mit den Werkzeugen, dem Wissen und den Möglichkeiten auszustatten, die sie brauchen, um sich selbst weiterzuentwickeln und erfolgreicher zu werden« (Peterson/Hicks 1996, 14).

> - »Coaching ist ein personenzentrierter Beratungs- und Betreuungsprozess, der berufliche und private Inhalte umfassen kann und zeitlich begrenzt ist« (Rauen 2001, 64).
> - »Coaching ist eine gleichberechtigte, partnerschaftliche Zusammenarbeit eines Prozessberaters mit einem Klienten. Coaching bedeutet, dem Klienten in seiner Arbeitswelt (wieder) einen ›ökologischen‹ Zugang zu seinen Ressourcen und Wahlmöglichkeiten zu eröffnen … Coaching ist eine handlungsorientierte hilfreiche Interaktion« (Migge 2007, 22)
> - »Coaching [ist eine] professionelle Form der Managementberatung […]. Bei dieser verhandeln Führungskräfte ›unter vier Augen‹ oder in einer Kleingruppe alle für sie aktuell relevanten Fragestellungen mit einem Coach« (Schreyögg 2003, 11f.).
> - »Coaching ist die professionelle Beratung, Begleitung und Unterstützung von Personen mit Führungs-/Steuerungsfunktionen und von Experten in Unternehmen/Organisationen« (Deutscher Bundesverband Coaching DBVC 2009).

Sicher verwenden diese Definitionen teilweise unterschiedliche Begrifflichkeit. So spricht Gallwey vom Potenzial des Menschen, für Migge liegt der Wert in der Schaffung eines »ökologischen Zugangs«. Gemeinsam ist aber all diesen Definitionen, dass Coaching eine besondere Form der Unterstützung anderer Personen darstellt. Damit lassen sich folgende Merkmale von Coaching bestimmen, die sich im Wesentlichen auch in der sonstigen Literatur wiederfinden:

1) Gegenstand des Coachings sind berufliche Themen. Coaching ist im beruflichen Kontext angesiedelt. Klassische Themen sind die Rolle als Führungskraft, Konflikte mit Mitarbeitern, Kollegen oder Vorgesetzten, aber auch berufliches Zeitmanagement, die Entwicklung des eigenen Teams, Delegation, die Positionierung in einer neuen Aufgabe. Beratung bei privaten Themen wie Liebes- oder Erziehungsproblemen sollte man nicht als Coaching bezeichnen; ein »Flirtcoach« kann Tipps für das Flirten geben, aber er sollte sich nicht als Coach bezeichnen.

Natürlich ist die Grenze zwischen beruflichen und privaten Problemen fließend. Private Probleme können die berufliche Situation beeinflussen und damit Thema von Coaching werden. Es gibt auch »Schülercoaching«, bei dem Schüler bei der Berufsfindung und dem Start in eine Ausbildungsstelle unterstützt werden – was man in weiterem Sinne ebenfalls als ein berufliches Thema bezeichnen könnte.

Auf keinen Fall sind Gegenstand des Coachings gesundheitliche Probleme – und dürfen es rechtlich keinesfalls sein. Coaching ist keine Therapie. Nun ist die Abgrenzung zwischen Therapie auf der einen Seite und Coaching oder Beratung auf der anderen Seite sowohl theoretisch als auch in Bezug auf die Methoden nicht scharf zu ziehen. Coaches und Therapeuten können – zumindest teilweise – gleiche Verfahren anwenden. Versteht man Therapie im Sinne des Therapiegesetzes aber als Wiederherstellung der Gesundheit, dann ist Coaching eindeutig keine Therapie. Coaching geht davon aus, dass der Coachee »gesund« ist, das heißt, dass er über die Fähigkeiten verfügt, selbst Probleme zu lösen. In diesem Fall kann Coaching hilfreich sein. Damit kommen wir bereits zu dem zweiten, dem wohl entscheidenden Merkmal.

2) Coaching ist Interaktion zwischen zwei (oder mehreren) Personen. Coaching ist immer ein Interaktionsprozess: Wenn Beate Scholz Herrn Berg coacht, so heißt das, dass beide zusammensitzen, Beate Scholz Fragen stellt oder Hinweise gibt, Herr Berg darauf reagiert. Oder Herr Berg coacht seinen Mitarbeiter. Coaching kann aber auch Interaktion in einer größeren Gruppe sein, wenn zum Beispiel Beate Scholz Herrn Berg und einen seiner Kollegen unterstützt, sich in einem Konflikt zu einigen, oder wenn sie das ganze Team coacht. Coaching kann auch im Rahmen eines Telefongesprächs oder mithilfe von E-Mails geschehen – aber immer ist da eine andere Person (ein »Coach«), die »von außen« Unterstützung gibt.

Etwas anderes ist das sogenannte »Selbstcoaching«, wie es in den letzten Jahren auch des Öfteren propagiert wird (z.B. Elverfeldt 2005; Fischer-Epe/Epe 2007). Selbstcoaching ist etwas, das eine Person für sich selbst macht, und ist damit nicht Coaching im eigentlichen Sinn. Aber es ist so etwas wie ein »Sich-selber über die Schulter-Schauen« – von daher und auch in Bezug auf manche Vorgehensweisen, die aus dem Coaching übernommen werden, hat es durchaus Ähnlichkeiten.

3) Coaching ist Beratung und damit Unterstützung bei der Lösung von Problemen. Ein Coach ist kein Entscheider oder Ausführender. Er gibt keine Anweisungen und übernimmt auch nicht die Arbeit des Coachee. Coaching ist Unterstützung bei der Lösung von Problemen, ohne dem Coachee die Entscheidung abzunehmen. Coaching ist damit Beratung. Beratung, so schon 1958 von Ruth Bang (1963) definiert, ist »Hilfe zur Selbsthilfe«. Eben das ist auch Coaching: jemanden zu unterstützen, Probleme zu lösen und neue Lösungen zu finden.

Dabei ist der Begriff »Problem« nicht in dem alltäglich negativen Sinn zu sehen, sondern im Verständnis der Problemlösungspsychologie: Ein Problem liegt immer vor, so formulierte in den Dreißigerjahren des 20. Jahrhunderts schon Karl Duncker, »wenn ein Lebewesen ein Ziel hat und nicht ›weiß‹, wie es dieses Ziel erreichen soll« (Duncker 1974, 1; ursprünglich 1935). Problem kann auch sein, dass eine kompetente Führungskraft »noch« besser werden möchte, dass ein Projektleiter Hinweise erhalten möchte, ob er mit dem Projekt auf dem richtigen Weg ist.

Coaching ist also keineswegs nur ein Abarbeiten von Problemen, sondern ist ebenso Bewusstmachen von Ressourcen, Ausbauen von Stärken, Stabilisierung des Erreichten.

Übrigens wird damit der Begriff »Coaching« in engerer Bedeutung verwendet, als es teilweise im angelsächsischen Sprachgebrauch üblich ist. Dort bezeichnet »Coaching« zuweilen sämtliche Aufgaben einer Führungskraft in Bezug auf die Unterstützung seiner Mitarbeiter: Anleitung, Motivation, Kontrolle sind hierbei Coaching. Damit wird Coaching letztlich nichts anderes als »professionelle Führungskompetenz im Betrieb« (Bayer 2000, 10), das darauf abzielt, Mitarbeiter zu motivieren, ihnen mehr Freiraum zu geben und sie besser bei ihren Aufgaben zu unterstützen.

4) Coaching kann Prozess- oder Expertenberatung sein. Die Unterscheidung zwischen Prozess- und Expertenberatung wurde Ende der 60er-Jahre des 20. Jahrhun-

derts von Edgar H. Schein am MIT, dem Massachusetts Institute of Technology, eingeführt (Schein 1969, 4ff.; 2000, 21ff.):

- *Prozessberatung (Prozesscoaching)* bedeutet, den Coachee dabei zu unterstützen, die Situation selbst klarer zu sehen und neue Lösungen zu finden. Ein Beispiel: Herr Berg fühlt sich im Kreis der anderen Bereichsleiter unsicher. Aufgabe
des Coachs ist es hier zunächst, den Coachee dabei zu unterstützen, sich klar zu
werden, was diese Unsicherheit ausmacht. Der Coach ist hier Prozessberater, der
nicht die »richtige Lösung« weiß (letztlich weiß nur der Coachee, was zu der Unsicherheit führt), sondern durch geeignete Fragen oder durch aktives Zuhören den
Coachee dabei unterstützt, sich selbst Klarheit zu verschaffen.
- *Expertenberatung (Expertencoaching)* bedeutet demgegenüber, dass der Coach als
Experte Anregungen für die Problemlösung gibt: Der Coach weist auf der Basis
seines Wissens zum Beispiel über Kommunikation und Projektmanagement auf
mögliche Probleme in Gesprächen oder Projekten hin, er äußert Anregungen;
sagt auf der Basis seiner Erfahrungen, wie er das Problem angehen würde; oder
er bringt im Rahmen eines Brainstormings Ideen ein. Übrigens kann Expertenberatung im Rahmen eines Coachingprozesses auch von anderen Personen eingebracht werden: Ein Experte für Projektmanagement gibt aus seiner Sicht Hinweise
für Risiken in Projektmanagement, andere Teammitglieder im Rahmen eines
Teamcoaching geben Anregungen.

Traditionell war betriebswirtschaftlich oder technisch ausgerichtete Beratung vorwie-
gend oder ausschließlich Expertenberatung. Beratung oder Coaching in der Tradition
von Psychologie und Pädagogik wurde dagegen häufig oder ausschließlich als Prozessberatung verstanden (z.B. Radatz 2008). Beides ist problematisch:

- Bei einer reinen Expertenberatung besteht die Gefahr, dass die Lösung nicht für
den Coachee oder für seine besondere Situation passt. Ein Experte macht Vorschläge, der Coachee antwortet mit »Ja – aber«. Generell gilt: Lösungsvorschläge
müssen für den Coachee, für seine konkrete Situation und auch für seine Person
»passen«. Was passend ist, kann jedoch nur der Coachee selbst entscheiden. Diese
Entscheidung kann ihm ein Coach nicht abnehmen. Zudem kann ein Coachee
eine Lösung besser umsetzen, wenn er sie selbst entwickelt hat und als seine eigene erlebt.
- Andererseits ist reine Prozessberatung in vielen Situationen ebenso problematisch. Coachees erwarten häufig Expertenberatung. Auf die Frage »Was kann ich
tun, damit Abteilungsbesprechungen nicht ausufern?« als Antwort zu bekommen:
»Nun denken Sie doch selbst darüber nach!«, ist wenig befriedigend.

Im Unterschied zu einseitiger Expertenberatung oder einseitiger Prozessberatung wird
hier unter Coaching beides, Experten- und Prozessberatung, verstanden. Coaching ist
in der Regel sowohl Prozess- als auch Expertenberatung. Dabei können je nach der Situation, den Erwartungen des Coachee sowie den Fähigkeiten des Coachs die Anteile
unterschiedlich verteilt sein:

- Wenn es um ein Thema der persönlichen Lebensplanung des Coachee geht, wird Prozessberatung im Mittelpunkt stehen: den Coachee zu unterstützen, sich selbst über seine Situation, seine Ziele und seine Möglichkeiten klarer zu werden. Wenn es andererseits darum geht, den Projektauftrag für ein Projekt zu formulieren, wird Expertenberatung größeres Gewicht bekommen: Der Coach gibt als Experte Hinweise darauf, was alles in einem Projektauftrag enthalten sein muss.
- Der Coachee kann stärker Prozess- oder stärker Expertenberatung einfordern. Für den Coach ist es günstig, diese Erwartungen zu Beginn des Coachings zu erfragen.
- Auch der Coach kann bei dem betreffenden Thema mehr oder weniger Experte sein. Ein Coach als Experte in Projektmanagement wird einerseits leichter dafür Anregungen geben können – andererseits aber ist er durchaus in Gefahr, »seine Lösungen« zu stark zu betonen.

5) Coaching ist professionelles Handeln. Der inflationäre Sprachgebrauch von »Coaching« erweckt manchmal den Eindruck, als sei jedes Gespräch, in dem es darum geht, jemanden anderes zu unterstützen, bereits Coaching. Aber wenn eine Ehefrau ihren Mann unterstützt, das passende Hemd zu finden, dann sollte man das nicht unbedingt als Coaching bezeichnen. Demgegenüber gilt hier: Coaching ist professionelles Handeln. Professionelles Handeln bedeutet:

- *Coaching benötigt eine theoretische Grundlage.* Grundlage des systemischen Coachings ist die im Folgenden dargestellte Personale Systemtheorie in der Tradition von Gregory Bateson, die die Aufmerksamkeit auf die verschiedenen Faktoren sozialer Systeme lenkt.
- *Coaching ist methodisch geleitetes Vorgehen.* Coaching heißt nicht, dass man irgendwie miteinander redet. Sondern ein Coachinggespräch folgt einer bestimmten Struktur und bedient sich bestimmter Methoden.
- *Coaching ist von einem bestimmten Menschenbild und bestimmten Werten geleitet.* Diese Forderung gilt für professionelles Handeln generell – man denke an die Ethik der Medizin. Auch Coaching geht von einem Menschenbild aus und ist von Werten geleitet: von dem Menschenbild, dass Menschen autonom handeln können, dass sie in der Lage sind, selbst Entscheidungen zu treffen (und nicht konditioniert werden müssen), und damit von dem Wert der Autonomie. Coaching darf dem Coachee die Entscheidung nicht abnehmen.

Verdeutlichen wir diese Merkmale anhand des Coachingprozesses von Herrn Berg:

Gegenstand des Coachings sind berufliche Themen von Herrn Berg. Dabei ist zum Beispiel ein wichtiger Punkt, wie er den Start in seiner neuen Position als Bereichsleiter gestaltet, es geht darum, eine Strategie für den Bereich zu entwickeln. Themen wie Stress, Zeitmanagement, Führung werden behandelt. Sicher spielen stets auch private Themen eine Rolle; aber der Schwerpunkt liegt eindeutig auf dem beruflichen Bereich.

Coaching ist Interaktion zwischen Herrn Berg und seinem Coach, Frau Scholz. Beide treffen sich regelmäßig, am Anfang nahezu jede Woche, im weiteren Verlauf dann in größerem Abstand. Ergänzt werden diese Coachingtermine durch Telefongespräche, aber auch E-Mails. Außerdem coacht Frau Scholz gelegentlich Herrn Berg und einen seiner Mitarbeiter oder berät das Team der Abteilungsleiter.

Frau Scholz »berät« Herrn Berg: Sie nimmt damit Herrn Berg die Entscheidung nicht ab, übernimmt auch nicht seine Aufgaben. Sie bleibt Beraterin.

Coaching ist Prozess- und Expertenberatung: Beate Scholz stellt Fragen und hört aktiv zu und gibt damit Herrn Berg Hilfestellung, die Situation neu zu durchdenken (Prozessberatung). Aber sie bringt zudem Ideen ein, macht Vorschläge oder erzählt, wie sie in einer ähnlichen Situation vorgegangen ist (Expertenberatung). Aber sie kennzeichnet diese Vorschläge ausdrücklich als Anregungen und weist darauf hin, dass letztlich nur Herr Berg entscheiden kann, was für seine Situation passt.

Coaching ist professionelles Handeln: Beate Scholz versteht sich als systemischer Coach und arbeitet damit auf der Basis eines theoretischen Konzeptes. Sie strukturiert die Coachinggespräche in bestimmte Schritte, wendet bestimmte Methoden an, und ihr Handeln ist zugleich geleitet von bestimmten Werten.

Hilfreich kann sein, auf der Basis dieser Merkmale eine Definition zu formulieren. Unsere zentrale Definition von Coaching, anhand derer wir auch unseren Kunden erklären, was Coaching ist, lautet daher wie folgt:

> Coaching bedeutet, andere Menschen zu unterstützen,
> - die Situation aus einer neuen Perspektive zu sehen
> - und selbst neue Lösungen zu finden.

Dabei unterstützen wir diese Definition häufig durch ein Bild, das die Bedeutung von Coaching deutlich macht:

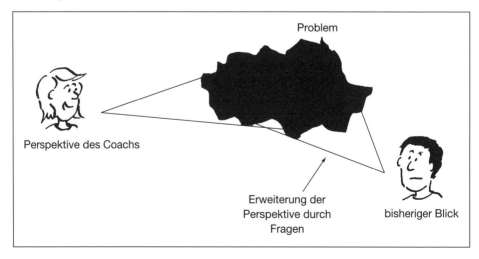

Problem

Perspektive des Coachs

Erweiterung der Perspektive durch Fragen

bisheriger Blick

Jeder Mensch (und damit auch der Coachee) hat eine eingeschränkte Perspektive. Er erkennt bestimmte Sachen, hat aber immer auch einen blinden Fleck und blendet andere Sachverhalte aus. Coaching bedeutet dann:

● den Coachee zu unterstützen, den Blick auszuweiten und neue Aspekte in den Blick zu nehmen (das eben ist Prozessberatung) und
● als Coach den Coachee auf neue Aspekte aufmerksam zu machen und damit neue Lösungen zu entwickeln (das ist Expertenberatung).

Coaching nimmt die Entscheidung nicht ab, aber es hilft, Entscheidungen »sehenden Auges« zu treffen.

Anregung zur Weiterarbeit

Gleichgültig, ob Sie externer Coach, interner Coach in einer Organisation oder Führungskraft sind, die Ihre Mitarbeiter coachen will: Eine der wichtigsten Aufgaben für Sie ist, sich selbst darüber klar zu werden, was Coaching für Sie bedeutet:
● Gehen Sie die oben aufgeführten Merkmale durch: Welche passen für Sie? Wo möchten Sie anders formulieren?
● Formulieren Sie in einigen Kernsätzen, was Coaching für Sie bedeutet. Schreiben Sie diese Kernsätze auf. Sie zwingen sich damit zu Klarheit und können sich dann auch immer wieder Ihr Verständnis von Coaching vergegenwärtigen.
● Versuchen Sie, anderen Personen zu erklären, was Coaching bedeutet. Nutzen Sie dabei zur Illustration Beispiele von Coachingprozessen, die Sie erlebt oder durchgeführt haben.
Das Ergebnis ist dann Ihre persönliche Definition von Coaching. Formulieren Sie es in Ihrer Sprache. Die Formulierung muss für Sie passend sein, Sie müssen damit etwas verbinden – nur dann kann sie auch Ihr Handeln leiten.

Falls Sie sich weiter mit dem Thema »Coaching« befassen möchten, haben wir dafür einige Bücher durchaus unterschiedlicher Coachingansätze aufgeführt:
● Maren Fischer-Epe: Coaching: Miteinander Ziele erreichen. Rowohlt, Reinbek 2011.
● Björn Migge: Handbuch Coaching und Beratung. Beltz, Weinheim und Basel (2. Aufl.) 2007.
● Björn Migge: Handbuch Business-Coaching. Beltz, Weinheim und Basel 2011.
● Christopher Rauen: Coaching. Hogrefe, Göttingen (2. Aufl.) 2008.
● Ingeborg Sachsenmeier (Hrsg.): Die Coaching-Praxis. Beltz, Weinheim und Basel 2009.
● Astrid Schreyögg: Coaching. Eine Einführung für Praxis und Ausbildung. Campus, Frankfurt am Main/New York (6. Aufl.) 2003.
● John Whitmore: Coaching für die Praxis. allesimfluss, Staufen 2006.
● Laura Whitworth u.a.: Co-aktives Coaching. Gabal, Offenbach 2005.

Systemisches Coaching

Beate Scholz bezeichnet sich ausdrücklich als »systemischer Coach«. Sie hat eine systemische Beratungsausbildung absolviert, und weist auf ihrer Internetseite darauf hin, dass »systemisch« das Besondere ihres Ansatzes kennzeichnet.

Für Herrn Berg sind das »böhmische Dörfer«: Systemisch ist ja heute ein Schlag-wort, alles Mögliche bezeichnet sich als systemisch. Was soll dabei das Besondere dieses Coachingansatzes sein? Was soll »Systemtheorie« dazu beitragen, um besser oder erfolgreicher zu coachen? Was steckt dahinter?

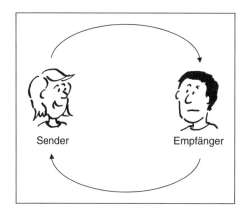

Sender   Empfänger

Wie schon bei dem Begriff »Coaching« hilft es auch hier, sich die Entstehung der »Systemtheorie« zu vergegenwärtigen.

Die Systemtheorie ist Ende der 1940er-, Anfang der 1950er-Jahre entstan-den. Damals wurde zunehmend deutlich, dass das traditionelle lineare Ursache-Wirkungs-Denken zur Lösung komple-xer Probleme nicht ausreicht: Komplexe biologische Prozesse lassen sich nicht einfach aus einer Ursache erklären, son-dern hier wirken verschiedene Faktoren wechselseitig aufeinander. Beispielsweise: Zwei für sich genommen sympathische Kollegen geraten in Konflikt, und die Situation entwickelt eine Eigendynamik, die weit über das »normale« Verhalten hinausführt, das man sonst von den jeweiligen Kollegen gewohnt ist.

Um solche komplexen Situationen zu erklären – und auch, um sie besser steuern zu können –, entwickelten die Begründer der Systemtheorie wie der Biologe Ludwig von Bertalanffy oder die Mathematiker A.D. Hall und R.E. Fagen ein neues Modell, das Systemmodell. Hall/Fagen verdeutlichen es an der Kommunikation: Kommuni-kation ist kein einseitiger Prozess, sondern ist ein »Regelkreis« dergestalt, dass beide Kommunikationspartner wechselseitig aufeinander einwirken: Der Sender wirkt auf den Empfänger – und zugleich wirkt der Empfänger auf den Sender.

Hall/Fagen geben folgende allgemeine Definition des Systembegriffs: »A system is a set of objects together with relationships between the objects and between their at-tributes« (Hall/Fagen 1956, 18) beziehungsweise, wie es dann Ludwig von Bertalanffy (ein anderer Begründer der Systemtheorie) in den 50er-Jahren des letzten Jahrhun-derts formuliert, »wir definieren ein System als eine Anzahl von in Wechselwirkung stehenden Elementen« (Bertalanffy 1951, 115).

Frühe Vertreter der Systemtheorie wie Bertalanffy oder Hall/Fagen hatten die Er-wartung, die Systemtheorie als eine Supertheorie entwickeln zu können, die gleicher-maßen für unterschiedliche Disziplinen wie beispielsweise Mathematik, Physik, Bio-logie und Soziologie Gültigkeit besitzt. Im Verlauf der Diskussion um diese Konzepte stellte sich doch eine solche »allgemeine Systemtheorie« als nicht haltbar heraus. Ein soziales System wie eine Familie verhält sich anders als ein physikalisches System. Dies führte zur Entwicklung unterschiedlicher systemtheoretischer Ansätze für Physik, Biologie, Soziologie und andere Disziplinen. Wir möchten drei Konzepte kurz dar-stellen, um Ihnen damit die Einordnung unseres Ansatzes zu erleichtern.

Die biologische Systemtheorie von Frederic Vester. Für Frederic Vester ist unsere Welt »ein vernetztes System« (so der Titel eines seiner bekanntesten Bücher: Vester 2002, ursprünglich 1978):

- Ökologische Abläufe sind von Rückkopplungsprozessen bestimmt (wie etwa der Wasserkreislauf zwischen Verdunstung, Regen, Abfluss).
- Ökologische Prozesse sind aber zugleich Entwicklungsprozesse, bei denen die Veränderung einzelner Faktoren letztlich zu dem Zusammenbruch des gesamten Systems führen kann. So führt die Einführung von Monokulturen dazu, dass natürliche Regelkreise unterbrochen werden. Daraus folgen höhere Anfälligkeit von Pflanzen und Tieren, höherer Bedarf an künstlichen Mineraldüngern und Pflanzenschutzmitteln, Erosion, Gewässerverschmutzung und Schadstoffanstieg in den Nahrungsmitteln (Vester 2002, 111ff.).
- Ökologische Prozesse lassen sich nicht linear-kausal steuern, sondern erfordern eine »systemische Steuerung«, bei der »Eingriffe und Entscheidungen in einem Bereich immer auch in ihrer Wirkung auf andere Bereiche überdacht werden müssen« (2002a, 71).

Als anschauliches Beispiel für das Zusammenwirken verschiedener Elemente in einem ökologischen System führt Frederic Vester (2002, 97ff.) das Ökosystem der Negev-Wüste auf. Was auf den ersten Blick als eine tote Wüstenlandschaft erscheint, erweist sich bei genauerer Betrachtung als ein komplexes System:

- In dieser Wüstenlandschaft leben Wüstenschnecken, die sich von einer auf dem Sand wachsenden Algenschicht ernähren. Diese Wüstenschnecken »melken« sozusagen den Sand beim Durchgang durch den Körper, wodurch eine ständige Lockerung der Sandoberfläche zustande kommt.
- Die toten Wüstenschnecken werden durch Zersetzungsorganismen in Humus und Mineralien verwandelt, wovon sich Büsche ernähren.
- Die verholzten Büsche wiederum dienen kleinen Wüstenasseln als Nahrung, die ihrerseits tiefe Löcher in den Boden bohren, was zu einer guten Durchlüftung des Bodens und somit zu einer Struktur- und Nährstoffverbesserung führt.
- Dieser aufgelockerte Boden ist wiederum Nährstoffbasis für die Algen, von denen die Wüstenschnecken leben.

Die soziologische Systemtheorie von Niklas Luhmann. Ein anderer, insbesondere im deutschsprachigen Raum sehr bekannter Ansatz ist die soziologische Systemtheorie von Niklas Luhmann. Luhmanns Anliegen ist es, auf der Basis der Systemtheorie soziologische Prozesse umfassender zu erklären, als es in anderen Ansätzen möglich ist. Sein Systembegriff ist durch zwei zentrale Merkmale gekennzeichnet:

- Im Unterschied zu anderen Ansätzen werden bei Luhmann Systeme nicht mithilfe der Begriffe »Element« und »Relation« definiert, sondern durch die »Differenz von System und Umwelt« (Luhmann 2008, 35). Systeme konstituieren sich durch ihre Differenz zur Umwelt. So ergibt sich die Definition des Systems »Familie« nicht aus der Zahl der Personen, sondern durch die Abgrenzung gegenüber der Umwelt. Bestimmte Verhaltensweisen sind auf die Familie begrenzt – oder alltagssprachlich formuliert: »was in der Familie geschieht, darf nicht nach draußen getragen werden«.

- Daraus ergibt sich eine neue Definition der Elemente eines sozialen Systems: Für Luhmann sind nicht die Personen die Elemente des Systems, sondern die einzelnen Kommunikationsereignisse, die Personen werden der Systemumwelt zugeordnet: »Das Sozialsystem Familie besteht danach aus Kommunikationen und nur aus Kommunikationen, nicht aus Menschen und auch nicht aus ›Beziehungen‹ zwischen Menschen« (Luhmann 2005, 190).

Luhmanns Ansatz ist ein hilfreiches Instrument zur Analyse der Kommunikation in Organisationen: Wo wird die Kommunikation zum Beispiel zwischen verschiedenen Bereichen abgeschnitten, wie wird die Systemgrenze definiert. Aber die Zuordnung von Personen zur Systemumwelt und damit ihre Ausklammerung aus dem sozialen System machen diesen als Grundlage von Coaching ungeeignet: Coaching wendet sich in erster Linie an Personen, und systemisches Coaching kann Personen nicht der Umwelt zuordnen.

Die »personale Systemtheorie« in der Tradition von Gregory Bateson. Ein drittes systemtheoretisches Konzept wurde von dem Anthropologen Gregory Bateson begründet. Bateson hat in den 1950er-Jahren in Zusammenarbeit mit dem Psychiater John D. Jackson versucht, die früheren systemtheoretischen Ansätze in Bezug auf praktisches Handeln zu einer Theorie sozialer Systeme weiterzuentwickeln (z.B. Bateson 2005). Bekannt geworden ist dieser Ansatz insbesondere durch das Buch »Menschliche Kommunikation« von Paul Watzlawick, Janet H. Beavin und Don D. Jackson (Watzlawick u.a. 2007, ursprünglich 1969), das den Versuch einer allgemeinverständlichen Zusammenfassung von Batesons Systemtheorie darstellt. Angewandt wurde dieser Ansatz zunächst in der systemischen Familientherapie (Übersicht bei Schlippe/Schweitzer 2007), expliziert und weiterentwickelt Anfang der Neunzigerjahre in dem von uns formulierten Konzept der systemischen Organisationsberatung (König/Volmer 1993; 2005; 2008).

In diesem Konzept der »personalen Systemtheorie«, wie sie sich in Abgrenzung gegenüber anderen Ansätzen bezeichnen lässt, ist ein soziales System durch folgende Merkmale gekennzeichnet (vgl. König/Volmer 2008, 44ff.):

- *Erstens: Das Verhalten eines sozialen Systems ist durch die einzelnen Personen beeinflusst.* Bezogen auf das anfangs dargestellte Beispiel heißt das: Der »Zustand« des Bereichs von Herrn Berg ist von den jeweiligen Personen beeinflusst: von Herrn Berg, von seinen Mitarbeitern, möglicherweise auch durch den Vorgesetzten von Herrn Berg und vielleicht noch durch andere Personen (der Personalabteilung, anderen Bereichsleitern).
- *Zweitens: Das Verhalten eines sozialen Systems ist durch die »subjektiven Deutungen« der jeweiligen Personen beeinflusst.* Die einzelnen Personen reagieren nicht einfach auf Reize, sondern sie machen sich gedanklich ein Bild über die Wirklichkeit und handeln auf der Basis dieses Bildes. Herr Berg macht sich ein Bild von sei-

nen Aufgaben und von den Fähigkeiten und Einstellungen der Mitarbeiter. Er ist davon überzeugt, dass er die Aufgabe als Bereichsleiter bewältigen wird, dass die Mitarbeiter viel Kompetenz haben, aber in der Vergangenheit zu wenig straff geführt wurden. Diese »subjektiven Deutungen« (das heißt die Gedanken, die sich eine Person über die Wirklichkeit macht) bestimmen sein Handeln: Herr Berg geht offensiv an seine Aufgaben, versucht Abläufe effizienter zu gestalten.

- *Drittens: Das Verhalten eines sozialen Systems ist durch soziale Regeln bestimmt.* Regeln sind Anweisungen, wer etwas tun soll, tun darf oder nicht tun darf. Sie können mehr oder weniger allgemein sein: Werte wie »Hilfsbereitschaft« sind sehr allgemeine Regeln, die für viele Situationen gelten. Regeln zum Beispiel für die Schichtübergabe (wer muss wem was mitteilen) sind sehr viel spezieller. Regeln können »offiziell« oder »verdeckt« sein. So gibt es eine offizielle Urlaubsregelung (Regeln, die festlegen, wie viel Urlaub dem einzelnen Mitarbeiter zusteht). Es existieren aber ebenso ungeschriebene Regeln, wie die Regel, dass erst die älteren Mitarbeiter das Recht haben, ihren Urlaub zu wählen, die inoffizielle Regel, dass man in Bereichsbesprechungen später kommen oder früher gehen darf, dass man Vereinbarungen »unter der Hand« vergessen darf.

- *Viertens: Das Verhalten eines sozialen Systems ist durch immer wiederkehrende Verhaltensmuster, durch »Regelkreise« beeinflusst.* Aus den jeweiligen subjektiven Deutungen und den sozialen Regeln entwickeln sich in einem sozialen System immer wiederkehrende Verhaltensmuster (Regelkreise oder Interaktionsstrukturen). Ein typisches Beispiel erlebt Herr Berg in seiner ersten Bereichsbesprechung, an der er (noch unter der Leitung seines Vorgängers) teilnimmt: Einige Teilnehmer kommen zu spät, andere verlassen früher die Sitzung, weil sie etwas anderes zu erledigen haben; es wird endlos diskutiert, die Argumente wiederholen sich immer wieder, ohne dass ein Ergebnis erzielt wird.

- *Fünftens: Das Verhalten eines sozialen Systems ist von der materiellen und sozialen Umwelt beeinflusst.* Was Herrn Berg zunächst auffällt, ist, dass in seinem Büro ein Besprechungstisch fehlt, sodass alle Besucher vor dem Schreibtisch Platz nehmen müssen. In Bezug auf die soziale Umwelt fällt ihm auf, dass die Systemgrenze zwischen den Bereichen und der Geschäftsleitung sehr durchlässig ist: Es geschieht ständig, dass einer der Geschäftsführer sich unmittelbar an Mitarbeiter seines Bereiches wendet, ohne dass er dabei einbezogen wird.

Das Verhalten eines sozialen Systems, so das Ergebnis, lässt sich nicht kausal erklären, wie man auf der Basis des Ursache-Wirkungs-Denkens meinte, sondern resultiert aus dem Zusammenwirken verschiedener Faktoren:
- den handelnden Personen,
- ihren subjektiven Deutungen,
- sozialen Regeln,
- immer wiederkehrenden Verhaltensmustern (Regelkreisen),
- der (materiellen oder sozialen) Systemumwelt sowie
- der bisherigen Entwicklung.

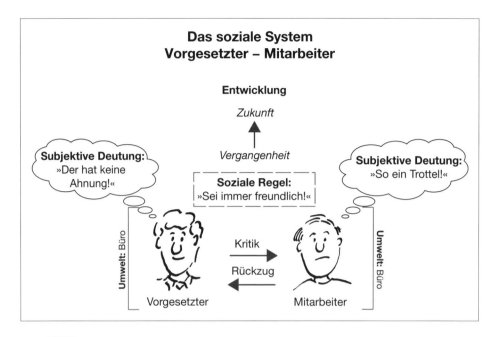

- <u>*Sechstens:*</u> *Soziale Systeme sind durch die bisherige Entwicklung, ihre »Geschichte«* <u>*beeinflusst.*</u> In dem Beispiel ist die Entwicklung des Bereichs in den vergangenen Jahren durch hohe Fluktuation und häufigen Wechsel des Bereichsleiters gekennzeichnet. Ein großer Teil der Mitarbeiter ist weniger als ein Jahr in dem Bereich, der vorherige Bereichsleiter war nur sieben Monate auf seiner Position.

Doch was heißt das für systemisches Coaching? Was ist das Besondere, wenn Sie Coaching auf der Basis des Systemmodells durchführen? Wir können das in einem Kernsatz formulieren:

> Systemisches Coaching bedeutet, nicht nur auf die Einzelperson (den Coachee) zu schauen, sondern den Blick auf das soziale System zu richten!

Wir möchten versuchen, das an dem Beispiel von Herrn Berg zu verdeutlichen: Nehmen wir an, Herr Berg klagt über Zeitdruck. Für Sabine Scholz als systemischen Coach bedeutet das, zu fragen, wie weit dieses Problem vom sozialen System beeinflusst ist:

- Gibt es Personen, die in Bezug auf dieses Thema eine besondere Rolle spielen? Vielleicht ein Kollege, der immer wieder »vorbeischaut« und Herrn Berg an der Arbeit hindert? Oder die Familie, die sich beklagt, dass Herr Berg so viel Zeit im Büro verbringt?
- Welche subjektiven Deutungen beeinflussen die Situation? Ist Herr Berg vielleicht der Meinung, dass er alles sehr gründlich erledigen muss, was dann zu Zeitproblemen führt? Oder kann er anderen nichts abschlagen?

- Existieren offene oder geheime soziale Regeln, die das Problem beeinflussen? Gibt es vielleicht eine Regel, dass Mitarbeiter erst nach Hause gehen dürfen, wenn der Geschäftsführer das Büro verlassen hat – und der hat die Angewohnheit, jeden Abend bis neun Uhr zu bleiben.
- Gibt es typische Verhaltensmuster (Regelkreise), die im Zusammenhang mit dem Problem immer wieder auftreten? Ein solches Muster könnte zum Beispiel sein, dass Herr Berg ständig neue Arbeiten anfängt, aber nichts abschließt oder dass immer wieder Änderungen in laufenden Projekten erfolgen.
- Welche Bedeutung hat die Systemumwelt in diesem Zusammenhang? Gibt es aufgeblähte Reportingsysteme? Hat Herr Berg lange Wegstrecken zurückzulegen, um zu einigen seiner Mitarbeiter zu kommen? Gibt es andere soziale Systeme (die Familie haben wir schon erwähnt), die hier eine Rolle spielen?
- Was ist die Vorgeschichte des Problems? Kennt Herr Berg diese Situation von früher, oder gab es in der letzten Zeit einschneidende Veränderungen, die zu Zeitdruck geführt haben? Wird der Zeitdruck aus seiner Sicht immer schlimmer – oder ist es ein Thema, das immer wiederkehrt?

Dieser Blick auf das soziale System eröffnet neue Handlungsmöglichkeiten. Dabei können Lösungen auf den unterschiedlichen Ebenen liegen – wieder auf das Beispiel bezogen:

- Gibt es Personen, denen Herr Berg Arbeit delegieren kann, zum Beispiel einem seiner Abteilungsleiter, den er deutlicher als Stellvertreter positioniert? Ist es vielleicht notwendig, neue Mitarbeiter einzustellen oder sich von bisherigen zu trennen?
- Kann er seine eigenen subjektiven Deutungen verändern, indem er sich zum Beispiel klarmacht, dass er nicht alles perfekt erledigen muss. Oder kann er seine Abteilungsleiter dabei unterstützen, sich über ihre Rolle als Führungskraft klarer zu werden?
- Lässt sich die soziale Regel »Mitarbeiter dürfen erst nach Hause gehen, wenn der Geschäftsführer das Büro verlassen hat« möglicherweise abändern? Vielleicht kann Herr Berg im nächsten Meeting die Konsequenzen dieser Regel, dass viele Mitarbeiter dann die Zeit nur noch »absitzen«, deutlich machen.
- Lassen sich Verhaltensmuster unterbrechen? Wie kommt Herr Berg aus dem Muster heraus, alles anzufangen und nicht abzuschließen?
- Kann er die materielle Umwelt anders einrichten oder die »Systemgrenze« zu anderen sozialen Systemen verändern? Kann er vielleicht erreichen, dass alle seine Mitarbeiter ihre Büroräume in dem gleichen Gebäude erhalten und nicht über das gesamte Werk verstreut sind? Kann er mit den anderen Bereichen über die Vereinfachung von Reportingsystemen sprechen?
- In welche Richtung und mit welcher Geschwindigkeit soll er die Veränderung vorantreiben? Soll er am Anfang, wo er neu in seiner Funktion ist, möglichst schnell wichtige Veränderungen umsetzen – oder soll er sich erst mal etwas Zeit lassen?

Allgemein können Sie »systemisch« mithilfe der folgenden Übersicht konkretisieren.

Systemisch bedeutet, den Blick auf das soziale System zu lenken:
- Welche Personen innerhalb des jeweiligen sozialen Systems sind für dieses Problem beziehungsweise diese Situation relevant?
- Was sind ihre subjektiven Deutungen, die ihr Handeln beeinflussen?
- Welche sozialen Regeln bestehen?
- Gibt es immer wiederkehrende Verhaltensmuster (Regelkreise), die zu Problemen führen?
- Wie wird das System von der materiellen Systemumwelt beeinflusst? Wie ist die Abgrenzung gegenüber anderen sozialen Systemen?
- Wie ist die bisherige Entwicklung verlaufen?

Daraus resultieren neue Lösungen:
- Lassen sich Personen des Systems verändern?
- Lassen sich subjektive Deutungen verändern?
- Lassen sich soziale Regeln verändern?
- Lassen sich bestimmte Verhaltensmuster abändern?
- Lässt sich die materielle Systemumwelt verändern oder die Grenze zu anderen sozialen Systemen?
- Lassen sich Entwicklungsrichtung und Entwicklungsgeschwindigkeit verändern – entweder, indem möglichst schnell bestimmte Veränderungen durchgeführt werden oder indem zunächst einmal Zeit gelassen wird?

Systemisch bedeutet, über den Tellerrand zu schauen	
Auf die Personen: Es sind die Menschen, die die Welt verändern.	Schau, welche Personen eine Rolle spielen, und versuche, Verbündete zu gewinnen!
Auf das, was die Menschen denken: Die mentale Landkarte schafft Wirklichkeit.	Finde heraus, was andere Personen denken – and think out of the box.
Auf die sozialen Regeln: Unser Leben folgt Spielregeln.	Finde die geheimen Regeln heraus und habe den Mut, Regeln zu verändern.
Auf die immer wiederkehrenden Verhaltensmuster: Es geschieht immer das Gleiche.	Finde die typischen Muster in sozialen Systemen heraus, und tu etwas anderes!
Auf die Umwelt, die uns beeinflusst.	Finde heraus, welche Faktoren der Umwelt dich beeinflussen, welche veränderbar sind und wo du ansetzen kannst.
Auf die Entwicklung: Veränderung erfolgt nie gradlinig, sondern immer in Sprüngen.	Erkenne die schwachen Signale für anstehende Veränderungen und die Triggerpunkte, um etwas zu bewegen!

Sich als Coach darüber klar werden, was systemisches Coaching bedeutet, ist eines; es dem Coachee oder anderen Interessenten klarzumachen, die nach dem Besondern systemischen Coachings fragen, das andere. Sie können in dieser Situation keinen langen Vortrag über Systemtheorie halten. Was wir häufig tun, ist, »systemisch« zu definieren als »über den Tellerrand schauen«. Als Beispiel dafür einige Thesen aus einer Präsentation, die wir vor Führungskräften gehalten haben, um ihnen in verständlicher Weise das Besondere des systemischen Ansatzes zu verdeutlichen.

Auch hier gilt wieder: Was für Sie »systemisch« bedeutet, müssen Sie in Ihrer Sprache formulieren. Daraus ergibt sich die folgenden Anregungen zur Weiterarbeit, die Sie unbedingt nutzen sollten.

Anregung zur Weiterarbeit

- Versuchen Sie, in einigen Kernsätzen zu formulieren, was für Sie »systemisch« bedeutet.
- Versuchen Sie dabei, Formulierungen zu finden, die Sie ansprechen.
- Vielleicht schreiben Sie sich diese Kernsätze auf und stellen sie dorthin, wo Sie sie immer wieder im Blick haben. Es hilft Ihnen, sich Ihres eigenen Selbstverständnisses zu vergewissern.

Zum Abschluss dieses Kapitels wieder einige Literaturanregungen.

Die klassische Darstellung der Systemtheorie Batesons ist immer noch Watzlawicks Kommunikationstheorie:
- Paul Watzlawick u.a.: Menschliche Kommunikation. Huber, Bern (11. Aufl.) 2007, ursprünglich 1969.

Hilfreiche Einführungen in systemisches Denken sind:
- Joseph O'Connor/Ian McDermott: Die Lösung lauert überall. Systemisches Denken verstehen und nutzen. VAK, Kirchzarten (4. Aufl.) 2006.
- Eckard König/Gerda Volmer: Systemisch denken und handeln. Beltz, Weinheim und Basel 2005.

Es gibt mittlerweile eine Reihe unterschiedlicher Konzepte zu systemischer Beratung und systemischem Coaching. Exemplarisch seien genannt:
- Helga Brüggemann u.a.: Systemische Beratung in fünf Gängen. Vandenhoeck & Ruprecht, Göttingen 2006.
- Eckard König/Gerda Volmer: Handbuch Systemische Organisationsberatung. Beltz, Weinheim und Basel 2008.
- Gabriele Müller/Kay Hoffmann: Systemisches Coaching. Handbuch für die Beraterpraxis. Carl-Auer-Systeme, Heidelberg 2008.
- Sonja Radatz: Beratung ohne Ratschlag. Systemisches Coaching für Führungskräfte und BeraterInnen. Systemisches Management, Wien (5. Aufl.) 2008.
- Arist von Schlippe/Jochen Schweitzer: Systemische Interventionen. Vandenhoeck & Ruprecht, Göttingen (2. Aufl.) 2010.
- Rainer Schwing/Andreas Fryszer: Systemisches Handwerk: Werkzeug für die Praxis. Vandenhoeck & Ruprecht, Göttingen 2006.

Kapitel 2:
Der Beginn des Coachingprozesses

Wie hatte doch der Coachingprozess mit Herrn Berg eigentlich angefangen? Erinnern Sie sich: Beate Scholz bekam eine E-Mail von der Personalleiterin der Firma Achsenroth mit der Aufforderung, sich und ihr Konzept vorzustellen.

So oder ähnlich starten viele Coachingprozesse: Man wird von jemandem empfohlen, erhält eine Aufforderung zu einem ersten Gespräch.

Manchmal entstehen solche Kontakte aus kleinen Anlässen. Im Rahmen ihrer Coachingausbildung hatte Beate Scholz einen Bekannten bei beruflichen Fragen gecoacht. Daraus wurde dann ihr erster »bezahlter« Auftrag. Sie hat zudem Anfragen im Anschluss an einen Vortrag über Coaching vor der Industrie- und Handelskammer oder aufgrund eines Artikels erhalten.

Der andere Weg ist, dass ein Coachingprozess vom Coach selbst angestoßen wird: Im Rahmen eines Kommunikationstrainings hatte Beate Scholz mit einem Teilnehmer sein Kommunikationsproblem mit seinem Vorgesetzten bearbeitet. Im Gespräch wies sie darauf hin, dass hier sicherlich weitere Unterstützung hilfreich sei – daraus ist dann ein eigener Coachingprozess entstanden. Sie hat auch als Coach einem möglichen neuen Kunden (der Personalabteilung eines Unternehmens, der Schulleitung einer Schule, der Pflegedienstleitung eines Krankenhauses) Unterstützung angeboten – daraus ist dann die eine oder andere Aufforderung entstanden, sich vorzustellen.

Doch wie geht es weiter? Wie gestalte ich den ersten Kontakt? Wie ist ein Auftrag zu formulieren? Wie starte ich dann mit dem Coaching? All das sind Fragen, mit denen wir uns in diesem Kapitel befassen.

Der Kunde – das »unbekannte Wesen«

Beate Scholz hat also die Aufforderung, erhalten, sich und ihr Konzept in der Firma Achsenroth vorzustellen. Soll sie ihren Prospekt mitnehmen und sehen, was passt? Oder soll sie ihr Konzept einfach erzählen?

Halt, nicht so schnell starten. Lediglich auf den Inhalt zu schauen, ist ein typischer Fehler, den insbesondere Anfänger häufig machen. Der erste Schritt ist nicht das eigene Konzept, sondern der Blick auf den Kunden – in diesem Fall auf das Unternehmen Achsenroth und insbesondere auf die Personalleiterin. Pointiert formuliert bedeutet das:

> »Der Wurm muss dem Fisch schmecken, nicht dem Angler« – das heißt: Entscheidend für den Auftrag ist nicht, ob Sie ein guter Coach sind, sondern ob Sie Ihren Kunden davon überzeugen können!

Jemanden überzeugen bedeutet immer auch, sich auf ihn einzustellen. Das heißt, bevor Sie sich das Vorgehen für ein erstes Gespräch überlegen, müssen Sie Informationen über den Kunden bekommen. Folgende Checkliste kann Ihnen dabei helfen:

- *Was ist das für eine Organisation, in der Herr Berg arbeitet?* Hier hilft in der Regel ein erster Blick in das Internet. Beate Scholz erfährt, dass es sich um ein Zulieferunternehmen für den Automobilbereich handelt, dass es zwei Werke an unterschiedlichen Standorten gibt, dass das Werk in einen größeren Konzern gehört. Doch sie erfährt nichts über die Mitarbeiter, es gibt kein Organigramm.
- *Wer ist der Kunde?* Der Kunde ist offensichtlich nicht das ganze Werk. Doch wer ist der Kunde? Zunächst würde man dabei an den Coachee – Herrn Berg – denken. Doch das erste Gespräch ist ein Gespräch mit Frau Göppler, der Personalleiterin. Ob Herr Berg überhaupt daran teilnimmt, ist unklar. Das bedeutet, es gibt hier offenbar mehrere Kunden:
  - Erster Ansprechpartner und damit erster Kunde ist vermutlich Frau Göppler. Sie wird darüber entscheiden, ob überhaupt ein Gespräch mit Herrn Berg zustande kommt. Beate Scholz muss zunächst sie überzeugen; erst dann wird der Prozess weiterlaufen.
  - Natürlich ist in einer zweiten Runde auch Herr Berg, der potenzielle Coachee, ein »Kunde«: Er wird ebenfalls entscheiden, ob er mit dem Coaching etwas anfangen kann oder ob er gegebenenfalls mitteilt, dass er mit einem anderen Coach arbeiten möchte.
  - Möglicherweise gibt es noch weitere Kunden im Hintergrund, zum Beispiel den Vorgesetzten von Herrn Berg. Auch er wird sich festlegen.
- *Was sind mögliche Erwartungen und Befürchtungen des Kunden?* Im Internet erfährt Beate Scholz wenig darüber, warum die Firma Achsenroth Coaching durchführen lässt und was sie sich davon erhofft. Aber eine gute Möglichkeit besteht darin, sich in die Situation des Kunden zu versetzen:
  - Wenn Sie Personalleiterin in der Firma Achsenroth wären, was wäre Ihnen dann in Bezug auf einen möglichen Coach besonders wichtig? Vermutlich werden Sie Wert auf die Sachkompetenz des Coachs legen, das Coaching soll zu Erfolgen führen; Sie würden vermutlich auch auf die Persönlichkeit des Coachs Wert legen.
  - Schwieriger ist es, mögliche Erwartungen und Befürchtungen von Herrn Berg vorwegzunehmen: Will er tatsächlich Coaching oder wurde es ihm aufgedrückt? Hätte er überhaupt die Möglichkeit gehabt, sich dagegen zu wehren? Was befürchtet er möglicherweise?
- *Was ist die »Kultur« des Unternehmens?* Unternehmens- oder Organisationskultur, so die klassische Definition von Edgar H. Schein, ist ein

»Muster gemeinsamer Grundprämissen, das die Gruppe bei der Bewältigung ihrer Probleme … erlernt hat, das sich bewährt hat und somit als bindend gilt« (Schein 1995, 25).

Zur Organisationskultur gehören somit die Themen, die in einer Organisation wichtig sind, aber auch die Werte und Regeln einer Organisation. So kann Beate Scholz im Internet lesen, dass auf der Homepage der Firma Achsenroth immer wieder Innovation und Qualität betont werden. Doch das Internet stellt das Unternehmen dar, wie es gesehen werden möchte – ob das tatsächlich die geltenden Werte, Normen und Regeln sind, bleibt offen.

- *Was ist die Vorgeschichte dieser Anfrage?* Vorgeschichte ist hier in doppelter Hinsicht zu sehen: Zum einen die Vorgeschichte des Unternehmens in Bezug auf Coaching, zum anderen auch eine mögliche Vorgeschichte dieser Anfrage:

  Was die Vorgeschichte von Coaching im Unternehmen betrifft, so hat Beate Scholz nur wenige Informationen: Ist Coaching bereits etabliert? Welche Erfahrungen hat man damit gemacht? Oder ist es gleichsam ein erster Versuch, Coaching zu starten?

  - Gibt es eine Vorgeschichte hinsichtlich der Zusammenarbeit zwischen dem Coach und dem Unternehmen? In unserem Beispiel gab es noch keine direkten Kontakte, sondern der Kontakt ist über Empfehlungen zustande gekommen.

Je besser Ihre Informationen über den Kunden sind, desto leichter wird es Ihnen fallen, Ihr Konzept an die Erwartungen des Kunden anzuschließen – und desto größer sind die Chancen, dass das Coaching tatsächlich zustande kommt. Allerdings ist es nicht immer leicht, diese Informationen im Vorfeld zu erhalten. Im Wesentlichen bieten sich hier folgende Möglichkeiten:

- »Offizielle« Informationen findet man in den Geschäftsberichten, im Internet, in Programmen eines Bildungsanbieters. Aber diese Informationen sind meist einseitig. Sie zeigen, wie sich die Organisation nach außen darstellen möchte, sagen aber wenig über die tatsächlichen Machtverhältnisse oder die tatsächlich gelebte Kultur. Trotzdem sind sie in der Regel ein erster hilfreicher Schritt.
- Informationen über den Kunden kann man in offiziellen Gesprächen erfragen. Es ist legitim, in einem Erstgespräch die Struktur des Bereiches zu erkunden oder danach zu fragen, was der Ansprechpartner oder die Geschäftsführung dadurch erreichen möchten.
- Man kann informelle Kontakte nutzen. Gibt es Kontakte aus einem früheren Beratungsprojekt? Oder kennen Sie jemanden, der in diesem Bereich arbeitet und den Sie fragen können?
- Manchmal erfährt man auch einiges über die Kultur der Organisation, wenn man Eindrücke vor Ort aufnimmt. Gehen Sie zu dem Gelände hin: Wie gibt sich die Organisation von den Gebäuden, sind sie ultramodern oder eher konservativ, oder machen alte Lagerhallen deutlich, dass man keinen Wert auf das Äußere legt? Wie sind die Mitarbeiter gekleidet, offiziell oder eher leger? Wie gibt man sich miteinander? Wie werden Besucher begrüßt – oder abgewehrt?

Wie Sie dabei im Einzelnen jeweils vorgehen, wird sicher von Fall zu Fall unterschiedlich sein. Gerade bei neuen Kunden ist es hilfreich, mehr Zeit auf die Analyse des Kunden zu verwenden. Wenn Sie den Kunden schon längere Zeit kennen, können Sie sich möglicherweise leichter in ihn hineinversetzen. Auch wenn Sie als interner Coach in einer Organisation arbeiten, wissen Sie bereits viel über die Organisation. Aber Vorsicht: Gilt das ebenso für den Bereich, aus dem der Coachee stammt?

Übrigens: Diese Fragen sind auch dann hilfreich, wenn Sie als Führungskraft Ihre Mitarbeiter coachen. Sicherlich brauchen Sie hier nicht alle Fragen, aber auf einige sollten Sie in dieser Situation Zeit verwenden:

- Was sind mögliche Befürchtungen – vielleicht aber auch Hoffnungen – Ihres Mitarbeiters, wenn Sie ihn coachen?
- Wie ist Coaching überhaupt in Ihrem Unternehmen angesehen? Ist es eine selbstverständliche Aufgabe von Führungskräften, ihre Mitarbeiter zu coachen? Oder betreten Sie damit Neuland?
- Was ist die Vorgeschichte? Hat Ihr Vorgänger ebenfalls seine Mitarbeiter gecoacht – oder war er eine Führungskraft »vom alten Schrot und Korn«, wo alles per Anweisung lief und Widerspruch nicht geduldet wurde?

Anregung zur Weiterarbeit

Versuchen Sie, bei einer der nächsten Anfragen (oder im Blick auf einen potenziellen Kunden, den Sie gerne ansprechen möchten) ausdrücklich den Blick auf den Kunden zu richten:

- Was ist das für eine Organisation, in der Coaching angesiedelt werden soll?
- Wer sind die Kunden? Wer ist Ansprechpartner, wer ist Entscheider? Entscheidet der Coachee selbst über den Auftrag, oder ist möglicherweise doch die Personalabteilung der Entscheider?
- Was wissen Sie über die Kultur, in der Coaching angesiedelt werden kann? Was sind hier wichtige Themen, Werte, Normen, Regeln?
- Was ist die Vorgeschichte in Bezug auf Coaching? Ist Coaching für den Coachee oder in der Organisation bereits etabliert? Kennen Sie den Kunden bereits von früheren Kontakten?

Das eigene Konzept

Beate Scholz hat also die Aufforderung erhalten, sich und ihr Konzept vorzustellen. Prima, denkt sie, ich habe einiges, was ich erzählen könnte. Doch was soll sie hier vorstellen? Welches Konzept soll sie darstellen?

Versetzen wir uns in die Lage des Kunden: Coaching (wie auch Beratung allgemein oder Training) ist für den Kunden nichts anderes als ein Produkt, das er kauft oder nicht kauft. Er wird es dann kaufen, wenn er sich davon einen Gewinn verspricht – sei es, dass er damit Probleme lösen kann oder dass er »besser« werden will. Allgemein formuliert:

> Coaching ist ein Produkt, das ein Kunde »kauft«, wenn er sich davon eine bessere Lösung verspricht.

Wovon wird es abhängen, ob Frau Göppler Beate Scholz als Coach »einkauft«? Versetzen wir uns wieder in die Situation des Kunden. Vermutlich wird ein Kunde einen Coach einkaufen, wenn er überzeugt ist,

- dass der Coach einen »Mehrwert« leistet, also etwas bietet, das über das vorhandene eigene Potenzial des Kunden hinausgeht und ihn von anderen Coachs unterscheidet,
- dass der Coach kompetent ist,
- dass der Coach zu der eigenen Organisation passt,
- dass der Coach authentisch und integer ist.

Eben diese Punkte geben Ihnen die Richtschnur, Ihr Konzept darzustellen:

Was hebt Sie von anderen Coachs ab? – Ihr »Unique Selling Point« (USP). Coaches gibt es mehr als genug. Doch warum soll ein Kunde gerade Sie als Coach wählen? Er wird es dann tun, wenn Sie sich von anderen abheben und etwas »Besonderes« sind. In der Literatur spricht man hier vom »Unique Selling Point«, dem Alleinstellungsmerkmal, das Sie von anderen Coachs abhebt. Grundsätzlich gibt es hier verschiedene Möglichkeiten.

- *Ein besonderes Coachingkonzept als USP:* Dies wäre ein Merkmal, mit dem sich Beate Scholz von anderen Coachs abhebt: Sie arbeitet systemisch. In der Tat ist das ein besonderer Ansatz, der durchaus für Kunden plausibel sein kann. Allerdings liegt die Schwierigkeit dabei darin (wir hatten im letzten Kapitel darauf hingewiesen), dass viele Kunden mit dem Begriff »systemisch« nichts anfangen können. Von daher: Wenn Sie »systemisch« als Ihren USP verwenden, sollten Sie für den Kunden verdeutlichen, was das für Sie heißt. Sie können dabei auf die Überlegungen des vorhergehenden Abschnitts zurückgreifen, müssen sie aber »in die Sprache des Kunden übersetzen«.
- *Eine besondere Zielgruppe als USP:* Zielgruppe, der Begriff stammt aus der Erwachsenenbildung, ist diejenige Gruppe von Personen, für die eine Veranstaltung, ein Training, ein Workshop oder ein Coaching zugeschnitten ist. Zielgruppen können mehr oder weniger eng definiert sein: Sie können große Unternehmen oder Schulen oder mittelständische Unternehmen oder Krankenhäuser als Zielgruppe definieren, aber auch bestimmte Zielgruppen in Organisationen (Führungskräfte, Vertrieb, jüngere Führungskräfte, Schulleitungen, Pflegedienst in Krankenhäusern). Je mehr Sie die Zielgruppe einengen, desto enger wird das Spektrum möglicher Kunden, desto geringer wird aber auch die Zahl Ihrer Konkurrenten.

- *Besondere thematische Schwerpunkte als USP:* Gibt es Themen, in denen Sie besondere Erfahrung haben? Auf das Beispiel von Herrn Berg bezogen: Ein solcher thematischer Schwerpunkt könnte die Übergangsphase in Organisationen sein. Herr Berg befindet sich im Übergang von einer Position zu einer anderen; Übergangs- oder (wie man auch formuliert) »Transitions-Coaching« ist ein besonderer inhaltlicher Schwerpunkt – wir kommen in Kapitel 6 nochmals darauf zurück.
- *Räumliche Nähe als USP:* Viele Unternehmen suchen zunehmend Coaches aus dem näheren regionalen Umfeld, nicht zuletzt, um Reisekosten zu minimieren. Auch das kann ein USP werden: sich auf das regionale Umfeld zu konzentrieren.

Die eigene Kompetenz als Coach verdeutlichen? Die eigene Kompetenz verdeutlichen, das ist leichter gesagt als getan. Entscheidend ist nicht, ob Sie in Wirklichkeit kompetent sind, sondern ob Ihr Kunde zu dieser Auffassung gelangt. Er entscheidet auf der Basis seines Bildes, das er von Ihnen erhält – und es kommt darauf an, dass Sie Ihre Kompetenz deutlich machen. Das gelingt sicher nicht einfach dadurch, dass Sie von sich behaupten, kompetent zu sein. Sondern das ist schwieriger. Hier einige Anregungen:

- Sie haben eine anerkannte Coachingausbildung absolviert, sind möglicherweise bei dieser Ausbildung zertifiziert oder sind selbst zertifizierter Coach von einem der größeren Coachingverbände.
- Sie können Ihre Kompetenz deutlich machen, indem Sie »Best Practices« anführen, also Ihr Vorgehen an Beispielen aus anderen Coachingprozessen verdeutlichen. Wenn Sie konkret das Vorgehen in einem (möglicherweise schwierigen) Coachingprozess schildern, kann Ihr Gesprächspartner in der Regel schnell unterscheiden, ob da tatsächlich »etwas dahinter« steht, oder ob Sie sich das lediglich angelesen haben.

Vielleicht an dieser Stelle noch ein Hinweis: Die eigene Kompetenz und den eigenen USP zu belegen fällt einem Coach leichter, der schon mehrere Jahre im Geschäft ist. Doch was machen Sie als Anfänger oder Anfängerin, wenn Sie noch nicht über 50 erfolgreich durchgeführte Coachingprozesse verfügen?

Die erste Anregung ist: sich nicht entmutigen lassen. Schließlich hat jeder erfolgreiche Coach irgendwann angefangen – und es offenbar geschafft. Versuchen Sie, das aufzubereiten, was Sie tatsächlich an Kompetenz haben. Vielleicht haben Sie im Rahmen oder als Ergänzung Ihrer Coachingausbildung reale Coachingprozesse durchgeführt? Vielleicht haben Sie einen Schwerpunkt, mit dem Sie sich im Rahmen Ihres Studiums oder Ihrer Weiterbildung besonders befasst haben?

Schließlich gibt es auch so etwas wie einen »Anfängerbonus«, ein Vorteil, den Anfänger gegenüber alten Hasen haben: Ein Anfänger kommt für ein Unternehmen oder einen Coachee in der Regel nicht so teuer wie ein erfahrener Coach. Außerdem sind viele Unternehmen daran interessiert, immer wieder neue und eher am Anfang stehende Coachs zu gewinnen.

Das Ergebnis dieser Vorüberlegungen wird dann ein Konzept sein, mit dem Sie in die ersten Gespräche gehen. Ob Sie das als schriftliche Vorlage, als Foliensatz oder lediglich als Konzept in Ihrem Kopf haben, wird von Situation zu Situation unterschiedlich sein. Häufig ist es möglich, im Vorfeld abzuklären, was von Ihnen erwartet wird. Wenn nicht, kann es zweckmäßig sein, mit Unterlagen gut vorbereitet in das erste Gespräch zu gehen und dann zu sehen, was benötigt wird, was nicht.

Anregung zur Weiterarbeit

Versuchen Sie, auf dem Hintergrund der in diesem Abschnitt genannten Punkte Ihr Coachingkonzept weiterzuentwickeln oder zu präzisieren:
- Was ist Ihr USP, Ihr Unique Selling Point? Ein besonderes Konzept, eine besondere Zielgruppe, besondere thematische Schwerpunkte, räumliche Nähe?
- Wie können Sie Ihre Kompetenz als Coach verdeutlichen? Was wären Beispiele erfolgreicher Coachingprozesse?
- Wie können Sie dabei die Sprache des Kunden berücksichtigen?
- Wer sind die Kunden? Wer ist Ansprechpartner, wer ist Entscheider? Entscheidet der Coachee selbst über den Auftrag, oder ist möglicherweise die Personalabteilung Entscheider?
- Was wissen Sie über die Kultur, in der Coaching angesiedelt werden kann? Was sind hier wichtige Themen, Werte, Normen, Regeln?
- Was ist die Vorgeschichte in Bezug auf Coaching? Ist Coaching für den Coachee oder in der Organisation schon etabliert? Kennen Sie den Kunden bereits von früheren Kontakten?

Das Erstgespräch

Beate Scholz hat es geschafft: Sie wird von Frau Göppler zu einem ersten Gespräch eingeladen. Über die Firma Achsenroth hat sie einige Informationen zusammengetragen und ihr Konzept darauf ausgerichtet. Doch halt, einige Fragen sind noch offen:
- Wen hat sie überhaupt vor sich? Lediglich Frau Göppler oder möglicherweise Frau Göppler und Herrn Berg zusammen? Oder muss sie noch mit anderen Gesprächsteilnehmern rechnen? Was erwarten die Gesprächspartner von ihr?
- Was ist ihr eigenes Ziel? Was will Beate Scholz in diesem ersten Gespräch erreichen?

Eben das sind die Fragen, die auch Sie sich in der Vorbereitung auf ein erstes Gespräch mit einem Kunden stellen werden.

Die Gesprächspartner des Erstgesprächs? Grundsätzlich gibt es hier drei Möglichkeiten:

- *Sie führen das Gespräch lediglich mit dem potenziellen Coachee:* Das ist meist dann der Fall, wenn ein Coachee von sich aus einen Coach sucht und alleine darüber entscheiden kann. Wenn Herr Berg von sich aus die Initiative ergriffen hat, ist damit zu rechnen, dass er alleine das Gespräch führt. Diese Situation kann aber auch auftreten, wenn Sie in einen Coachingpool eines Unternehmens oder einer anderen Organisation aufgenommen sind und der (potenzielle) Coachee aus diesem Pool einen Coach wählen kann. In den meisten Fällen entsteht daraus ein erstes Gespräch mit dem Coachee allein.

- *Sie führen das Gespräch lediglich mit einem Entscheider ohne einen potenziellen Coachee:* Das ist die Situation in unserem Beispiel. Frau Göppler als Personalleiterin will Beate Scholz zunächst einmal kennenlernen, um dann zu entscheiden, ob und gegebenenfalls für wen sie als Coach infrage kommt. Frau Göppler will sich einen Eindruck über die Kompetenz des Coachee bilden; aber es geht noch nicht um Sympathie oder einen »guten Draht« zu einem bestimmten Coachee.
- *Personalleiterin oder allgemein Auftrageber und Coachee führen zusammen das Gespräch:* Diese Situation ist insofern am schwierigsten, als Sie sich hier auf zwei unterschiedliche Gesprächspartner zugleich einstellen müssen.

Versuchen Sie, im Vorfeld Informationen darüber zu erhalten, mit wem Sie das Gespräch führen. Aber seien Sie trotzdem nicht erschreckt, wenn in der konkreten Situation dann jemand anderes zusätzlich daran teilnimmt. Seien Sie auch auf solche Situationen vorbereitet.

Die Ziele Ihrer Gesprächspartner im Erstgespräch. Versetzen Sie sich in die Situation Ihres Gesprächspartners und überlegen Sie, was Sie am Ende als Ergebnis haben möchten. Dabei wird die Antwort sicherlich je nach der Situation unterschiedlich ausfallen:

- Die Personalleiterin will sich ein Bild von dem Coachee im Blick auf seine Stärken und Schwächen machen, einen Eindruck gewinnen, ob er möglicherweise für das Unternehmen einen Mehrwert bieten kann. Sie will bestimmt Sicherheit erhalten, dass ihr guter Ruf nicht infrage gestellt wird, wenn sie ihn vorschlägt.
- Ein potenzieller Coachee will ebenfalls wissen, ob der Coach kompetent ist und ob er ihm bei der Lösung seiner Probleme oder Erreichung seiner Ziele helfen kann. Er wird zudem abchecken, ob der Coach zu ihm passt – manche Coaches sind für bestimmte Coachees zu direkt, für andere zu wenig direkt.

Ihre eigenen Ziele für das Erstgespräch. Zunächst erscheint die Antwort auf diese Frage trivial: Beate Scholz möchte den Auftrag erhalten. Doch hier gilt ebenfalls: Lieber sorgfältig überlegen, als sofort losmarschieren. Ein Coachingauftrag ist eine wechselseitige Vereinbarung zwischen Coachee, möglicherweise dem Auftraggeber und dem Coach. Eine solche Vereinbarung wird man nur eingehen, wenn man dabei ein gutes Gefühl hat. Und auf diese Vereinbarung wird sich der Coachee nur einlassen, wenn er »begründete Hoffung« hat, dass ihn der Coach dabei unterstützen kann. Das hängt nicht nur von inhaltlichen Fragen ab, sondern auch davon, dass ein Kontakt entsteht. Und auch als Coach sollten Sie sich die Frage stellen: Kann ich mich auf diesen Coachee, dieses Unternehmen, dieses Thema einstellen? Sehe ich eine Chance, den Coachee dabei unterstützen zu können? Ist das Thema mit meinen eigenen Wertvorstellungen verträglich? Darüber Klarheit zu erhalten ist Aufgabe des Erstgesprächs – oder möglicherweise mehrerer erster Gespräche. Daraus ergeben sich folgende Ziele für das Erstgespräch:

- Aufbau des Kontaktes zum Gesprächspartner.
- Klärung der Situation: Worum geht es in einem möglichen Coachingprozess?
- Das Coachingkonzept und die eigene Kompetenz als Coach deutlich machen – davon wird es abhängen, ob ich als Coach akzeptiert werde oder nicht.

Die Übersetzung Ihres Konzeptes in die Sprache des Kunden. Sie haben bereits das Besondere Ihres Coachingkonzeptes herausgearbeitet. Jetzt geht es darum, es für den Kunden zu übersetzen. Hier brauchen Sie den Rückgriff auf die Kundenanalyse: Was waren die wichtigen Themen bei dem Kunden? Was sind seine Erwartungen? Was hatten Sie darüber hinaus an wichtigen Informationen erhalten?

Versuchen Sie, Ihr Konzept an die Erwartungen des Kunden anzubinden. Wenn bei Ihrem Kunden (so haben Sie zum Beispiel aus dem Internet geschlossen) Wert auf Innovation gelegt wird, dann ist es hilfreich, in Ihrem Konzept zu betonen, dass Sie keine Standardprodukte anbieten, sondern das Vorgehen individuell festlegen und Ihren Coachee insbesondere dabei unterstützen, innovative Lösungen zu entwickeln (vielleicht sollten Sie sich in diesem Zusammenhang zusätzlich über Kreativitätstechniken informieren und sich überlegen, wie Sie diese in Ihr Coaching integrieren können). Wenn Ihr Kunde deutlich regional ausgerichtet ist, kann es hilfreich sein, eben diese räumliche Nähe hervorzuheben.

Konsequenz davon ist, dass Sie in der Regel nie mit einem Standardkonzept zu dem Kunden gehen, sondern dass Sie es jeweils überarbeiten werden. Das hilft Ihnen auch, sich auf den Kunden einzustellen und möglicherweise schon hier ein Gefühl für ihn zu bekommen.

Die Struktur des Erstgesprächs. In den meisten Fällen wird der Gesprächspartner das Gespräch eröffnen und seine Themen einbringen. Trotzdem sollten Sie sich eine Struktur überlegen. Sie ergibt sich im Wesentlichen aus den zuvor genannten Zielen. Wir beschränken uns auf eine Checkliste, die Ihnen für die Vorbereitung helfen kann:

- *Sich auf die Gesprächssituation und die Gesprächspartner mental vorbereiten.* Entscheidend ist hier die eigene Einstellung: Sie sind mir wichtig! Aber auch: Ich bin kompetent, ich kann Sie unterstützen!
- *Kontakt zum Gesprächspartner aufbauen.* Dabei ist eine Reihe von Punkten zu beachten:
  - Sensibel für die Situation sein: Kontakt aufbauen erfordert gleichzeitig Sensibilität, zum Beispiel körpersprachlich Kontakt zum Gesprächspartner herstellen. Dafür gibt es keine allgemeinen Rezepte, entscheidend ist »das Gefühl für die Situation«: Stimmt die räumliche Distanz? Passt die Körperhaltung zu der

Situation? Oder bin ich möglicherweise zu drängend beziehungsweise zu weit zurückgezogen?

– Für das Gespräch danken: Der Gesprächspartner nimmt sich die Zeit, einen möglichen Coach kennenzulernen und sich das Konzept anzuhören. Er signalisiert Interesse.

● *Thema, Ziel und Zeitrahmen des Gesprächs (nochmals) abklären:* Gemäß den üblicherweise geltenden Regeln ist es Aufgabe des Gastgebers, das Gespräch zu steuern. Trotzdem kann es hilfreich sein, als Beraterin nochmals Thema und Ziel dieses Gespräches abzuklären:

– Thema ist ein möglicher Coachingprozess, Ziel ist es, sich wechselseitig kennenzulernen und zu klären, ob Anliegen des Kunden und Konzept, Vorgehen und Persönlichkeit des Coachs dazu passen.

– Wie viel Zeit steht zur Verfügung? Nicht, dass der Gesprächspartner erklärt, dass er in fünf Minuten einen anderen Termin hat, wenn der Coach gerade sein Konzept vorstellen möchte.

● *Sich vorstellen:* Normalerweise beginnt das Gespräch mit einer kurzen Vorstellung der Beteiligten. Für Sie als Coach heißt das: etwas über den eigenen Werdegang sagen, über Erfahrungen, über ähnliche Projekte, möglicherweise etwas Privates erzählen. Auch hier kommt es darauf an, den »richtigen Ton« zu treffen: Was passt zu dieser Situation? Was wäre möglicherweise zu aufgesetzt oder zu distanziert oder zu aufdringlich?

Oft entscheiden die ersten Minuten eines Gesprächs darüber, ob Kontakt entsteht und man miteinander warm wird. Von daher: Nehmen Sie sich Zeit für den Einstieg.

● *Den Coachingbedarf klären:* In vielen Fällen beginnt diese Phase mit einigen allgemeinen Informationen zum Unternehmen, dem Bereich oder (im Einzelcoaching) zu den eigenen Aufgaben – hilfreich ist, wenn Sie als Coach hier schon Vorinformationen besitzen und diese einbringen können. Ihre Aufgabe in dieser Phase ist es, genau zuzuhören, Verständnis zu signalisieren und nachzufragen. Hilfestellung dafür können die Checkfragen zur Kundenanalyse sein: Wer hat Interesse an Beratung? Was verspricht sich der Gesprächspartner davon? Gab es schon frühere Versuche, dieses Thema zu bearbeiten?

● *Das eigene Coachingkonzept vorstellen:* Dem »Kunden« geht es in diesem Erstgespräch vor allem darum, das Coachingkonzept des Coachs kennenzulernen. Gleichzeitig muss der Coach dabei seine Kompetenz deutlich machen. Hilfreich ist eine Gliederung in zwei Teile:

– In einem ersten Teil darstellen, was für Sie Coaching bedeutet. Dafür können Sie all das nutzen, was Sie zuvor im Rahmen der Kundenanalyse, aber ebenso bei der Entwicklung Ihres Konzeptes erarbeitet haben. Ob Sie dafür eine Tischvorlage einbringen, ob Sie Ihr Vorgehen an einem konkreten Beispiel verdeutlichen, bleibt Ihnen überlassen und wird von Situation zu Situation unterschiedlich sein.

– Zweiter Teil: Darüber hinaus wird von Ihnen in vielen Situationen erwartet, Ihr Vorgehen in Bezug auf die Problemsituation zumindest zu skizzieren. Diese

Phase ist in der Regel die schwierigste. Sie werden hier als Experte gefordert – zugleich darf der Vorschlag (das ist das Kennzeichen systemischer Beratung) nicht von außen aufgesetzt sein, sondern muss zur Situation und zum »System« passen. Hier zahlt es sich aus, wenn Sie sich zuvor Gedanken über ein mögliches Konzept gemacht haben und diese Überlegungen dann im Blick auf die Situation ergänzen oder modifizieren. Sie können beispielsweise das Vorgehen in einem ähnlich gelagerten Coachingprozess darstellen oder zwei mögliche Vorgehensweisen entwickeln.

- *Das Konzept diskutieren:* An die Darstellung des eigenen Konzepts schließt sich üblicherweise eine Diskussion an. Wo sind Fragen offen? Wo liegen mögliche Bedenken? Was wären alternative Vorgehensweisen oder mögliche Modifizierungen? Die Schwierigkeit für Sie als Coach in dieser Phase liegt darin, hier fortwährend die Perspektive wechseln zu müssen: die Fragen, Einwände und Bedenken des Gesprächspartners zunächst aufzugreifen und zu verstehen – und anschließend wieder als Expertin dazu Vorschläge zu unterbreiten.

- *Vereinbarungen zum weiteren Vorgehen treffen:* Nichts ist unbefriedigender als ein Gespräch, das ohne Ergebnis endet – das gilt natürlich ebenso für das Erstgespräch bei einem möglichen Coaching. Dabei wird hier nur in den seltensten Fällen das Ergebnis ein klarer Auftrag sein. In vielen Fällen werden Coachee oder Auftraggeber noch darüber nachdenken wollen. Achten Sie als Coach jedoch darauf, dass auch das nicht vage bleibt, sondern eine klare Vereinbarung getroffen wird: Wann wollen Sie wieder Kontakt aufnehmen? Ist es in Ordnung, dass Sie in 14 Tagen nochmals nachfragen? Oder will der Gesprächspartner auf Sie zukommen – was immer ungünstiger ist, als wenn Sie selbst nachhaken, weil das nur allzu leicht vergessen wird. Aber auch wenn das Ergebnis ist, dass der Gesprächspartner sich melden wird, ist es in Ordnung, wenn Sie nach einiger Zeit nochmals nachfragen.

Die eigene Authentizität. Auch wenn Sie der Meinung sind, dass Sie unbedingt einen neuen Auftrag brauchen, verbiegen Sie sich nicht! Ein Kunde merkt sehr schnell, ob das Verhalten des Coachs aufgesetzt oder echt ist. Außerdem quälen Sie nur sich selbst oder möglicherweise Ihren Coachee, wenn Sie sich auf etwas einlassen, das nicht zu Ihnen passt oder das Sie nicht bewältigen können. Daraus ergibt sich eine weitere zentrale Konsequenz: Überlegen Sie, ob Sie zu diesem Coaching stehen können. Fragen Sie sich:

- Traue ich mir diesen Coachingprozess zu?
- Kann ich von meiner Einstellung und meinen Werten zu diesem Coaching stehen?
- Kann ich mir vorstellen, mit diesem Coachee und diesem Unternehmen zu arbeiten?

Möglicherweise werden Sie sich diese Fragen erst nach den ersten persönlichen Kontakten beantworten können, möglicherweise noch später. Aber wichtig ist, dass Sie sich im Vorfeld bereits Gedanken darüber machen.

Abschließend noch ein weiterer Hinweis: Wenn Sie als Vorgesetzter oder Vorgesetzte Ihre eigenen Mitarbeiter coachen, kann ein Erstgespräch sehr hilfreich sein. Auch Ihre Mitarbeiter werden unsicher sein, was Coaching bedeutet – möglicherweise werden sie Schlimmstes befürchten. Ihre Aufgabe ist es dann, transparent zu machen, was Coaching bedeutet. – Wir kommen in Kapitel 8 noch ausführlicher darauf zurück.

Anregung zur Weiterarbeit

Bereiten Sie Ihr nächstes Erstgespräch entsprechend den genannten Punkten vor. Überlegen Sie:
- Wer sind die Kunden? Wer ist Ansprechpartner, wer ist Entscheider? Entscheidet der Coachee selbst über den Auftrag oder möglicherweise die Personalabteilung?
- Welche Ziele möchten Sie oder Ihre Gesprächspartner in diesem Erstgespräch erreichen?
- Was sind Ihre Ziele als Coach?
- Wie können Sie Ihr Konzept in die Sprache des Kunden übersetzen?
- Machen Sie sich einen möglichen Fahrplan für die Struktur des Erstgesprächs!
- Und schließlich: Bewahren Sie Ihre Authentizität. Überlegen Sie: Unter welchen Bedingungen würden Sie sich nicht auf Coaching einlassen?

Auftragsklärung

Offenbar haben Frau Göppler und auch Herr Berg einen guten Eindruck vom Coach gewonnen. Jedenfalls erhält Beate Scholz die Mitteilung, dass das Coaching starten soll. Doch welche Themen sollen im Einzelnen bearbeitet werden? Was soll das Ergebnis des Coachings sein. Sicher, grob umrissen war das schon im Erstgespräch: Frau Göppler hat darauf hingewiesen, dass Herr Berg als Führungskraft noch nicht etabliert ist; offenbar geht es um das Thema Führung. Aber jetzt muss der Auftrag genauer geklärt werden.

Ein Coachingprozess ist kein zielloses Miteinanderreden, sondern ist zielorientierte Unterstützung. Was soll durch Coaching erreicht werden? Eben das ist die Aufgabe der Auftragsklärung. Grundsätzlich sind hier vier Schwerpunkte zu bearbeiten:

- Festlegung der Themen des Coachingprozesses.
- Festlegung der Ziele des Coachingprozesses.
- Festlegung von Indikatoren, an denen sich die Erreichung der Ziele überprüfen lässt.
- Festlegung zusätzlicher Rahmenbedingungen wie Termine, zeitlicher Rahmen, Kosten und weitere Faktoren.

Zu den einzelnen Punkten möchten wir Ihnen im Folgenden einige Hinweise geben:

Festlegung der Themen des Coachingprozesses. Viele Coachees haben zu Beginn des Coachingprozesses keine genaue Vorstellung über die Ziele, die sie am Schluss erreichen möchten, sondern nur eine vage Vorstellung über mögliche Themen: Es geht um das Thema Führung, um die eigene Karriere, die Zusammenarbeit mit einem Vorgesetzten. Manche Coachees haben im Grunde überhaupt keine genaue Vorstellung, sondern fangen einfach an zu erzählen. Aufgabe des Coachs ist es, diese Themen genauer zu klären und auf dieser Basis Ziele herauszuarbeiten.

Als Coach ist es Ihre Aufgabe, hier bereits in den ersten Schilderungen der Situation genau zuzuhören und darauf zu achten, welche Themen explizit genannt werden oder sich andeuten. Manchmal müssen Sie die Themen auch direkt erfragen. Sie können das durch sogenannte »Prozessfragen« erreichen. Prozessfragen sind Fragen, die den Prozess weiter vorantreiben – wir werden auch in den weiteren Phasen immer wieder auf solche Prozessfragen stoßen, die eines der wirkungsvollsten Instrumente des Coachings sind. Mögliche Prozessfragen für die Klärung des Themas könnten sein:

- Um welche Themen geht es Ihnen bei diesem Coaching?
- Was führt Sie zu mir?
- Was sind mögliche Themen, die wir bearbeiten sollten?
- Was ist Ihr Problem?
- Bitte schildern Sie eine typische Situation, für die Sie sich durch das Coaching Unterstützung erhoffen.

Die Klärung des Ziels ist nicht selten der entscheidende Schritt bei der Problemlösung. Ihr Coachee benötigt dafür Zeit. Ihre Aufgabe ist es, ihm dafür Zeit zu geben, aber ihn zugleich sanft zu dem Thema und dann zum Ziel zu führen. Möglicherweise ist es hilfreich, wenn Sie am Schluss dieser Phase nochmals die Themen zusammenfassen: »Ich habe bei Ihnen folgende Themen herausgehört: Ihre Rolle als Führungskraft, Ihre Positionierung im Kreis der übrigen Abteilungsleiter sowie nicht zuletzt die Themen Delegation und Zeitmanagement.« Diese Zusammenfassung gibt Ihrem Gesprächspartner nochmals die Möglichkeit, sich über seine Themen klar zu werden (»Ja, genau das ist es« oder »Eigentlich kommt noch ein weiteres Thema dazu«), und Sie erhalten die Sicherheit, den Coachee richtig verstanden zu haben.

Festlegung der Ziele. Themen sagen noch nichts darüber, was jeweils das Ergebnis sein soll. Was genau ist das Ziel, das der Coachee beim Thema »Führung« erreichen will? Will er seine Führungsrolle klären? Will er lernen, Aufgaben zu delegieren? Will er seine Position im Kreis seiner Kollegen festigen?

Je nach der Situation wird der Coachee selbst die Ziele für den Coachingprozess festlegen. Die Ziele können auch das Ergebnis eines Zielvereinbarungs- oder Personalentwicklungsgespräches mit dem Vorgesetzten oder der Personalleiterin sein. Wenn Sie als Vorgesetzter Ihre Mitarbeiter coachen, können Sie ebenfalls Ziele vorschlagen. Aber bedenken Sie: Coaching ist grundsätzlich ein freiwilliges Unterfangen.

Nicht selten ist das Festlegen von Zielen ein relativ aufwendiger Prozess – genau dann nämlich, wenn der Coachee sich selbst über die Richtung im Unklaren ist. Hilfreich sind folgende Prozessfragen:

- Was möchten Sie am Schluss des Coachingprozesses erreicht haben?
- Was erhoffen Sie sich durch den Coachingprozess?
- Was soll sich am Ende verändert haben?
- Ergänzen Sie die folgenden Sätze:
  - So bin ich, so möchte ich bleiben …
  - So bin ich nicht, so möchte ich werden …
  - So bin ich, so möchte ich werden …
- Was darf im Coachingprozess nicht passieren? Welche Befürchtungen, Sorgen, Ängste bestehen?

In unserem Beispiel nennen Coachee und Personalleiterin folgende Ziele: Herr Berg möchte seine Führungskompetenz als Bereichsleiter erweitern. Er möchte wissen, worauf er als Führungskraft zu achten hat, möchte seinen Bereich, wie er sagt, »in den Griff bekommen« und seine Position im Kreis der übrigen Bereichsleiter festigen.

Frau Göppler als Personalleiterin erhofft sich durch das Coaching von Herrn Berg ebenfalls, dass er seine Position als Bereichsleiter festigt. Wichtig ist ihr aber vor allem, dass sein Bereich in Zukunft erfolgreicher arbeitet.

Festlegung von Indikatoren, mit deren Hilfe sich die Erreichung der Ziele überprüfen lässt. Die bisher genannten Zielformulierungen sind zunächst recht unscharf. Was genau heißt es, den Bereich in den Griff bekommen? Woran können Coach, aber auch Coachee, die Personalleiterin und möglicherweise der Vorgesetzte feststellen, ob dieses Ziel erreicht wurde?

Was hier ansteht, ist der nächste Schritt, Kriterien, oder wie man formuliert, »Indikatoren« zur Überprüfung der Zielerreichung festzulegen. Dabei lassen sich grundsätzlich zwei Arten von Indikatoren unterscheiden:

- *Kennzahlen* (KPIs: Key Performance Indicators) sind objektiv erfassbare Daten, die als Hinweise auf die Erreichung eines Ziels interpretiert werden können. Für das Ziel »den Bereich in den Griff bekommen« wären folgende KPIs denkbar:
  - Erreichung der Ziele des Bereichs sowie
  - Verringerung der Ausfallzeiten.
  All diese Zahlen »beweisen« nicht, dass das Ziel tatsächlich durch den Coachingprozess erreicht ist – ebenso wenig wie die Nichterreichung der Ziele »beweist«, dass der Coachingprozess erfolglos war. Aber KPIs geben Hinweise.
- *Subjektive Indikatoren* sind die Einschätzung der Ergebnisse aus unterschiedlichen Perspektiven mithilfe von Interviews, Fragebogen, Checklisten. Wie wird zum Beispiel das Organisationsklima zu Beginn und nach Abschluss des Organisationsberatungsprozesses eingeschätzt? Ergeben sich Veränderungen in der Mitarbeiterbefragung?

Die Beispiele deuten darauf hin, dass es keinen für alle Situationen verwendbaren festen Katalog von Kennzahlen und subjektiven Indikatoren gibt. Kennzahlen wie Umsatz, Gewinn, Laufzeiten von Maschinen, Anzahl von Beschwerden oder spontane Zustimmungen oder auch Interviews beziehungsweise Fragebogen als subjektive Indikatoren sind häufig geeignet. Aber um zum Beispiel die Einhaltung von Vereinbarungen zu überprüfen, müssen eigene KPIs entwickelt werden: Welche Vereinbarungen wurden getroffen? Welche davon wurden tatsächlich umgesetzt? Welche Fragen eines Interviews oder eines Fragebogens sind dafür geeignet?

Festlegung von Kennzahlen und subjektiven Indikatoren ist somit letztlich nur im Rahmen der Auftragsklärung zu leisten: Herr Berg oder Frau Göppler haben sehr wohl eine Vorstellung davon, woran sich die Erreichung von Zielen überprüfen lässt. Prozessfragen dafür sind:

- Woran können Sie feststellen, ob Sie die Ziele erreicht haben?
- Woran könnte jemand anderes merken, dass Sie die Ziele erreicht haben?
- Was genau ist anders, wenn die Ziele erreicht sind?

Erfahrungsgemäß fällt es Gesprächspartnern nicht leicht, Indikatoren anzugeben, mit deren Hilfe sich die Erreichung der Ziele überprüfen lässt. Hier sind Sie als Coach gefordert, Unterstützung und Hilfestellung zu geben. Überlegen Sie selbst, woran sich bestimmte Ziele feststellen lassen. In der Literatur gibt es dazu eine Reihe von möglichen Kennzahlen. Einige Beispiele seien im Folgenden aufgeführt (vgl. ausführlich König/Volmer 2008, 482ff.):

- *Kennzahlen* können sein:
    - Finanzkennzahlen (wie Umsatz, Kosten, Ergebnis),
    - Produktkennzahlen (Anzahl verkaufter Produkte, Anzahl fehlerhafter Produkte),
    - Kundenkennzahlen (Anzahl von Aufträgen, Anteil von Neukunden, Reklamationen,
    - Mitarbeiterkennzahlen (Anzahl von Kündigungen, Krankheitstagen, Qualifizierungen der Mitarbeiter),
    - Prozesskennzahlen (Zeitdauer einzelner Prozesse, auch Dauer von Besprechungen, Zeitaufwand für die Bearbeitung von E-Mails).
    In vielen Fällen ergeben sich Indikatoren aus quantitativen Zielen des Zielvereinbarungsprozesses. Wenn zum Beispiel die Zielvereinbarung die Aufgabe enthält, die Abläufe in der Abteilung zu straffen, dann kann eben das als Indikator für die Zielvereinbarung genommen werden.
- *Subjektive Indikatoren* sind Einschätzungen des Coachees aus unterschiedlichen Perspektiven. Das können sein:
    - Ergebnisse der Mitarbeiterbefragung oder des Führungsfeedbacks,
    - Einschätzung des Coachees durch Vorgesetzte, Kollegen oder Mitarbeiter,
    - Einschätzung durch den Coach,
    - Möglicherweise auch Einschätzung durch den Coachee selbst: Fühlt er sich in seiner Rolle als Führungskraft sicherer? Hat er den Eindruck, im Bereich akzeptiert zu sein?

Auf jeden Fall gilt:

> Ziele und Indikatoren für den Coachingprozess in einer Zielvereinbarung festhalten!

Damit erhält der gesamte Coachingprozess Verbindlichkeit. Der Coach weiß, in welche Richtung er arbeiten muss, das Vorgehen ist für den Coachee ebenfalls transparenter, und Erfolg oder Misserfolg des Coachingprozesses ist eindeutiger zu belegen. Bewährt hat sich dabei die Form einer Tabelle. Für Herrn Berg wurde folgende Zielvereinbarung getroffen, wobei bei einzelnen Punkten Herr Berg sehr detailliert angab, was er jeweils dabei erreichen möchte.

Ziele des Coachingprozesses	Indikatoren
Erweiterung der Führungskompetenz	• Kenntnis der gängigen Führungsmodelle • Regelmäßige Durchführung von Coachinggesprächen mit Mitarbeitern • Durchführung von Zielvereinbarungen mit allen Mitarbeitern • Bessere Bewertung der Führungskompetenz in der Mitarbeiterbefragung • Einschätzung durch Coachee und Vorgesetzten
Stärkere Delegation	• Anzahl von Rückdelegation
Positionierung im Kreis der Bereichsleiter	• Eigene Einschätzung durch Coachee • Einschätzung durch Geschäftsführer und Bereichsleiter
Steigerung des Erfolgs des Bereichs	• Erfüllung der Zielvereinbarungen des Bereichs • Reduzierung der Besprechungszeiten • Gewinnung von Neukunden

Vereinbarung von Rahmenbedingungen und des weiteren Vorgehens. Hier sind insbesondere folgende Punkte zu klären:

- Dauer des Coachingprozesses: Bis wann soll der Prozess abgeschlossen sein?
- Zahl und Häufigkeit der einzelnen Coachingtermine.
- Bestimmte Vorgehensweisen (zum Beispiel Diagnosephase mithilfe von Interviews, Workshops und Einzelcoaching, Qualifizierung).
- Kosten.
- Meilensteine, bei denen dem Auftraggeber (zum Beispiel dem Geschäftsführer oder der Personalleiterin) über den Stand des Beratungsprozesses berichtet wird.

- Vereinbarungen über Vertraulichkeit: zum Beispiel darüber, dass Beate Scholz keine Informationen aus dem Coachingprozess an den Geschäftsführer weitergibt.
- Vereinbarung bestimmter Vorgehensweisen: Werden ausschließlich Zweiergespräche im Coaching vereinbart, oder nimmt der Coach möglicherweise ebenso an Bereichsbesprechungen teil?

Ergebnis der Auftragsklärung müssen eindeutige Kontrakte sein. Das sind möglicherweise Kontrakte, die ausschließlich zwischen dem Coach und dem Coachee getroffen werden (dann nämlich, wenn der Coach von sich aus über den Coachingprozess entscheidet). In vielen Fällen werden es jedoch sogenannte »Dreierkontrakte« zum Beispiel zwischen Coachee, seinem Vorgesetzten und/oder der Personalabteilung und dem Coach sein. Manchmal ist es hilfreich, die Zielvereinbarung zunächst mit dem Coachee allein vorzubereiten und dann in einem Dreiergespräch mit dem Vorgesetzten oder der Personalleiterin zu ergänzen und endgültig zu vereinbaren.

Ein solcher Kontrakt erfordert immer die Zustimmung von allen Beteiligten. Das bedeutet:

- Der Coachee muss eindeutig zustimmen. Falls die Zustimmung nicht eindeutig erfolgt, ist es zweckmäßig, an dieser Stelle nachzufragen – möglicherweise bestehen hier noch irgendwelche Bedenken oder Unklarheiten, die noch zu bearbeiten sind.
- Der Vorgesetzte beziehungsweise die Personalabteilung müssen, sofern sie an der Zielvereinbarung beteiligt sind, eindeutig zustimmen. Hier ist wichtig, auch die Indikatoren zu vereinbaren: Woran kann der Vorgesetzte von Herrn Berg feststellen, dass Herr Berg sich als Führungskraft positioniert hat?
- Sie als Coach müssen explizit zustimmen. Dieser dritte Punkt wird nicht selten außer Acht gelassen. Aber Coaching benötigt auch die explizite Zustimmung von Ihnen als Coach: Können Sie sich auf den Coachingprozess einlassen?

Erfahrungsgemäß kann es mehrere Gründe geben, dass Sie einen Kontrakt nicht eingehen:

- Es handelt sich um ein Thema, das überhaupt nicht für Coaching geeignet ist. Wenn ein Coachee mit schweren Depressionen zu Ihnen ins Coaching kommt, werden Sie sinnvollerweise die Finger davon lassen. Das ist Thema einer Therapie, aber nicht Gegenstand eines Coachingprozesses.
- Es handelt sich um ein Thema, das den vorgegebenen Rahmen des Coachings übersteigt. Das können eindeutig private Themen sein, die nicht mehr unter Coaching im beruflichen Bereich zu fassen sind – obwohl die Grenze hier sicherlich fließend ist. Problematisch ist es auch, einen Coachee zu beraten, wie er in einem Konflikt gegen das Unternehmen vorgehen kann, wenn das Unternehmen selbst der Auftraggeber ist.
- Es handelt sich um ein Thema, in dem Ihnen die Sachkompetenz fehlt: Coaching von Projektleitern zum Thema Projektmanagement erfordert entsprechende Kenntnisse. Wenn Ihnen diese fehlen, können Sie vielleicht einen Experten hinzuholen – aber Sie sollten es nicht alleine tun!

- Sie fühlen sich als Coach nicht kompetent, das Thema zu bearbeiten. Nicht jeder Coach traut sich zu, zwei Bereichsleiter in einem massiven Konflikt zu coachen – dann ist es besser, dazu zu stehen, als hier etwas zu versuchen.
- Sie können zu dem Coachee keine vertrauensvolle Coachingbeziehung aufbauen. Eine positive Beziehung ist ein entscheidender Erfolgsfaktor. Es wird immer Personen geben, zu denen Sie eine solche Beziehung nicht aufbauen können – dann gilt hier ebenfalls: Finger davon lassen!
- Sie können gegenüber dem Coachee und dem Thema nicht »neutral« sein. Coaching, wir hatten im ersten Kapitel schon darauf hingewiesen, erfordert Neutralität und zugleich professionelle Distanz. Wenn Sie sich über einen Mitarbeiter ärgern, können Sie ein Kritikgespräch führen oder den Konflikt austragen – aber Sie können ihn nicht coachen. Sie können einen Coachee auch nicht coachen, wenn Sie eine Lösung im Kopf haben, die Sie durchsetzen möchten – Sie können versuchen, ihn zu überzeugen, aber das ist etwas anderes als Coaching. Schließlich können Sie nicht bei einem Thema coachen, das für Sie selbst ein unbearbeitetes Thema darstellt.
- Letztendlich: Sie sollten sich nicht auf Coaching einlassen, wenn das Ihren eigenen Wertvorstellungen widerspricht. Bleiben Sie authentisch und lassen Sie sich nicht auf etwas ein, zu dem Sie nicht stehen können – es würde ohnehin nichts Vernünftiges herauskommen.

Anregung zur Weiterarbeit

Sie können die Auftragsklärung gut üben, wenn Sie sich selbst in die Rolle eines Coachee versetzen:
- Was wären Themen, zu denen Sie sich coachen lassen würden?
- Was wären Ziele eines möglichen Coachingprozesses? Was möchten Sie am Schluss erreicht haben?
- Mithilfe welcher Indikatoren könnte man die Erreichung dieser Coachingziele überprüfen: Was wären mögliche Kennzahlen (gehen Sie dafür die Liste möglicher Kennzahlen durch)? Was wären mögliche subjektive Indikatoren?

Entsprechend können Sie das Vorgehen bei Ihrem nächsten Coachinggespräch üben. Legen Sie dabei besonderen Wert auf die Auftragsklärung. Überlegen Sie sich im Vorhinein mögliche Indikatoren.

Auch hier zum Abschluss dieses Kapitels wieder einige Literaturhinweise, wo Sie weitere Anregungen erhalten:
- Ulrich Dehner: Leitfaden für das erste Coaching-Gespräch. In: Rauen, C. (Hrsg.): Handbuch Coaching. Hogrefe, Göttingen (3. Aufl.) 2005, 353–367.
- Manfred Prior: Beratung und Therapie optimal vorbereiten. Carl Auer Verlag, Heidelberg (4. Aufl.) 2010.
- Mathis Wissemann: Wirksames Coaching. Huber, Bern 2006, 231–244.

Kapitel 3:
Phasen des Coachinggesprächs

Die Grundstruktur: das »GROW-Modell«

Beate Scholz startet mit ihrem ersten Coachinggespräch. Doch wie soll sie vorgehen? Wie kann sie es strukturieren? Wie schafft sie es, dass das Gespräch sich nicht in allen möglichen Details verliert – aber sie zugleich offen ist für die besondere Situation? Sie braucht eine Struktur für das Gespräch.

Coaching, so hatten wir eingangs gesagt, bedeutet, einen Coachee zu unterstützen, selbst Probleme zu lösen, wobei der Begriff »Problem« weiter gefasst ist als im Alltag: Ein Problem, so formulierten wir im Anschluss an Duncker, liegt immer vor, »wenn ein Lebewesen ein Ziel hat und nicht ›weiß‹, wie es dieses Ziel erreichen soll«. Ein Problem ist dabei durch folgende Merkmale gekennzeichnet:

- Es existiert ein Ziel, das erreicht werden soll.
- Es gibt eine Ausgangssituation.
- Es sind Möglichkeiten zur Erreichung des Ziels festzulegen.
- Es sind die konkreten Schritte abzusprechen.

Wenn ein Coachee (oder irgendeine andere Person) ein »Problem« hat, denken wir im Alltag zunächst vorrangig an den dritten Schritt, dass er nicht weiß, wie er das Ziel erreichen soll. Schwierigkeiten können aber auf allen Ebenen der Problemlösung liegen. Daher kann Coaching auf allen Ebenen ansetzen.

Coaching bedeutet, den Coachee zu unterstützen,
- sich über seine Ziele klar zu werden,
- die Ausgangssituation zu klären und zu verstehen, »wo das Problem eigentlich liegt«,
- neue Lösungsmöglichkeiten zu finden – sei es durch Prozessberatung, sei es durch Expertenberatung –,
- eine Entscheidung zwischen verschiedenen Möglichkeiten zu treffen und dafür einen Handlungsplan zu entwickeln.

Daraus ergibt sich die Grundstruktur des Coachingprozesses analog zu den Schritten des Problemlösungsprozesses.

Problemlösungsprozess	Coachingprozess
1. Klärung des Ziels	Orientierungsphase • Was ist das Thema des Coachings? • Was ist das Ziel? Was soll am Schluss erreicht sein?
2. Klärung der Istsituation	Klärungsphase • Wie ist die gegenwärtige Situation? • Was ist erreicht beziehungsweise nicht erreicht? • Wo genau liegen die Probleme? • Was hat zu der gegenwärtigen Situation geführt? • Was sind mögliche zukünftige Szenarien?
3. Sammlung von Lösungsmöglichkeiten	Lösungs- oder Veränderungsphase • Was sind Handlungsmöglichkeiten? • Was sind jeweils Vor- und Nachteile?
4. Festlegung des Handlungsplans	Abschlussphase • Was ist das Ergebnis? • Was sind die nächsten Schritte?

John Whitmore, bei dem sich im Grunde die gleiche Gliederung findet, hat dafür eine eingängige Formel entwickelt, die man sich leicht merken kann und die wir auch im Folgenden immer wieder verwenden: das GROW-Modell.

GROW bedeutet:
• Goal (Orientierungsphase): Klärung des Ziels.
• Reality (Klärungsphase): Klärung der Situation.
• Options (Lösungsphase): Sammlung und Bewertung von Lösungsmöglichkeiten.
• Will (Abschlussphase): Festlegung des Handlungsplans.

• Auch andere Gliederungen des Coachingprozesses lehnen sich mehr oder minder explizit an die Struktur des Problemlösungsprozesses an, wobei gelegentlich einzelne Phasen nochmals untergliedert werden:
• Gordon und Ronald Lippitt (2006, 18ff., urspr. 1984) unterscheiden sechs Phasen:
  Phase 1: Kontakt und Einstieg,
  Phase 2: Formulierung des Kontrakts und Aufbau einer Arbeitsbeziehung,
  Phase 3: Definition des Problems und diagnostische Analyse,
  Phase 4: Zielsetzung und Vorgehenspläne,
  Phase 5: Durchführung und Erfolgskontrolle,
  Phase 6: Sicherung der Kontinuität.
• Christopher Rauen gliedert den Coachingprozess in dem COACH-Modell in fünf Phasen: Come together, Orientation, Analysis, Change, Harbour (Rauen 2008a).

Die Gliederung in die vier Phasen Orientierungsphase, Klärungsphase, Lösungs- oder Veränderungsphase und Abschlussphase bildet die Grundstruktur des Coachingprozesses und lässt sich auf unterschiedlichen Ebenen anwenden:

- Ein einzelnes Coachinggespräch beginnt mit einer Orientierungsphase, in der Thema und Ziel festgelegt werden. Daran schließt sich eine Klärungsphase: Wie ist die gegenwärtige Situation? Wo liegen die Probleme? In der Lösungsphase werden Handlungsmöglichkeiten gesammelt, in der Abschlussphase das Ergebnis und die nächsten Schritte festgelegt.
- Ein längerer Coachingprozess mit mehreren Sitzungen wird ebenfalls mit einer Orientierungsphase (Was ist das Ziel des Coachingprozesses?) beginnen und mit einer Abschlussphase (Was ist erreicht?) schließen. Darüber hinaus lässt sich jede Coachingsitzung entsprechend gliedern: Jede einzelne Sitzung hat eine eigene Orientierungsphase, eine eigene Klärungsphase, eine eigene Lösungsphase und einen eigenen Abschluss.

Übrigens können Sie diese Struktur genauso in anderen Gesprächen verwenden. Wenn Sie ein Problem mit einem Mitarbeiter haben (in dieser Situation sind Sie nicht Coach, sondern Betroffener), empfiehlt es sich, das Gespräch ebenfalls in Phasen zu strukturieren: zunächst das Ziel des Gesprächs festzulegen, die Ist-Situation zu klären, Lösungen zu sammeln und zum Schluss zu einer Vereinbarung über die nächsten Schritte zu gelangen.

Orientierungsphase (»Goal«)

»Sage mir, wie das Coachinggespräch beginnt – und ich sage dir, wie es aufhört« – der Beginn des Coachinggesprächs ist entscheidend. Hier entscheidet es sich, ob ein Kontakt zwischen Coach und Coachee entsteht. Hier werden aber auch Thema und Ziel der Coachingsitzung festgelegt. Das bedeutet: Es werden die Weichen für den weiteren Verlauf gestellt.

Dabei beginnt die Orientierungsphase nicht erst mit dem Gespräch, sondern bereits im Vorfeld: Es ist der Raum vorzubereiten, Sie müssen sich innerlich auf Coaching einstellen. Die nächsten Schritte stehen dann im Coachinggespräch selbst an: die Festlegung des Themas, des Ziels, die Vereinbarung von Rahmenbedingungen und des weiteren Vorgehens.

Die Vorbereitung des Raums. Meistens lautet die erste Frage: Wo findet das Coaching statt? Ein Büro, wo häufig andere Personen vorbeilaufen – und dann vermutlich interessiert schauen, was hier wohl abläuft? In einem Besprechungsraum innerhalb des Unternehmens oder in einem Besprechungsraum in einem Hotel? Überlegen Sie daher:

- Wer darf von dem Coaching wissen? Welcher Raum ist im Blick darauf geeignet?
- Bietet der Raum eine Atmosphäre, in der man gut arbeiten kann? Ein Seminarraum ohne Tageslicht, wo man sich irgendwo an die Seminartische setzen muss, ist vermutlich weniger geeignet. Versuchen Sie, einen Raum zu finden, wo Ihr Coachee und Sie sich wohlfühlen.

- Welche Ausstattung ist erforderlich? Flipchart und Moderationskarten sind generell zweckmäßig, möglicherweise brauchen Sie zudem Beamer oder Videokamera.
- Wie richten Sie sich den Raum ein? Wo stellen Sie das Flipchart hin, damit Sie einen guten Zugang haben, wo wählen Sie Ihren Platz, wo den des Coachee?
- Versuchen Sie, das Gespräch an einem Besprechungstisch zu führen, an dem Coach und Coachee nicht direkt gegenüber, sondern ungefähr in einem Winkel von 90 Grad zueinander sitzen können. Die Sitzposition von etwa 90 Grad ist die klassische Position für Beratungsgespräche (vgl. Schreyögg 2003, 223ff.): Sie ermöglicht Coach und Coachee, jederzeit Blickkontakt aufzunehmen, ohne dass sich beide konfrontieren.
- Versuchen Sie, Störungen zu vermeiden. Also: Telefon umschalten, der Sekretärin mitteilen, dass man jetzt nicht gestört werden möchte und so weiter.

Übrigens: Das Einrichten des Raumes hat etwas mit dem sozialen System zwischen Coachee und Coach zu tun. Einrichtung des Raums gehört zur Systemumwelt – und die Systemumwelt beeinflusst natürlich auch den Zustand des Coachingsystems. Sicherlich haben Sie selbst schon diese Erfahrung gemacht: Wenn man sich in dem Raum nicht wohlfühlt, dann fehlt die Energie, es wird anstrengend, zu arbeiten – und nicht selten schlägt sich das auf das Ergebnis nieder.

Coaching beginnt beim Coach: sich auf Coaching einstellen. Coaching ist keine bloße Anwendung von Methoden, sondern entscheidender Erfolgsfaktor ist die innere Einstellung des Coachs: »Ich will Sie unterstützen!«
Carl Rogers, der Begründer der personzentrierten Therapie (vgl. Groddeck 2006), hat besonderes Gewicht auf die Einstellung des Therapeuten oder Beraters gelegt. Er spricht in diesem Zusammenhang von drei zentralen Grundeinstellungen:

- *»Bedingungsfreies Akzeptieren«:* Bedingungsfreies Akzeptieren ist für Rogers Voraussetzung für Beratung und Therapie, wobei »bedingungsfrei« bedeutet, dass das Akzeptieren des Gesprächspartners
  »… frei ist von Beurteilung und Bewertungen der Gedanken, Gefühle und Verhaltensweisen des Klienten … Dies … ist die Haltung, die mit größter Wahrscheinlichkeit dazu führt, dass der Klient Vertrauen fasst, sein Selbst weiter erkundet und unrichtige Äußerungen korrigiert, sobald sich sein Vertrauen gefestigt hat« (Rogers 2007, 24).
  Damit ist nicht gemeint, alle Verhaltensweisen eines Klienten als »gut« zu bewerten, sondern es bedeutet, ihn als autonome Person zu akzeptieren, die in der Lage ist, selbst Probleme zu lösen.
- *»Empathie« beziehungsweise »einfühlendes Verstehen«:* Unter Empathie versteht Rogers,
  » …dass man die private Wahrnehmungswelt des anderen betritt und völlig in ihr heimisch wird. Empathie schließt ein, dass man empfindsam ist, von Augenblick zu Augenblick, gegenüber den sich verändernden gefühlten Bedeutungen, die in einer anderen Person fließen« (Rogers/Schmid 2004, 194).

Empathie bedeutet, sensibel für die Empfindungen des Klienten zu sein und sich die Frage zu stellen: »Wie sieht der Klient diese Situation?« Die Perspektive des Klienten zu übernehmen oder, wie es in einer Indianerweisheit heißt, »in die Mokassins des anderen schlüpfen«. Wie hat er die Situation wahrgenommen? Wie hat er sie erlebt? Empathie bedeutet auch einen hohen Grad von Konzentration: sich auf den Klienten einzustellen, seinen Empfindungen nachzuspüren und ihn zu unterstützen, sich dessen bewusst zu werden, was ihm wichtig ist.

- »Kongruenz« beziehungsweise »Authentizität«: Für Rogers ist die Kongruenz die grundlegendste Bedingung für Beratung und Therapie:
  »Dies ist die grundlegendste unter den Einstellungen des Therapeuten, die den positiven Verlauf einer Therapie fördern. Eine Therapie ist mit größter Wahrscheinlichkeit dann erfolgreich, wenn der Therapeut in der Beziehung zu seinem Klienten er selbst ist, ohne sich hinter einer Fassade oder Maske zu verbergen« (Rogers 2007, S. 26).
  Kongruenz oder Authentizität bedeutet für einen Coach, auch auf sich selbst zu achten: Wie geht es mir in dieser Rolle? Wozu kann ich stehen?

Ein Coach wirkt nur zu einem Teil durch die Methoden, die er anwendet. Er wirkt zu einem mindestens ebenso großen Teil als Person: Als Person, die authentisch ist, die den Coachee unterstützt, sich selbst besser zu verstehen (und damit empathisch ist), die die Person des anderen grundsätzlich als positiv sieht, bei der der Coachee sich »gut aufgehoben« fühlt. Coaching ist damit stets »Konzentration auf das Wesentliche« (Linder-Hoffmann/Zink 2002, 45; vgl. 2007), ist so etwas wie hohe Wahrnehmung der besonderen Situation, der Empfindungen des Coachees, ist Wertschätzung und enger Kontakt, ihn zu begleiten. Für die konkrete Situation heißt das:

> - Nehmen Sie sich Zeit, sich aus dem Tagesgeschäft zu lösen. Legen Sie alles, was Sie sonst noch beschäftigt hat, beiseite. Machen Sie sich bewusst: In der kommenden Zeit ist der Coachee für Sie die wichtigste Person auf der Welt. Stellen Sie sich voll auf ihn ein. Stellen Sie sich darauf ein, dass es jetzt darum geht, ihn zu unterstützen.
> - Vielleicht kann Ihnen ein »Anker« helfen, sich auf diese Situation einzustellen: ein Ritual beim Vorbereiten des Raumes, beim Zurechtlegen Ihrer Unterlagen, ein Symbol (ein Bild), das Sie auf Ihrem Schreibtisch stehen haben, oder einige Sätze als Selbstinstruktion: »Coaching heißt, den anderen zu unterstützen, selbst Probleme zu lösen.«

Kontakt zum Coachee aufbauen. Jeder weiß aus Alltagserfahrungen, wie entscheidend der Kontakt zum Gesprächspartner ist: Wenn es gelingt, einen »Draht« zum anderen zu finden, ist damit ein entscheidender Schritt für das Gespräch getan. Im Neurolinguistischen Programmieren spricht man hier von »Rapport«: eine Beziehung zum Gesprächspartner aufbauen, »die auf gegenseitiger Achtung, Wertschätzung und Vertrauen beruht« (Mohl 2006, Bd. 1, 131; vgl. auch McDermott/O'Connor 1999, 33ff.).

Der Aufbau des Kontaktes ist ein hochkomplexer Prozess, der zu einem wesentlichen Teil in den ersten Sekunden und Minuten des Gesprächs abläuft. Man nimmt eine Fülle von Eindrücken vom anderen wahr: was er sagt, seinen Tonfall, seine Körperhaltung, seine Sitzposition. Alle diese Signale verdichten sich dann zu einem Kontakt oder dazu, dass kein Kontakt entsteht.

Diese Prozesse verlaufen zum großen Teil unbewusst. Aber es kann hilfreich sein, dabei auf bestimmte Punkte zu achten:

- Wo wählen Sie als Coach Ihren Platz? Wo kann sich der Coachee hinsetzen? Sind Nähe, Distanz und Körperrichtung passend, oder sollte hier noch etwas verändert werden?
- Versuchen Sie, sich in der Körperposition auf den anderen einzustellen. Im Neurolinguistischen Programmieren spricht man hier von »Pacing« (Spiegeln): Dies bedeutet, sich dem anderen in der Körperhaltung, in der Wortwahl, im Sprachtempo anzugleichen.
- Gegebenenfalls am Anfang ein wenig »Small Talk« betreiben (über die Herfahrt, den Urlaub, Ereignisse der letzten Woche und Ähnliches). Dabei kommt es weniger auf den Inhalt des Gesprächs an als darauf, dass beide Gesprächspartner etwas Zeit haben, Eindrücke von dem anderen auf sich wirken zu lassen und sich aufeinander einzustellen.

Eine Gefahr bei dieser Phase liegt darin, dass sie zu einer »Technik des Kontaktaufbaus« wird, in der bestimmte Bewegungen möglichst genau vollzogen werden. Der Gesprächspartner registriert auch unbewusste Bewegungen, die sich nicht durch eine solche Technik steuern lassen. Eine positive Beziehung kann nur aufgebaut werden, wenn der Coach innerlich dazu bereit ist. Entscheidend ist zunächst die eigene Einstellung, und erst dann bewusst auf die Körperhaltung achten. Hilfreich ist, sich hierbei auf das eigene Gefühl zu verlassen: Sie als Coach nehmen unbewusst in dieser Phase zahllose Signale Ihres Gesprächspartners wahr und können gefühlsmäßig darauf reagieren. Also achten Sie auf Ihr Gefühl: Sind Nähe/Distanz und Sitzposition stimmig?

Festlegung der Themen für das Coachinggespräch. So, nach diesen Vorbereitungen kommen Sie endlich zur Sache: Welches Thema soll heute bearbeitet werden? Doch wie finden Sie das Thema: Machen Sie sich einen festen Plan für jede Sitzung – oder lassen Sie es einfach darauf ankommen, es wird sich schon ergeben?

Weder das eine noch das andere: Ein fester Plan für jede Sitzung würde Ihr Vorgehen starr und unflexibel machen. Denken Sie daran: Erstens kommt es anders, zweitens als man denkt. Das gilt ebenso für das Coachinggespräch. Sie haben einen tollen Plan, aber für Ihren Coachee sind ganz andere Themen relevant. Andererseits haben Sie in der Auftragsklärung Ziele vereinbart – und im Blick darauf stehen bestimmte Themen an. Von daher liegt die Wahrheit in der Mitte:

> Bereiten Sie sich auf jedes Coachinggespräch vor – aber seien Sie zugleich offen für neue Themen!

Grundsätzlich haben Sie mehrere Möglichkeiten, Themen für die jeweilige Coachingsitzung festzulegen:

- Eine erste Möglichkeit ergibt sich aus der Zielvereinbarung: Welche Themen müssen bearbeitet werden?
- Bei komplexen Themen ist es sinnvoll, sie in einzelne Teilthemen zu zergliedern. Bei unserem Beispiel von Herrn Berg: Sich in dem Bereich zu positionieren erfordert sicherlich mehrere Schritte, die sich auf einzelne Coachingsitzungen verteilen lassen.
- Andererseits gibt es immer zusätzliche Themen, die dringend sind: Herr Berg muss sein Konzept im Kreis der Bereichsleiter präsentieren. Daraus ergibt sich die Vorbereitung dieser Präsentation als ein eigenes Thema. Solche »Feuerwehrthemen« haben, wenn sie in den Gesamtauftrag passen, häufig Vorrang vor anderen Themen. Es ist wenig sinnvoll, in einer Sitzung zu diskutieren, wie Herr Berg Kontakt zu seinen Bereichsleiterkollegen aufnehmen kann, wenn ihm andauernd durch den Kopf geht, wie er die Präsentation übersteht.
- Schließlich ist es denkbar, dass Ihnen als Coach im Verlauf des Coachingprozesses Themen auffallen, die bearbeitet werden sollten. Auch das kann Inhalt einer Coachingsitzung sein. Aber der Coachee entscheidet, was für ihn wichtig ist, nicht Sie als Coach!

Damit können Sie die Spannung zwischen zu starker Planung und fehlender Vorbereitung gut ausgleichen: Bereiten Sie sich auf mögliche Themen vor, überlegen Sie sich vielleicht, welches Thema aus Ihrer Sicht geeignet wäre – aber seien Sie offen für mögliche neue Themen und ändern Sie entsprechend Ihren Plan. Mögliche Prozessfragen für die Festlegung des Themas sind:

- Welches Thema steht heute an?
- Was möchten Sie bearbeiten?
- Was führt Sie zu mir?
- Was hat sich seit unserem letzten Coachinggespräch ergeben?

Meist braucht der Coachee etwas Zeit, um zum eigentlichen Thema zu kommen. Er muss erst »ankommen«. Hier gilt: etwas Zeit lassen, zuhören, Verständnis zeigen. Aber nicht bereits jetzt nachfragen: Sie haben ja noch kein Ziel vereinbart und wissen demzufolge noch nicht, ob das, was Sie fragen, überhaupt wichtig ist. Es verändert die Situation, wenn Sie in dieser Phase zu früh nachfragen: Der Coachee wird Ihnen erklären, was Sie wissen möchten, aber er arbeitet damit nicht an seinem eigentlichen Thema. Ein Beispiel aus einer unserer Ausbildungsgruppen:

> Coachee erzählt von einer Mitarbeiterin, die, wie er es beschreibt »störrisch« ist und immer widerspricht.
> *Coach:* »Seit wie vielen Jahren arbeitet die hier?«
> *Coachee:* »Seit sechs Jahren.«
> *Coach:* »Hat sie ein eigenes Büro?«

> *Coachee:* »Ja, das hat sie. Die anderen arbeiten teilweise in einem größeren Büro, sie hat ein eigenes.«
> *Coach:* »Ist das Büro von den übrigen abgelegen?«

Sie merken, wie sich hier die Situation verschiebt: Der Coachee erklärt dem Coach etwas, aber er arbeitet nicht an seinem eigenen Problem. Vermutlich hat der Coach hier bestimmte Hypothesen im Kopf – aber niemand weiß, ob die von ihm gestellten Fragen für den Coachee wirklich wichtig sind. Fragen stellen, ohne das Ziel des Coachinggesprächs zu kennen, ist wie Stochern im Heuhaufen, ohne zu wissen, wo wirklich die Nadel ist. Also:

Erst das Ziel, dann die Klärung der Situation!

Besonders heikel ist die Festlegung des Themas für das erste Coachinggespräch: Hier entscheidet es sich, ob Ihr Coachee mit dem Coaching – und auch mit Ihnen als Coach – etwas anfangen kann. Das heißt, es geht im ersten Coachinggespräch darum,

- dass Sie als Coach Ihre Kompetenz aufzeigen können,
- dass Ihr Coachee schnell einen ersten Erfolg hat.

Das Thema des ersten Coachinggesprächs sollte somit so etwas wie einen »Quick Win« ermöglichen. Was das Thema ist, ergibt sich dann aus der konkreten Situation: Es kann ein Teilthema aus den Themen des Auftrags sein, es kann aber ebenso ein »Feuerwehrthema« sein, wo der Coachee schnell Unterstützung benötigt. Es wird weniger ein Thema sein, das in stärkerem Maße die Persönlichkeit des Coachee betrifft: Solange das Vertrauen noch nicht aufgebaut ist, sind es eher »sachliche« Themen: beispielsweise dem Coachee Hilfestellung für ein Gespräch zu geben, mit ihm eine Präsentation vorzubereiten.

Festlegung des Ziels für dieses Coachinggespräch. Thema und Ziel können gleichzeitig oder nacheinander geklärt werden. Möglicherweise hat der Coachee bereits ein bestimmtes Ziel, das er in dieser Sitzung erreichen möchte. Oder der Coachee beginnt zunächst mit der allgemeinen Schilderung. Dann gilt, ihn von hier aus zu dem Ziel führen:

- Was soll Ziel des heutigen Coachings sein?
- Was möchten Sie als Ergebnis nach Abschluss dieses Gespräches mitnehmen?

Häufig wird der Coachee in dieser Situation Ziele nennen, die über die Coachingsitzung hinausreichen: »Ich möchte meine Position als neuer Vorgesetzter festigen.« Das ist kein Ziel, das der Coachee nach zwei Stunden erreicht haben wird, sondern es ist ein Ziel, das er auf längere Sicht erreichen möchte. Hier gilt, zwischen zwei Zielen zu unterscheiden:

- *Das Prozessziel*, das der Coachee nach Abschluss eines längeren Prozesses erreichen möchte: »Ich möchte meine Position als neuer Vorgesetzter festigen.«

- *Das eigentliche Coachingziel,* nämlich das Ziel, das der Coachee nach Abschluss dieses Gesprächs erreicht haben möchte:»Ich möchte wissen, wie ich in den nächsten 14 Tagen als Bereichsleiter vorgehen soll.«

Ihre Aufgabe als Coach ist es, auf jeden Fall das Coachingziel (also das konkrete Ziel dieser Sitzung) zu klären. Wenn der Coachee zunächst nur Prozessziele nennt, müssen Sie ihn zum eigentlichen Coachingziel führen:

- Im Blick darauf können Sie fragen: Was möchten Sie als Ergebnis unseres Gespräches mitnehmen?

Diese Frage zwingt den Gesprächspartner, sich über das Ziel klar zu werden und ist damit im Grunde schon ein wichtiger Schritt zur Problemlösung. In diesem Zusammenhang noch ein wichtiger Hinweis:

> **Visualisieren Sie das Coachingziel!**
> Am besten so, dass Sie und der Coachee es im weiteren Gespräch vor Augen haben – möglicherweise auf einer Flipchart oder auf einer Metaplankarte, die Sie für den Coachee sichtbar hinlegen. Die Visualisierung des Coachingziels zwingt den Coachee dazu, es genau zu formulieren (möglicherweise müssen Sie nachfragen, ob die Formulierung die ist, mit der er etwas anfangen kann), und gibt Ihnen und dem Coachee Orientierung.

Festlegen von Rahmenbedingungen und Vereinbarungen zum weiteren Vorgehen. In der Regel ist der äußere Rahmen bereits im Zusammenhang mit der Auftragsklärung abgeklärt. Hilfreich ist es jedoch, den heute zur Verfügung stehenden Zeitrahmen, aber auch die Schwerpunkte (geht es vorrangig um Experten- oder Prozesscoaching) transparent zu machen und gegebenenfalls Hinweise zum weiteren Vorgehen zu geben. Daraus ergibt sich folgende Checkliste:

- *Welcher Zeitrahmen steht zur Verfügung:* Die Information, dass nicht mehr als zwei Stunden zur Verfügung stehen, wird unbewusst gespeichert und führt dazu, dass der Coachee von sich aus überlegt, was er in dieser Zeit bearbeiten möchte, und sich dann eher auf das Wesentliche beschränkt.
- *Was ist die Rolle des Coachs:* In der Regel ist das bereits in der Auftragsklärung festgelegt, möglicherweise muss es hier nochmals betont werden: Coaching ist Unterstützung bei der Lösung des Problems; das Problem bleibt beim Coachee, der Coach nimmt ihm die Entscheidung nicht ab.
- *Liegt das Schwergewicht auf Prozess- oder Expertenberatung:* Das heißt, benötigt der Coachee insbesondere Anregungen oder sucht er Unterstützung, für sich eine Situation zu klären?
- *In welchen Schritten oder mit welchen Methoden soll das Thema bearbeitet werden:* Folgt der Ablauf dem üblichen Coachingprozess (Klärung der Situation, Sammlung von Lösungen und Festlegung des Handlungsplans), oder sind besondere weitere Vorgehensweisen vorgesehen? Hier kann man den Coachee fragen, ob er

dazu bestimmte Vorstellungen hat. Häufiger ist der Coach jedoch hier als Experte gefragt, der den Ablauf vorschlägt: »Ich schlage Ihnen vor, dass Sie zunächst die Situation schildern, dass wir dann Möglichkeiten sammeln und Sie abschließend entscheiden, was davon brauchbar ist.«

- *Was ist die Rolle möglicher anderer Beteiligter:* In manchen Situationen können mehrere Personen beim Coachingprozess beteiligt sein: Beispielsweise hat Herr Berg seinen Stellvertreter mitgebracht oder es nehmen zusätzliche Fachexperten teil. Die Rolle dieser Personen muss zu Beginn eindeutig vereinbart werden: Ist der Stellvertreter beteiligt oder ist er im Wesentlichen Zuhörer? Wann sollte der Experte gefragt werden?
- Wie wird Vertraulichkeit gesichert?

Ergebnis der Orientierungsphase müssen explizite Kontrakte sein:
- Kontrakt darüber, dass sich Coach und Coachee auf den Coachingprozess einlassen,
- Kontrakt über das Thema,
- Kontrakt über das Ziel dieses Coachinggesprächs,
- Kontrakt über Rahmenbedingungen und möglicherweise das Vorgehen,
- Kontrakt über die Rolle von Experten und anderen Beteiligten.

Entscheidend ist, dass diese Kontrakte eindeutig sind und alle Beteiligten tatsächlich einverstanden sind:

- *Der Coachee muss eindeutig zustimmen:* Dabei hängt seine Zustimmung nicht unbedingt davon ab, dass ihm völlig klar ist, worum es geht. Ein Coachee kann sich auch auf ein für ihn ungewohntes und unklares Verfahren einlassen, wenn er von der Kompetenz und Verantwortlichkeit des Coachs überzeugt ist. Im Zweifelsfall ist es besser, gezielt nachzufragen, um mögliche Einwände zu bearbeiten.
- *Weitere Beteiligte müssen zustimmen:* Kann sich der Stellvertreter von Herrn Berg darauf einlassen, dass er hier im Wesentlichen die Rolle des Zuhörers hat? Sind die Experten damit einverstanden, dass sie zu bestimmten Punkten gefragt werden, aber nicht jederzeit eingreifen dürfen?
- *Schließlich muss der Coach zustimmen:* Können Sie als Coach sich auf diesen Coachee, dieses Thema, dieses Ziel, dieses Verfahren, diese Verteilung der Rollen einlassen?

Eine eindeutige Orientierung ist zu Beginn eines jeden Coachinggesprächs unverzichtbar. Darüber hinaus kann es jedoch erforderlich sein, auch während des weiteren Verlaufs neue Orientierungsphasen einzuschieben: Es kann sich ein neues Thema oder ein neues Ziel andeuten. Dann ist abzuklären, ob dieses neue Thema jetzt bearbeitet oder zunächst zurückgestellt werden soll. Oder der Coach schlägt ein bestimmtes Vorgehen vor, wofür die Zustimmung des Coachees einzuholen ist.

Anregung zur Weiterarbeit

Sie können die Gliederung eines Gesprächs in die vier Phasen auch auf jedes andere Gespräch übertragen. Von daher bieten sich verschiedene Übungsmöglichkeiten:

Versuchen Sie erstens, die Orientierungsphase in anderen Gesprächen bewusst anzuwenden:

- Bereiten Sie den Raum für das Gespräch vor: Welcher Raum ist geeignet? Wie können Sie sich einrichten, dass Sie sich möglichst wohlfühlen?
- Stellen Sie sich selbst auf das Gespräch ein. Machen Sie sich klar, was Ihr Gesprächspartner vermutlich erreichen will? Formulieren Sie Ihr Ziel (am besten schriftlich).
- Versuchen Sie, bewusst Kontakt aufzubauen. Achten Sie dabei auf Ihr Gefühl. »Passen« im Blick darauf die räumliche Distanz, Ihre Sitzposition, Ihre Körperhaltung?
- Legen Sie zu Beginn des Gesprächs Thema und insbesondere das Ziel ausdrücklich fest: Worum geht es, und was soll Ergebnis des Gesprächs sein?
- Machen Sie Rahmenbedingungen (Zeitrahmen) des Gesprächs transparent. Stimmen Sie gegebenenfalls das Vorgehen ab.
- Schließlich: Achten Sie auf die Kontrakte. Stimmen Ihr Gesprächspartner und Sie zu?

Zweitens: Wenn Sie bereits Coachinggespräche führen, achten Sie auch hier bewusst auf die Orientierungsphase. Reflektieren Sie anschließend Ihr Vorgehen.

Klärungsphase (»Reality«)

In der Regel sind wir extrem lösungsorientiert. Wir versuchen (als Vorgesetzter, als Experte, als Kollege, der Unterstützung gibt), sofort eine Lösung zu finden – um dann möglicherweise ein »Ja – aber« zu hören, nämlich dass die Lösung nicht zu dem Problem und der Situation des Gesprächspartners passt. Hier gilt ein Grundsatz:

»Erst die Klärung, dann die Lösung!«

Daraus ergibt sich die zweite Phase des Coachinggesprächs, die Klärungsphase oder, wie Whitmore formuliert, die »Reality«-Phase. Ziel der Klärungsphase ist jedoch nicht, dass der Coach die Situation vollständig versteht – das ist zum einen ohnehin nicht möglich, zum anderen führt es dazu, dass der Coachee versucht, dem Coach die Situation zu erklären – und damit nicht mehr bei der Bearbeitung seines Problems ist. Es geht darum, den Coachee zu unterstützen, sich selbst über die Situation klar zu werden. Erst, wenn er weiß, was erreicht ist, was nicht erreicht ist, welche Faktoren zur Situation geführt haben und was zu erwartende Konsequenzen sind, hat er eine hinreichende Chance, neue Lösungsmöglichkeiten zu finden.

Es ist Aufgabe der Klärungsphase, den Coachee zu unterstützen, die Situation besser zu verstehen – es geht nicht darum, dass der Coach die Situation möglichst umfassend versteht!

Insbesondere für unerfahrene Coachs liegt hier eine Schwierigkeit. Man versucht als Coach, das Problem zu verstehen, fragt nach, möchte Informationen. Doch damit verändert sich die Situation: Der Coachee bemüht sich, dem Coach die Situation zu erklären, und wird gerade dadurch gehindert, sich selbst gedanklich auf die Situation zu konzentrieren. Erklärung der Situation für den Coach und Klärung der Situation durch den Coachee für sich selbst sind zwei deutlich unterschiedliche Vorgehensweisen. Coaching kann erfolgreich sein, ohne dass der Coach das Problem überhaupt verstanden hat.

Eine Gefahr bei der Klärungsphase besteht darin, dass hier alle möglichen Informationen geklärt werden, die letztlich für die Lösung des Problems keine Bedeutung haben. Wenn der Coach zum Beispiel bei dem Thema »Positionierung von Herrn Berg als Bereichsleiter« genau nachfragt, was denn die Aufgaben des Bereichs von Herrn Berg sind, so mag das zwar interessant sein, ist für die Lösung des Problems aber nicht relevant. Das Kriterium, was zu klären ist, was nicht, ist das Coachingziel. Im Blick darauf ergibt sich, welche Informationen wichtig sind, welche nicht:

Was muss geklärt werden, um das Coachingziel zu erreichen?

Dafür ein Beispiel: Wenn es das Ziel des Coachinggesprächs ist, dass Herr Berg seine Position im Bereichsleiterteam festigt, dann ist es irrelevant, den täglichen Arbeitsplan von Herrn Berg durchzugehen. Sondern es wäre zu klären, wie seine jetzige Position ist, wo mögliche Probleme liegen und was Herr Berg bislang bereits getan hat.

Prozessfragen für die Klärungsphase. Eine Situation klären bedeutet, zu klären, was genau vorliegt, welche Faktoren dazu geführt haben und wie sie sich möglicherweise weiterentwickeln wird. Daraus ergeben sich verschiedene Fragerichtungen und verschiedene Prozessfragen:

Klären der gegenwärtigen Situation:
- Können Sie die gegenwärtige Situation schildern?
- Was ist erreicht, was nicht?
- Schätzen Sie die gegenwärtige Situation (zum Beispiel den Stand des Projektes) zwischen 0 und 100 ein. 0 bedeutet katastrophal, 100 bedeutet optimal. Dabei ist weniger die Zahl von Belang, sondern das, was dahinter steht: Was macht bei einer Einschätzung von 60 den Erfolg aus, was sind die fehlenden 40?
- Wo genau liegen die Probleme?
- Was denken Sie in dieser Situation?
- Wie geht es Ihnen mit dieser Situation?
- Was ist Ihr bisheriger Plan?
- Was tun Sie üblicherweise in solchen Situationen?
- Was, meinen Sie, denken andere über diese Situation? Wie würde Ihr Vorgesetzter das Problem beschreiben, Ihr Kunde?

Die zuletzt genannte Frage ist eine »zirkuläre Frage«: Es wird nicht direkt nach einer Situation gefragt, sondern nach der Deutung anderer Personen über diese Situation. Zirkuläre Fragen werden ursprünglich häufig in der Familientherapie verwendet (z.B. Schlippe/Schweitzer 2007, 138ff.; Simon/Rech-Simon 2009). Eine Frage der Form »Was denkst du, was die Situation für die andere Person X bedeutet?« verändert die Perspektive und regt damit neue Denkprozesse an.

Klärung der Vergangenheit:
- Wie war der bisherige Verlauf (zum Beispiel des Projektes)?
- Wie kam es zu dieser Situation?
- Welche Faktoren haben aus Ihrer Sicht zu dem Problem geführt?
- Was haben Sie bisher versucht, das Problem zu lösen?

Die Frage nach bisherigen Lösungsversuchen ist ursprünglich zentrales Element der sogenannten lösungsorientierten Beratung (z.B. Bamberger 2005; De Shazer 2005) und hat sich gerade bei der Bearbeitung länger andauernder Probleme als hilfreich erwiesen: Wenn der Gesprächspartner Probleme anspricht, dann haben diese Probleme in der Regel schon eine Geschichte vergeblicher Lösungsversuche. Er hat alles Mögliche versucht, aber keinen Erfolg gehabt. Die Identifizierung bisheriger Lösungsversuche hat damit nicht die Funktion, eine bereits versuchte Lösung neu hervorzuholen, sondern eher, den Rahmen möglicher Lösungen einzuschränken: Wenn ein Vorgesetzter zum Beispiel immer wieder versucht hat, seine Mitarbeiter dazu zu bringen, von sich aus rechtzeitig mögliche Probleme zu nennen, und dabei nicht erfolgreich war, dann ist nicht damit zu rechnen, dass eben dieses Vorgehen in Zukunft erfolgreich sein wird. Die bisherigen Lösungsversuche sind in vielen Situationen ungeeignet, und eben deshalb ist es wichtig, sie rechtzeitig zu erfassen.

Prozessfragen zur Klärung möglicher Konsequenzen aus der gegenwärtigen Situation:
- Was meinen Sie, wie wird sich die Situation weiterentwickeln?
- Was, meinen Sie, wird passieren?
- Was passiert, wenn sich nichts verändert? Was passiert, wenn sich etwas verändert?
- Was wäre das Schlimmste (Beste), das passieren könnte?
- Wie hoch schätzen Sie die Wahrscheinlichkeit, dass es passiert?

In der Regel beginnt die Klärungsphase damit, dass Ihr Coachee die Situation aus seiner Sicht schildert und damit zugleich seine Gedanken sammelt. Ihre Aufgabe als Coach ist es dabei, dem Coachee Zeit zu geben und zuzuhören. In dieser Phase gibt der Coachee häufig wichtige Hinweise, die später bearbeitet werden können:

- Welche Themen werden angesprochen, welche nicht?
- Gibt es Themen, die im Hintergrund anklingen und möglicherweise für den Problemlösungsprozess von Belang sind? So wäre es zum Beispiel denkbar, dass im

Hintergrund des offiziellen Themas »Zusammenarbeit« das Thema »Selbstvertrauen« anklingt, bei dem möglicherweise die eigentliche Problemursache liegt.
- Was sagt die Körpersprache des Klienten? Zeigt er Betroffenheit? Ist er entspannt? Gibt es Widersprüche zwischen dem Inhalt und seiner Körpersprache? Erzählt er von einer Situation als einer bewältigten? Bleibt er dabei verkrampft?

Hilfreich sind sogenannte »Aufmerksamkeitsreaktionen« (Gordon 2006, 78f.) wie Nicken, »Hm«-Sagen, Blickkontakt. Diese Aufmerksamkeitsreaktionen regen den Gesprächspartner an, das Thema selbst weiterzuentwickeln.

Allerdings bleibt in dieser freien Erzählphase die Darstellung häufig an der Oberfläche: »Eigentlich gibt es keine Probleme.« Aber das »eigentlich« deutet darauf hin, dass es »unter der Oberfläche« sehr wohl Probleme gibt, die aber möglicherweise dem Coachee selbst noch nicht bewusst sind. Das bedeutet für den Coach, hier genau zuzuhören, diese erste Erzählung zu hinterfragen und zu präzisieren. Dafür bieten sich unterschiedliche Möglichkeiten: Fokussieren, Erfragen verdeckter Erfahrungen, Paraphrasieren und Widerspiegeln sowie aktives Zuhören.

Fokussieren. Fokussieren bedeutet, einen Sachverhalt unter die Lupe zu nehmen. Der Coachee wird aufgefordert, eine ganz konkrete Situation zu schildern: »Vielleicht können Sie ein Beispiel dafür geben, wo die Zusammenarbeit nicht klappte.« Eine konkrete Schilderung trägt dazu bei, sich die Situation genauer zu vergegenwärtigen, und stellt damit bestimmte Merkmale deutlich heraus.

Für den Coach gilt dabei, darauf zu achten, dass die Situation tatsächlich konkret dargestellt wird und der Coachee nicht im Allgemeinen bleibt. Manchmal benötigt der Coachee Zeit, sich an eine konkrete Situation zu erinnern; manchmal ist es hilfreich, die Vergegenwärtigung der Situation durch weitere Fragen zu unterstützen:

- Um was für eine Situation handelt es sich dabei? Wer war daran beteiligt?
- Wo fand sie statt (im Büro, bei einer Besprechung)?
- Was machten die beteiligten Personen? Was sagten sie? Wie war ihr nonverbales Verhalten?
- Wie haben Sie diese Situation empfunden?
- Was meinen Sie, dachten die anderen Personen?
- Wie haben Sie darauf reagiert? Was haben Sie getan?
- Wie hat sich die Situation dann weiterentwickelt?

Fokussieren einer konkreten Situation ist in Coachinggesprächen gleichsam ein »Joker«, den Sie immer anwenden können, wenn es um die Klärung von Situationen gilt. Wenn deutlich wird, was hier konkret geschah, was der Coachee dabei dachte und was er tat beziehungsweise was genau die anderen Personen dachten, dann ist es leichter, Ansatzpunkte für die Lösung zu finden.

Fragen zur Erfassung verdeckter Erfahrungen. Hierbei handelt es sich um ein Verfahren, das unter der Bezeichnung »Metamodell-Fragen« beziehungsweise »Klärung getilgter Erfahrungen« ursprünglich aus der Tradition des Neurolinguistischen Programmierens (NLP) stammt (z.B. Bandler/Grinder 2005, 85ff.; Mohl 2006, Bd. 1, 180ff., Grochowiak/Heiligtag 2002, 109ff.). Dahinter steht die Erfahrung, dass Personen in ihren Äußerungen immer nur einen Teil ihrer konkreten Erfahrungen explizieren, andere Erfahrungen aber weglassen oder, wie man in der Sprache des NLP formuliert, »tilgen«. Zur Verdeutlichung ein Beispiel:

> Herr Berg beklagt sich: »Die Mitarbeiter ziehen nicht richtig mit.« Dahinter stehen konkrete Erfahrungen, die er gemacht hat, die aber in dieser Äußerung »verdeckt«, das heißt nur angedeutet, aber nicht expliziert sind. Für eine Lösung ist jedoch wichtig, dass die dahinter stehenden Probleme genauer beschrieben sind:
> »Welche Mitarbeiter ziehen nicht richtig mit?«
> »Gibt es Mitarbeiter, die mitziehen? Was ist da anders?«
> »Was tun die Mitarbeiter, wenn sie nicht richtig mitziehen?«
> »Mitziehen heißt was?«
> »Was führt Ihrer Meinung nach dazu, dass sie nicht mitziehen?«
> »Wie gehen Sie damit um?«

Hilfreich ist, genau auf die Sprache zu hören und darauf zu achten, hinter welchen Ausdrücken wichtige Erfahrungen verdeckt sind: »<u>Die Mitarbeiter</u> <u>ziehen</u> nicht <u>richtig</u> mit«: Wenn Sie genau hinhören, eröffnen sich damit weitere Fragen: »Welche Mitarbeiter?«, »Welche Mitarbeiter ziehen mit?«, »Wohin ziehen diese Mitarbeiter?«, »Ziehen sie ›falsch‹ mit?«. Die Beispiele zeigen: Hilfreich ist, sich beim Nachfragen eng an die Sprache des Gesprächspartners anzulehnen. Nicht selten ergeben sich daraus außergewöhnliche Fragen, die aber das Gespräch entscheidend weiterführen können – Ihr Coachee wird zum Nachdenken angeregt. Und Sie können dann an diesem Beispiel direkt in die Lösungsphase weiterführen: »Was könnte die Mitarbeiter veranlassen, mitzuziehen?« Gemeinsam ist all diesen Fragen, dass sie den Coachee anregen, selbst weiterzudenken und sich seine verdeckten Erfahrungen bewusst zu machen.

Sie werden sicherlich nicht alle Fragen der Reihe nach abarbeiten. Bei manchen Fragen wie der, ob die Mitarbeiter »falsch« mitziehen, wird es sicherlich von der konkreten Situation und der Beziehung abhängen, ob sie passend ist. Man kann auch nicht fortwährend nachfragen, das würde möglicherweise als Verhör verstanden, die Beziehung belasten und letztlich jedes Gespräch unmöglich machen. Sondern überlegen Sie, wo im Blick auf das Beratungsziel wichtige Themen angedeutet, die dahinterstehenden Erfahrungen aber nicht expliziert werden. Genau dann fragen Sie nach!

Kriterium für das Nachfragen ist somit wieder das Ziel: Werden im Blick auf das Ziel wichtige Punkte angedeutet, aber bleiben unter der Oberfläche? Dann ist es wichtig, sich dieses Thema herauszugreifen und an dieser Stelle zu klären, was hinter den Formulierungen des Coachees steckt.

Wenn Sie eine im Blick auf das Ziel wichtige Stelle gefunden haben und mit W-Fragen direkt nachfragen, kann es notwendig sein, in mehreren Ebenen nachzufragen, das bedeutet, auch die jeweiligen Antworten genauer zu klären. Nehmen wir an, Ihr Coachee gibt auf die Frage »Was führt Ihrer Meinung dazu, dass die Mitarbeiter nicht mitziehen?« die Antwort: »Sie fühlen sich alleingelassen«, dann steht dahinter ja eine Reihe weiterer Erfahrungen, die nicht expliziert sind: Wer lässt die Mitarbeiter alleine, was tut er, dass sie sich alleingelassen fühlen, was bräuchten sie, um sich nicht alleingelassen zu fühlen. Oder Sie fragen nach weiteren Faktoren: »Gibt es weitere Faktoren, die dazu führen?« Die wichtigsten Punkte nochmals als Checkliste:

> - Hören Sie genau zu, was Ihr Coachee von der Situation erzählt. Wo deuten sich im Blick auf das Ziel verdeckte Erfahrungen an.
> - Achten Sie auf die Sprache des Coachees! Unterstreichen Sie bei den Äußerungen Ihres Coachees gedanklich die Wörter, bei denen verdeckte Erfahrungen angedeutet, aber nicht expliziert sind.
> - Fragen Sie dann mit W-Fragen gezielt nach: Wer, was hat dazu geführt, wie?
> - Fragen Sie gegebenenfalls mehrmals, also auch bei den Antworten Ihres Coachees, gezielt nach.
> - Haben Sie aber dabei stets auch das Ziel im Auge.

Paraphrasieren und Strukturieren. Während bei den zuvor genannten Möglichkeiten der Coach nachfragt, versucht er hier, die Inhalte zusammenzufassen, zu präzisieren oder zu strukturieren: »Ich höre heraus, dass es Ihnen vor allem darum geht, Ihre Mitarbeiter mehr in die Verantwortung zu nehmen?«, »Damit deuten sich zwei Hauptaufgaben an: Verbesserung des Kontaktes zu Ihren Mitarbeitern und diese mehr in die Verantwortung zu nehmen. Ist es das?«.

Die Gefahr besteht darin, dass hier eine Interpretation von außen aufgesetzt wird, die möglicherweise nicht für den Coachee passt. Paraphrasieren und Strukturieren sollten immer als Fragen formuliert werden, sodass der Coachee die Möglichkeit erhält, seine eigene Sichtweise zu überdenken und zu präzisieren und möglicherweise die Zusammenfassung des Coachs zu präzisieren: »Nein, eigentlich geht es mir nicht um die Verbesserung des Kontaktes, sondern darum, dass …«

Widerspiegeln von Gefühlen. Carl Rogers und im Anschluss daran Thomas Gordon gehen davon aus, dass Menschen in der Lage sind, sich weiterzuentwickeln, selbst neue Ideen zu entwickeln und Probleme zu lösen, wenn sie sich über ihre Situation klarer werden. Hilfreiche Faktoren dafür sind die drei grundlegenden Einstellungen Wertschätzung, Empathie und Kongruenz (wir haben es bereits im Zusammenhang mit den Grundlagen des Coachingprozesses erwähnt).

Thomas Gordon hat dann Empathie (»Einfühlungsvermögen«) in aktives Zuhören übersetzt. Aktives Zuhören bedeutet, die in den Äußerungen des Gesprächspartners (des Coachees) mitschwingenden Empfindungen dem Gesprächspartner widerzuspiegeln. Gordon gibt dafür in der »Managerkonferenz« (2006, 90ff.) folgendes Beispiel eines Gespräches zwischen einer Abteilungsleiterin (Nancy) und ihrer Mitarbeiterin (Kate):

»*Kate:* Haben Sie ein paar Minuten Zeit, um mir bei einem Problem zu helfen, Nancy?

Nancy: Sicherlich, Kate. In einer halben Stunde habe ich ein Meeting. Reicht die Zeit?

Kate: Ganz bestimmt. Es ist kein sehr kompliziertes Problem, aber es fängt doch an, mich zu beunruhigen.

Nancy: Es fängt also an, Sie zu kneifen, ist es das?

Kate: Ja. Im Ernst, ich hab' da eine Frau in meiner Gruppe, die mir ein Rätsel aufgibt. Ich kann nichts mit ihr anfangen. Ich dachte, dass Sie vielleicht wüssten, was in einem solchen Fall zu tun ist.

Nancy: Das klingt so, als wüssten Sie sich wirklich keinen Rat.

Kate: Ja, so eine Frau ist mir noch nie vorgekommen. Ich weiß gar nicht, wie ich sie beschreiben soll. Zuerst einmal ist sie verdammt helle – daran ist nicht zu rütteln. Sie hat Verstand, und das weiß sie. Der Ärger dabei ist nur, dass sie glaubt, sie wüsste alles. Wenn ich ihr einen Vorschlag mache, hat sie immer etwas an ihm auszusetzen – aus irgendeinem Grunde geht es nie so, wie ich es sage.

Nancy: Es frustriert Sie, wenn sie sich gegen alles wehrt, was Sie vorschlagen.

Kate: Und ob! Dann kommt sie gewöhnlich mit irgendwelchen Ideen, die sie für besser hält. Doch ihre Ideen sind immer so ausgefallen – fast jedes Mal schlägt sie irgendetwas vor, was ganz anders ist als das, was wir tun. Oder wir müssten ihrer Idee zuliebe unsere Arbeitsmethoden verändern, irgendeinen neuen Kniff ausarbeiten oder uns die Zeit nehmen, ein neues System oder etwas dergleichen zu entwickeln. … Als wenn wir nicht fortschrittlich, auf der Höhe oder irgendetwas in dieser Art wären.

Nancy: Sie mögen es nicht, wenn man Ihnen das Gefühl gibt, Sie hinkten hinter der Entwicklung her.

Kate: Verdammt noch mal, nein! Diese jungen Dinger mit ihrer Collegebildung glauben, dass sie die Weisheit mit Löffeln gefressen hätten, dass alles verändert werden müsste. Ich hab' es satt, mir das ständig anzuhören. Als ob Erfahrung überhaupt nicht zählt.

Nancy: Sie hassen es, sich anhören zu müssen, dass Ihre Erfahrung nichts taugt, und Sie haben die Nase voll davon, dass dieses Mädchen versucht, Sie dazu zu zwingen, irgendwelche Dinge zu verändern.

Kate: Darauf können Sie Gift nehmen! … Wir haben auch so schon Probleme genug. Welcher Gruppe ginge das anders? Wir haben nicht die Zeit, uns mit allen zu beschäftigen.

Nancy: Sie sind sich bewusst, dass Verbesserungen vorgenommen werden könnten, aber Sie glauben, dass Sie keine Zeit haben, sich mit allen diesen Problemen zu beschäftigen.

Kate: Das ist es. Ich glaube, wir sollten dafür irgendein Meeting abends nach der Arbeit festsetzen.

Nancy: Das ist eine Möglichkeit, finde ich.

Kate: Ja, Dann wäre ich nicht die Einzige, die viele der Dinge, die wir tun, gegenüber diesem übereifrigen Geschöpf zu verteidigen hätte ...«

Entsprechend könnte man bei der Äußerung von Herrn Berg »Die Mitarbeiter ziehen nicht richtig mit« die dahinterstehenden Empfindungen widerspiegeln. Möglicherweise ist die Empfindung, dass Herr Berg frustriert oder enttäuscht ist oder sich ärgert. Eine Äußerung »aktiven Zuhörens« könnte dann sein: »Sie sind frustriert, dass die Mitarbeiter nicht mitziehen.«

Dabei muss das aktive Zuhören nicht unbedingt vollständig die Empfindung des Gesprächspartners treffen. Wenn das der Fall ist, wird der Gesprächspartner antworten: »Ja, genau ...« – und wird dann weitererzählen. Wenn das aktive Zuhören die Empfindung nicht genau trifft, wird er sie korrigieren: »Nein, eigentlich nicht frustriert – aber ich ärgere mich, ich habe denen so viel Unterstützung angeboten, aber sie ziehen nicht mit.« Auf jeden Fall wird der Gesprächspartner durch das aktive Zuhören angeregt, weiterzuerzählen und für sich die Situation zu klären. Er macht sich seine verdeckten Erfahrungen bewusst (vgl. z.B. Bay 2008; Rust 2006). Als Checkliste formuliert ergeben sich daraus folgende Schritte:

- Versuchen Sie, die bei dem Coachee anklingenden Empfindungen zu erfassen: Welche Empfindung, welches Gefühl steckt hinter der Äußerung?
- Spiegeln Sie diese Empfindung dem Coachee wider. Formulieren Sie das als Aussage, aber vom Tonfall mit einem Fragezeichen dahinter: »Sie sind frustriert, wenn ...«
- Machen Sie dann eine Pause und lassen Sie den Coachee seine Gedanken weiterentwickeln und sich seine verdeckten Erfahrungen bewusst machen.

Expertenberatung in der Klärungsphase. In den meisten Fällen liegt das Schwergewicht der Klärungsphase auf Prozessberatung. Daneben kann aber Coaching bereits hier Anteile von Expertenberatung haben, indem der Coach auf der Basis seines Expertenwissens Probleme anspricht oder allgemein die Situation kommentiert:

- Als Experte für Projektmanagement kann der Coach zum Beispiel auf mögliche Schwachstellen im Projektauftrag hinweisen, als Experte von Kommunikationsprozessen eine Situation vor dem Hintergrund von Transaktionsanalyse oder Systemtheorie deuten.
- Er kann auf der Basis von Beobachtungen dem Coachee Feedback zu seinem Verhalten geben.
- Schließlich können auch andere »Experten« für die Klärung einer Situation herangezogen werden: Wie sieht ein Experte für Risikomanagement die Situation? Wo sehen die Mitarbeiter Schwachpunkte? Was halten sie für die Ursache der zahlreichen Kündigungen?

Expertenberatung bereits in der Klärungsphase entspricht in vielen Fällen der Erwartung des Coachees: Er erwartet vom Coach neue Gesichtspunkte und Hinweise. Andererseits entsteht bei Expertenberatung gerade in dieser Phase die Gefahr, dass eine Sicht von außen übergestülpt wird. Ein Experte will häufig recht behalten. Von daher gilt:

- Expertenberatung kann grundsätzlich nur Hypothesen für eine mögliche Erklärung und Interpretation der Situation liefern und sollte damit als Hypothese formuliert werden. Ob diese Hypothese zutrifft, lässt sich grundsätzlich nicht von außen, sondern stets nur aus der konkreten Situation und das heißt durch den Coachee entscheiden.
- Feedback darf den Coachee nicht überrollen, sondern muss »ausgewogen« sein: Also nicht all das rückmelden, was dem Coach oder einem Experten in einer Besprechung als Problem aufgefallen ist, sondern drei positive Punkte und maximal drei Anregungen.
- An jede Klärung und Interpretation der Situation durch einen Experten muss sich eine Phase der Prozessberatung anschließen: Kann der Coachee damit etwas anfangen? Ist es ihm plausibel? Erhält er damit andere Gesichtspunkte? Das bedeutet für den Coach, nach der Sichtweise des Coachees zu fragen und ihm Zeit zu lassen, die Anregungen zu überdenken. Der Coach ist in dieser Phase dann wieder Prozessberater, der zuhört und nachfragt.
- Das Gleiche gilt für andere Experten, die immer in Gefahr sind, ihre Theorie über die Situation weiter zu explizieren und damit dem Coachee keinen Raum für die eigene Entscheidung zu lassen. Die Aufgabe des Coachs ist es, auch solche Experten anzuhalten und den Coachee vor deren aufgedrängten Interpretationen zu schützen.

Eine besondere Form der Expertenberatung ist das sogenannte »Reflecting Team«, das aus der Familientherapie stammt (z.B. Andersen 2011; vgl. auch Stehli 2008): Ein therapeutischer Prozess in einer Familie wird kurz unterbrochen, und in dieser Zeit unterhalten sich Therapeut und Beobachter über das Problem. Der Klient hört zu, darf aber nicht dazu Stellung beziehen, erhält jedoch dabei möglicherweise wichtige Anregungen.

Man kann dieses Verfahren für Coaching nutzen, wenn eine weitere Person (zum Beispiel ein Fachexperte) teilnimmt: Der Coachingprozess wird unterbrochen, Coach und Experte formulieren Ideen und Hypothesen zu dieser Situation. Zwei Punkte sind dabei wichtig:

- Der Coachee darf zu den Äußerungen nicht Stellung beziehen, sondern nimmt sie als Anregung.
- Äußerungen von Experten dürfen nur Hypothesen sein. Wichtig ist, die Experten bereits zu Beginn darauf hinzuweisen und gegebenenfalls einzelne Äußerungen zu korrigieren.

Im Anschluss daran wird der Coachee wieder eingebunden: Gibt es aus der Diskussion unter den Experten Ideen und Anregungen, die für ihn plausibel sind? Auch hier muss also Expertenberatung wieder mit Prozessberatung abschließen.

Anregung zur Weiterarbeit

Klärung verdeckter Erfahrungen ist ein Vorgehen, das Sie auch in anderen Situationen anwenden – und üben – können. Hierfür einige Hinweise:

Erstens: Wir haben im Folgenden einige Äußerungen aus Coachinggesprächen aufgelistet, hinter denen Erfahrungen »verdeckt« sind. Versuchen Sie, zu jeder dieser Äußerungen wenigstens fünf Fragen zu formulieren:
- Vielleicht sollten wir das ändern.
- Im Team fehlt die Disziplin.
- Wir wissen nicht, wie wir das umsetzen können.
- Mir geht hier alles auf den Wecker.
- Die Mitarbeiter stehen nicht hinter der Sache.
- Das funktioniert so nicht.
- Bei uns fehlt Verbindlichkeit.
- Im Projekt gibt es immer wieder Störgrößen.
- Die Entwicklung ist relativ positiv verlaufen.
- Niemand hat daran gedacht.

Zweitens: Sie können auch als Teilnehmer in Besprechungen auf »verdeckte Erfahrungen« achten. Wo wird etwas angedeutet, aber nicht explizert? Wie hätte sich hier genauer nachfragen lassen?

Drittens: Schließlich können Sie versuchen, die entsprechenden Vorgehensweisen in Ihren eigenen Coachinggesprächen, aber durchaus auch in anderen Gesprächen, anzuwenden.

Lösungs- oder Veränderungsphase (»Options«)

Die Klärungsphase hilft dem Coachee, die Situation besser zu verstehen, und bereitet damit den Boden für neue Lösungen. Wenn er sich klar geworden ist, wo genau die Probleme liegen und welche Faktoren zu dieser Situation geführt haben, lassen sich genauer und leichter neue Lösungen finden. Eben das ist Aufgabe der Lösungs- oder Veränderungsphase. Dabei stellen sich hier zwei Aufgaben: Sammlung neuer Lösungsmöglichkeiten und ihre Bewertung.

Sammlung von Lösungsmöglichkeiten. Grundsätzlich bieten sich auch hier wieder zwei Möglichkeiten: Prozess- und Expertencoaching. Der Coachee kann im Rahmen von Prozesscoaching (zum Beispiel durch geeignete Fragen) dabei unterstützt werden, selbst neue Lösungen zu entwickeln – oder der Coach oder andere Experten können Anregungen einbringen. Beides ist legitim, wobei je nach dem Thema und der Fachkompetenz das Schwergewicht anders verteilt sein wird. Wenn es im Rahmen von Projektcoaching um die Formulierung des Projektauftrags geht und der Coach in diesem Bereich Erfahrungen hat, wird hier Expertenberatung stärkeres Gewicht haben. Um das persönliche Lebensziel zu bestimmen, kann man schlecht von außen Anregungen bieten, hier wird das Schwergewicht auf Prozessberatung liegen.

Hilfreich ist in vielen Fällen, bei der Sammlung von Lösungsmöglichkeiten mit Prozessberatung zu beginnen und anschließend weitere Anregungen von außen zu geben. Das gibt dem Coachee die Sicherheit, dass letztlich er selbst es ist, der das Problem löst – und lässt dem Coach Zeit, selbst die eine oder andere Idee zu entwickeln.

Die Entwicklung neuer Lösungen durch den Coachee selbst kann auch hier wieder durch Prozessfragen angestoßen werden. Dabei können diese Prozessfragen wieder auf die Vergangenheit (Gab es Vorgehensweisen, mit denen der Coachee in der Vergangenheit Erfolg hatte?), in die Gegenwart (Was sieht der Coachee jetzt für Möglichkeiten?) oder in die Zukunft gerichtet sein:

Prozessfragen in Richtung Vergangenheit:
- Haben Sie in der Vergangenheit eine ähnliche Situation erfolgreich bewältigt? Wie sind Sie dabei vorgegangen?
- Erinnern Sie sich an eine Situation, in der Sie erfolgreich waren? Wie sind Sie dabei vorgegangen?
- Was hat Ihnen bei solchen Situationen in der Vergangenheit geholfen?
- Gab es eine Situation, in der das Problem nicht auftrat? Was war da anders?

Prozessfragen in Bezug auf die Gegenwart:
- Was können Sie jetzt tun?
- Welche Lösungsmöglichkeiten kommen Ihnen jetzt in den Sinn?

Prozessfragen in Richtung Zukunft:
- Was wäre ein erster Schritt zur Lösung des Problems?
- Was könnten Sie tun, um das Problem zu vergrößern?
- Stellen Sie sich vor, das Problem ist gelöst. In welchen Schritten sind Sie dabei vorgegangen?

Die beiden letzten Fragen stammen ursprünglich aus der »lösungsorientierten Kurzzeittherapie« im Anschluss an Steve De Shazer (z.B. De Shazer/Dolan 2011). Die Frage »Was könnten Sie tun, um das Problem zu vergrößern?« ist eine »Verschlimmerungsfrage«. Sie lenkt zwar die Aufmerksamkeit nochmals auf das Problem. Aber wenn ich weiß, wie ich ein Problem vergrößern kann, brauche ich die entsprechenden Vorgehensweisen nur umzukehren und gewinne Ansätze zur Lösung des Problems. Die Frage »Stellen Sie sich vor, das Problem ist gelöst …« wird als die »Wunderfrage« bezeichnet: »Stell dir vor, es ist ein Wunder geschehen und über Nacht ist dein Problem gelöst. Was ist da anders? Wie ist das zustande gekommen?« Diese Frage ist keine rational einsichtige Frage, aber eben darin liegt ihr Wert. Sie schaltet rationale Barrieren aus (jemand ist davon überzeugt, dass ihm keine Lösung einfällt) – und führt eben dadurch nicht selten zu neuen Lösungen. Die gleiche Funktion hat übrigens die Aufforderung »Raten Sie mal!« auf die Antwort des Coachees, dass er keine Lösung wisse. Rational ist in solcher Situation ein Satz wie »Raten Sie mal!« völlig sinnlos; tatsächlich setzt er nicht selten Kreativität frei und führt zu neuen Lösungen.

Im Rahmen von *Expertenberatung* können der Coach, beteiligte Fachexperten oder auch andere anwesende Personen (Kollegen, Mitarbeiter) aus ihrer Sicht Möglichkeiten nennen. Der Coach kann aber auch sagen, wie er in einer solchen oder einer ähnlichen Situation vorgehen würde oder vorgegangen ist. Auch das Reflecting Team kann zur Sammlung von Lösungsmöglichkeiten genutzt werden: Coach und Beobachter unterhalten sich darüber, wie sie in dieser Situation vorgehen würden.

Entscheidend ist, dass diese im Rahmen von Expertenberatung zusammengestellten Lösungen nicht übergestülpt werden: Es sind mögliche Vorgehensweisen, aber letztlich kann erst der Coachee aus seiner Kenntnis der Situation entscheiden, was davon für seine Situation passt. Aufgabe des Coachs ist es deshalb, dem Coachee diese Freiheit zu garantieren. Das fällt nicht ganz leicht, wenn Experten mit ihren Ideen gleichsam verheiratet sind und den Coachee davon zu überzeugen suchen.

Grundsatz für das Sammeln von Lösungsmöglichkeiten sind die klassischen Brainstormingregeln. Ansonsten besteht die Gefahr, dass die erste Idee sofort zerredet wird: »Das geht nicht«, »Das haben wir schon versucht«, »Das ist zu teuer«, »Das kriegen wir beim Vorstand nie durch!«. Ihre Aufgabe als Coach ist hier, die Brainstormingregeln gegebenenfalls explizit einzuführen und auf ihre Einhaltung zu achten:

- Alle Ideen können eingebracht werden!
- Ideen können nachgefragt werden (»Was ist damit gemeint?«).
- Ideen werden nicht diskutiert!
- Ideen werden (nach Möglichkeit auf Flipchart oder Karten) visualisiert!

Das gilt gleichermaßen für die Ideen, die der Coach im Rahmen von Expertenberatung selbst einbringt. Auch hierfür gelten Brainstormingregeln: Sie sind hilfreiche Ideen, die notiert werden – aber der Coachee entscheidet letztlich, was davon für seine Situation brauchbar ist.

Bewertung von Alternativen. Ergebnis der Brainstormingphase ist in der Regel eine (nach Möglichkeit visualisierte) Liste von Handlungsmöglichkeiten für die betreffende Situation. Diese Möglichkeiten werden nun bewertet: Wo bieten sich für den Coachee Chancen, wo treten Risiken auf?

Letztlich ist die Bewertung nicht von außen, sondern nur aus der Perspektive des Systems, das heißt durch den Coachee oder durch das gecoachte Team möglich. Nur der Coachee kennt die Situation und kann die Reaktion anderer Betroffener einschätzen. Vor allem aber kennt er sich und weiß, welches Vorgehen für ihn passt. Andererseits können der Coach oder ein anderer Experte auf der Basis ihres Wissens und ihrer Erfahrung Hinweise zu möglichen oder wahrscheinlichen Risiken und Chancen geben. Daraus ergibt sich eine Zweiteilung der Bewertung:

- Der Coach oder ein Experte nennt mögliche Chancen und Risiken einzelner Möglichkeiten. Er gibt damit lediglich Hinweise, die jedoch nicht weiter diskutiert werden.

- Abschließend ist es dann Aufgabe des Coachees, aus seiner Sicht Lösungsmöglichkeiten zu bewerten: Welche sind geeignet? Kann oder will er bestimmte Möglichkeiten kombinieren oder modifizieren? Möglicherweise muss man die Ideen gar nicht einzeln diskutieren, sondern lässt den Coachee mit grünen Klebepunkten diejenigen Lösungsmöglichkeiten markieren, die für ihn Ansätze sind.

Entscheidend ist, dass die Bewertung mit Prozessberatung abschließt: Der Coachee entscheidet, was aus seiner Sicht passend ist. Der Coach kann diesen Prozess unterstützen und zum Beispiel unter der Oberfläche anklingende Zweifel nachfragen.

Anregung zur Weiterarbeit

Für die eigene Weiterarbeit können Sie die Aufmerksamkeit auf zwei Punkte legen:
- Wählen Sie sich eine eigene (möglicherweise bereits vergangene) Problemsituation und gehen Sie die einzelnen Prozessfragen durch: Welche Frage hätte Sie zu möglichen Lösungen führen können?
- Wenden Sie die Brainstormingregeln konsequent in anderen Situationen an: Erst Lösungen sammeln, dann in einem zweiten Schritt bewerten!

Abschlussphase (»Will«)

Coachinggespräche brauchen einen eindeutigen Abschluss: Das Ergebnis muss festgehalten werden, es sind nächste Maßnahmen zu planen und mögliche Vereinbarungen zu treffen.

Das Ergebnis. Hier geht es darum, dass der Coachee für sich das Ergebnis zusammenfasst: Hat er eine Lösung gefunden? Was ist ihm klar geworden? Sinnvoll ist es, die Abschlussphase mit einer eigenen Prozessfrage einzuleiten:

- Was davon nehmen Sie als Ergebnis?

Auch wenn keine Lösung gefunden wird, ist das als Ergebnis zu formulieren: »Und wenn Sie wissen, dass es für diese Situation keine Lösung gibt, was bedeutet das für Sie?« Damit wird in der Abschlussphase ein neues Thema zum Gegenstand der Prozessberatung: Was macht der Coachee damit, dass er ein bestimmtes Problem nicht lösen oder ein bestimmtes Ziel nicht erreichen kann? Möglicherweise besteht die Lösung darin, sich eben auf diese Situation einzustellen: Wenn der Coachee weiß, dass er seinen Vorgesetzten nicht ändern kann, dann muss er sich darauf einstellen. Wenn er weiß, dass sich vor ihm eine Wand befindet, die er nicht einreißen oder umgehen kann, muss er nicht fortwährend mit dem Kopf gegen diese Wand rennen. Aber auch das ist eine Lösung: Der Coachee versucht, mit dieser Situation zu leben, sich darauf einzustellen.

Schließlich ist der Wechsel in die Abschlussphase auch sinnvoll, um das bevorstehende Ende der Zeit zu markieren: Der Coachee hat eine Fülle von Themen, die er noch bearbeiten möchte, aber es stehen nur noch fünf Minuten zur Verfügung. Was nimmt er jetzt als Ergebnis? Gibt es noch etwas, das er in diesen restlichen Minuten klären möchte?

Der Handlungsplan für die nächsten Schritte. Hier geht es um konkrete Handlungspläne für die weiteren Aktionen:

> ● Wie genau werden Sie vorgehen?
> ● Was ist der erste Schritt?
> ● Was sind die nächsten Schritte?

Die Rolle des Coachs kann hier sowohl die des Prozessberaters als möglicherweise auch die des Experten sein. Als Prozessberater achtet er darauf, ob dem Klienten die Schritte klar sind:»Ist Ihnen klar, wie Sie dabei vorgehen?« Möglicherweise ist bei einer eindeutigen positiven Antwort dann überhaupt keine weitere Diskussion notwendig, möglicherweise kann es hilfreich sein, hier das Vorgehen nochmals abzuklären. Andererseits kann der Coach als Experte auftreten, der Vorschläge zum konkreten Vorgehen macht:»Ich würde Ihnen vorschlagen, mit jedem Ihrer Abteilungsleiter zunächst ein Einzelgespräch zu führen.« Oder er weist auf mögliche Schwierigkeiten und Probleme bei konkreten Schritten hin:»Nach meiner Erfahrung besteht die Gefahr darin, dass …« Dabei gilt das Gleiche wie für Expertenberatung in anderen Phasen: Der Coach kann als Experte nur Hinweise und Anregungen geben. Expertenberatung muss stets durch Prozessberatung abgesichert sein:»Ist das für Sie plausibel?« Letztlich entscheidet der Coachee, wie er vorgeht.

Kontrakte. In der Regel endet das Coachinggespräch mit Vereinbarungen zwischen Coach und Coachee:

● *Kontrakte über bestimmte Hausaufgaben:* Coach und Coachee vereinbaren zum Beispiel, dass der Coachee ein anstehendes Gespräch vorbereitet, eine bestimmte Vorgehensweise übt, sich einen Plan macht oder über das Gesagte bis zum nächsten Gespräch nochmals nachdenkt.
● *Kontrakte über bestimmte Materialien* wie Checklisten, die der Coach dem Coachee zur Verfügung stellt.
● *Kontrakte über Checktermine.*
● *Kontrakte über mögliche weitere Unterstützung.*
● *Kontrakt über den Abschluss des Coachinggesprächs:* Auch hier ist eine Verständigung erforderlich; das Gespräch wird erst beendet, wenn beide damit einverstanden sind.

Anregungen zur Weiterarbeit

Wir möchten Sie hier nur auf einige Bücher zum Ablauf des Coaching- beziehungsweise allgemein des Beratungsgesprächs hinweisen, die Ihnen weitere Anregungen geben können:

- Helga Brüggemann u.a.: Systemische Beratung in fünf Gängen. Vandenhoeck & Ruprecht, Göttingen 2006.
- Eckard König/Gerda Volmer: Handbuch Systemische Organisationsberatung. Beltz, Weinheim und Basel 2008, 82ff.
- Eva Renate Schmidt/Hans Georg Berg: Beraten mit Kontakt. Books on Demand, Norderstedt 2008.
- Christopher Rauen (Hrsg.): Coaching-Tools. managerSeminare, Bonn 2007/2008, 2 Bände.
- Martina Schmidt-Tanger/Thies Stahl: Change Talk. Juntermann, Paderborn (2. Aufl.) 2007.
- Peter Szabó/Insoo Kim Berg: Kurz(zeit)coaching mit Langzeitwirkung. Borgmann, Dortmund (2. Aufl.) 2009.

Längere Coachingprozesse

Der Coachingprozess von Herrn Berg ist nicht auf ein Gespräch, sondern auf längere Zeit hin angelegt. Vereinbart wurde im Erstgespräch zunächst der Zeitraum von drei Monaten mit fünf Terminen – mit der Möglichkeit, im Anschluss daran eine mögliche Weiterführung zu besprechen.

Coaching ist keine einmalige Angelegenheit. Wir führen in der Regel keinen Coachingprozess durch, der sich auf eine Sitzung beschränkt. Die untere Grenze sind zwei Termine: Wenn in der ersten Sitzung für ein konkretes Problem eine Lösung gefunden wurde, sollte der Erfolg in einem zweiten Termin überprüft werden. Wenn die Lösung erfolgreich umgesetzt werden konnte und keine weiteren Themen anstehen, kann das Coaching beendet werden. In den meisten Fällen sind Coachingprozesse aber über einen längeren Zeitraum angelegt – vor allem dann, wenn die in der Auftragsklärung angesetzten Ziele nur über längere Zeiträume erreicht werden können oder wenn hinter dem ersten Thema andere Themen verborgen sind. Wie man dabei im Einzelnen vorgeht, hängt von der Situation ab. Möglichkeiten sind:

- Man führt die erste Sitzung als einen »Probelauf« durch, bei dem der Coachee die Möglichkeit hat, den Coach und sein Vorgehen kennenzulernen. Am Schluss wird dann das weitere Vorgehen festgelegt.
- Man vereinbart einen begrenzten Zeitraum mit vier oder fünf Terminen. Dieser Zeitraum gibt die Möglichkeit, einzelne Themen relativ umfassend zu bearbeiten und zum Abschluss zu entscheiden, ob es sinnvoll ist, den Prozess weiterzuführen.

- Schließlich gibt es die Möglichkeit, dass der Coachingprozess von vornherein über einen längeren Zeitraum geplant wird, zum Beispiel über die gesamte Laufzeit eines Projektes. Aber auch hier sind zwischenzeitlich »Meilensteine« sinnvoll, bei denen die Ergebnisse zu überprüfen sind und möglicherweise über eine Weiterführung zu entscheiden ist.

Andererseits ist Coaching keine Dauereinrichtung. Coaching ist ein »Prozess auf Zeit«. Coachingprozesse müssen einen Abschluss haben. Nach unseren Erfahrungen sollten Coachingprozesse nicht länger als ein Jahr dauern. In vielen Projekten arbeiten wir mit einem Zeitraum von ungefähr neun Monaten. Eine solche Begrenzung schließt nicht aus, dass man danach noch Checktermine zur Überprüfung der Frage, was sich längerfristig verändert hat, ansetzt.

Nach unseren Erfahrungen ist es ungünstig, zum Schluss jedes einzelnen Termins die Frage der Weiterführung neu zu diskutieren. Das führt zu Unsicherheit insbesondere aufseiten des Coachs (»Macht mein Coachee jetzt wirklich weiter?«) und lenkt eher von der inhaltlichen Arbeit ab. Sinnvoller ist es, zumindest am Ende des ersten Coachinggesprächs einen längeren Zeitrahmen zu vereinbaren. Dies gibt dem Coach Sicherheit und fordert vom Coachee gleichzeitig die Verbindlichkeit.

Umfang und Abstand der einzelnen Sitzungen können den Erfordernissen angepasst werden. Gute Erfahrungen haben wir mit unterschiedlichen Abständen zwischen den Sitzungen gemacht. Dabei beginnen wir mit engeren Zeitabständen (im Abstand von 14 Tagen) und vergrößern den Zeitraum anschließend (alle vier Wochen). In bestimmten Situationen kann es notwendig sein, eine Reihe von Terminen noch enger zu setzen: Um die Effizienz von Besprechungen zu steigern, kann es sinnvoll sein, als Coach einige Wochen hintereinander an mehreren Sitzungen teilzunehmen und jeweils Verbesserungen vorzuschlagen.

Die Länge eines Coachinggesprächs beträgt in der Regel bei Einzelcoaching zwei bis drei Stunden. Andererseits besteht auch die Möglichkeit, den Zeitrahmen auf einen halben oder einen ganzen Tag auszudehnen, um mehrere Themen abzuarbeiten. So benötigt bei Herrn Berg das Coaching zu den Themen »Vorbereitung der Geschäftsführungspräsentation« und »Probleme in der eigenen Abteilung« einen halben Tag, und als vereinbart wird, dass der Coach, Frau Scholz, an der Bereichsbesprechung teilnimmt, wird das Coaching auf einen Tag ausgedehnt.

Die Besonderheit bei längeren Coachingprozessen liegt darin, dass jedes neue Gespräch an die früheren Gespräche anknüpfen muss: Der Coachee wollte ein Gespräch mit einem seiner Mitarbeiter führen. Was ist daraus geworden? Für den Coach bedeutet das, dass er sich über mögliche Anknüpfungspunkte Gedanken machen muss. Inzwischen ist einige Zeit vergangen und weder Coachee noch Coach erinnern sich genau an den vorherigen Termin. Dabei ist es sinnvoll, die Unterlagen des bisherigen Coachingprozesses nochmals nach möglichen Anknüpfungspunkten durchzusehen und sich auf das neue Gespräch vorzubereiten. Prozessfragen für die Vorbereitung können sein:

- Welche Themen wurden im vorangegangenen Coachinggespräch bearbeitet?
- Was waren die Ergebnisse des letzten Coachinggesprächs?
- Welche Kontrakte hat der Coachee »mit sich« geschlossen? Was wollte er ausprobieren oder durchführen?
- Gibt es aus den früheren Coachinggesprächen noch offene Themen, die bearbeitet werden sollten?
- Gibt es aus der oder den vorangegangenen Coachingsitzungen Erfahrungen mit bestimmten Methoden? Welches Vorgehen hat sich bewährt oder weniger bewährt?

Diese Vorbereitung gibt dem Coach Sicherheit und erhöht zugleich die Verbindlichkeit für den Coachee: Wenn der Coachee weiß, dass der Coach nach früheren Vereinbarungen fragt, bekommen diese deutlich höheres Gewicht und sie werden nicht so leicht vergessen.

Auf der anderen Seite darf die Vorbereitung der anstehenden Sitzung kein starres Gerüst bilden. Es ist immer mit der Möglichkeit zu rechnen, dass andere Themen inzwischen wichtiger geworden sind: Es ist plötzlich ein Konflikt mit einem Kollegen aufgetreten, für den der Coachee Unterstützung benötigt. Das heißt, als Coach müssen Sie zum einen an die vorangegangenen Themen anknüpfen, zugleich aber offen sein für neue Themen.

Für den Ablauf der folgenden Coachinggespräche bedeutet das, dass die Orientierungsphase gegenüber der ersten Sitzung erweitert ist und die Verbindung zum vorangegangenen Coachingprozess hergestellt werden muss. Prozessfragen für die Orientierungsphase sind hier:

- Was hat sich im Anschluss an das letzte Coachinggespräch ergeben?
- Was haben Sie umgesetzt, was nicht?
- Was hat geklappt, wo sind Probleme aufgetreten?
- Gibt es andere Themen, die wir heute bearbeiten sollten?
- Was möchten Sie heute als Ergebnis haben?
- Alternativ dazu kann der Coach den Coachee selbst an bestimmte Kontrakte erinnern: »Wir hatten vereinbart, dass Sie versuchen, stärker zu delegieren. Was hat sich daraus ergeben?«

Die weiteren Phasen entsprechen dem in den vorigen Abschnitten dargestellten Vorgehen beim Coachinggespräch.

Ein anschauliches Beispiel für einen längeren Coachingprozess finden Sie bei:
- Thomas Holtbernd/Bernd Kochanek: Coaching. Die 10 Schritte der erfolgreichen Managementbegleitung. Bachem, Köln 1999.

Kapitel 4:
Der Blick auf das soziale System

»Beate Scholz, Systemisches Coaching«, steht auf der Visitenkarte von Beate Scholz. Doch was heißt das? Ergeben sich daraus ganz bestimmte Vorgehensweisen, die sich in anderen Konzepten nicht (oder zumindest weniger) finden? Wie geht ein systemischer Coach vor?

Systemisches Coaching, so hatten wir eingangs gesagt, bedeutet, beim Coaching die Aufmerksamkeit auf das »soziale System« zu richten. Das soziale System war dabei in der Tradition der personalen Systemtheorie im Anschluss an Gregory Bateson durch zentrale Merkmale charakterisiert:

- die Personen,
- die subjektiven Deutungen, die sozialen Regeln,
- immer wiederkehrende Verhaltensmuster (Regelkreise),
- die Systemumwelt und
- die Vorgeschichte:

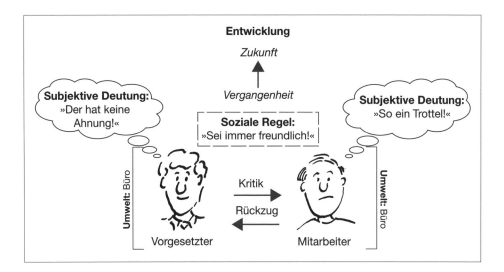

Diese Merkmale lassen sich unmittelbar in Prozessfragen für die Klärungs- und Lösungsphase übersetzen. Das bedeutet für die Klärungsphase:

> Versuchen Sie im Coachinggespräch zu klären, welche Faktoren des sozialen Systems das Problem (beziehungsweise allgemein die Situation) beeinflussen:
> - Welche Personen des sozialen Systems sind für dieses Problem beziehungsweise diese Situation relevant?
> - Was sind ihre subjektiven Deutungen, die ihr Handeln beeinflussen?
> - Gibt es soziale Regeln, die das Problem beeinflussen?
> - Gibt es immer wiederkehrende Verhaltensmuster (Regelkreise)?
> - Wie wird das System von der materiellen Systemumwelt beeinflusst? Wie ist die Abgrenzung gegenüber anderen sozialen Systemen?
> - Wie ist die bisherige Entwicklung verlaufen?

Entsprechend können Sie Prozessfragen für die Lösungsphase formulieren:

> Welche Faktoren des sozialen Systems lassen sich verändern:
> - Lassen sich Personen des Systems verändern?
> - Lassen sich subjektive Deutungen verändern?
> - Lassen sich soziale Regeln verändern?
> - Lassen sich bestimmte Verhaltensmuster abändern?
> - Lässt sich die materielle Systemumwelt verändern oder die Grenze zu anderen sozialen Systemen?
> - Lassen sich Entwicklungsrichtung und Entwicklungsgeschwindigkeit verändern – entweder indem möglichst schnell bestimmte Veränderungen durchgeführt werden oder indem zunächst einmal Zeit gelassen wird?

Darüber hinaus gibt es aber noch besondere Interventionen auf den einzelnen Ebenen des sozialen Systems. Eben diese möchten wir Ihnen in diesem Kapitel vorstellen.

Die Personen des sozialen Systems

Der Erfolg von Herrn Berg hängt entscheidend von den anderen Personen seines Umfelds, seines sozialen Systems ab: Wie ist seine Position in Bezug auf Herrn Magge, den Geschäftsführer, wie ist sein Verhältnis zu den anderen Bereichsleiterkollegen? Hat er Personen, die ihn unterstützen – oder muss er sich mit Gegnern in Konflikten herumschlagen? Welche Personen spielen für ihn eine Rolle?

Daraus ergibt sich die erste zentrale Frage:

> Welche Personen sind für dieses Problem relevant?

In der Literatur spricht man in diesem Zusammenhang von »Stakeholdern«. Der Begriff »Stakeholder« wurde in den 60er-Jahren des 20. Jahrhunderts zunächst in die

Organisationstheorie eingeführt (vgl. Schuppisser 2002). Stakeholder sind die »Gruppen oder Individuen, die ein Unternehmen beeinflussen oder von einem Unternehmen beeinflusst werden« (Gausemeier/Fink 1999, 219). Entsprechend lassen sich Stakeholder für die Situation des Coachees ermitteln:

> Stakeholder sind die Personen oder Personengruppen, die maßgeblichen Einfluss auf die Lösung eines Problems (die Erreichung des Ziels) haben.

Gemäß dieser Definition gibt es nicht »die« Stakeholder für Herrn Berg, sondern für verschiedene Probleme (im Blick auf verschiedene Ziele) unterschiedliche Stakeholder. Wenn es Herrn Berg darum geht, seine Position im Bereich zu festigen, dann spielen hier sicherlich der Geschäftsführer, Herr Magge, die Personalleiterin und seine Bereichsleiterkollegen eine Rolle. Möglicherweise ist auch der Vorgänger von Herrn Berg, der jetzt in einer anderen Abteilung tätig ist, mit zu berücksichtigen, da dieser es nicht überwunden hat, dass er als Bereichsleiter abgesetzt wurde. Wenn es darum geht, das Team aufzubauen, sind in erster Linie die Teammitglieder die Stakeholder, möglicherweise zählt aber ebenso der Geschäftsführer zu den Stakeholdern oder irgendwelche Kunden, auf die das Team angewiesen ist.

Das bedeutet, dass letztlich nur der Coachee entscheiden kann, wer die für die jeweilige Fragestellung relevanten Stakeholder sind. Die Prozessfragen hierfür lauten:

> Wer sind die für dieses Thema beziehungsweise im Blick auf dieses Ziel relevanten Personen? Welche Personen können den Erfolg maßgeblich beeinflussen?

Um die Bedeutung der Stakeholder für die gegenwärtige Situation beziehungsweise das gegenwärtige Problem zu klären, bieten sich zwei Verfahren an, die Stakeholderanalyse und die Systemvisualisierung.

Die Stakeholderanalyse

Bewährt hat sich hierfür die Form einer Tabelle:

Stakeholder	Inhaltliche und persönliche Ziele des Stakeholders	Typisches Verhalten	Konsequenzen für das eigene Vorgehen
Frau Göppler, Personalleiterin	Will Karriere machen, will Erfolge für Personalbereich dokumentieren.	Betont im Leitungskreis Erfolge des Personalbereichs, wehrt ab, wenn sie sich überfahren fühlt.	Mit ihr koordinieren und kooperieren. Erfolge im Bereich (auch) als Erfolg der Personalleiterin hervorheben. Themen mit ihr vorbesprechen.

Stakeholder	Inhaltliche und persönliche Ziele des Stakeholders	Typisches Verhalten	Konsequenzen für das eigene Vorgehen
Herr Reker, Bereichsleiter	Wartet auf die Rente.	Hält sich so weit als möglich heraus, wehrt neue Aufgaben ab.	Reibungspunkte so weit als möglich vermeiden.
Herr Kallmann, Bereichsleiter	…	…	…
…			

Die erste Spalte führt die jeweiligen Stakeholder auf. In der Regel ist es hilfreich, die Zahl auf zehn zu begrenzen. Zum Beispiel muss man nicht alle 62 Mitarbeiter des Bereiches durchgehen. Es genügt, sich auf die fünf bis zehn wichtigsten zu konzentrieren und dann eher bestimmte Gruppen zusammenzufassen oder aus den jeweiligen Gruppen besonders »typische« oder »wichtige« Personen herauszugreifen.

Die zweite Spalte ist häufig die entscheidende: Wenn das Handeln von den Zielen der betreffenden Personen beeinflusst ist, ist es wichtig, diese Ziele zu kennen. Dabei sind es häufig nicht die »offiziellen« inhaltlichen Ziele, die das Handeln am meisten beeinflussen. Oft sind es persönliche Ziele: Jemand möchte Karriere machen, seine Position festigen, Erfolg haben – oder möglichst wenig Arbeit haben.

Die dritte Spalte beschreibt typische Verhaltensmuster, aber auch Regeln, die im Umgang mit der betreffenden Person zu beachten sind. Wenn Herr Berg weiß, dass Frau Göppler abwehrt, wenn sie sich überfahren fühlt, dann tut er gut daran, wichtige Punkte mit ihr vorher zu besprechen.

Eben diese Handlungskonsequenzen werden dann in der vierten Spalte aufgeführt. Hier können Sie als Coach Prozess- oder Expertenberatung anwenden. Sie können den Coachee fragen, was sich aus den übrigen Spalten für ihn an Handlungskonsequenzen ergibt, aber Sie können auch selbst Anregungen geben. Die Entscheidung kann letztlich nur der Coachee treffen.

Die Systemvisualisierung

Was ist nun die Position von Herrn Berg in Bezug auf die anderen Bereichsleiter und den Geschäftsführer? Steht er eher am Rand? Hat er engen Kontakt zu einzelnen Personen? Vor allem: Welche Möglichkeiten hat er, seine Position zu verändern? Sollte er auf jemanden näher zugehen oder eher Distanz schaffen?

Zur Beantwortung dieser Frage schlägt der Coach, Beate Scholz, als Verfahren vor, das Stakeholdersystem bildlich darzustellen, es zu »visualisieren«: Für die einzelnen Personen werden runde Metaplankarten gewählt, die Karten werden von Herrn Berg intuitiv auf einem größeren Tisch angeordnet. Damit wird die Struktur des sozialen Systems bildlich erfassbar: Wie groß ist der Abstand von Herrn Berg zu dem Geschäftsführer, Herrn Magge, und zu den anderen Bereichsleitern? Sollte Herr Berg versuchen, seine Position in Bezug auf einzelne Personen zu verändern?

Die Beziehungen zwischen verschiedenen Personen werden mithilfe von Karten (ursprünglich König/Volmer 1993, 155ff.) oder auch mit Bauklötzen, Spielfiguren oder Playmobilfiguren (Arnold u.a. 2008) dargestellt.

Die Visualisierung ist ein recht einfaches, aber sehr hilfreiches Vorgehen. Es ist ein »analoges« Verfahren, dessen Vorteil darin liegt, dass hier das intuitive Wissen des Coachees über sein soziales System genutzt wird: Der Coachee redet nicht nur über die Position im sozialen System, sondern sieht die Position der einzelnen Person bildlich vor sich. Man kann dann relativ leicht erkennen, welche Möglichkeiten es zur Veränderung der eigenen Position gibt. Zugleich kann sie die »Grundprinzipien« eines systemischen Ansatzes gut verdeutlichen: Die einzelne Person (Herr Berg) ist einerseits beeinflusst von den anderen Personen des sozialen Systems; andererseits hat jede einzelne Person stets Möglichkeiten, ihre Position und damit auch das gesamte System zu verändern. Das Vorgehen möchten wir Ihnen zunächst an dem Beispiel von Herrn Berg verdeutlichen und anschließend die einzelnen Schritte erläutern.

Ausgangspunkt ist das Coachingziel von Herrn Berg: »Ich möchte wissen, welche Position ich innerhalb des Unternehmens habe, und was ich tun kann, um meine Position zu verbessern.« Beate Scholz schlägt vor, sich die Position bildlich zu vergegenwärtigen. Herr Berg zögert kurz, lässt sich aber darauf ein. Es entwickelt sich folgendes weiteres Vorgehen.

In einem ersten Schritt zählt Herr Berg diejenigen Personen (die Stakeholder) auf, die in Bezug auf seine Position in der neuen Stelle wichtig sind. Das sind:

- Herr Magge, der Geschäftsführer (GF)
- Frau Göppler, die Personalleiterin (PL)
- Herr Manz, sein Vorgänger
- Herr Reker, Herr Kallmann und Frau Wilhelm, die drei weiteren Bereichsleiter (BL)
- Der Coach erinnert schließlich daran, dass auch Herr Berg selbst zu den relevanten Personen gehört, weil es ja um seine Position geht.

Anschließend wird Herr Berg aufgefordert, für jede dieser Personen eine runde Metaplankarte zu wählen, sie mit dem Namen der betreffenden Person zu beschriften und kurz etwas dazu zu erzählen. Anschließend soll er die Karten auf dem Tisch so anordnen, wie es der Beziehung in diesem sozialen System entspricht: »Meine Bitte ist nun, dass Sie die Karten auf dem Tisch so hinlegen, wie es den Beziehungen entspricht. Wenn Sie den Eindruck haben, dass zwei Personen eine enge Beziehung haben, dann legen Sie die entsprechenden Karten relativ eng nebeneinander. Großer Abstand würde größere Abstände zwischen den betreffenden

Personen bedeuten. Vielleicht liegt auch eine Karte zwischen zwei anderen, was dann bedeuten würde, dass sie zwischen den betreffenden Personen steht. Oder es bilden sich einzelne engere Gruppen.«

Nach anfänglichem Zögern ordnet Herr Berg die Karten auf dem Tisch an. An einzelnen Stellen korrigiert er nochmals die Lage einzelner Karten (der Coach weist ausdrücklich darauf hin, dass es sinnvoll ist, die Position der einzelnen Karten zu überprüfen und gegebenenfalls zu korrigieren). Es ergibt sich folgendes Bild:

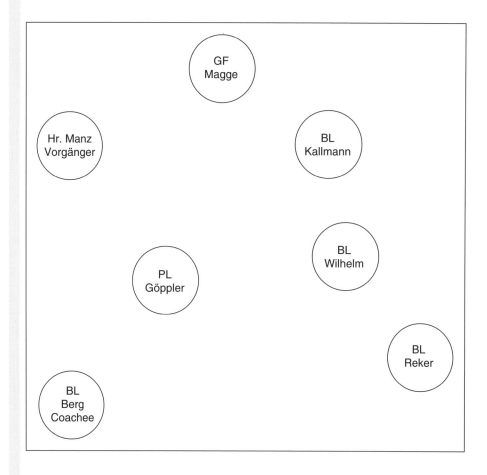

Beim Betrachten dieses Bildes wird Herrn Berg deutlich: Er steht in diesem sozialen System sehr am Rande, hat direkten Kontakt lediglich mit der Personalleiterin, Frau Göppler, und wird, wie er es beschreibt, von seinem Vorgänger, Herrn Manz, immer wieder verdeckt angegriffen.

Die Frage, die sich anschließend stellt, lautet: »Welche Möglichkeiten hat Herr Berg, seine Position zu verändern?« Dabei werden mögliche Veränderungen zunächst bildlich als Verschieben der eigenen Karte dargestellt. Nur Herr Berg hat die

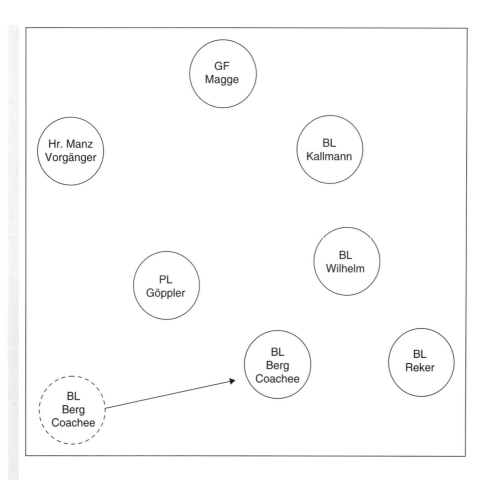

Möglichkeit, seine Position zu verändern, kann auf andere weiter zugehen oder die Distanz vergrößern. Es ergibt sich folgendes Bild:

Herr Berg ist überzeugt, dass er zu Frau Wilhelm und Herrn Reker engeren Kontakt aufbauen und sich damit aus seiner Randposition entfernen kann. Herr Manz rückt dadurch mehr in den Hintergrund. Keinen engeren Kontakt bekommt er zunächst zu Herrn Kallmann. Aber Herr Berg entscheidet sich, trotzdem diesen Weg einzuschlagen und danach weitere Schritte zu überlegen.

Auch die Visualisierung sozialer Systeme gliedert sich in die vier Phasen des Coachingprozesses.

Phase 1: Die Orientierungsphase. Die Visualisierung ist ein Verfahren, das in den meisten Fällen nicht in der ersten Coachingsitzung, sondern im weiteren Verlauf des Coachingprozesses angewendet wird. Trotzdem ist auch hier klare Orientierung wichtig: Was genau ist das Ziel dieser Sitzung? Inwiefern ist die Visualisierung im Blick darauf hilfreich? Das bedeutet für die Orientierungsphase im Einzelnen:

- *Kontakt zum Coachee herstellen:* In der Regel ist ja hier schon Kontakt zum Coachee vorhanden. Trotzdem gelten die in Kapitel 3 dargestellten Hinweise:
  - Zunächst gilt es, sich innerlich auf den Coachee und das Coaching einzustellen.
  - Den Raum vorbereiten. Hier gilt zusätzlich: Sind Karten (oder andere Gegenstände) für die Visualisierung vorhanden?
  - Sich körpersprachlich auf den Coachee einstellen: Sind räumliche Distanz, Sitzposition, Körperhaltung in Bezug auf den Coachee stimmig?
- *Das Thema festlegen:* Im Grunde sind alle Themen, in denen es um die Stellung eines Coachee in einem sozialen System geht, für eine Visualisierung geeignet. Beispiele für solche Themen sind:
  - die Position des Vorgesetzten in Bezug auf seine Mitarbeiter
  - die Position mit Blick auf Kollegen und Vorgesetzte,
  - die Position eines Projektleiters in Bezug auf Auftraggeber, Linienvorgesetzte, andere Projekte,
  - die eigene Position innerhalb eines Teams,
  - die Position eines Mitarbeiters des Stabs gegenüber Personen unterschiedlicher Fachbereiche,
  - die Position eines Mitarbeiters des Vertriebs, eines Trainers, eines Beraters gegenüber einem Kundensystem.

  Eine abgewandelte Form kann übrigens auch sein, dass man nicht andere Personen, sondern persönliche Eigenschaften oder persönliche Ziele visualisiert. So kann zum Beispiel der Coachee seine Position zwischen verschiedenen Anforderungen, die an ihn gestellt werden, oder zwischen verschiedenen Rollen entsprechend visualisieren.
- *Das Coachingziel festlegen:* Grundsätzlich bieten sich hier folgende Zielsetzungen an:
  - Klärung und Veränderung der eigenen Position innerhalb eines sozialen Systems: Bin ich mit dieser Position zufrieden, lässt sich etwas verbessern?
  - Abklärung von Schritten, um in ein soziales System zu kommen oder sich aus ihm zu lösen.
  - Verarbeitung von Konflikten innerhalb eines sozialen Systems.
- *Orientierung über das methodische Vorgehen der Visualisierung:* In der Regel ist es der Coach, der als Experte die Visualisierung als Verfahren zur Bearbeitung eines Themas vorschlägt. Der Coachee wird sich darauf einlassen, wenn zuvor eine tragfähige Vertrauensbasis hergestellt wurde. Von daher kann die Einführung der Methode knapp sein: »Um Ihre Position in Bezug auf den Geschäftsführer und Ihre Kollegen genauer anzusehen, schlage ich Ihnen vor, nicht nur darüber zu reden, sondern Ihr Umfeld bildlich darzustellen. Können Sie sich darauf einlassen?« Gegebenenfalls lässt sich das Vorgehen noch etwas theoretisch untermauern: Es ist ein sogenanntes »analoges« Verfahren, das das intuitive Wissen oder die »emotionale Intelligenz« des Coachees nutzt.

Den Abschluss der Orientierungsphase bilden auch hier wieder Kontrakte über Thema, Ziel und das Vorgehen. Auch wenn der Coachee sich wenig unter dem Vorgehen vorstellen kann, ist es notwendig, ihn zu fragen und die grundsätzliche Zustimmung einzuholen. Der Coachee wird die Entscheidung »intuitiv« treffen – aber in der Regel werden Sie als Coach von dem Gefühl geleitet sein, ob Visualisierung hier passt oder nicht.

Phase 2: Klärungsphase. Auch hier gilt wieder: Aufgabe der Klärungsphase ist nicht, dass Sie als Coach die Situation verstehen, sondern dass der Coachee unterstützt wird, die Situation besser zu verstehen und ein klareres Bild von der Situation zu bekommen. Zu viel Erläuterung führt nur dazu, dass der Coachee anfängt, die Situation zu erklären – aber das ist etwas anderes, als sie für sich zu klären. Von daher: Fragen Sie nicht zu viel nach, Sie müssen nicht alles verstehen. Sondern konzentrieren Sie sich auf den Prozess und lenken Sie Ihre Aufmerksamkeit auf das Bild. Im Einzelnen ergeben sich daraus folgende Schritte:

● *Identifizierung der im Blick auf das Ziel relevanten Personen:* Die relevanten Stakeholder lassen sich nicht ein für alle Mal und nicht von außen definieren, sondern immer nur aus der Sicht des Betreffenden in Bezug auf konkrete Fragestellungen. Die Prozessfrage lautet somit:

> Im Blick auf Ihr Ziel: Welche Personen spielen dabei eine Rolle?

Je nach der Fragestellung können das unterschiedliche Personen sein: Kollegen, Vorgesetzte, Mitarbeiter, Kunden, Auftraggeber, möglicherweise auch Personen aus dem privaten Umfeld, die das berufliche Verhalten mit bestimmen. Gibt es darüber hinaus jemanden, der im Hintergrund die Fäden zieht? Auch der Coachee selbst ist wichtig und muss demzufolge aufgeführt werden.
Andererseits können Systeme nicht mehr bearbeitet werden, wenn sie zu komplex sind. Eine Visualisierung mit 20 bis 30 Personen ist in der Regel nicht mehr überschaubar. Von daher kann es sinnvoll sein, die Zahl der relevanten Personen auf die wichtigsten zu beschränken: »Vielleicht können Sie daraus fünf bis sieben Personen auswählen, die für Ihre Fragestellung besonders wichtig sind?«
Manchmal werden bestimmte Gruppen von Personen genannt: Mitarbeiter, das Projektteam, die Entwicklungsabteilung. Solche Zusammenfassungen können die Arbeit schwierig machen: Das Projektteam ist nicht ein einheitliches System, sondern es gibt Personen, die engagiert sind, solche, die alle Arbeit abwehren, und solche, die neutral sind. Hilfreich kann in solchen Fällen sein, anstelle von Gruppen einzelne »typische« Personen aus der jeweiligen Gruppe aufzuführen: »Vielleicht können Sie aus Ihrem Projektteam ein Mitglied, das Sie eher als unterstützend und engagiert erleben, auswählen, jemanden, der Ihnen gegenüber kritisch eingestellt ist, und vielleicht noch eine Person, die eher neutral ist.« Am Ende muss jedoch

der Coachee entscheiden, welche Personen für ihn wichtig sind: Es ist sein Bild der Wirklichkeit. Wenn also der Coachee ein komplexes System tatsächlich für wichtig hält, ist dies bei der Visualisierung aufzunehmen.

- *Knappe Schilderung der einzelnen Personen:* Hier geht es nicht darum, dass der Coachee die Situation dem Coach erklärt (also bitte als Coach nicht zu viele Fragen stellen), sondern darum, dass er sich selbst an die Situation erinnert und sich die jeweiligen Personen vergegenwärtigt. Von daher bitte diese Phase knapp halten. Häufig reicht es aus, wenn der Coachee kurz die jeweilige berufliche Position kennzeichnet und vielleicht drei Schlagworte zu jeder Person nennt.

- *Visualisierung des sozialen Systems:* Der nächste Schritt besteht darin, dass der Coachee die entsprechenden Karten oder Figuren auf dem Tisch oder dem Boden so anordnet, wie es seiner Meinung nach der Beziehung entspricht.

  Häufig geht der Coachee dabei von der Vorstellung aus, er solle das Organigramm darstellen. Ein Organigramm sagt jedoch nichts über die Beziehung. Zwei Abteilungsleiter mögen von der Organisation nebeneinander angeordnet sein, im Blick auf die Beziehung stehen sie jedoch weit auseinander, haben kaum Kontakt und sehen sich als Gegner. Das bedeutet, die betreffenden Karten liegen weit voneinander entfernt. Hilfreich ist es, Anweisungen durch Beispiele zu verdeutlichen: »Bitte legen Sie die Karten so, wie die Beziehung zwischen den betreffenden Personen ist. Wenn zwei Personen engen Kontakt haben, dann legen Sie die Karten eng zusammen. Wenn große Distanz zwischen den Personen besteht, dann wären die Karten weit voneinander entfernt zu legen.«

  Bei komplexen Systemen kann man die Visualisierung schrittweise aufbauen: »Fangen Sie zunächst mit wenigen Personen an und ergänzen Sie dann schrittweise. Überlegen Sie sich, mit wem Sie anfangen möchten.«

- *Überprüfung der Visualisierung:* Fast nie gelingt es dem Coachee, auf Anhieb eine für ihn passende Visualisierung darzustellen. Meist sind Korrekturen erforderlich. Manchmal fällt dies ausgesprochen schwer, sodass der Coachee Unterstützung benötigt:

> - Dem Coachee Zeit lassen: Er benötigt Zeit, die Karten zu legen, sie zu verändern, nochmals zu überprüfen.
> - Dem Coachee die räumliche Anordnung verdeutlichen: »Diese Karten liegen nebeneinander. Das hieße, dass Herr X und Herr Y eine enge Beziehung haben. Stimmt das so?« »Herr X steht zwischen Frau Y und Herrn Z. Ist es so richtig?«
> - Den Coachee auffordern, sich das Bild aus unterschiedlichen Perspektiven anzuschauen, es von oben zu betrachten, um das Bild herumzugehen.

Entscheidend ist in dieser Phase, dass der Coachee hier tatsächlich sein intuitives Wissen nutzt. Das bedeutet für Sie als Coach: Richten Sie Ihre Aufmerksamkeit auf das Bild und den Coachee, aber konzentrieren Sie sich nicht auf den Inhalt. Sie können den Coachee unterstützen, indem Sie auf die Position der einzelnen Karten hinweisen:

- Stimmt der räumliche Abstand zwischen den einzelnen Karten? Ist es beispielsweise richtig, dass Herr Kallmann und Frau Wilhelm nahe zusammen sind oder ist die Entfernung doch größer?
- Werden Subsysteme deutlich, nämlich bestimmte Gruppen von Karten, die nahe zusammenliegen?
- Überlappen sich einige Karten?
- Wie ist der Zugang zu anderen Karten (Personen): Wird der Zugang durch eine andere Karte versperrt oder eingeschränkt (so wie der Zugang zu Herrn Magge durch Frau Göppler eingeschränkt ist)?

Die Visualisierung kann einige Zeit beanspruchen und erfordert sorgfältige Begleitung. Sie ist die Basis, auf der dann neue Möglichkeiten entwickelt werden. Eine falsche Visualisierung führt häufig zu Lösungen, die nicht passen und nicht anwendbar sind.

- *Übertragung des Bildes in die Realität:* Der Coachee hat das Bild intuitiv, das heißt auf der Basis seines unbewussten Wissens und seiner Erfahrungen entwickelt. Während er das Bild für sich klärt, wird die Situation deutlicher und überschaubarer. Herrn Berg wird deutlich, wie sehr er in seiner jetzigen Position isoliert ist. Möglicherweise stellt der Coachee hierbei fest, dass einzelne Beziehungen nicht mit der Wirklichkeit übereinstimmen: Das deutet darauf hin, dass die Visualisierung noch zu korrigieren ist.
Den Abschluss bildet dann eine kurze Prozessberatung: »Wie geht es Ihnen in dieser Situation?«

Phase 3: Lösungsphase. Bei der Suche nach neuen Handlungsmöglichkeiten bieten sich zwei unterschiedliche Wege an: Ausgehend von der Ist-Situation wird überlegt, was die nächsten Schritte sein können – oder es wird das Bild einer Idealsituation (»Welche Situation möchten Sie erreichen?«) entwickelt und dann überlegt, ob beziehungsweise wie sich diese Situation erreichen lässt. Wir möchten im Folgenden die Schritte der ersten Variante darstellen:

- *Bildliche Darstellung möglicher Veränderungen der Ist-Situation:* Das Bild der Ist-Situation macht verschiedene Handlungsmöglichkeiten in dem sozialen System deutlich. Herr Berg kann sich in Richtung auf Herrn Manz, Frau Göppler oder Herrn Reker und Frau Wilhelm bewegen (siehe Abbildung S. 84).
Als Coach können Sie den Coachee fragen: »In welche Richtung können Sie sich in diesem Bild verändern?« Oder Sie weisen den Coachee auf verschiedene Möglichkeiten hin.
Häufig ist die Aufmerksamkeit des Klienten zunächst auf andere Personen gerichtet: »Das ist ganz einfach, Frau Göppler müsste sich nur zurückbewegen.« Aber Frau Göppler ist nicht da und hat möglicherweise überhaupt kein Interesse an einer solchen Veränderung. Daraus ergibt sich als Regel, dass als ersten Schritt nur der Coachee seine Position verändern darf (nur er ist anwesend).

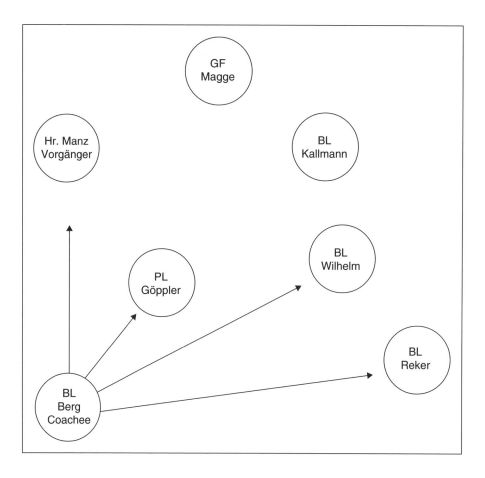

- *Bildliche Darstellung möglicher Reaktionen anderer Personen:* Es ist eines der Grundprinzipien systemischen Denkens, dass die Veränderung eines Elementes Auswirkungen auf das gesamte System hat. Entsprechend wird die Veränderung der Position des Coachees im sozialen System Auswirkungen auf die Position anderer Personen haben. Auch sie werden ihre Position verändern. Dies ist anschließend bildlich darzustellen: »Wenn Sie diese Position wählen, werden daraufhin andere Personen ihre Positionen verändern. Bitte verschieben Sie die entsprechenden Karten!« Auch hier nutzt der Coachee wieder sein intuitives Wissen der Situation und wird andere Karten entsprechend verschieben oder sie an ihrem Platz lassen: »Nein, daraufhin wird sich nichts ändern.«
- *Bewertung der Lösung:* Jede mögliche Lösung ist zu bewerten. Auch hier ist es letztlich wieder der Coachee, der auf dem Hintergrund seiner Kenntnis der realen Situation (er kennt die Situation, er kennt die anderen Stakeholder – aber er kennt auch sich!) die Bewertung vornehmen kann. Sie können als Coach auf mögliche, aus dem Bild erkennbare Risiken hinweisen – aber die Entscheidung trifft nur der Coachee.

Häufig findet der Coachee auf Anhieb eine positive Position. Er kann aber auch feststellen, dass er sich mit diesem Schritt in eine noch schlechtere Position gebracht hat. Dann gilt es, eine andere Position auszuprobieren: Die Karten werden wieder in die alte Ist-Situation gelegt, und eine neue Veränderung wird ausprobiert. Der Prozess endet erst, wenn der Klient die für ihn beste Lösung gefunden hat oder wenn sich herausstellt, dass es in diesen Situationen keine befriedigende Lösung gibt.

- *Übertragung in die Realität:* Zum Schluss muss die intuitiv gefundene und bildlich dargestellte Lösung auf die Ebene der Realität übertragen werden: »Was heißt das konkret für das praktische Vorgehen, wenn Sie Ihre Position so verändern?«, »Was genau werden Sie tun, wenn Sie auf Herrn Reker zugehen?«

Wenn in der Lösungsphase zunächst eine ideale Situation dargestellt wird, können im ersten Schritt auch die Karten anderer Personen verändert werden. Bei der Frage, wie sich diese ideale Situation herstellen lässt, gilt jedoch wieder das Gleiche wie bei der schrittweisen Veränderung: Nur der Coachee kann den ersten Schritt gehen.

Phase 4: Abschlussphase. Die Abschlussphase entspricht dem normalen Coachinggespräch:

- Was nehmen Sie als Ergebnis mit?
- Wie gehen Sie konkret vor?
- Gibt es Kontrakte, die zu vereinbaren sind?

Im Rahmen von Coachingprozessen stellt die Systemvisualisierung ein sehr wirksames Verfahren dar. Der Wert liegt darin, dass es das intuitive Wissen des Coachees nutzbar macht und gerade damit häufig zu neuen kreativen Lösungen führt. Allerdings gelingt der Prozess nur dann, wenn er präzise durchgeführt wird. Dazu abschließend noch zwei Hinweise.

- *Der Prozess verläuft umso besser, je mehr Sie Ihre Aufmerksamkeit als Coach auf den Prozess und nicht auf den Inhalt richten.* Das bedeutet, dass Sie nicht überlegen, was war in der Situation, sondern sich auf das Bild konzentrieren:
  - Wie liegen die verschiedenen Karten?
  - Was fällt mir auf?
  - Welche Veränderungsmöglichkeiten bietet diese Position?
  - Wie geht der Coachee damit um?
  - Wo zögert er?
  - Gibt es noch etwas, das er ausprobieren kann?
- *Die Position der einzelnen Karten zueinander hat für den Klienten eine Bedeutung, die Sie von außen nicht nachvollziehen können.* Wenn Sie eine Karte kurz wegnehmen und dann wieder an den, wie Sie meinen, gleichen Platz legen (etwas, was

Anfängern immer wieder passiert), können Sie die Positionen ungewollt entscheidend verändert haben. Deshalb sollten Sie folgende Regel unbedingt beachten: Nur der Coachee darf die Karten anfassen. Als Coach können Sie Möglichkeiten nennen, auf bestimmte Positionen zeigen, aber fassen Sie die Karten nicht an, und schieben nicht Sie als Coach die Karten in eine andere Position.

Anregung zur Weiterarbeit

Sie können das Verfahren der Systemvisualisierung für sich alleine ausprobieren. Wählen Sie sich eine konkrete Situation aus (zum Beispiel die Situation in Ihrem Team oder Ihre Position in Bezug auf ein Kundensystem) und versuchen Sie selbst, das System zu visualisieren. Hilfreich ist, wenn Sie einen Gesprächspartner finden, der Sie dabei unterstützt – er muss nicht perfekt sein. Sie erhalten damit ein Gespür für die wichtigen Punkte in der Visualisierung. Und Sie erleben die Visualisierung auf diese Weise aus der Perspektive Ihres Coachees.

Zum Abschluss ein Literaturhinweis: Eine Übersicht über verschiedene Verfahren der Visualisierung (allerdings auf Familien bezogen) finden Sie bei:
- Stephan Arnold u.a.: Die Skulpturverfahren. In: Cierpka, M. (Hrsg.): Handbuch der Familiendiagnostik. Springer, Berlin/Heidelberg (3. Aufl.) 2008, S. 305–333.

Die Landkarte ist nicht die Wirklichkeit: die subjektiven Deutungen

- »Nicht die Dinge, sondern die Meinungen über diese beunruhigen die Menschen« (Epiktet, römischer Stoiker, um 100 nach Christus, Epiktet 1984, 24).
- »Menschen [handeln] ›Dingen‹ gegenüber auf der Grundlage der Bedeutungen …, die diese Dinge für sie besitzen« (Herbert Blumer 1969, Die erste Prämisse des Symbolischen Interaktionismus: Blumer 1973, S. 81).
- »Die Landkarte ist nicht die Wirklichkeit« (Korzybski 1933, 18).

Alle drei Zitate zielen in die gleiche Richtung. Wir handeln nicht aufgrund »objektiver Gegebenheiten«, sondern wir machen uns ein Bild von der Welt und handeln auf der Basis dieses Bildes. Herr Berg macht sich ein Bild von Herrn Kallmann: Er erlebt ihn als zurückhaltend, eher abweisend. Er hat die Vermutung, dass Herr Kallmann etwas gegen ihn hat – und er wird auf der Basis dieses Bildes handeln. Er wird sich ebenfalls zurückziehen, abweisend sein. Doch möglicherweise ist dieses Bild ganz falsch. Vielleicht hat Herr Kallmann private Probleme, vielleicht ein Magengeschwür, vielleicht ist es einfach seine Art. Die gleiche Situation kann ganz unterschiedlich gedeutet werden – und je nach der Deutung wird der Betreffende anders handeln.

Dabei lassen sich zwei Arten subjektiver Deutungen unterscheiden: die Gedanken, die sich eine Person zu ihrer Situation macht, und die Emotionen und Gefühle. Herr Berg macht sich Gedanken über das Verhalten von Herrn Kallmann. Er versucht herauszufinden, was die Ursache sein kann – kommt dabei zu dem Ergebnis, dass

Herr Kallmann etwas gegen ihn hat. Auf der anderen Seite weckt jede Begegnung mit Herrn Kallmann in ihm ganz spontan ein Gefühl der Unsicherheit: Herr Berg fühlt sich befangen und kann damit nicht so frei und spontan reagieren wie im Umgang mit anderen Personen. Sie kennen solche Situationen sicherlich aus dem Alltag: Sie machen sich Gedanken über eine Situation – und daneben steht häufig so etwas wie ein unmittelbares »Bauchgefühl«. Beides wird Ihr Handeln beeinflussen.

Als theoretischer Rahmen für diese Unterscheidung zwischen Gedanken und Gefühlen bietet sich die Unterscheidung zwischen Kognition und Emotion beziehungsweise rationaler und emotionaler Intelligenz an. Unser Handeln, so lässt sich der Stand der Forschung summarisch zusammenfassen, resultiert aus unseren Kognitionen, aus rationalen oder irrationalen Überlegungen, aber ist zugleich von unseren Emotionen bestimmt.

Dass Handeln Ergebnis unserer rationalen – oder irrationalen – Überlegungen ist, weiß man seit der Mitte des letzten Jahrhunderts. Die »Kognitive Verhaltenstherapie« in der Tradition von Donald Meichenbaum, Michael Mahoney, Arnold Lazarus oder auch Albert Ellis hat besonders betont, dass Probleme häufig aus irrationalen oder hinderlichen Gedanken resultieren (zum Beispiel Winiarski 2012). Dabei funktionieren diese »subjektiven Theorien« einer einzelnen Person (Groeben 1988) ähnlich wie wissenschaftliche Theorien:

> Herr Berg beschreibt die Situation mit bestimmten Begriffen (»Herr Kallmann ist zurückhaltend und ablehnend«), er versucht, die Situation zu erklären (»Herr Berg ist zurückhaltend, weil er etwas gegen mich hat«), entwickelt daraus Prognosen (»wenn Herr Kallmann etwas gegen mich hat, hat es keinen Sinn, wenn ich mich ihm aufdränge«) und definiert damit einen Rahmen möglicher Handlungsmöglichkeiten: Er zieht sich zurück, verteidigt sich gegen (vermeintliche) Vorwürfe.

Albert Ellis, der Begründer der sogenannten rational-emotiven Verhaltenstherapie, hat diesen Prozess, dass unser Handeln aus unseren Gedanken resultiert, als ABC-Modell dargestellt (Ellis 2008):

- *Ausgangspunkt (A: activating event)* sind immer bestimmte Ereignisse: Herr Berg begegnet Herrn Kallmann auf dem Flur.
- *Gedanken und Kognitionen (B: belief system)*: Herr Berg macht sich Gedanken über die Situation: Er deutet das Verhalten von Herrn Kallmann als abweisend und erklärt es damit, dass jener etwas gegen ihn hat.
- *Konsequenzen (C: consequences)* können für Ellis auf der Ebene der Emotionen und des Verhaltens liegen: Herr Berg reagiert auf diese Gedanken emotional (er fühlt sich befangen, unsicher), und er reagiert mit bestimmten Verhaltensweisen (Rückzug).

Ellis beschreibt den Menschen als ein rationales und irrationales Wesen, irrationale Gedanken wie zum Beispiel globale negative Bewertungen (»Herr Kallmann hat etwas gegen mich«, aber auch »ich schaffe das nicht«) führen zu Problemen. Lösung von

Problemen kann dann darin bestehen, diese negativen Bewertungen zu diskutieren – woraus sich für Ellis eine vierte Phase in seinem Verhaltensmodell ergibt: die »Disputation« (D), in der es darum geht, irrationale Beschreibungen und Bewertungen infrage zu stellen und abzuändern.

So zutreffend die Feststellung ist, dass unsere Gedanken – auch – unsere Emotionen und unser Verhalten beeinflussen, so ist auf der anderen Seite dieses lineare Modell alleine nicht ausreichend. Herr Berg mag sich durchaus »rational« sagen, dass sein Kollege Kallmann zu allen Distanz hält (und das als Teil seiner Vorgesetztenrolle sieht) – trotzdem bleibt das unmittelbare Gefühl der Unsicherheit und Befangenheit. Auslösende Ereignisse wirken also offenbar nicht erst über die Kognitionen auf die Emotionen und Gefühle, sondern auch unmittelbar: Das Gefühl von Herrn Berg ist ein unmittelbares – unabhängig von den Gedanken, die dann möglicherweise eher im Nachhinein kommen. Auch das kennen Sie sicherlich aus eigenen Erfahrungen: Sie treffen einen neuen Gesprächspartner und haben ganz spontan ein ungutes oder positives »Bauchgefühl«. Vermutlich haben Sie auch die Erfahrung gemacht, dass dieses Bauchgefühl nicht selten zuverlässiger ist als alle Gedanken, die Sie sich rational zu dieser Situation machen.

Bereits in den 1960er-Jahren hatte Roger Sperry mit der Unterscheidung zwischen zwei Gehirnhälften auf die Bedeutung der Emotionen als eigenständiger Denkprozesse hingewiesen. Im Anschluss daran wurde in der Forschung die Bedeutung der Emotionen zunehmend in den Blick gerückt. David Goleman, der in seinem Buch »Der EQ« in den 1990er-Jahren amerikanische Forschungen zu Emotionen aufarbeitete und einer breiteren Öffentlichkeit zugänglich machte, hat dafür den Begriff »emotionale Intelligenz« – des Öfteren spricht man auch von »intuitiver Intelligenz« – geprägt (Goleman 1995; vgl. Damasio 2004; Dijksterhuis 2010). Emotionale Intelligenz wird definiert als die Fähigkeit, »die Kraft und den Instinkt von Gefühlen als Quelle für menschliche Energie, Informationen, Verbundenheit und Einfluss zu spüren, zu verstehen und effektiv einzusetzen« (Cooper/Sawaf 1997, 13).

Kognitive und emotionale Intelligenz (oder – wie wir im Folgenden formulieren –, um hier den missverständlichen Begriff »Intelligenz« zu vermeiden, »kognitive und emotionale subjektive Deutungen«) arbeiten zum einen unabhängig voneinander: Ich kann – unabhängig von meinen Empfindungen – mir Gedanken über eine Situation machen, und ich empfinde zugleich (mehr oder weniger bewusst) ein unmittelbares spontanes Gefühl. Beides kann sich durchaus widersprechen. Auf der anderen Seite beeinflussen sich Gedanken und Gefühle gegenseitig. Unsere Gedanken beeinflussen unsere Empfindungen – zugleich bestimmen aber auch unsere Empfindungen unsere Gedanken: Die unmittelbare Befangenheit von Herrn Berg führt dazu, dass er eher negative Gedanken entwickelt und mögliche positive Erklärungen überhaupt nicht in den Blick kommen. Unsere Emotionen filtern und prägen unsere Gedanken.

Beide Vorgehensweisen, die kognitiven und die emotionalen subjektive Deutungen, helfen uns, uns in der Welt zurechtzufinden. Entsprechend können Probleme auf unterschiedlichen Ebenen entstehen: daraus,

- dass bestimmte Gedanken unklar oder irrational, überzogen, hinderlich sind,
- dass Emotionen uns nicht bewusst sind oder sie übertrieben, überzogen oder verfälscht werden,
- dass unsere kognitive und unsere emotionale Deutung der Situation auseinander klaffen.

Daraus ergeben sich folgende Ansatzpunkten für Coaching:

> Coaching bedeutet, den Coachee zu unterstützen,
> - sich seiner eigenen kognitiven subjektiven Deutungen bewusst zu werden und sie möglicherweise zu verändern,
> - sich seiner eigenen emotionalen subjektiven Deutungen bewusst zu werden und sie möglicherweise zu verändern,
> - Kognitive und emotionale subjektive Deutung der Situation in Gleichklang zu bringen.

Dazu wollen wir in den folgenden Abschnitten Ihnen eine Reihe von Vorgehensweisen vorstellen.

Klärung des »verdeckten Wissens«

Herr Berg beklagt sich: »die Mitarbeiter ziehen nicht richtig mit«. Er nimmt dieses Problem als Thema für eine Coachingsitzung und setzt als Ziel an, Ideen zu erhalten, damit die Mitarbeiter besser mitziehen.

Die Formulierung »die Mitarbeiter ziehen nicht richtig mit« ist alles andere als genau. Sie ist sehr pauschal und allgemein, es bleibt offen, was hier genau gemeint ist. Natürlich stehen hinter einer solchen Aussage konkrete Erfahrungen, aber sie sind hier nicht explizit. Vermutlich ist Herrn Berg selber nicht klar, wo genau hier die Probleme liegen.

Vermutlich kennen Sie solche Situationen aus eigener Erfahrung: Das Bild der Situation bleibt allgemein und pauschal – aber eben das ist hinderlich, um gute Lösungen zu finden.

Der Philosoph Michael Polanyi (1985) hat dafür den Begriff »implizites Wissen« eingeführt: Ein Teil unseres Wissens ist uns nicht bewusst, sondern implizit oder verdeckt. Im Neurolingustischen Programmieren spricht man in diesem Zusammenhang davon, dass bestimmte Erfahrungen »getilgt« sind (zum Beispiel Mohl 2006, 180ff.): Herr Berg hat auf der Basis seiner Erfahrung – implizit – Wissen über bestimmte Ursachen und hat möglicherweise auch bestimmte Ideen. Aber dieses Wissen ist ihm nicht bewusst.

Für Coaching heißt es, den Coachee zu unterstützen, sein Bild der Wirklichkeit zu klären. Drei unterschiedliche Vorgehensweisen dafür haben wir bereits vorgestellt: Fokussieren, Klärung der verdeckten Erfahrungen und aktives Zuhören (vgl. Kapitel 3). Wir beschränken uns an dieser Stelle auf eine knappe Zusammenfassung:

- *Fokussieren konkreter Situationen:* »Fokussieren«, so hatten wir in Kapitel 3 formuliert, bedeutet, einen Sachverhalt unter die Lupe zu nehmen. Eine Situation fokussieren heißt, einen allgemeinen Sachverhalt an einer konkreten Situation verdeutlichen:

> Können Sie dafür eine konkrete Situation schildern?
> - Um was für eine Situation handelt es sich dabei? Wer war daran beteiligt?
> - Wo fand sie statt (im Büro, bei einer Besprechung)?
> - Was machten die beteiligten Personen? Was sagten sie? Wie war ihr nonverbales Verhalten?
> - Wie haben Sie diese Situation empfunden?
> - Was, meinen Sie, dachten die anderen Personen?
> - Wie haben Sie darauf reagiert? Was haben Sie getan?
> - Wie hat sich die Situation dann weiterentwickelt?

Fokussieren ist eine Methode, die Sie im Coachinggespräch anwenden können, um ihren Coachee zu unterstützen, sich selbst über eine Situation klar zu werden. Es ist aber auch eine Methode, die Sie Ihrem Coachee weitergeben können und die er nutzen kann, um in anderen Gesprächen die Situation zu klären.

- *W-Fragen zur Erfassung »verdeckter Erfahrungen«:* In Kapitel 3 hatten wir als Beispiel die Aussage von Herrn Berg »Die Mitarbeiter ziehen nicht richtig mit«. Hier wird etwas angedeutet, was aber genau die Situation ist, bleibt (möglicherweise auch Herrn Berg) unklar. Hier gilt es, genau auf die einzelnen Wörter zu hören und gezielt nachzufragen:
  - Welche Mitarbeiter ziehen nicht richtig mit?
  - Was tun die Mitarbeiter, wenn sie nicht mitziehen?
  - Gibt es Mitarbeiter, die mitziehen? Was ist da anders?
  - »Mitziehen« heißt was?
  - Wohin ziehen diese Mitarbeiter, wenn sie nicht mitziehen?
  - Was führt Ihrer Meinung dazu, dass sie nicht mitziehen?
  - Wie gehen Sie damit um?
  - Was heißt »richtig«? Ziehen sie »falsch« mit?
  - Was könnte die Mitarbeiter veranlassen, mitzuziehen?

- *Paraphrasieren und aktives Zuhören:* Paraphrasieren bedeutet, Inhalte zusammenzufassen, zu präzisieren oder zu strukturieren: »Ich höre bei Ihnen zwei Themen heraus. Sie möchten herausfinden, was Ihre Mitarbeiter wirklich denken, und Sie möchten sie mehr in die Verantwortung nehmen.« Aktives Zuhören im Anschluss an Thomas Gordon ist das Widerspiegeln der Gefühle: »Sie ärgern sich, dass Ihre Mitarbeiter zwar ›Ja‹ sagen, aber dann nichts tun.«

Die eigene Position klären. Subjektive Deutungen klären kann bedeuten, den Coachee zu unterstützen, sein Bild der Wirklichkeit anderen transparent zu machen. Erinnern Sie sich an die Einleitung zu diesem Kapitel: Auch Herr Kallmann kann sich ein »falsches« Bild von Herrn Berg machen. Es ist Aufgabe von Herrn Berg, Herrn Kallmann zu verdeutlichen, was er meint – und es ist durchaus Aufgabe von Coaching, dem Coachee dafür Hinweise zu geben. Zwei Möglichkeiten möchten wir hier nennen:

- *Fokussieren:* Fokussieren ist nicht nur ein Vorgehen, das für die Klärung der subjektiven Deutungen des Gesprächspartners hilfreich ist (nach einer konkreten Situation fragen), sondern ist ebenso ein Verfahren, das Herr Berg anwenden kann. Er kann seinen Mitarbeitern an einem konkreten Beispiel verdeutlichen, woher er den Eindruck hat, dass sie nicht mitziehen. Nicht selten werden sich daraus neue Lösungen ergeben.
- *Ich-Botschaften:* Auch dieses Vorgehen stammt von Thomas Gordon (2006, S. 98ff.). Grundlage ist die Annahme, dass wir nicht selten unsere Gesprächspartner über unsere wirklichen Empfindungen im Unklaren lassen. Ich-Botschaften können dann helfen, Klarheit zu schaffen. Ich-Botschaften haben nach Gordon drei Teile: die Nennung des Gefühls, das Verhalten, das dieses Gefühl auslöst, und (möglicherweise) Konsequenzen aus dieser Situation. Eine Ich-Botschaft könnte sein: »Ich ärgere mich, wenn Vereinbarungen nicht eingehalten werden, weil wir dann immer wieder von vorne diskutieren.«

Zirkuläre Fragen. Zirkuläre Fragen sind ein Verfahren, das Anfang der 1980er-Jahre in der systemischen Familientherapie eingeführt wurde (vgl. z.B. Schlippe/Schweitzer 2007, S. 138ff.) und das lange Zeit als ein Grundmuster systemischen Fragens galt. Das Prinzip dabei ist, nicht die betreffende Person nach ihrer eigenen Einschätzung, sondern nach anderen Personen zu fragen. Auf unser Beispiel von Herrn Berg bezogen: Es wird nicht gefragt, wie Herr Berg die Situation erlebt, sondern was er meint, wie seine Mitarbeiter (oder sein Vorgesetzter) die Situation erleben. Zirkuläre Fragen haben damit bestimmte Grundmuster (siehe Abbildung nächste Seite).

Die Grundmuster zirkulärer Fragen sind:

- *Fragen nach anderen Personen:* »Was meinen Sie, welche Personen sind am kritischsten gegenüber Ihnen eingestellt?«
- *Fragen nach dem Verhalten anderer Personen:* »Was meinen Sie, was würde dieser Mitarbeiter in dieser Situation tun, sagen, wie würde er in dieser Situation reagieren?«
- *Fragen nach den subjektiven Deutungen anderer Personen,* wobei sich verschiedene Fragerichtungen unterscheiden lassen, zum Beispiel:
  - Was, meinen Sie, würde Ihr Mitarbeiter in dieser Situation denken, empfinden?
  - Was meinen Sie, wie würde Ihr Mitarbeiter diese Situation erklären?
  - Was würde sich Ihr Mitarbeiter in dieser Situation von Ihnen wünschen?

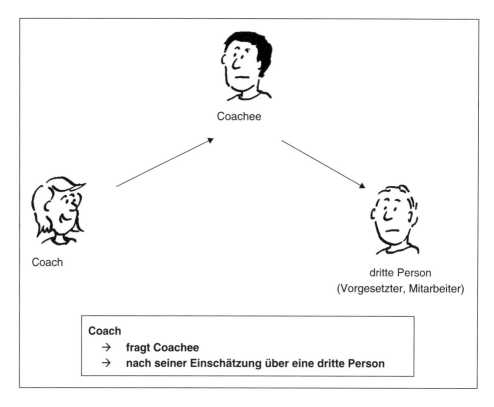

Zirkuläre Fragen führen dazu, dass sich der Coachee in die Situation seines Gegenübers versetzt. Zirkuläre Fragen schaffen damit Verständnis für den anderen. Zum Beispiel im Rahmen der Stakeholderanalyse dienen sie dazu, die Ziele anderer Personen zu erkennen. Doch wenn der Coachee mehr Verständnis für die subjektiven Deutungen eines Gegenübers entwickelt, kann er auf dieser Basis neue Handlungsmöglichkeiten entwickeln.

> Hier wieder Literaturanregungen:
> - Carmen Kindl-Beilfuß: Fragen können wie Küsse schmecken: Systemische Fragetechniken für Anfänger und Fortgeschrittene. Auer, Heidelberg 2011.
> - Fritz B. Simon/Christel Rech-Simon: Zirkuläres Fragen: Systemische Therapie in Fallbeispielen. Auer-Verlag, Heidelberg 2009.

»Referenztransformation«: Veränderung des Bilds der Wirklichkeit

Herr Berg wählt als Thema des heutigen Coachingprozesses »Ich habe den Eindruck, dass Herr Magge, der Geschäftsführer, etwas gegen mich hat«. Als Coachingziel wird angesetzt, neue Möglichkeiten zu finden, mit Herrn Magge anders umzugehen und die Beziehung zu verbessern.

In der Klärungsphase schildert Herr Berg eine Reihe von Situationen, in denen das deutlich geworden ist. Eine hat letzten Donnerstag stattgefunden: Herr Berg und Herr Magge begegneten sich im Flur. Normalerweise hatten sie dann ein paar Worte gewechselt. Aber diesmal nahm Herr Magge ihn fast nicht wahr und ging ohne Kommentar mit steinerner Miene vorbei. Für Herrn Berg ist klar: »Der hat etwas gegen mich!«

Doch halt, ist die Situation wirklich so eindeutig? Kann es nicht sein, dass Herr Magge zurzeit im Stress ist, dass er andere Probleme hat? – Eben das ist der Ausgangspunkt für die »Referenztransformation« oder, wie sie auch bezeichnet wird, eine »kognitive Umstrukturierung« (z.B. Wilken 2008) oder ein »Reframing« (z.B. Bandler/Grinder 2005a) der Situation.

Der Hintergrund ist folgender: Unser Handeln, so sagten wir eingangs, ist von unserem Bild bestimmt, das wir uns von der Wirklichkeit machen. Das Bild drückt sich in bestimmten Worten aus, mit denen die Situation beschrieben wird. Für Herrn Berg »hat Herr Magge etwas gegen ihn«. »Etwas gegen jemanden haben« ist der zentrale Begriff, mit dem die Situation gedeutet wird. Es ist der Referenzrahmen, also der Rahmen, in dem wir die Wirklichkeit betrachten.

Nun wäre jedoch in dieser Situation durchaus ein anderer Rahmen zur Beschreibung denkbar, nämlich mit dem Begriff »im Stress sein«.

Allgemein formuliert: Wir betrachten die Wirklichkeit immer aus der Perspektive eines bestimmten Rahmens, des Referenzrahmens. Dieser Rahmen legt einen Bereich möglicher Handlungskonsequenzen fest. Wenn Herr Berg davon überzeugt ist, dass der Geschäftsführer etwas gegen ihn hat, kommen nur bestimmte Möglichkeiten in den Blick: sich zurückziehen, Herrn Magge ansprechen, was er gegen Herrn Berg hat, sich bei anderen über Herrn Magge beklagen.

Wenn Herr Berg die Situation jedoch unter dem Rahmen »Herr Magge ist im Stress« betrachtet, dann eröffnen sich plötzlich neue Handlungsmöglichkeiten: Verständnis zeigen, ihm Unterstützung anbieten, ihn in Ruhe lassen. Eben das ist Referenztransformation, den anderen unterstützen, seinen Referenzrahmen zu überprüfen und abzuändern. Bildlich lässt sich das folgendermaßen darstellen:

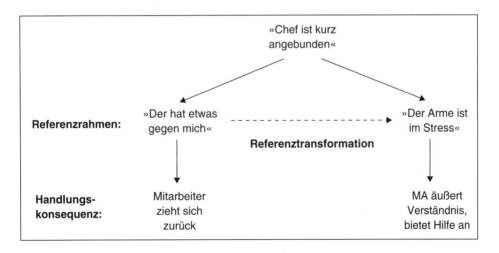

Dabei lassen sich verschiedene Arten der Referenztransformation unterscheiden. Die wichtigsten sind:

- *Inhaltliche Referenztransformation:* Jede Person oder jede Situation ist nie nur positiv oder nur negativ, sondern hat immer zwei Seiten. Häufig sehen wir aber nur die eine, die negative Seite. Inhaltliche Referenztransformation bedeutet, nach den positiven Aspekten einer Person oder einer Situation zu fragen. Wenn jemand kurz angebunden ist, so kann der positive Aspekt davon sein, dass er einen nicht unnötig in Gespräche verwickelt, einem Freiraum lässt. Jemand, der arrogant ist, kann zugleich von seiner Position überzeugt sein, oder aber auch ein sonst problematischer Kollege kann zugleich ein guter Fachmann sein.
- *Kontext-Referenztransformation:* Verhalten, das als negativ empfunden wird, kann in bestimmten Situationen (Kontexten) positiv sein. Sich in alles einmischen kann sinnvoll sein, wenn es darum geht, mögliche Risiken bewusst zu machen. Es gibt Situationen, in denen es sinnvoll sein kann, nicht offen zu sein und seine Meinung zurückzuhalten.
- *Ziel-Referenztransformation:* Dahinter steht die Annahme, dass hinter negativem Verhalten positive oder verständliche Ziele stehen können. Jemand der überaus penibel und detailverliebt ist, kann damit das Ziel verfolgen, Fehler zu vermeiden. Hinter arrogantem Verhalten kann das Ziel stehen, beachtet zu werden.
- *Referenztransformation von »Widerfahrnissen« in Handlungen:* »Widerfahrnis« ist ein Begriff, der aus der Sprachphilosophie (Kamlah 1972, 49ff.) stammt: Eine Handlung ist etwas, das sich willentlich beeinflussen lässt: einen Brief schreiben, eine neue Stelle zu suchen. Widerfahrnisse dagegen sind nicht beeinflussbar. Nun gibt es jedoch Bereiche, in denen diese Unterscheidung zwischen Handlung und Widerfahrnis nicht eindeutig ist: Ist die Situation, dass ein Mitarbeiter einen unmöglichen Chef hat, mit dem er nicht auskommt, ein Widerfahrnis oder eine Handlung? Ist er dieser Situation hilflos ausgeliefert, oder hat er etwas dazu getan? In der Persönlichkeitspsychologie spricht man in diesem Zusammenhang von der »Selbstwirksamkeitserwartung«: wie weit eine Person daran glaubt, selbst etwas bewirken zu können oder wie weit sie sich ausgeliefert fühlt. Referenztransformation bedeutet hier, den Coachee dabei zu unterstützen, Situationen nicht als Widerfahrnisse zu deuten, sondern als Situationen, zu denen man etwas beigetragen hat.
- *Referenztransformation als Thematisierung von Hintergrundkonstrukten:* Ein Coachee berichtet ausführlich von Problemen in seinem Team. Im Verlauf des Gesprächs wird jedoch deutlich, dass dahinter ein anderes Problem steht: mangelndes Selbstvertrauen des Coachees, sich durchsetzen zu können. Referenztransformation bedeutet hier, den Coachee zu unterstützen, das ursprüngliche Thema in einem anderen »Kontext« zu sehen. Das heißt: im Zusammenhang mit anderen Themen und anderen Begriffen. Entscheidend dabei ist jedoch, dass es Kontexte sind, die für den Coachee selbst relevant sind (achten Sie als Coach auf die Sprache). Wichtig ist, nicht irgendwelche von außen übergestülpte Interpretationen zu nehmen. Fragen sind:

– Was haben Sie dazu getan, dass es so wurde?
– Was ist Ihr Anteil an dieser Situation?
– Sie sagen: Etwas widerfährt oder geschieht mir, ich bin ihm ausgeliefert. Stimmt das?

Im Coaching können Sie Ihren Coachee unterstützen, die Situation anders, positiver zu sehen. Sie können das von außen tun, indem sie eine andere, positive Deutung nebenher einfließen lassen: »Nun, es ist immer noch besser, wenn Herr Magge kurz angebunden ist, als wenn er dauernd mit irgendwelchen Themen und Aufgaben käme oder Sie in unnötige Gespräche verwickelt.« Sie können aber auch mithilfe von Prozessfragen ihren Coachee anregen, selbst die Situation anders zu sehen:

Art der Referenztransformation	Prozessfragen
Inhaltliche Referenztransformation	Was ist das Positive an dieser Situation? Gibt es positive Aspekte? Gibt es etwas an Ihrem Gesprächspartner (Kollegen, Vorgesetzten), das Sie positiv finden?
Kontext-Referenztranformation	In welchen Situationen, in welchem Kontext kann das Verhalten sinnvoll sein? Gab es in der Vergangenheit Situationen, in denen das Verhalten sinnvoll war?
Ziel-Referenztransformation	Welches positive (oder nachvollziehbare) Ziel kann hinter dem Verhalten stehen? Welchen Nutzen hat das Verhalten? Was gewinnen Sie durch dieses Verhalten? Was würden Sie verlieren, wenn das Problem gelöst wäre?
Referenztransformation von Widerfahrnissen in Handlungen	Was haben Sie dazu getan beziehungsweise nicht getan, dass es so wurde?
Referenztransformation als Thematisierung von Hintergrundkonstrukten	Hier gibt es keine speziellen Prozessfragen, sondern Ihre Aufgabe als Coach ist es hier, genau zuzuhören: Wo deutet Ihr Coachee andere Themen an? Achten Sie dabei auf Tonfall und Sprechrhythmus – nicht selten werden Hintergrundkonstrukte durch kurze Pausen, langsameren Sprechrhythmus oder veränderten Tonfall angedeutet.

Referenztransformation kann nicht aus Schwarz Weiß machen. Aber Sie kann neue Aspekte ins Bewusstsein rufen und damit das Bild der Wirklichkeit verändern. Wenn mir bewusst wird, dass große Distanz auch ein Zeichen von Unsicherheit oder Rücksichtnahme sein kann, wird es leichter, mit der Situation umzugehen.

Anregung zur Weiterarbeit

Den Blick auf das Positive zu lenken erfordert Übung. Sie können es selbst in verschiedenen Situationen anwenden.

Als einen ersten Schritt haben wir im Folgenden einige Äußerungen aus Coachinggesprächen aufgeführt. Überlegen Sie selbst mögliche positive Deutungen: Was könnten positive Aspekte der Situation sein? In welchen Situationen könnte das Verhalten sinnvoll sein? Welches verständliche Ziel könnte dahinterstehen?

- Wir haben den Auftrag nicht bekommen.
- Herr Gruber hat eine chaotische Arbeitsweise.
- Ich habe einen Kollegen, der pausenlos redet.
- Er ist schrecklich rechthaberisch.
- Mein Vorgesetzter ist völlig intolerant.

Wenn Sie sich weiter mit dem Thema befassen möchten, hier zum Abschluss wieder einige Hinweise:

- Beate Wilken: Methoden der Kognitiven Umstrukturierung. Kohlhammer, Stuttgart (4. Aufl.) 2008.
- Richard Bandler/John Grinder: Reframing. Junfermann, Paderborn (8. Aufl.) 2005.
- Alexa Mohl: Der große Zauberlehrling. 2 Bände. Junfermann, Paderborn 2006, Bd. 1, 195ff.

Die Nutzung des intuitiven Wissens: Symbole und Metaphern im Coaching

Herr Berg spricht im Coaching das Thema an, dass er häufig das Gefühl hat, im Tagesgeschäft unterzugehen. Die Situation wird kurz geschildert. Doch dann schlägt der Coach, Frau Scholz, ein neues Vorgehen vor: »Suchen Sie sich einen Gegenstand, der Ihre Situation im Tagesgeschäft symbolisiert.« Herr Berg ist zunächst verwundert, lässt sich aber darauf ein und kommt nach kurzer Zeit mit einem Stapel ungeordneter Unterlagen von seinem Schreibtisch wieder. Im weiteren Prozess wird bearbeitet, was dieses Symbol für Herrn Berg bedeutet.

Eine besondere Form, die emotionale oder intuitive Intelligenz im Coaching zu nutzen, ist die Arbeit mit »analogen Verfahren« wie Symbolen oder Metaphern. Ein Symbol oder eine Metapher für eine Situation zu wählen bedeutet, sie intuitiv zu erfassen, wobei die Eigenschaften des Symbols oder der Metapher dann häufig wichtige, aber zunächst verborgene Merkmale der Situation ausdrücken.

Die Arbeit mit Symbolen und Metaphern stammt ursprünglich aus der Gestalttherapie (zum Beispiel Rahm 2011) und wurde dann auch in anderen Konzepten insbesondere zur Bearbeitung schwer greifbarer Themen genutzt (Hammel 2011; Mahlmann 2010; Mohl 2007).

Insbesondere in Situationen, in denen ein Problem unklar definiert ist, wenn es sich um schwer greifbare persönliche Themen handelt oder wenn noch nicht klar ist, in welche Richtung eine Lösung zielen könnte, ist die Arbeit mit Symbolen oder Metaphern außerordentlich hilfreich und führt in vielen Fällen zu überraschenden Lösungen: Herrn Berg wäre es schwergefallen, die Gründe für seine Situation rational zu erfassen. Aber das Symbol drückt eine Reihe wichtiger Merkmale für seine Situation aus: In dem Stapel befinden sich ganz unterschiedliche Gegenstände: Präsentationsunterlagen, Notizen aus Telefongesprächen, ein Flugplan, E-Mails. Die Unterlagen sind unsortiert, man kann zunächst überhaupt nicht erkennen, um was für Unterlagen es sich im Einzelnen handelt. Ähnlich weist die von Herrn Berg gewählte Metapher »untergehen« auf eine Reihe wichtiger Merkmale der Situation und mögliche Lösungen hin: Worin geht Herr Berg unter? Was schlägt über ihm zusammen? Was tut er, um sich über Wasser zu halten? Was wären andere Möglichkeiten: ruhig schwimmen, sich zunächst treiben lassen, einen Schwimmreifen oder Rettungsring benutzen? Was könnte das sein?

Symbole, Metaphern, Bilder können sowohl in der Klärungs- als auch in der Veränderungs- oder Abschlussphase verwendet werden. Wir möchten Ihnen den Ablauf anhand des bereits angedeuteten Beispiels von Herrn Berg verdeutlichen.

Phase 1: Orientierungsphase. Die Orientierungsphase bleibt unverändert. Es geht darum, Thema und Coachingziel festzulegen. In unserem Beispiel: Thema ist »Untergehen im Tagesgeschäft«, Coachingziel für Herrn Berg ist, Möglichkeiten zu finden, nicht im Tagesgeschäft unterzugehen.

Aufgabe des Coachs in der Orientierungsphase ist es dann, dem Coachee vorzuschlagen, mit einem Symbol oder einer Metapher zu arbeiten, ihn ein Bild malen zu lassen. In der Regel ist es sinnvoll, hier nur knapp das Vorgehen anzudeuten, ohne zu viel zu erklären: Möglicherweise kann man als Erläuterung einige Hinweise auf das Thema »emotionale Intelligenz« geben: »Es gibt ja seit ungefähr 30 Jahren umfangreiche Forschungen über emotionale Intelligenz. Dahinter steht die Erfahrung, dass wir eine Situation rational analysieren, sie aber auch intuitiv, auf der Basis der sogenannten emotionalen Intelligenz verstehen können. Ich möchte Ihnen heute vorschlagen, dass wir Ihre emotionale Intelligenz nutzen. Können Sie sich darauf einlassen?«

Die meisten Coachees werden wenig von emotionaler Intelligenz wissen – aber sie werden sich auf das Verfahren einlassen, wenn sie dem Coach vertrauen und sich auf ihn verlassen, dass er schon »das Richtige« macht.

Phase 2: Klärungsphase. In der Klärungsphase kann ein Symbol für die Darstellung einer Problemsituation genutzt werden: Der Coachee wählt ein Symbol für seine Arbeitssituation, für den Kollegen, mit dem er Probleme hat, für das Team. Er kann dann anhand des Symbols die zentralen Faktoren der Problemsituation schneller und deutlicher herausarbeiten, als es auf einer rein verbalen Ebene möglich wäre. Die Schritte hierbei sind folgende:

- *Wahl eines Symbols für die Situation:* Die Einführung durch den Coach könnte dann etwa folgende sein: »Sie haben davon gesprochen, dass Sie im Tagesgeschäft untergehen. Ich schlage Ihnen vor, dass Sie sich ein Symbol für Ihr jetziges Tagesgeschäft suchen, also einen Gegenstand, der Ihre aktuelle Situation, wo Sie im Tagesgeschäft untergehen, symbolisiert. Wenn es möglich ist, bringen Sie diesen Gegenstand mit. Wenn es sich um etwas handelt, was nicht mitgebracht werden kann, dann können Sie davon erzählen.«
Rationale Überlegungen, welches Symbol hier passen könnte, behindern den intuitiven Prozess. Von daher kann es günstig sein, dem Coachee die Anweisung zu geben, spontan einen Gegenstand zu wählen: »Ich schlage Ihnen vor, jetzt nicht zu überlegen, sondern sich intuitiv darauf einzulassen: Gehen Sie in Ihr Büro oder draußen umher, und lassen Sie verschiedene Gegenstände auf sich wirken. Sie werden intuitiv spüren, welcher Gegenstand für Sie als Symbol passt!«
- *Beschreibung des Symbols:* Symbole werden nicht »ohne Grund« gewählt, sondern intuitiv mit der zugrunde liegenden Situation verknüpft: Wenn der Coachee als Symbol dafür, dass er im Tagesgeschäft untergeht, den Stapel ungeordneter Unterlagen gewählt hat, verbindet er damit intuitiv für ihn wichtige Eigenschaften der realen Situation. Es kommt darauf an, diese Verknüpfung zu klären.
Daraus ergibt sich als erster Schritt, nach den Merkmalen für diese Situation zu fragen, die für den Coachee hier wichtig sind: »Könnten Sie Ihr Symbol beschreiben, was fällt Ihnen dabei auf?«
Die von dem Coachee genannten Merkmale sind entscheidend. Sie haben eine Bedeutung für die reale Situation: »In dem Stapel liegen einige dickere Unterlagen, ein Flugplan, eine Mappe, bei der nicht zu erkennen ist, was darin ist, Papiere und einige handschriftliche Notizen. Die Unterlagen liegen nicht direkt übereinander, einiges guckt etwas vor, einiges ist völlig verdeckt.«
Aufgabe des Coachs ist es, die genannten Merkmale wörtlich mitzuschreiben. Sie sind Grundlage für die weitere Bearbeitung. Möglicherweise kann man als Coach auch auf einzelne auffällige Merkmale hinweisen: »Einige der Zettel sind zerknittert, bedeutet das etwas?« Hierbei jedoch Vorsicht: Es mag sein, dass dies für den Coachee überhaupt keine Bedeutung besitzt.
- *Klärung der Bedeutung des Symbols:* Nun werden die Bedeutungen der genannten Eigenschaften geklärt: Was bedeutet für die Arbeitssituation des Coachees, dass einige Unterlagen hervorschauen, andere gar nicht zu erkennen sind? Dieser Klärungsprozess braucht Zeit und Unterstützung. Das bedeutet für den Coach mitgehen, zuhören, gegebenenfalls nachfragen.

Insgesamt ergeben sich damit folgende Prozessfragen für die Klärungsphase:

- Suchen Sie sich ein Symbol für diese Situation!
- Was fällt Ihnen an diesem Gegenstand auf? Was sind seine Eigenschaften?
- Was bedeuten diese Eigenschaften in Bezug auf Ihre Situation?

Hilfreich ist, die Beschreibung des Symbols und die Bedeutung in zwei Spalten direkt mitzuschreiben. Für Herrn Berg ergab sich folgendes Bild:

Gegenstand	Bedeutung
Stapel ungeordneter Unterlagen.	Unmenge von Aufgaben, die auf mich einstürzen.
Man kann nicht alle erkennen.	Ich habe keinen Überblick darüber, was ansteht.
Liegen kreuz und quer.	Es fehlt die Struktur für das Abarbeiten.
Einige sind zerknittert.	Manche Arbeiten habe ich schon dreimal angefangen, aber bisher nicht abgeschlossen.

Entsprechend können Metaphern bearbeitet werden. Der Coachee wählt eine Metapher für seine Situation oder verwendet sie spontan: »Manchmal fühle ich mich wie ein welkes Blatt im Wind.« Oder: »Ich fühle mich überrollt.« Die Bearbeitung verläuft dann wie bei den Symbolen: Was sind Merkmale eines welken Blattes? Welches Bild hat der Coachee vor Augen, wenn er sich überrollt fühlt?

Phase 3: Lösungsphase. In der Lösungsphase kann ein Symbol auf unterschiedliche Weise eingesetzt werden.

- *Veränderung des Symbols:* Wenn bereits in der Klärungsphase ein Symbol für eine Problemsituation gewählt wurde, lassen sich in der Veränderungsphase neue Lösungen finden, indem man fragt, was man an dem jeweiligen Symbol verändern kann: »Was können Sie mit diesem Symbol tun?«
  Bezogen auf das Beispiel: Der Coachee kann den Stapel sortieren, einiges wegwerfen, kann ihn jemand anderem in die Hand drücken, sich einen Ablagekasten besorgen.
  In einem abschließenden Schritt wird dann die Bedeutung in der realen Situation geklärt: »Was bedeutet das für Ihre Arbeitssituation, dass Sie alte Papiere wegwerfen, dass Sie schauen, ob noch etwas Wichtiges drin ist, dass sie alles jemandem in die Hand drücken?«
- *Wahl eines neuen Symbols für die Lösung:* Eine zweite Möglichkeit besteht darin, dass man in der Lösungsphase nach einem zweiten Symbol für eine positive Situ-

ation fragt: »Stellen Sie sich vor, Ihre Arbeitssituation ist optimal. Suchen Sie sich dafür ein neues Symbol!«

Die Bearbeitung erfolgt hier in den gleichen Schritten wie in der Klärungsphase: Zunächst die für den Coachee wichtigen Eigenschaften des Symbols klären und dann nach der Bedeutung für die reale Situation fragen.

Eine dritte Möglichkeit besteht darin, dass man in der Klärungsphase die Situation lediglich verbal bearbeitet und in der Lösungsphase ein Symbol unmittelbar für eine positive Situation suchen lässt. Die Schritte entsprechen dann dem Vorgehen in den zuvor genannten Abschnitten.

- Suchen Sie sich ein Symbol für eine positive Situation.
- Was sind die Eigenschaften dieses Symbols?
- Was bedeutet das in der Realität?
- Was können Sie tun, um das zu erreichen?

Phase 4: Abschlussphase. Entsprechend dem üblichen Vorgehen im Coachingprozess sind in der Abschlussphase Ergebnis, Handlungsplan und mögliche Kontrakte festzulegen: »Was nehmen Sie als Ergebnis mit?«, »Was sind die konkreten nächsten Schritte?«, »Wie werden Sie konkret vorgehen?«.

Der Abschluss kann ebenso auf symbolischer Ebene erfolgen: Der Coachee kann ein Symbol für eine positive Situation mitnehmen, es an einen passenden Platz stellen, sich ein Bild für dieses Symbol besorgen. Ein Symbol für eine negative Situation lässt sich wegwerfen, beiseitestellen, verbrennen. Der Abschluss auf symbolischer Ebene stellt (unbewusst) eine Verknüpfung mit der realen Situation her: Der Coachee wird durch das Symbol daran erinnert, mit seinen Aufgaben »aufzuräumen«. Das Wegwerfen nicht mehr benötigter Unterlagen symbolisiert, dass eine Aufgabe abgeschlossen ist.

Nach unseren Erfahrungen ist die Arbeit mit Symbolen gerade bei schwierigen Themen ein sehr schönes und sogar »leichtes« Verfahren: Der Coachee muss nicht mühsam unterschiedliche Lösungen suchen, sondern sie entwickeln sich »von selbst«. Dabei werden schnell entscheidende Lösungen gefunden.

Allerdings ist der Nutzen dieses Verfahrens theoretisch schwer vorstellbar. Nach unseren Erfahrungen in der Ausbildung von Coachs wird der Erfolg eines solchen Vorgehens im Grunde erst dann deutlich, wenn man es selbst einmal ausprobiert hat.

Anregung zur Weiterarbeit

Vielleicht können Sie sich selbst ein Symbol für eine Situation wählen (man kann das auch im Rahmen eines »Selbstcoachings« tun). Schreiben Sie sich die wichtigsten Eigenschaften, die Ihnen dazu einfallen, auf, und überlegen Sie, was das in der Realität bedeutet. Oder Sie üben das Vorgehen zunächst in einer einfachen Situation mit einer Kollegin oder einem Kollegen, bis Sie hier Sicherheit gewinnen.

Symbole und Metaphern können leicht tiefe, emotionale Empfindungen freisetzen. Es kann zu einer persönlichen Krise kommen, wenn dem Coachee anhand eines Symbols deutlich wird, dass er an seinem Arbeitsplatz unglücklich ist und keine Perspektive mehr sieht. In einem solchen Fall ist professionelle Beratungskompetenz notwendig, um diese Situation aufzuarbeiten. Von daher unsere Bitte: Gehen Sie vorsichtig mit Symbolen im Coachingprozess um. Versuchen Sie erst, mit einfachen Verfahren Sicherheit zu gewinnen, bevor Sie sich darauf einlassen. Wählen Sie Symbole zunächst in weniger belastenden Situationen, bis Sie ein Gefühl dafür entwickelt haben. Wenn Sie den Eindruck haben, dass Ihr Klient emotional zu sehr bewegt wird, Sie aber selbst unsicher sind, können Sie Distanz zu dem Symbol schaffen: Lassen Sie den Coachee räumlich zurücktreten und das Symbol aus größerer Entfernung betrachten. Oder wechseln Sie schnell in die Lösungsphase: Was kann der Coachee positiv nutzen, was wäre ein erster Schritt?

> Falls Sie sich weiter in diese Thematik einarbeiten möchten, hier einige Literaturhinweise:
> - Regina Mahlmann: Sprachbilder, Metaphern & Co. Einsatz bildlicher Sprache in Coaching, Beratung und Training. Beltz, Weinheim und Basel 2010.
> - Alexa Mohl: Das Metaphern-Lernbuch. Junfermann, Paderborn (4. Aufl.) 2007.

Klärung und Veränderung von Emotionen

Emotionen sind Signale, die uns helfen, uns auf der Welt zurechtzufinden. Sie sind gleichsam ein »emotionales Frühwarnsystem«. Allerdings sind viele Menschen (und damit auch: viele Coachees) sich dieser Emotionen nicht bewusst, nicht in der Lage, diese Emotionen wahrzunehmen und zu deuten. Coaching heißt, den Coachee unterstützen, sich seiner Emotionen und ihrer Bedeutung bewusst zu werden.

Eben das ist bereits das Grundprinzip der personenzentrierten Gesprächsführung im Anschluss an Carl Rogers (z. B. 2007, 20ff.). Aufgabe des Therapeuten ist es, die Empfindungen des Klienten widerzuspiegeln und damit bewusst zu machen – ein Vorgehen, das Thomas Gordon (z. B. 2006, 64ff.) dann unter der Bezeichnung »Aktives Zuhören« auf Alltagssituationen übertragen hat – wir haben das Vorgehen bereits in Kapitel 3 dargestellt (vgl. S. 60ff.).

Das Konzept von Rogers wurde dann in der emotionsfokussierten Therapie im Anschluss an Leslie Greenberg weiterentwickelt. Emotionen, so Greenberg (2006, 31), »sind ein Signal an uns selbst …, bereiten uns auf Handlungen vor …, zeigen, ob die Dinge so verlaufen, wie man es gerne möchte …, senden Signale an andere«. Emotionen senden eine Botschaft und bereiten damit für adäquate Handlungen vor. In der Literatur zu emotionaler Kompetenz finden sich dabei eine Reihe von Hinweisen zu den Botschaften und ihrer Funktion (im Folgenden in Anlehnung an Berking 2010, S. 169ff.):

Emotion	Botschaft	Funktion
Stress	Die Erreichung wichtiger Ziele ist gefährdet	Mobilisiert zusätzliche geistige und körperliche Energien
Angst	Es ist unsicher/fraglich, ob wichtige Ziele überhaupt erreicht werden können	Bereitet vor, die Situation auf mögliche Gefahren genauer zu untersuchen
Traurigkeit	Ich glaube, dass ich wichtige Ziele nicht mehr erreichen kann	Bereitet körperliche und geistige Prozesse vor, die mir helfen, mich von diesem Ziel zu lösen
Entspannung	Meine Ziele sind nicht gefährdet und ich kann mich von anstehenden Aufgaben lösen	Dient der Regeneration
Mut	Ich bin der Überzeugung, dass ich schwierige Aufgaben auch bewältigen kann	Hilft – trotz Risiken – Handlungen durchzuführen und mobilisiert Energien
Gelassenheit	Etwas erscheint auf den ersten Blick bedrohlich, die Bedrohung kann ich aber relativieren	Dient dazu, auch in schwierigen Situationen einen kühlen Kopf zu bewahren
Freude	Ein Ereignis wird als positiv bewertet	Gibt Kraft und motiviert

Auf der anderen Seite ist nicht jede Emotion eine hilfreiche Botschaft. Greenberg unterscheidet hier verschiedene Arten von Emotionen:

- »Gesunde« (»adaptive«) primäre Emotionen wie Trauer, Hilflosigkeit, aber auch Freude, Stolz, Erleichterung. Sie sind spezifisch, entstehen spontan in einer Situation und senden ein Signal: Nach einem Erfolg Stolz, Erleichterung zu spüren. Der Betreffende hat dabei »ein sicheres Gefühl: genau das ist es«.
- »Verzerrte« (»maladaptive«) primäre Emotionen: Trauer, Hilflosigkeit, aber auch Stolz oder Erleichterung können ebenso in anderen Situationen auftreten. Trauer kann beispielsweise auftreten, wenn es nicht angebracht ist. Dabei sind in der Regel vergangene Erfahrungen generalisiert. Merkmal dieser verzerrten Emotionen ist, dass sie altbekannte Gefühle sind, unabhängig von einer konkreten Situation ausgelöst wurden und eher Verwirrung stiften: Warum bin ich eigentlich traurig?
- Sekundäre Emotionen sind Emotionen, die durch andere Emotionen ausgelöst werden und die dann verdecken: Eltern haben sich Sorgen gemacht, dass ihrem Kind etwas passiert ist, weil es nicht nach Hause kommt. Als es kommt, ist die eigentliche primäre Emotion Erleichterung, sie wird aber verdeckt durch die Emotion Ärger – was es übrigens dem Kind schwer macht, damit umzugehen.

Daraus ergeben sich drei Aufgaben für ein Coaching: den Coachee unterstützen, sich seiner gesunden primären Emotionen bewusst zu werden und sie von verzerrten oder sekundären Emotionen zu unterscheiden. Hilfreich können folgende Prozessfragen sein:

- Was empfinden Sie jetzt?
- Was haben Sie in dieser (vergangenen) Situation empfunden? Versuchen Sie, Ihre Empfindung zu beschreiben.
- Können Sie Ihre Empfindung körpersprachlich ausdrücken? Wählen Sie dazu eine Körperhaltung, die diesem Gefühl entspricht!
- Erinnern Sie sich an eine Situation, in der Sie ärgerlich, gelassen usw. waren: Wie war die Situation? Was haben Sie in dieser Situation empfunden?
- Was ist die Botschaft, die hinter dieser Emotion steht?
- Erinnern Sie sich an eine Situation, in der Sie Ihrer Emotion gefolgt sind und zu einem guten Ergebnis kamen: Was war das für eine Situation? Was war das für eine Emotion? Was war die Botschaft hinter dieser Emotion?
- Wie können Sie unterscheiden, ob Ihr Gefühl berechtigt oder überzogen ist?
- Ist das Gefühl ein berechtigtes oder ein überzogenes oder verzerrtes (eine maladaptive Emotion)?

Emotionen sind hilfreiche Signale, die uns auf Herausforderungen vorbereiten. Das heißt aber nicht, dass Emotionen immer hilfreich sind: Angst kann vorsichtiges Handeln anleiten, sie kann aber auch lähmen. Gelassenheit kann in Gleichgültigkeit umschlagen. Das bedeutet für das Coaching: den Coachee dabei unterstützen, angemessen mit Emotionen umzugehen.

Allerdings liegt eine Schwierigkeit darin, dass sich Emotionen nicht direkt und nicht so einfach verändern lassen. Sie kennen das sicherlich aus eigener Erfahrung: Wenn Sie sich sagen, ich sollte mich hier nicht ärgern, dann hat das meist den gegenteiligen Effekt: Sie ärgern sich über eine Situation – und Sie ärgern sich dann auch noch über Ihren Ärger (sekundäre Emotion), der Ärger wird noch größer. Trotzdem gibt es eine Reihe von Möglichkeiten:

- Distanz zu negativen Emotionen schaffen.
- Die ursprüngliche Situation, die zu dem negativen Gefühl geführt hat, bearbeiten.
- Fragen, was der Coachee braucht, um aus den negativen Emotionen zu gelangen
- Positive Bilder finden.
- Emotionen, die jemand momentan noch nicht hat körpersprachlich ausdrücken (zum Beispiel eine bestimmte körperliche Haltung einnehmen).
- Sich an eine frühere Situation erinnern, in der diese Emotion aufgetaucht ist.
- Sich die problematische Situation mit einer positiven Emotion vorstellen.

Zum Abschluss zwei Literaturhinweise:
- Matthias Berking: Training emotionaler Kompetenzen. Springer, Berlin/Heidelberg (2. Aufl.) 2010.
- Leslie S. Greenberg: Emotionsfokussierte Therapie. Lernen, mit den eigenen Gefühlen umzugehen. Dgvt, Tübingen 2006.

Regeln und Werte

Das Verhalten in sozialen Systemen wird durch Regeln und Werte gesteuert. Da gibt es Regeln, die festlegen, wer welchen Parkplatz benutzen darf; es gibt Regeln, wie man miteinander im Team und mit dem Vorgesetzten umgeht; es gibt aber auch so etwas wie persönliche Regeln, die jemand für sich selbst aufstellt: »Sei immer gründlich!«, »Halte Zusagen ein!«. Daneben gibt es allgemeinere Werte wie Hilfsbereitschaft oder Offenheit, möglicherweise aber auch einen Wert Karriere. Regeln und Werte sind durch folgende Merkmale gekennzeichnet:

- *Regeln und Werte sind Verhaltensanweisungen, die festlegen, was man tun soll, tun darf oder nicht tun darf:* Parkplatz- oder Teamregeln sind Anweisungen, wie man sich auf dem Parkplatz oder in einem Team zu verhalten hat. Der Wert »Hilfsbereitschaft« ist nichts anderes als eine sehr allgemeine Verhaltensanweisung: »Sei gegenüber anderen Personen hilfsbereit.«
- *Regeln und Werte sind durch Sanktionen gestützt:* Sanktionen sind hier verstanden als die positiven oder negativen Konsequenzen, die auf Befolgen oder Übertreten der Regel folgen. Wer die Parkplatzregeln missachtet, erhält eine deutliche Erinnerung, dass er hier nicht parken darf; wer Verkehrsregeln missachtet (und dabei erwischt wird), erhält ein Strafmandat, muss den Führerschein abgeben oder wird abgeschleppt. Wenn der Wert Hilfsbereitschaft in einer Familie gilt, wird ein Kind gelobt, wenn es anderen hilft – oder es wird getadelt, wenn es dem Wert nicht folgt. Sanktionen können – das zeigt das Beispiel – positiv oder negativ sein. Sie können im Einzelnen sehr unterschiedlich sein und reichen von einem freundlichen Wort – »Das ist ein sehr wichtiger Beitrag« – und einer Beförderung bis zu einem Tadel, einer Geldbuße oder schließlich der Kündigung.
- *Regeln und Werte haben jeweils einen festgelegten Geltungsbereich:* Dabei gelten Werte sehr allgemein. Regeln haben einen eingeschränkten Geltungsbereich, das heißt, sie gelten nur für enger eingegrenzte Situationen. Hilfsbereitschaft ist nicht auf bestimmte Situationen eingeschränkt, sondern gilt gleichsam universell. Die Parkplatzregeln in einem Unternehmen regeln das Verhalten auf dem Unternehmensparkplatz, aber nicht auf dem Parkplatz an der Oper.
- *Regeln und Werte können explizit oder implizit festgelegt sein:* Bei Regeln denken wir zunächst an formalisierte Regeln, die in Arbeitsplatzbeschreibungen, Unterschriftenregeln, Verkehrsregeln festgelegt sind. Daneben gibt es aber in jeder Organisation auch implizite Regeln, die möglicherweise den offiziellen, explizit festgelegten Regeln entgegenstehen. Offiziell gilt die Regel »Wir suchen keine Schuldigen, sondern lösen Probleme!« – inoffiziell und tatsächlich gilt jedoch eine ganz andere Regel: »Wenn du ein Problem hast, suche dir als Erstes einen Schuldigen, auf den du das Problem abwälzen kannst!«

Regeln und Werte waren lange Zeit kein offizielles Thema in Organisationen und damit auch kein Thema von Coaching. In der Tradition der 68er-Jahre des 20. Jahrhunderts galten Regeln lange Zeit als bloßes Instrument der Herrschaft, die abzuschaffen seien. Werte waren für viele hoch technisierte Organisationen ein veraltetes Thema: Wir kümmern uns um Prozesse und Kennzahlen, wozu sich dann mit Werten befassen?

Diese Auffassung ist jedoch mittlerweile gründlich überholt. Wir wissen, dass die Steuerung eines sozialen Systems ohne Werte und Regeln nicht möglich ist. Werte und Regeln schaffen Orientierung und Verhaltenssicherheit oder, wie in den 1970er-Jahren der Soziologe Erving Goffman formulierte, sie sind zugleich »Verpflichtung« und »Erwartung« (Goffman 2008, 56). »Hilfsbereitschaft« verpflichtet den einen, anderen Menschen gegenüber hilfsbereit zu sein, und sie gibt zugleich dem anderen die Sicherheit, Hilfsbereitschaft erwarten zu können.

In der zweiten Hälfte des 20. Jahrhunderts hat man bei der Steuerung von Organisationen das Schwergewicht auf Regeln gelegt. Unter der Überschrift »Prozesse« wurden detaillierte Regelsysteme entwickelt, wie zum Beispiel ein Projekt abzulaufen hat. Solche Regelsysteme sind sicherlich hilfreich, aber sie sind, wie sich im Anschluss an den Soziologen Niklas Luhmann (z.B. 2008, 219) formulieren lässt, in Gefahr, sich zu »verselbstständigen«: Um exakt anwendbar zu sein, erfordert jede Regel weitere Zusatzregeln, die festlegen, wie mit Ausnahmen umzugehen ist oder wie diese Regeln in besonderen Situationen anzuwenden sind. Ein klassisches Beispiel dafür sind die Regeln des Steuerrechts: Um Mehrdeutigkeit zu vermeiden (ein durchaus verständliches Anliegen), wurden hier unzählige Zusatzvorschriften eingeführt – mit dem (durchaus systemtheoretisch zu erklärenden) Ergebnis, dass das Steuerrecht letztlich von niemandem mehr durchschaut werden kann. Grundsätzlich ähnliche Entwicklungen finden wir in Unternehmen: Zwar haben sie für zahlreiche Gebiete mittlerweile aufwendig erstellte Regelsysteme (wir haben, wie man formuliert, genau »designte« Prozesse) – aber, so die immer wieder zu hörende Klage, »diese Prozesse werden nicht gelebt!«. Das heißt, die jeweiligen Regelsysteme sind so detailliert, dass sie im Grunde niemand mehr beherrscht, dass man sie nicht mehr befolgen kann oder, wenn man es versucht, man an »wichtiger« (»wertschöpfender«) Arbeit gehindert wird. »Unsere Meister«, so eine Aussage, »haben keine Zeit mehr, mit Mitarbeitern zu reden, weil sie die ganze Zeit beschäftigt sind, Daten in das IT-System einzugeben.«

Diese Erfahrung lenkt die Aufmerksamkeit gerade in den letzten Jahren verstärkt auf Werte: Auch Werte steuern das Verhalten in sozialen Systemen, sie sind weniger kompliziert und detailliert. Wer den Wert »Hilfsbereitschaft« verinnerlicht hat, dem brauche ich nicht ein umfangreiches Regelsystem an die Hand zu geben, wie er was in welchen Besprechungen und anhand welcher Checklisten mit den Kollegen der anderen Schicht abzusprechen hat. Auf der anderen Seite sind Werte offenbar weniger leicht vermittelbar und weniger leicht kontrollierbar. Sie sind unscharf und lassen Ausnahmen zu.

Damit aber werden Regeln und Werte zu einem zentralen Thema im Coaching – und das auf zwei Ebenen:

- *Werte und Regeln des Coachingsystems:* Zum einen ist das System von Coach und Coachee (das Coachingsystem) selbst durch Werte und Regeln gesteuert. Wertschätzung, Empathie und Authentizität sind grundlegende Werte, ohne die Coaching nicht möglich ist. Darüber hinaus ist der Ablauf des Coachingprozesses durch eine Reihe von Regeln festgelegt: Der Coach hat das Recht, zu fragen, er hat die Entscheidung beim Coachee zu lassen …

- *Werte und Regeln als Thema im Coaching:* Was sind die Werte, die der Coachee hat? Welche Konsequenzen ergeben sich aus diesen Werten für das praktische Handeln? Was sind die Werte der Organisation, in der er arbeitet? Was sind geheime Regeln? Wie kann er Regeln im Team einführen? Wie kann er mit sinnlosen geltenden Regeln umgehen? – Mit diesem Themenkomplex wollen wir uns in den folgenden Abschnitten ausführlicher befassen.

Regeln als Thema im Coaching

Auch, wenn es möglicherweise nicht sofort den Eindruck erweckt: Im Coaching von Herrn Berg spielt das Thema Regeln ebenfalls eine Rolle, und zwar in dreifacher Hinsicht: Herr Berg kommt in einen neuen Bereich, in dem Regeln gelten, die er nicht kennt; er muss neue Regeln in seinem Bereich einführen; und er muss schließlich mit möglicherweise unvernünftigen Regeln leben, die Herr Magge, der Geschäftsführer, eingeführt hat.

Genau das sind die Themen, die im Coaching im Zusammenhang mit Regeln immer wieder auftreten:

- *Regeln kennenlernen:* Eines der wichtigen Themen ist, die »geheimen Regeln« in einer Organisation kennenzulernen. Das ist zum einen Thema in allen »Übergängen« von einer Position in eine andere. Herr Berg kommt in einen neuen Bereich. Sein Vorgänger hatte möglicherweise einen ganz anderen Führungsstil ausgeübt – und das bedeutet, es galten in dieser Abteilung andere Regeln. Möglicherweise durften die Mitarbeiter an dem Vorgänger von Herrn Berg keine Kritik äußern (da galt also die Regel »Du darfst den Bereichsleiter nicht kritisieren!«) – und Herr Berg wundert sich, dass in den Besprechungen keine freie Diskussion aufkommt, wie er es gewohnt ist. Hier gilt es zunächst, die bislang geltenden Regeln zu erkunden. Regeln kennenlernen kann aber auch Thema sein, wenn zum Beispiel ein Coachee trotz guter fachlicher Leistungen in der Karriere nicht vorwärtskommt. Häufig sind es geheime Regeln, die er nicht beachtet hat – und die er zunächst lernen muss, um Karriere zu machen.
- *Regeln beurteilen:* Welche Regeln sind sinnvoll, welche nicht?
- *Regeln einführen und abändern:* Als nächster Schritt schließt sich für Herrn Berg an, in seinem Team neue Regeln einzuführen: Wie gehen wir miteinander um? Wie offen sprechen wir auch Kritik an? Was geben wir nach außen? Wie organisieren wir unsere Besprechungen?
- *Mit problematischen Regeln umgehen:* Im Unternehmen gilt die Regel, dass Mitarbeiter (insbesondere Führungskräfte) abends erst dann das Unternehmen verlas-

sen dürfen, wenn Herr Magge das Büro verlassen hat. Und nachdem Herr Magge geschieden ist und sich abends ohnehin langweilen würde, bleibt Herr Magge häufig bis 22 Uhr. Das mag für ihn angenehm sein; für Herrn Berg ist es die wahre Katastrophe, weil er nicht erst nach 23 Uhr seine Familie sehen möchte.

Erfassen von Regeln

Im Alltag lernen wir Regeln vor allem unbewusst. Erinnern Sie sich an Ihre eigene Kindheit: Sie haben in der Familie oder in der Schule eine Fülle von Regeln gelernt (sonst hätten Sie das gar nicht überstanden). Aber Sie haben das in vielen Fällen unbewusst, im täglichen Miteinander, getan. Auch in Ihrem Arbeitsbereich haben Sie vermutlich die meisten Regeln unbewusst gelernt. Aber es gibt Situationen, in denen das nicht ausreicht: Wenn man schnell in einem neuen Bereich neue Regeln lernen muss, im interkulturellen Umgang (unterschiedliche Kulturen zeichnen sich durch unterschiedliche Regeln aus) oder auch dann, wenn jemand »ohne ersichtlichen Grund« nicht weiterkommt – in vielen Fällen stehen Regeln dahinter. Und Ihre Aufgabe als Coach wird dann sein, Ihren Coachee zunächst einmal zu unterstützen, diese Regeln kennenzulernen. Grundsätzlich bieten sich dafür drei Möglichkeiten:

- *Erfassen von Regeln durch Beobachtung:* Beobachten kann man grundsätzlich nur Verhaltensweisen; die dahinterstehenden Regeln kann man nur erschließen. Wenn Mitarbeiter in Besprechungen immer wieder zu spät kommen, ohne dass daraufhin besondere Sanktionen folgen, kann man eine dahinterstehende Regel vermuten: »Teilnehmer an Besprechungen dürfen später kommen!« – oder es besteht keine Regel: »Teilnehmer sollen pünktlich zu Besprechungen kommen!« Daraus ergeben sich bestimmte Prozessfragen zum Erfassen von Regeln:
  - Was geschieht immer wieder?
  - Was geschieht nie, obwohl man es erwarten würde?
  - Welches Verhalten wird positiv oder negativ sanktioniert (von Zustimmung oder Stirnrunzeln bis zu öffentlicher Anerkennung oder massiver Kritik)?

  Im Rahmen von Coaching können Sie Ihren Coachee darin unterstützen, Regeln zu entdecken – oder Sie als Coach versuchen, im Rahmen von Beobachtung (etwa im Rahmen von »Schattentagen«, an denen Sie Ihren Coachee in seinem Umfeld begleiten) sich selbst die dort geltenden Regeln bewusst zu machen.

- *Regeln erfragen:* Man kann auch andere Personen nach Regeln fragen. Dabei liegt die Schwierigkeit darin, dass Regelwissen »implizites« Wissen ist, also sich der Gesprächspartner häufig der Regeln, die er befolgt, überhaupt nicht bewusst ist. Trotzdem kann man durch geeignete Fragen dieses »verdeckte Wissen« bewusst machen:

- Was darf man hier, was darf man nicht?
- Wofür erntet man Anerkennung oder riskiert Kritik?
- Was muss man tun, um Karriere zu machen?
- Was mussten Sie am Anfang lernen, als Sie hier anfingen?
- Was muss man tun, um bei dem Vorgesetzten anzuecken?

Allerdings (auch das ist häufig eine Regel) ist es nicht immer passend, diese Fragen zu stellen. Es ist passend, wenn man in einen neuen Bereich, eine neue Organisation oder in ein Team aus einer anderen Kultur kommt. Aber es ist »unpassend«, wenn Herr Berg diese Fragen stellt, nachdem er schon ein Jahr in seiner Position ist. Hier ist es dann Aufgabe des Coachs, das verdeckte Wissen von Herrn Berg mithilfe dieser oder ähnlicher Fragen bewusst zu machen.

Einführung, Aufhebung oder Abänderung von Regeln

Herr Berg hat sein neues Team übernommen, aber kommt mit seinen Mitarbeitern überhaupt nicht zurecht. Es gibt keine vereinbarten Teamregeln: In Besprechungen kommt und geht jeder, wann er will, es wird endlos ohne Ergebnis geredet; Vereinbarungen werden nicht eingehalten. Herr Berg ist nahezu verzweifelt. Bislang hatte er immer Teams, die problemlos miteinander gearbeitet haben. Was kann er tun?

Hier geht es um die Veränderung von Regeln: Offenbar bestehen in diesem Team keine sinnvollen Regeln, die die Zusammenarbeit steuern, sondern es bestehen Regeln wie »Jeder darf in Besprechungen kommen und gehen, wie er will«, die nicht unbedingt sinnvoll sind.

Regeln sind zum einen notwendig (ein soziales System funktioniert nicht ohne sie). Es gibt Situationen, in denen neue Regeln eingeführt werden müssen, um Probleme zu beseitigen. Aber das schließt nicht aus, dass es zahlreiche Regeln gibt, die für das soziale System nicht sinnvoll sind und abgeändert werden müssen. Regeln verfolgen stets bestimmte Ziele. Und Regeln können unvernünftig sein, wenn

- *das dahinterstehende Ziel nicht sinnvoll ist:* Enge Besucherregeln, denen zufolge Besucher nur mit Begleitung das Gelände betreten dürfen, sind nicht sinnvoll, wenn es in dem entsprechenden Gelände nichts Wesentliches zu schützen gibt,
- *das Ziel durch die Regel nicht erreicht wird:* Enge Besucherregeln nützen nichts, wenn Besucher nur in Begleitung das Gelände betreten, aber nach irgendwelchen Besprechungen dann alleine zurückgeschickt werden,
- *die Regel negative Nebenwirkungen hat*, also zum Beispiel aufgrund strenger Besucherregeln Kunden zunehmend davon abgehalten werden, Kontakt aufzunehmen.

Einführung neuer Regeln oder Aufhebung oder Abänderung bestehender Regeln sind durchaus Thema von Coaching. Auch dabei gliedert sich der Coachingprozess in die üblichen Phasen Orientierungsphase, Klärungsphase, Lösungsphase und Abschlussphase.

Phase 1: Orientierungsphase. Auch hier kommt es auf eine genaue Klärung des Coachingziels an: Will der Coachee wissen, welche Regeln er einführen kann – oder will er wissen, wie er die Regeln einführen kann? Je nachdem werden Klärungs- und Lösungsphase unterschiedlich verlaufen; je nachdem werden verschiedene von den im Folgenden aufgeführten Prozessfragen geeignet sein.

Phase 2: Klärungsphase. Je nach Coachingziel werden unterschiedliche Prozessfragen zu stellen sein Sie können dann selbst entscheiden, welche Sie wählen.

- *Welche Regeln bestehen?* Als Ausgangsbasis ist es immer hilfreich, nach bestehenden Regeln zu fragen. Bezogen auf das Beispiel von Herrn Berg: Offenbar gibt es eine Regel, dass Teilnehmer bei Besprechungen kommen und gehen dürfen, wann sie wollen; und es gibt keine Regel, dass Vereinbarungen eingehalten werden müssen.
- *Wie sind die Regeln zu beurteilen?* Besteht Regelungsbedarf oder die Notwendigkeit einer Aufhebung oder Abänderung? Hier bieten sich unter anderem folgende Prozessfragen an:
  - Gibt es Situationen, für die Regelungsbedarf besteht?
  - Welche Ziele sollen durch geltende Regeln erreicht werden? Sind die Ziele sinnvoll?
  - Werden die Ziele durch die Regeln tatsächlich erreicht?
  - Haben die Regeln negative Nebenwirkungen?
- *Welche Faktoren im sozialen System unterstützen die bisherigen Regeln beziehungsweise können eine Veränderung unterstützen?* Soziale Regeln stehen nie isoliert für sich, sondern sind Bestandteile eines komplexen sozialen Systems. Das bedeutet, sie werden von anderen Faktoren gestützt und können nur im Zusammenhang mit anderen Faktoren verändert werden. So gibt es Personen, die Interesse an der Beibehaltung – oder Abänderung – der jeweiligen Regel haben. Regeln stehen aber auch im Zusammenhang mit subjektiven Deutungen, stützen sich gegenseitig. Die Diagnose des sozialen Systems ist damit häufig Voraussetzung, um geeignete Lösungen zu finden. Mögliche Prozessfragen sind:
  - Welche Personen haben Interesse an der Beibehaltung beziehungsweise Abänderung der jeweiligen sozialen Regel?
  - Was sind die Ziele, die diese Personen mit den Regeln verfolgen?
  - Welche Bedeutung haben diese Regeln?
  - Was hindert an der Abänderung von Regeln? Ist Herr Berg sich möglicherweise selbst unsicher und spiegelt sich diese Unsicherheit in seinem Verhalten wider? Wenn das der Fall ist, wäre möglicherweise zunächst ein anderes Thema

im Coachingprozess zu bearbeiten, nämlich die Unsicherheit von Herrn Berg.

- Wie wird die Regel durch andere Regeln im sozialen System gestützt? Welche anderen Regeln oder Werte stehen ihr entgegen?
- Gibt es typische Verhaltensmuster im Zusammenhang mit dieser Regel?
- Welche Bedeutung hat die Systemumwelt für die Regel?
- Wie ist die bisherige Entwicklung der Regel? In welchem Kontext wurde sie eingeführt? Gab es eine Situation, in der die Einführung der Regel sinnvoll war? Was hat sich seitdem geändert?

Phase 3: Lösungsphase. Je nach Zielsetzung wird der Coachingprozess in unterschiedliche Richtung führen. Mögliche Schwerpunkte sind:

- das Sammeln alternativer Regeln, mit deren Hilfe sich die Probleme lösen lassen, sowie
- das Sammeln von Handlungsmöglichkeiten, um eine neue Regel durchzusetzen.

Bezogen auf das Beispiel von Herrn Berg ist vermutlich die Sammlung alternativer Regeln verhältnismäßig einfach. Schwieriger ist es, neue Regeln durchzusetzen – vor allem dann, wenn einige seiner Mitarbeiter an der Beibehaltung der geltenden Regeln interessiert sind. Es ist für den Einzelnen sicherlich bequem, wenn er Vereinbarungen nicht einhalten und damit nichts tun muss. Es ist unbequem, sich an neue Regeln zu halten. Möglicherweise sind Sie als Coach hier als Experte gefordert, der Anregungen gibt, wie sich neue Regeln tatsächlich durchsetzen lassen. Sie können sich dabei durchaus an Situationen erinnern, wo Sie Regeln abgeändert haben, und diese als Möglichkeiten nennen:

- Regeln durch Vereinbarungen festsetzen.
- Sanktionen vereinbaren, mit denen Regeln gestützt werden – eine Regel ohne Sanktionen ist wirkungslos und damit letztlich keine Regel.
- Selbst Sanktionen setzen (was sicherlich innerhalb des Bereiches von Herrn Berg, wo er mehr Macht hat, leichter ist als im Umfeld von Herrn Magge).
- Als Vorbild gemäß den Regeln handeln.
- In Einzelgesprächen die Bedeutung der Regel und die Notwendigkeit der Abänderung verdeutlichen.
- Verbündete suchen, die auch an der Abänderung der Regel interessiert sind.
- Sich weniger auf Regeln, sondern auf die dahinterstehenden Werte konzentrieren und ein gemeinsames Verständnis hinsichtlich der Werte absichern. Auf dieser Basis lässt sich dann leichter über Regeln diskutieren.
- Jemanden beauftragen, der die Einhaltung von Regeln überwacht – zum Beispiel die Teilnehmer an Vereinbarungen erinnert.

Phase 4: Abschlussphase. Ergebnis sollte auch hier wieder ein Handlungsplan sein: In welchen Schritten geht Herr Berg bei der Einführung neuer Regeln vor? Mit wem sollte er zunächst sprechen? Was können nächste Schritte sein?

Mit unvernünftigen Regeln umgehen

Wenn der Prozess sorgfältig geplant und begleitet ist, wird es Herrn Berg vermutlich gelingen, die Regeln in seinem Team abzuändern. Es wird ihm dadurch leichter gelingen, weil diese Regeln in seinem Einflussbereich liegen und er dabei mehr Möglichkeiten hat, auf die einzelnen Personen zuzugehen und selbst Sanktionen zu setzen. Schwieriger ist es, wenn es um Regeln geht, die nicht in seinem Einflussbereich liegen. Bezogen auf das Beispiel: Wie soll er mit der Regel umgehen, dass die Mitarbeiter erst dann das Büro verlassen dürfen, wenn Herr Magge, der Geschäftsführer, geht? Hier liegt es nicht im eigenen Einflussbereich, diese Regel abzuändern, sondern in dem von Herrn Magge. Und Herr Berg muss negative Sanktionen befürchten, wenn er früher geht.

Solche Situationen sind nicht selten Thema von Coaching. Der Coachee kommt mit der Situation nicht zurecht und sucht Anregungen, wie er damit umgehen kann.

Eines gilt grundsätzlich: Es ist nicht Ihre Aufgabe als Coach, eine tolle Lösung herbeizuzaubern. Es gibt Probleme, die sich nicht lösen lassen. Coaching hat nicht die Aufgabe, eine heile Welt zu schaffen – aber es hat die Aufgabe, den Rahmen möglicher Lösungen zu erweitern. Das heißt, Ihre Aufgabe als Coach ist es, mit Ihrem Coachee abzuklären, ob es Lösungen für dieses Problem gibt. Entscheidend ist eine klare Steuerung des Coachingprozesses. Das heißt, zerbrechen Sie sich als Coach nicht den Kopf über mögliche Lösungen, sondern konzentrieren Sie sich auf den Prozess. Klären Sie das Coachingziel (wobei Sie gegebenenfalls durchaus darauf hinweisen können, dass es Probleme gibt, die nicht zu lösen sind). Klären Sie die Situation, erarbeiten Sie, welche Faktoren im sozialen System diese Regel unterstützen, und sammeln Sie gemeinsam mit Ihrem Coachee neue Lösungen. Einige Ideen dafür sind folgende:

- Eine erste Möglichkeit besteht sicherlich darin, das Problem anzusprechen und gemeinsam nach einer Lösung zu suchen. Das mag in einem Zweiergespräch mit Herrn Magge sein, das kann ebenso im Rahmen der Geschäftsleitungsbesprechung sein.
- Herr Berg kann überlegen, ob er Verbündete gewinnen kann. Wenn in der Geschäftsleitungsbesprechung nicht nur Herr Berg, sondern auch andere das Thema anschneiden, sind die Erfolgsaussichten größer.
- Anstatt Forderungen zu stellen, könnte Herr Berg Herrn Magge um Unterstützung bitten: Wie soll er damit umgehen, dass er mit seiner Familie und seinen Kindern zunehmend in Konflikte gerät? Wie könnte Herr Magge ihn dabei unterstützen?

- Vielleicht hilft es, Herrn Magge abends zum Essen einzuladen und ihn das »Gutenachtritual« in der Familie miterleben zu lassen.
- Es gibt Personen, die sich die Übertretung von Regeln »leisten« können: Jeder weiß, dass Herr Meier mittwochs früher geht. Er tut es einfach.
- Eine besondere Form sind »mikropolitische Taktiken« (vgl. Neuberger 2006, 85ff.). Dabei handelt es sich um Verfahren, Regeln zu unterlaufen: Eine Regel wird nicht explizit abgelehnt, sondern es wird ihre Wichtigkeit (verbal) akzeptiert. Aber sie wird nicht befolgt und das wird mit »guten Gründen« oder Entschuldigungen legitimiert. Ein Beispiel: Herr Berg wird möglicherweise Ärger bekommen, wenn er die Regel explizit ablehnt. Aber es wird eher akzeptiert, wenn er nachmittags einen Kundenbesuch macht und dann nicht mehr ins Büro kommt, wenn er Kopfschmerzen hat oder …

Es kann sein, dass es keine Lösung für dieses Problem gibt, weil Herr Magge nicht bereit ist, von seiner Auffassung abzuweichen, und (da er Geschäftsführer und alleiniger Inhaber ist) es sich auch leisten kann. Dann verändert sich das Thema des Coachings: Ist Herr Berg bereit, diese Regel zu akzeptieren? Was wären die schlimmsten Konsequenzen? Wie viel ist ihm die Stelle im Unternehmen Achsenroth wert? Was für Alternativen hat er?

Anregung zur Weiterarbeit

Versuchen Sie, die in Ihrem Team, Ihrer Organisation geltenden Regeln zu reflektieren. Überlegen Sie:
- Welche Regeln gelten?
- Wofür bekommen Sie in Ihrer Organisation, in Ihrem Team Anerkennung und Zustimmung?
- Wofür werden Sie kritisiert?
- Was müssen Sie tun, um in Ihrer Organisation vorwärtszukommen – oder anzuecken?
- Wieweit sind diese Regeln sinnvoll?
- Gibt es Situationen, für die Regelungsbedarf besteht, für die aber keine Regeln zur Verfügung stehen?
- Welche Ziele sollen durch die Regeln erreicht werden? Wieweit sind die Ziele sinnvoll?
- Werden diese Ziele durch die Regeln tatsächlich erreicht?
- Haben die Regeln negative Nebenwirkungen?
- Bei Regelungsbedarf oder nicht sinnvollen Regeln: Was wären Möglichkeiten der Abänderung?

Wenn Sie sich weiter mit dem Thema Regeln befassen möchten, hier einige Literaturanregungen:
- Gerd Jüttemann (Hrsg.): Individuelle und soziale Regeln des Handelns. Asanger Roland, Heidelberg 1991.
- Andreas Reckwitz: Struktur. VS, Opladen 1997, 32ff.

Werte

Verhalten kann, so sagten wir zu Beginn dieses Kapitels, durch soziale Regeln oder durch Werte gesteuert werden. Regeln sind spezieller und damit besser kontrollierbar. Werte sind allgemeiner, steuern Verhalten verlässlicher, aber sie können weniger kontrolliert eingeführt und überwacht werden. Werte sind damit das zweite Thema von Coaching in diesem Zusammenhang: den Coachee dabei unterstützen, sich über Werte klar zu werden, sie gegebenenfalls zu verändern und sie umzusetzen – gleichgültig, ob das die persönlichen Werte sind oder Werte in einem Team, einer Organisation. Daraus ergeben sich drei Schritte, die Sie im Coachingprozess als Coach bearbeiten können.

Klärung der Ist-Werte. Ist-Werte sind diejenigen Werte, die eine Person, ein Team oder eine Organisation tatsächlich verfolgt. Ist-Werte sind etwas anderes als die Soll-Werte, die Werte, die man zugrundelegen möchte. So kann der Soll-Wert in einem Team Hilfsbereitschaft sein, gelebt wird aber tatsächlich der Wert Konkurrenz. Von daher ist die Klärung der tatsächlich gelebten Werte häufig der erste Schritt im Rahmen eines Coachingprozesses zum Thema Werte. Für die Klärung der gelebten Werte im Folgenden mögliche Prozessfragen:

- *Direkt nach Werten fragen:* Welche Werte leben Sie tatsächlich? Welche Werte werden im Team gelebt? Welche Werte leben Ihre Mitarbeiter, Ihre Kollegen, die Geschäftsführung?
- *Werte auf der Basis von Wertekatalogen erfragen:* Es gibt eine Reihe von Wertekatalogen (z.B. Hillmann 2003, 163ff.), bei denen man für sich oder für die Organisation ankreuzen kann, wieweit der Wert gelebt wird. Oder Ihr Coachee erstellt selbst einen solchen Katalog. »Welche Bedeutung (zwischen 0 und 100) besitzt der Wert ›Hilfsbereitschaft‹ in Ihrem Team? Dabei bedeutet 0: Der Wert wird überhaupt nicht gelebt, 100, er wird vollständig gelebt.«
- *Werte aus dem tatsächlichen Handeln erschließen:* Häufig lassen sich Werte zuverlässiger aus dem praktischen Handeln erschließen. Welcher Wert steht dahinter, wenn Ihr Coachee pausenlos arbeitet und sich keine Freizeit gönnt? Welche Werte stehen möglicherweise hinter immer wieder auftretenden Problemen? Was sind Situationen, in denen sich der Coachee wohlgefühlt hat oder nicht wohlgefühlt hat? Welche Werte deuten sich hier an?

Klärung der Soll-Werte. Soll-Werte sind die Werte, die Ihr Coachee oder sein Team stärker realisieren möchte. Auch für die Klärung der Soll-Werte bieten sich wieder verschiedene Möglichkeiten:

- *Direkt nach Soll-Werten fragen:* Was sind Werte, die Sie stärker verwirklichen möchten? Wenn Sie ein neues Team übernehmen, welche Werte möchten Sie in diesem Team verwirklicht sehen? Stellen Sie sich vor, Sie sind am Ende Ihrer Berufszeit (Ihres Lebens) angelangt: Was möchten Sie erreicht haben? Wenn Sie morgen früh als Millionär aufwachen würden und nicht mehr zu arbeiten brauchten, was würden Sie tun?

- *Ein Symbol für die Soll-Werte wählen:* Suchen Sie sich ein Symbol dafür, das Ihre Werte, die Ihnen wirklich wichtig sind, darstellt!

Umsetzung von Werten. Das Umsetzen von Werten ist meist ein eigenes Coachingthema: Ihr Coachee ist sich darüber im Klaren, welche Werte er (stärker) leben möchte, aber er schafft es nicht. Oder das Team hat einen Wertekatalog, aber »die Werte werden nicht gelebt«. Das Vorgehen entspricht dem üblichen Ablauf im Coachingprozess: zunächst Ist-Situation klären, dann mögliche Lösungen sammeln und schließlich konkrete Maßnahmen festlegen. In den drei Phasen helfen folgende Fragen:

- *Klärungsphase:* Wieweit werden die Werte gelebt? Was hindert Sie, die Werte stärker zu leben?
- *Lösungsphase:* Was sind Möglichkeiten, die Werte mehr zu leben? Was kann bei der Umsetzung der Werte unterstützen? Lassen sich die Werte durch konkrete Regeln festigen? Müssen Strukturen den Werten angepasst werden? Was wären Beispielsituationen, in denen ich die Werte umsetzen kann? Was könnte Sie im Alltag an die Werte erinnern?
- *Abschlussphase:* Was werden Sie konkret tun? Wie hoch ist Ihr »Commitment«, das zu tun? Wie können Sie das Einhalten der Werte absichern? Wer wird Sie dabei unterstützen?

Werte tatsächlich umzusetzen gehört zu den schwierigsten Aufgaben in sozialen Systemen. Es reicht nicht, zu sagen, ich oder wir wollen die und die Werte leben. Solche Absichtserklärungen haben nur allzu leicht den Charakter von Neujahrsvorsätzen, die dann nach spätestens drei Tagen wieder vergessen werden. Wenn »Werte« ein Thema im Coaching werden, dann nehmen Sie sich gerade dafür unbedingt Zeit. Hierzu noch einige Anregungen:

- Werte umsetzen bedeutet zunächst, sich an diese Werte zu erinnern: die Werte auf einer Karte auf dem Schreibtisch zu haben, sich ein Symbol für die Werte hinzustellen, am Arbeitsplatz auf Plakaten an Werte erinnern, ein Ritual zum Beispiel für den Wert Zusammengehörigkeit zu entwickeln.
- Werte in einem Team zu implementieren hängt entscheidend von der Vorbildfunktion des Managements ab. Wie kann Herr Berg selbst Hilfsbereitschaft vorleben?
- Werte umsetzen kann auch bedeuten, sich bewusst einen Wert vorzunehmen: Was kann ich diese Woche tun, um den Wert Hilfsbereitschaft zu leben?
- Werte umsetzen bedeutet schließlich, die Werte wiederholt zu reflektieren: also sich selbst dafür Zeit nehmen und im Team das Thema Werte immer wieder besprechen.

Wenn man Werte in konkrete Handlungen herunterbricht, besteht stets die Gefahr, dass man hinter den konkreten Aktionen die eigentlichen Werte aus dem Blick verliert. Hinter dem täglichen Fünfminutengespräch geht der Wert Zuhören verloren; das Gespräch über Werte wird zu einer leeren Floskel; die Plakate mit den Werten und dem Leitbild werden nur noch belächelt. Auch das kann Thema des Coachings sein: Was kann getan werden, damit bei allem Aktionismus, die Werte umzusetzen, letztlich nicht die Werte selbst verloren gehen?

Anregung zur Weiterarbeit

Sie können eine Reihe der hier vorgeschlagenen Vorgehensweisen für sich selbst üben: Versuchen Sie zu klären, welche Werte Ihrem Handeln zugrunde liegen, welche Werte Sie in Ihrem Leben stärker verwirklichen möchten. Wählen Sie sich ein Symbol für Werte und nehmen Sie sich Zeit, die Umsetzung zu reflektieren – Sie werden damit gleichzeitig ein Gefühl dafür bekommen, wie Sie das Thema Werte im Coaching bearbeiten können.

Zum Abschluss wieder einige Literaturhinweise.
Werte allgemein:
- Heinz Abels: Einführung in die Soziologie. Bd. 2: Die Individuen in ihrer Gesellschaft. VS, Wiesbaden (3. Aufl.) 2007.
- Wolfgang Bilsky: Werte und Werthaltungen. In: Hannelore Weber/Thomas Rammsayer: Handbuch der Persönlichkeitspsychologie und Differentiellen Psychologie. Hogrefe, Göttingen u.a. 2005.
- Karl-Heinz Hillmann: Wertwandel. Wissenschaftliche Buchgesellschaft, Würzburg 2003, 17ff.
- Rüdiger Peukert: Art. Werte. In: Bernhard Schäfers/Johannes Kopp (Hrsg.): Grundbegriffe der Soziologie. VS, Wiesbaden (9. Aufl.) 2006.

Wertemanagement:
- Ulrich Hemel: Wert und Werte. Hanser, München/Wien (2. Aufl.) 2007.
- Bettina Hofmeister: Werte im Management. Vdm, Saarbrücken 2006.
- Peter Kensok/Katja Dyckhoff: Der Werte-Manager. Junfermann, Paderborn 2004.
- Josef Wieland (Hrsg.): Wertemanagement. Murmann, Hamburg 2004.

Regelkreise: die immer wiederkehrenden Verhaltensmuster

Herr Berg hat Schwierigkeiten mit Herrn Krause, einem seiner Mitarbeiter. Immer, wenn Herr Berg etwas vorschlägt, bringt Herr Krause Einwände: »Ja, aber ...« Das führt dann zu endlosen Diskussionen, Herr Berg ist genervt.

Diese Situation ist ein typisches Beispiel für einen Regelkreis. Bestimmte Verhaltensweisen treten immer wieder auf, es entsteht ein bestimmtes Verhaltensmuster: A unterbreitet einen Vorschlag, B antwortet mit »Ja, aber ...«. Daraufhin versucht A, seinen Vorschlag noch nachdrücklicher zu begründen, bringt neue Argumente, doch B antwortet wieder mit »Ja, aber ....«.

Regelkreise oder immer wiederkehrende Verhaltensmuster sind eines der zentralen Merkmale sozialer Systeme:

- *Bestimmte Verhaltensweisen wiederholen sich ständig:* A bringt Argumente, B antwortet mit »Ja, aber …«, beide Gesprächspartner greifen sich an, es wird jeweils dem anderen die Schuld zugeschoben, es werden Vereinbarungen getroffen, aber nicht eingehalten, es wird endlos diskutiert, ohne dass man zu einem Ergebnis kommt – vermutlich kennen Sie ähnliche Situationen aus der eigenen Erfahrung.
- *Jedes Verhalten ist zugleich Ursache und Wirkung:* Je mehr A argumentiert, desto mehr Einwände bringt B; und je mehr Einwände B bringt, desto mehr meint A, seine Argumente verteidigen zu müssen. Es gibt damit nicht »die Ursache« für ein Problem, sondern Regelkreise schaukeln sich häufig aus Kleinigkeiten hoch.
- *Jede der beteiligten Personen deutet ihr Verhalten als Reaktion auf das Verhalten des anderen:* »Ich muss Einwände vorbringen, weil der andere auf seiner Position beharrt«, »Ich muss meine Argumente nachdrücklicher vorbringen, weil der andere es nicht einsieht«.
- *Begleitet sind solche Regelkreise meist von einem Gefühl, dass es nicht vorwärtsgeht:* Jede der beteiligten Personen strengt sich an – aber man tritt auf der Stelle. Es bewegt sich nichts, und die ganze Situation wird als Belastung erlebt.

Regelkreise können auf unterschiedlichen Ebenen liegen: Es gibt Regelkreise, die innerhalb einer Person ablaufen, und Regelkreise zwischen zwei oder mehr Personen. Hierfür einige Beispiele:

- A fängt immer etwas Neues an, aber kommt nicht zum Ende.
- A fängt immer wieder an, aber wird von anderen ständig in Gespräche verwickelt.
- A steht unter Termindruck, wird hektisch, der Termindruck nimmt zu.
- A und B weisen sich wechselseitig die Schuld zu.
- Es werden Vereinbarungen getroffen, aber nichts geschieht.
- A wird immer wieder um Unterstützung gebeten, was zunehmend belastend wird.
- A kann nicht Nein sagen.
- Ein Thema wird endlos diskutiert, bis es schließlich versandet.

Regelkreise gehören zu den wichtigsten Themen im Coaching. Nachdem sie als Belastung erlebt werden und häufig die Eigenschaft haben, sich zu verfestigen, sind es Themen, zu denen der Coachee in den meisten Fällen Unterstützung benötigt. Für Sie als Coach stellen sich dann zwei Aufgaben: dem Coachee den Regelkreis bewusst machen und ihn dabei unterstützen, ihn aufzulösen. Wir beschränken uns im Folgenden auf diese beiden Phasen des Coachingprozesses, die Klärungs- und die Lösungsphase.

Klärungsphase: Analyse von Regelkreisen. Regelkreise werden vom Coachee als Belastung erlebt. Aber er ist sich nicht bewusst, dass hier ein Regelkreis vorliegt, sondern er sucht eher die Schuld beim anderen. Von daher ist es Ihre Aufgabe als Coach, hierfür ein Bewusstsein zu schaffen. Daraus ergeben sich folgende Schritte:

- *Expertenberatung:* Was sind Regelkreise? Fast immer müssen Sie zunächst Ihrem Coachee erläutern, was Regelkreise sind. Das kann in der Klärungsphase gleichsam nebenher erfolgen, oder sie führen etwas ausführlicher in das Thema ein. Übrigens ist das eine Form der Referenztransformation: Eine bestimmte Situation wird nicht als Ergebnis einer Ursache gedeutet, sondern systemisch als Ergebnis eines Regelkreises.
- *Visualisierung des Regelkreises:* Hilfreich ist, Regelkreise zu visualisieren. Das kann gleichsam »nebenher« erfolgen, indem Sie beispielsweise den Regelkreis auf einem Flipchart visualisieren.

Bei komplexeren Regelkreisen können sich komplexe Darstellungen ergeben, die Sie entweder als Regelkreis oder als Tabelle darstellen können. Je genauer die einzelnen Verhaltensschritte im Regelkreis dargestellt werden, desto leichter ist es anschließend, Lösungen zu finden. Von daher gilt: Fragen Sie genau nach!

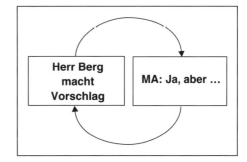

- Womit begann der Regelkreis? Was war die Ausgangssituation? Kam eine Aufforderung von außen oder hat eine der Personen etwas getan?
- Was war anschließend der erste Schritt? Haben Sie (der Coachee) etwas getan oder der andere? Schreiben Sie das Verhalten oder die Äußerung wörtlich auf.
- Was folgte dann als Nächstes? Was tat, was sagte der andere Interaktionspartner?

Nochmals: Je genauer und wörtlicher die einzelnen Verhaltensweisen aufgeschrieben werden, desto leichter ist es anschließend, tragfähige Lösungen zu finden.

- *Klärung der subjektiven Deutungen:* In der Regel ist es hilfreich, die subjektiven Deutungen zusätzlich aufzuführen: »Was dachten Sie in dieser Situation? Was war Ihre Empfindung?«, »Was, meinen Sie, dachte der andere in dieser Situation?«. Die letzte Frage bedeutet übrigens schon ein Stück Veränderung: sich in die Situation des anderen hineinversetzen.

Auflösung von Regelkreisen. Der nächste Schritt besteht nun darin, Handlungsmöglichkeiten zu sammeln, um den Regelkreis auflösen zu können. Das Grundprinzip dafür ist eigentlich etwas ganz Einfaches:

> Auflösung von Regelkreisen bedeutet, etwas anderes zu tun!

Auf unser Beispiel bezogen bedeutet das: Herr Berg wird den Regelkreis »Vorschlag – Abwehr« nur auflösen können, wenn er nicht mehr »dasselbe«, sondern »etwas anderes« tut. Also nicht neue Vorschläge machen, sondern zum Beispiel nachfragen, was genau die Einwände sind; mit Herrn Krause ein Grundsatzgespräch führen, statt Vorschläge zu unterbreiten und Anweisungen zu geben und so weiter.

Einem Coachee fällt es manchmal nicht leicht, hier »Lösungen zweiter Ordnung« zu finden. Er muss damit nämlich »in eine andere Richtung« denken. Hilfreich kann sein, »diese andere Richtung« bildlich zu verdeutlichen:

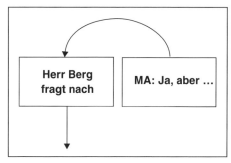

Es ist in den meisten Fällen sehr sinnvoll, an jeder Phase des Regelkreises zu fragen, was andere Lösungen sein könnten. Vorsicht: Hier nicht ins Diskutieren verfallen, sondern die Brainstormingregeln für die Lösungsphase beachten: Was wären grundsätzlich andere Möglichkeiten? Hilfreich ist in vielen Fällen, wenn auch Sie als Coach sich überlegen, was in dieser Situation andere Möglichkeiten sein könnten. Dafür einige Anregungen, die Ihnen dabei helfen können:

- *Die Form der Kommunikation ändern:* Nachfragen, statt Vorschläge zu machen oder Vorwürfe zu erheben; selbst entscheiden, anstatt um Erlaubnis zu fragen. Manchmal kann die Lösung bereits darin bestehen, gar nichts zu tun. Wenn man immer wieder vergeblich versucht hat, im Team zu einer Einigung zu kommen, kann es hilfreich sein, die Diskussion einfach laufen zu lassen und gar nicht zu intervenieren.
- *Neue Regeln einführen:* Ein Regelkreis »endlose Diskussionen« lässt sich auflösen, wenn man einen Moderator einführt, der die Aufgabe hat, das Gespräch zu steuern, oder wenn die Redezeit von vornherein begrenzt wird.
- *Alternativen aus Kommunikationskonzepten einbringen:* Systemtheoretisch betrachtet sind gängige Kommunikationskonzepte nichts anderes als Lösungen zweiter Ordnung: »aktiv zuhören anstatt Ratschläge geben« (Gordon), »Ich-Botschaften anstatt Du-Botschaften« (Gordon), »zwischen Inhalt, Beziehung, Selbstoffenbarung und Appell deutlich unterscheiden, anstatt alles zu vermischen« (Schulz von Thun), »Konsequenzen setzen, statt ständig zu ermahnen« (Dreikurs), »auf der Ebene des Eltern-Ichs argumentieren anstatt aus der Position des Kind-Ichs oder des Erwachsenen-Ichs« (Transaktionsanalyse), »Störungen thematisieren, anstatt nur inhaltlich zu argumentieren« (Themenzentrierte Interaktion).
- *Die subjektiven Deutungen verändern:* Nicht selten verändert sich die Situation bereits dann, wenn sie anders gedeutet wird. »Der andere ist nicht böswillig, sondern unsicher.« Damit kommen neue Lösungen in den Blick: Was kann getan werden, um die Unsicherheit abzubauen?

Wichtig ist auch hier der Grundsatz für die Lösungsphase: Erst einmal Ideen sammeln, ohne sie zu bewerten. Manchmal können absurde, komische, spielerische Ideen direkt zu einer Lösung führen. Von daher: Nutzen Sie Ihre Kreativität; aber regen Sie Ihren Coachee ebenso an, seine Kreativität zu nutzen. Was davon in der Situation umsetzbar ist, wird in der Abschlussphase Ihr Coachee dann schon für seine Situation selbst entscheiden.

Systemumwelt und Systemgrenzen

Soziale Systeme sind von der Umwelt beeinflusst. Dabei lassen sich verschiedene Bereiche unterscheiden:

- *Die politische und wirtschaftliche Umwelt:* zum Beispiel die allgemeine wirtschaftliche Situation, Beschäftigungspolitik, ökologische Gesetzgebung.
- *Die materielle Umwelt:* die Technik von der vorhandenen Software bis zur Produktionsanlage, die finanziellen Ressourcen, aber auch die Einrichtung des Büros oder des Besprechungsraumes.
- *Die soziale Umwelt:* andere soziale Systeme wie die Familie, die Einfluss auf berufliche Systeme haben, oder andere Teams innerhalb des Unternehmens, das Team der Geschäftsleitung, Kunden, Lieferanten, Konkurrenten.

Wenn die Umwelt soziale Systeme beeinflusst, kann sie damit auch Thema von Coaching werden. Das bedeutet: den Coachee dabei unterstützen, die politische und wirtschaftliche Umwelt einzuschätzen, ihn möglicherweise bei der Einführung einer neuen Software oder auch der Einrichtung des Büros zu beraten oder die Systemgrenze zu anderen sozialen Systemen zu verändern. Wir beschränken uns im Folgenden auf einige hilfreiche Prozessfragen zu den verschiedenen Umweltbereichen.

Politische und wirtschaftliche Umwelt. Politische und wirtschaftliche, aber auch technologische, rechtliche Umwelt oder demografische Entwicklungen gehören zu den zentralen Themen eines Strategieprozesses. Aber auch darüber hinaus kann die Umwelt im Coaching zum Thema werden: Welche unternehmenspolitischen Trends sind bei der Klärung der Rolle von Herrn Berg möglicherweise zu berücksichtigen? Welche Bedeutung hat die Einbindung in die Schulbürokratie für die konkrete Arbeit eines Schulleitungsteams? Mögliche Prozessfragen sind hier:

Prozessfragen für die Klärungsphase:
- Gibt es Faktoren in der politischen/wirtschaftlichen Umwelt (Demografie, Beschäftigungspolitik, Bildungspolitik, wirtschaftliche Entwicklung, Technologie, Unternehmenspolitik), die im Zusammenhang mit dem Thema des Coachings zu betrachten sind? Wenn ja, welche?
- Was sind hier mögliche Trends?
- Was ist Best Case, was Worst Case?

Prozessfragen für die Lösungsphase
- Welche Konsequenzen ergeben sich aus den wirtschaftlichen, politischen, rechtlichen Rahmenbedingungen?
- Was kann getan werden, um auf einen Worst Case vorbereitet zu sein?
- Was sind Möglichkeiten, Chancen bei einer positiven Entwicklung zu nutzen?
- Lassen sich möglicherweise Rahmenbedingungen beeinflussen oder verändern?

Materielle Umwelt. Auch hier gibt es eine Reihe von Prozessfragen, die helfen:

Prozessfragen für die Klärungsphase:
- Was leistet die vorhandene Technik?
- Wie ist das räumliche Umfeld? Welche Bedeutung hat zum Beispiel der abgelegene Betriebsstandort für den Coachee?
- Wie ist die Einrichtung des Büros oder des Besprechungszimmers? Was drückt diese Einrichtung aus? Was will der Coachee ausdrücken?
- Welchen Platz wählt der Coachee in der Besprechung? Auch diese Frage gehört zum Thema materielle Umwelt: Wählt der Coachee einen Platz eher am Rand oder versucht er, sich möglichst zentral zu positionieren?
- Fühlt sich der Coachee in dieser Umwelt wohl? Oder fühlt er sich möglicherweise eingeengt?

Prozessfragen für die Lösungsphase:
- Lassen sich Technik, Software und so weiter verändern?
- Welche Konsequenzen ergeben sich aus der örtlichen Situation? Sind hier Veränderungen möglich?
- Kann oder sollte die Einrichtung der Büros verändert werden? Kann und will der Coachee dem Büro eine persönlichere Note geben?
- Wo kann der Coachee seinen Platz in Besprechungen verändern?
- Wie kann der Coachee sich in seiner materiellen Umwelt anders einrichten, damit er sich hier wohler fühlt?

Die soziale Umwelt. Die soziale Umwelt sind andere soziale Systeme, die für die Lösung eines Problems ebenfalls eine Rolle spielen: das System der Vorgesetzten, möglicherweise andere Teams, die Kunden und die Lieferanten. Dabei ist die Unterscheidung zwischen System und Umwelt nie eindeutig vorgegeben, sondern ergibt sich im Blick auf die Fragestellung: Wenn man das Augenmerk auf das Team legt, gehört die Geschäftsführung zur Umwelt, für die gemeinsamen Statusgespräche kann man den Geschäftsführer, Herrn Magge, und Herrn Berg auch direkt als eigenes System (aus zwei Personen) betrachten.

Die Systemgrenze zwischen System und sozialer Umwelt erfolgt, darauf hat insbesondere Niklas Luhmann hingewiesen (z.B. 2008a, 35ff.) durch eine Systemgrenze, die die Kommunikation zwischen dem System und der Umwelt unterbricht: Die Systemgrenze, die die Familie von anderen sozialen Systemen abgrenzt, ist dadurch gekennzeichnet, dass bestimmte Themen nicht nach außen weitergegeben werden (vielleicht kennen Sie den Satz »Was in der Familie geschieht, darf nicht nach draußen getragen werden«). Bestimmte Themen bleiben im Team und werden nicht an die Geschäftsleitung weitergegeben; es gibt eventuell Austausch zwischen verschiedenen Teams. Diese Systemgrenze kann mehr oder weniger offen oder geschlossen, klar oder diffus sein.

- *Geschlossene Systemgrenzen* zeichnen sich dadurch aus, dass Informationen wenig nach draußen gelangen und Informationen von außerhalb ausgeblendet werden. Ein Projektteam schottet sich nach außen ab, gibt möglichst wenig Informationen weiter, hat wenig Kontakt zur Geschäftsführung und zu anderen Teams.
- *Offene Systemgrenzen* sind durch einen engen Austausch zwischen dem System und anderen sozialen Systemen gekennzeichnet: Herr Magge kommt immer wieder ins Team, spricht einzelne Mitarbeiter direkt an, während diese sich ebenso direkt an ihn (und nicht an Herrn Berg) wenden.
- *Diffuse Systemgrenzen* sind dadurch gekennzeichnet, dass die Regeln zur Abgrenzung nicht eindeutig sind: Was darf an andere weitergegeben werden? Unter welchen Bedingungen dürfen andere Personen in das soziale System kommen?

Zu geschlossene, zu offene und diffuse Systemgrenzen können gleichermaßen zu Problemen führen: Ein zu geschlossenes System verliert den Austausch mit der Umwelt; ein sehr offenes System (alles wird genauso mit anderen besprochen) ist in Gefahr, sich aufzulösen; diffuse Systemgrenzen führen zu Unsicherheit bei den betreffenden Personen. Damit werden die Systemgrenzen zu einem Thema im Coaching.

Prozessfragen für die Klärungsphase:
- Welche anderen sozialen Systeme (Familie, andere Teams, Vorgesetzte, Kunden, Lieferanten) sind hier zu berücksichtigen?
- Wie ist die Systemgrenze zu anderen sozialen Systemen (Vorgesetzte, andere Teams oder Bereiche, Lieferanten, Kunden, Konkurrenten, aber möglicherweise genauso die Familie)?
- Was an Informationen darf nach außen weitergegeben werden?
- Welche Informationen kommen von außen (zum Beispiel von der Geschäftsführung) in das Team?
- Wie sind die Kompetenzen zwischen verschiedenen sozialen Systemen geregelt? Was darf im Team entschieden werden, wo ist die Zustimmung der Geschäftsführung erforderlich?
- Ist die Systemgrenze zu offen oder zu geschlossen?
- Ist die Systemgrenze zu anderen sozialen Systemen klar oder diffus? Wie weit ist geklärt, welche Informationen weitergegeben werden dürfen, welche nicht?

Prozessfragen für die Lösungsphase:
- In welche Richtung soll die Systemgrenze verändert werden? Soll sie durchlässiger, geschlossener oder eindeutiger werden?
- Welche Regeln für den Informationsfluss nach außen können abgeändert werden? So kann zum Beispiel in einem Geschäftsführungsteam vereinbart werden, dass unterschiedliche Positionen nur innerhalb des Teams diskutiert werden, man aber nach außen eine gemeinsame Linie vertritt.
- Wie können Kompetenzen anders geregelt werden: Was darf Herr Berg alleine entscheiden? Worüber hat er seinen Vorgesetzten zu informieren? Welche Entscheidungen muss er mit Herrn Magge abstimmen?

Gerade bei der Bearbeitung des Themas »Systemumwelt« stößt ein Coachingprozess schnell an Grenzen: Die Erarbeitung von Worst-Case- und Best-Case-Szenarien für die wirtschaftliche Entwicklung ist häufig nicht mehr in einem Coachingprozess, sondern vielleicht im Rahmen eines umfassenden Strategieprozesses zu leisten. Die Diskussion von Vor- und Nachteilen verschiedener Softwaresysteme setzt hierzu umfassende Fachkenntnis voraus. Als Coach haben Sie in einer solchen Situation folgende Möglichkeiten:

- Sie verfügen selbst über die entsprechende Fachkenntnis. Als Softwarespezialist können Sie Ihr Wissen hier einbringen, möglicherweise können Sie bei der Einrichtung des Büros auch Wissen zu Innenarchitektur oder Feng Shui nutzen. Aber denken Sie unbedingt an den Grundsatz von Coachings: Nur der Coachee kann letztendlich entscheiden, was für seine Situation wirklich passt. Das heißt, Sie können Ihre Argumente, Ihr Wissen und Ihre Erfahrungen einbringen, auch aus Ihrer Sicht Vor- und Nachteile oder Chancen und Risiken nennen – aber Sie müssen dann wieder zur Prozessberatung wechseln: Was bedeutet das für den Coachee? Was davon kann er für seine Situation nutzen?
- Sie können Coaching durch einen entsprechenden Fachexperten (zum Beispiel einen Software- oder einen Marketingspezialisten) ergänzen. Dann ist wichtig, die Rollen zu klären: Sie als Coach steuern den Prozess und damit ebenso den Experten – wir werden in Kapitel 7 nochmals darauf zurückkommen.
- Sie besprechen mit dem Coachee, wie er das Thema weiterhin bearbeiten kann: Kann er sich Hilfe bei einem Spezialisten holen? Kann er eine Marktstudie in Auftrag geben?

Entwicklung sozialer Systeme

Herr Berg erinnert sich: Er hatte damals, als er als Abteilungsleiter anfing, ebenfalls einen verhältnismäßig schwierigen Einstieg gehabt. Zunächst zu Beginn schien alles relativ leicht und reibungslos zu laufen, dann aber brachen plötzlich Krisen herein, es gab dabei auch so etwas wie »Déjà-vu«-Erlebnisse, nämlich Situationen, die er von viel früher kannte, und erst allmählich hatte er es geschafft, sich zu stabilisieren. Er fragt sich: Gibt es vielleicht so etwas wie typische Entwicklungsverläufe? Was kann er tun, um gegen plötzlich hereinbrechende Krisen gewappnet zu sein?

Was Herr Berg hier anspricht, ist das Thema Entwicklung eines sozialen Systems: Gibt es so etwas wie typische Entwicklungsverläufe mit bestimmten Phasen? Gibt es Situationen, deren Ursprung weit zurück in der Vergangenheit liegt? Gibt es so etwas wie plötzliche Wendepunkte und wie kann man darauf besser vorbereitet sein? Mit all diesen Themen wollen wir uns in den folgenden Abschnitten befassen.

Phasenmodelle der Entwicklung

Ein relativ einfaches und hilfreiches Verfahren, zeitliche Abläufe zu strukturieren, sind Phasenmodelle. Herr Berg hat offenbar ein solches Phasenmodell im Kopf: Verläuft der Start in einer neuen Position (bei ihm) immer in Phasen wie »guter Start, Krise, Stabilisierung«? Gibt es überhaupt in Organisationen typische Entwicklungsphasen?

Wir kennen Phasenmodelle zum Beispiel aus der Entwicklungspsychologie: Die Entwicklung eines Menschen von der Kindheit bis zum Erwachsenenalter wird in verschiedene Phasen gegliedert, wobei sich in jeder Phase bestimmte »Entwicklungsaufgaben« stellen. Andere Beispiele sind die Phasen der Teamentwicklung, Phasen der Unternehmensentwicklung, auch Phasen im Umgang mit Krisen.

Im Rahmen von Coaching kann es durchaus hilfreich sein, Phasenmodelle einzuführen. Phasenmodelle können Entlastung bieten. Wenn dem Coachee bewusst wird, dass seine jetzigen Probleme im Team nicht Ergebnis von Versagen sind, sondern Teil einer »natürlichen« Krisen- oder Konfliktphase, dann kann er die Situation »entspannter« betrachten und überlegen, was er tun kann, um die (notwendigerweise darauf folgende) Situation schneller oder leichter zu erreichen.

Es gibt Phasenmodelle für unterschiedliche Entwicklungen, die Sie durchaus im Rahmen des Coachings anwenden können.

Der Produktlebenszyklus. Dieses Phasenmodell beschreibt den »Lebenszyklus« eines Produktes, beispielsweise eines Automobils, aber auch eines bestimmtes Seminarkonzepts, eines Führungskonzepts oder Ähnliches. Grob ergibt sich hier eine Gliederung in folgende Phasen:

- *Einführung:* Ein neues Produkt wird eingeführt und muss erst einmal bekannt gemacht werden und sich gegenüber anderen Produkten oder Konzepten durchsetzen.
- *Wachstum:* Das Produkt wird erfolgreich, es kommen neue Aufträge.
- *Reife:* Das Konzept ist ausgereift, es hat sich bewährt.
- *Sättigung:* Der Markt ist damit gesättigt, es treten Konkurrenten auf, die ähnliche oder andere Konzepte entwickelt haben.
- *Niedergang:* Das Produkt fällt zurück.

Um diesen Produktzyklus zu vermeiden, versucht man zum Beispiel in der Automobilindustrie, verschiedene Produkte zeitlich versetzt einzuführen: Während der Golf 6 sich noch in der Wachstums- oder Reifephase befindet, wird bereits der Golf 7 entwickelt, der dann das Modell ablösen kann.

Entsprechend können Sie im Rahmen des Coachings dieses Konzept auf andere »Produkte« des Coachee übertragen: auf sein Vertriebskonzept, auf sein Führungskonzept, auf einen Veränderungsprozess. Zu fragen ist, in welcher Phase sich das Konzept befindet, welche Herausforderungen sich hier stellen und welche Handlungskonsequenzen sich daraus ergeben.

Phasen der Teamentwicklung. In den 1960er-Jahren hatte Bruce W. Tuckman auf der Basis einer vergleichenden Analyse verschiedener Untersuchungen zur Gruppenentwicklung ein Modell mit den Phasen Forming, Storming, Norming, Performing entwickelt. Neuere Modelle ergänzen eine Abschlussphase und fassen häufig Norming und Performing zusammen (vgl. u.a. Stahl 2007, 46ff.), sodass sich im Groben folgende Gliederung ergibt:

- *Orientierungsphase (Forming):* Ein Team bildet sich, einzelne Personen sind einander noch fremd, man geht vorsichtig miteinander um. Aufgabe ist hier, Vertrauen zwischen den Teammitgliedern zu schaffen und gemeinsame Regeln (für die Durchführung der Aufgaben, aber auch dafür, wie man miteinander umgeht) einzuführen.
- *Konfliktphase (Storming):* Die bestehende Struktur wird infrage gestellt, es gibt Konflikte zwischen einzelnen Personen (jeder will seinen Platz), Regeln werden infrage gestellt, es gibt negative Regelkreise. Die Aufgabe ist hier, wieder Stabilität in das soziale System zu bekommen.
- *Arbeitsphase (Norming und Performing):* Das Team etabliert sich als ein arbeitsfähiges System. Allerdings können »Abnutzungserscheinungen« auftreten. Es werden detaillierte Abläufe erstellt, die dann nicht mehr eingehalten werden können, es treten Ermüdungserscheinungen bei Teammitgliedern auf. Aufgabe ist hier, solche Abnutzungserscheinungen rechtzeitig zu erkennen und gegenzusteuern.
- *Abschlussphase:* Diese Phase wird bei Projektteams am deutlichsten: Bestimmte Arbeiten sind noch abzuschließen und das Team als soziales System ist aufzulösen. Abschlussphasen können aber ebenso eintreten, wenn der Vorgesetzte die Abteilung verlässt. Aufgabe ist hier, den Abschluss sorgfältig zu planen und durchzuführen und einen Neustart (mit einem neuen Vorgesetzten) vorzubereiten.

Die einzelnen Phasen der Teamentwicklung sind weniger empirische Gesetzmäßigkeiten (ein Team kann sich auch anders entwickeln, kann von einer Arbeitsphase wieder in eine Konfliktphase zurückfallen oder einzelne Phasen können überhaupt nicht deutlich erkennbar sein), sondern ein Raster, mit dessen Hilfe das Team betrachtet werden kann und das auf mögliche Probleme und anstehende Aufgaben aufmerksam macht.

Phasen von Veränderungsprozessen. Veränderungsprozesse laufen grundsätzlich nicht gradlinig, sondern sind durch Brüche gekennzeichnet. Damit ergibt sich zum Beispiel folgendes Phasenmodell (Streich 1997, 243):

- Schock,
- Verneinung,
- Einsicht,
- Akzeptanz,
- Ausprobieren,
- Erkenntnis sowie
- Integration.

Phasen des Sterbens und Abschiednehmens. Kübler-Ross hat in den 1960er-Jahren in dem Buch »Über den Tod und das Leben danach« (2012) ein Konzept von fünf Phasen des Sterbens entwickelt, das sich auf jede Art von persönlichem Verlust (also zum Beispiel auch auf den Verlust des Arbeitsplatzes) übertragen lässt:

- Nichtwahrhabenwollen und Isolierung (Denial),
- Zorn (Anger),
- Verhandeln (Bargaining),
- Depression (Depression) und
- Akzeptanz (Acceptance).

Persönliche Entwicklungslinie. Während die bisher dargestellten Phasenmodelle von außen eine Strukturierung vorgeben, ist die persönliche Entwicklungslinie eine Strukturierung der eigenen Entwicklung (oder der Entwicklung des Teams, der Organisation) durch den Coachee selbst: Die bisherige Entwicklung wird als eine Linie mit Kurven, Überschneidungen, Ecken (möglicherweise dargestellt durch ein Seil, das auf den Boden gelegt wird) betrachtet (ähnlich auch die »Timeline« im NLP: z.B. Mohl 2006 Bd. 2, 731ff.). Daraus ergeben sich folgende Prozessfragen:

- *Was waren wichtige Meilensteine (wichtige Ereignisse) in Ihrem Leben?* Der Coachee kann dazu persönliche oder berufliche Ereignisse (Heirat, Trennung, Beginn der ersten Stelle, Kündigung, Beförderung zum Abteilungsleiter, Wechsel in ein anderes Unternehmen) aufführen.
- *Versuchen Sie, diese Meilensteine auf Ihrer »persönlichen Entwicklungslinie« anzuordnen:* Dabei werden die einzelnen Meilensteine zum Beispiel durch Karten, möglicherweise auch durch Symbole, gekennzeichnet und auf dem Boden angeordnet. Wenn möglich, kann die »persönliche Entwicklungslinie« durch ein Seil symbolisiert werden. Je nach der Anordnung ergibt sich dann, wo aus Sicht des Coachee die Entwicklung gradlinig verlaufen ist, wo Brüche waren, der Weg in eine andere Richtung führte oder möglicherweise Schleifen gedreht wurden.
- *Was war die Bedeutung der Meilensteine?* Hier werden die einzelnen Meilensteine durchgegangen – möglicherweise kann der Coachee selbst die Schritte auf dem Boden mitgehen und sich auf oder neben den Meilenstein stellen: Was ist da geschehen? Wie hat der Coachee diese Situation erlebt? Was war dabei belastend? Was war das Positive an dieser Situation? Was war die wichtige Lernerfahrung, die er daraus ziehen kann?
- *Wenn Sie Ihre persönliche Entwicklungslinie von außen betrachten, was ist für Sie das Ergebnis?*
- *Wieder im Blick auf Ihre persönliche Entwicklungslinie:* Was könnte ein möglicher nächster Meilenstein sein? In diesem Schritt wird ein neuer Meilenstein für die Zukunft angesetzt. Möglicherweise kann der Coachee hierfür ein Symbol wählen und diesen Schritt genau beschreiben.
- *Was ergibt sich daraus an nächsten Schritten?*

Je nach der Situation kann das Verfahren abgewandelt werden. Man kann den persönlichen Lebensweg beispielsweise malen oder man kann ihn durch Stühle markieren. Dabei gilt: Je näher der Coachee zu den einzelnen Meilensteinen »assoziiert« ist (sich daneben- oder daraufstellt), desto intensiver ist die Erfahrung der damaligen Situation. Das kann manchmal belastend sein. Je mehr er die Situation von außen betrachtet (von einem Platz außerhalb die Meilensteine und die persönliche Entwicklungslinie betrachtet), desto mehr gewinnt er Distanz. Entscheiden Sie als Coach, was für den Coachee und auch im Blick auf Ihre Kompetenz und Erfahrung der angemessene Weg ist.

Wenn der Coachee eine Situation unter dem Aspekt solcher Phasenmodelle betrachtet, so führt er damit eine Referenztransformation durch: Ihm wird bewusst, dass der jetzige Zustand eine Phase im Rahmen eines längeren Entwicklungsprozesses ist, die dann von anderen Phasen abgelöst wird. Eine solche Einsicht erzeugt ein Stück Gelassenheit (man weiß, dass diese Phase vorübergehen wird, und setzt zugleich Energie frei, neue Handlungsmöglichkeiten auszuprobieren).

Für das Coaching bedeutet das, dass es durchaus hilfreich sein kann, Phasenmodelle einzuführen. Grundsätzlich haben Sie dabei zwei Möglichkeiten: Sie nehmen eines der gängigen Phasenmodelle als Grundlage oder Ihr Coachee erarbeitet selbst ein solches Phasenmodell – eben das tut offenbar Herr Berg mit den Phasen »guter Start, Krise, Stabilisierung«. Daraus ergibt sich folgende Struktur:

- *Einführung des jeweiligen Phasenmodells:* Im Grunde führen Sie als Coach hier eine Referenztransformation durch, indem Sie die Situation Ihres Coachees unter dem Aspekt »Phasen« betrachten. Sie können dabei auf eines der Phasenmodelle zurückgreifen (dann wird hier in der Klärungsphase ein Stück Expertenberatung erforderlich sein), oder Sie greifen die implizite Strukturierung Ihres Coachees auf und erarbeiten (im Rahmen von Prozessberatung) »sein« Phasenmodell. Hilfreich kann sein, das Phasenmodell bildlich darzustellen oder dem Coachee eine Checkliste an die Hand zu geben.
- *Diskussion der Situation auf dem Hintergrund des Phasenmodells:* In welcher Phase befindet sich der Coachee (oder sein Team oder …)? Was sind die »natürlichen« Probleme in dieser Phase? Welche Phase könnte sich anschließen? Was sind mögliche Maßnahmen, um diesen Prozess zu beschleunigen?
- *Festlegung nächster Schritte:* Was sind konkrete Schritte oder Möglichkeiten, um in die nächste Phase zu gelangen? Was kann der Coachee tun, um in dieser Phase gelassener zu sein?

Anregung zur Weiterarbeit

Wie bei anderen Themen empfiehlt es sich hier ebenfalls, dass Sie als Coach zunächst selbst Erfahrung mit solchen Phasenmodellen gewinnen. Versuchen Sie, die unterschiedlichen Modelle auf eigene Themen (die Entwicklung Ihres Teams, Ihre persönliche Entwicklung) anzuwenden.

Zusätzlich noch Anregungen, falls Sie sich weiter in die Thematik einarbeiten möchten.

Zu Phasen der Teamentwicklung:
- Eberhard Stahl: Dynamik in Gruppen: Handbuch der Gruppenleitung. BeltzPVU, Weinheim (2. Aufl.) 2007.

Einen Überblick über Phasenmodelle insgesamt gibt:
- Cuno Pümpin/Jürgen Prange: Management der Unternehmensentwicklung. Phasengerechte Führung und Umgang mit Krisen. Campus, Frankfurt am Main 1991, 45ff.

Klärung und Veränderung des Bildes der Vergangenheit

Herr Berg hat Schwierigkeiten mit Herrn Kramer, einem seiner Ansprechpartner in einem anderen Werk des Unternehmens. In seiner Gegenwart fühlt er sich unsicher, in die Enge gedrängt, er kann nicht mehr frei argumentieren. Die Situation wird im Coaching thematisiert. Auf die Frage von Frau Scholz, ob er solche Situationen von früher kennt, wird Herrn Berg bewusst: Herr Kramer erinnert ihn an seinen früheren Ausbilder, der im Auftreten ähnlich war (»die gleiche laute Stimme, dieselbe Art, einen kritisch anzuschauen!«).

Probleme können ihre Ursache in der Vergangenheit haben, möglicherweise in einer Situation, die schon jahrelang zurückliegt und die mit der gegenwärtigen Situation überhaupt nichts mehr zu tun hat. Trotzdem hat sie etwas damit zu tun – weil sie uns geprägt hat. Eine frühere Teamsituation, die nie aufgearbeitet wurde, wirkt immer noch und führt an unerwarteten Stellen zu Problemen. Das sind Situationen, in denen es auch im Coaching sinnvoll sein kann, den Blick auf die Vergangenheit zu richten.

Es gibt eine Reihe von Konzepten, in denen der Blick auf die Vergangenheit gerichtet wird. Das bekannteste ist die Psychoanalyse mit der These, dass viele Probleme aus unbewältigten Situationen der Vergangenheit (insbesondere im Umgang mit Trieben) resultieren. Die Individualpsychologie in der Tradition von Alfred Adler erklärt Verhalten aus der Geschwisterposition in der Herkunftsfamilie: Ein ältestes Kind lernt in vielen Fällen in stärkerem Maße, Verantwortung zu übernehmen, als die jüngeren Geschwister und wird diese Verhaltensweisen möglicherweise später beibehalten. Die Vergangenheit wird schließlich auch in der Familientherapie oder in der Transaktionsanalyse thematisiert: Probleme in der Familie können aus unterschiedlichen Erfahrungen in den jeweiligen Herkunftsfamilien rühren. Bestimmte Formen der Transaktion (Transaktionen aus dem Eltern-, dem Erwachsenen- oder dem Kind-Ich) wurden in der Familie gelernt.

Nun ist Coaching keine Therapie. Die Aufarbeitung der Vergangenheit ist in der Regel nicht Aufgabe von Coaching. Trotzdem kann es hilfreich sein, den Blick auf die Vergangenheit zu richten und gegenwärtige Situationen im Kontext der Geschichte zu betrachten. Dafür möchten wir Ihnen im Folgenden einige Vorgehensweisen darstellen.

Das Einflussrad. Dies ist eine Übung, die ursprünglich aus der Familientherapie in der Tradition von Virginia Satir stammt. Grundgedanke ist, dass wir in unserem Wahrnehmen, Denken, Fühlen und Verhalten von anderen Personen aus der Vergangenheit beeinflusst sind. Sich diese Einflüsse bewusst zu machen eröffnet ein neues Verständnis des eigenen Handelns (es ist »auch« Ergebnis der eigenen Geschichte) und damit wird der Blick frei für neue Handlungsmöglichkeiten. Der Ablauf lässt sich in folgende Prozessfragen gliedern:

- *Welches sind die Personen, die Sie in Ihrem Leben maßgeblich beeinflusst haben?* Der Coachee wird aufgefordert, diese Personen zu nennen. Das sind in den allermeisten Fällen Mutter, Vater, Geschwister, möglicherweise Großeltern, ein Onkel, eine Tante. Es können aber ebenso Lehrer, Vorgesetzte, Kollegen, der Ehepartner oder andere sein. Hilfreich ist auch hier, sich diese Personen zu vergegenwärtigen, indem der Coachee zum Beispiel jeweils drei Eigenschaften nennt.
- *Was sind die Botschaften, die Ihnen diese Personen mit auf den Weg gegeben haben?* Grundannahme ist, dass all diese Personen (durch ihr Verhalten, häufig auch verbal) dem Coachee Botschaften mitgegeben haben: »Ohne Fleiß kein Preis!«, »Immer freundlich sein!«, »Stell dich hinten an!«.
- *Welche dieser Botschaften sind für Ihre jetzige Situation hilfreich, welche hinderlich?* Eine Botschaft »Stell dich hinten an!« kann hinderlich sein, wenn der Coachee eine Führungsaufgabe übernommen hat, bei der er »vorne« stehen muss. Damit werden problematische Verhaltensweisen in den Kontext früherer Botschaften gestellt. Sich nicht positionieren zu können wird nicht mehr als »Schwäche« gesehen, sondern – auch – als Ergebnis der eigenen Geschichte.
- *Welche Konsequenzen ergeben sich daraus?* Hier stellt sich die Frage, wie der Coachee dieses Wissen nutzen kann. Möglicherweise kann er, sich eine andere Person (mit positiveren Botschaften) bewusst zum Vorbild wählen oder ein Foto dieser Person auf den Schreibtisch stellen. Vielleicht ergibt sich daraus ein Gespräch mit einem ehemaligen Lehrer, oder es gilt, von einer Person »Abschied« zu nehmen.

Man kann das ganze Vorgehen in Form eines Rades darstellen, bei dem die betreffenden Personen gleichsam die Speichen bilden.

»Schatten«. Die Arbeit mit Schatten ist ebenfalls ein Verfahren, das innerhalb der Familientherapie entwickelt wurde. Der Grundgedanke ist, den Coachee zu unterstützen, die jetzige Situation aus dem »Schatten« anderer Personen der Vergangenheit zu lösen.

> Herr Berg fühlt sich bei Herrn Kramer immer an seinen früheren Ausbilder erinnert, dem gegenüber er sich nicht behaupten konnte. Das heißt, er sieht Herrn Kramer stets »im Schatten« einer anderen Person.

Der Coachee kann mit folgenden Prozessfragen geleitet werden:

- *An welche Person aus der Vergangenheit erinnert Sie diese Person?* Häufig wird die Verbindung durch den Coachee selbst hergestellt, dann brauchen Sie als Coachee das nur bewusst zu machen und können verdeutlichen, was es bedeutet, eine Person im Schatten einer anderen zu sehen.
- *Was sind Gemeinsamkeiten zwischen der Person und ihrem Schatten?* Meist sind es Äußerlichkeiten oder bestimmte Verhaltensweisen, die diese Verbindung herstellen.
- *Wo bestehen Unterschiede zwischen den Personen?* Hier geht es darum, die Person (in unserem Beispiel Herrn Kramer) aus dem Schatten der anderen Person herauszulösen. Häufig benötigt der Coachee dabei Unterstützung.
- *Wenn Sie sich die Unterschiede bewusst machen, wie können Sie Herrn Kramer als eigenstandige Person gegenübertreten, welche neuen Handlungsmöglichkeiten ergeben sich daraus?*

Gespräche mit abwesenden Personen. Diese Übung stammt ursprünglich aus der Gestalttherapie (z.B. Stevens 2006, 75) und dient dazu, eine Geschichte mit Personen, die nicht erreichbar sind, »abzuschließen«. Der ursprüngliche Ausbilder ist nicht mehr verfügbar, möglicherweise lebt er gar nicht mehr; aber die Geschichte ist noch nicht abgeschlossen. Eine Möglichkeit besteht nun darin, diese Person durch einen Stuhl zu symbolisieren und mit ihr gleichsam ein Gespräch zu führen. Bezogen auf unser Beispiel von Herrn Berg ergäbe sich damit folgender Ablauf:

> Wählen Sie einen Stuhl für Ihren ehemaligen Ausbilder. Stellen Sie sich vor, wie er da sitzt, welchen Gesichtsausdruck er hat.
> Jetzt setzen Sie sich ihm gegenüber. Sagen Sie ihm das, was Sie ihm eigentlich immer schon sagen wollten, was Sie aber damals nicht schafften.
> Anschließend setzen Sie sich auf den Stuhl Ihres Ausbilders. Sie haben gehört, was Herr Berg gesagt hat. Antworten Sie.

Daraus kann sich ein etwas längerer Dialog entwickeln, der schließlich dazu führt, dass sich das Bild des Ausbilders verändert und Herr Berg damit abschließen kann. Aber Vorsicht: Das Verfahren kann tiefe Emotionen hervorrufen. Bitte wenden Sie es im Coaching nur an, wenn Sie sicher sind, damit kompetent und verantwortlich umgehen zu können.

Neuentscheidung. Grundlage für diese aus der »Neuentscheidungsschule«, einer Richtung der Transaktionsanalyse (Goulding/Goulding 2005), stammende Methode ist die These, dass viele heute problematische Verhaltensweisen in einer vergangenen Situation hilfreich oder die einzige zur Verfügung stehende Möglichkeit waren, dass sie aber in der gegenwärtigen Situation abgeändert werden können. Der Ablauf lässt sich durch folgende Prozessfragen steuern:

- *Erinnert Sie dieses Verhalten an frühere Situationen, in denen Sie es auch hatten?* Hier wird das Problemverhalten in den Zusammenhang einer früheren Situation gestellt. Es mag früher einmal hilfreich gewesen sein, aber vielleicht ist jetzt der Zeitpunkt, es abzuändern.
- *Können Sie eine typische Situation aus der Vergangenheit schildern, in der Sie dieses Verhalten gezeigt haben?* Das muss nicht die ursprüngliche Situation sein, sondern eine typische.
- *Was hat Ihnen dieses Verhalten in der damaligen Situation genützt?* Diese Frage leitet eine Referenztransformation ein. Das Verhalten wird nicht als negativ gedeutet, sondern als hilfreich in einer anderen Situation.
- *Wenn Sie jetzt auf der Basis Ihres gesamten Wissens und Ihrer Erfahrung, die Sie seit damals erworben haben, sich die Situation nochmals genau anschauen, wie könnten Sie mit der Situation anders besser umgehen?* Hier werden neue Lösungen aus einer distanzierten Position entwickelt – nämlich für die Situation damals.
- Wie können Sie diese neuen Lösungen für die heutige Situation nützen?

Für alle diese Verfahren gilt: Sie stellen eine Referenztransformation her, indem sie die gegenwärtige Situation in den Kontext der Geschichte rücken. Das kann hilfreich sein und gleichsam eine Aufarbeitung der Vergangenheit bedeuten. Aber ein solches Vorgehen kann ziemlich belastend sein – und man muss auch nicht immer die Vergangenheit aufarbeiten, sondern kann sie durchaus ruhen lassen. Für den Coach bedeutet das, verantwortlich damit umzugehen. Versuchen Sie erst in anderen Situationen (in Übungssituationen) damit Erfahrung zu sammeln, und wenden Sie solche Vorgehensweisen nur an, wenn sie wirklich sicher sind, sie auch positiv bearbeiten zu können.

Anregung zur Weiterarbeit

Insbesondere bei den hier aufgeführten Vorgehensweisen ist es unbedingt wichtig, dass Sie selbst damit schon Erfahrung gesammelt haben. Das heißt, es ist risikoreich, wenn Sie zum Beispiel das Einflussrad im Coaching anwenden, ohne es vorher auf sich selbst angewendet oder ohne es im Rahmen einer Coachingausbildung geübt zu haben.

Plötzliche Veränderungen

Herr Berg hat die Erfahrung gemacht, dass Veränderungen manchmal ganz unvermittelt hereinbrechen: Er meinte noch, dass in seinem Team alles gut läuft, aber ganz plötzlich gibt es Probleme. Entsprechendes zeigte sich bei Veränderungen, die er durchführen wollte: Erst hatte er den Eindruck, dass es vorwärtsgeht, dann trat er längere Zeit auf der Stelle, plötzlich war er akzeptiert. Wie kann man sich auf solche Situationen vorbereiten?

Die Entwicklung sozialer Systeme verläuft nie gradlinig, sondern immer in Sprüngen: Man hat den Eindruck, es geht vorwärts, aber dann tritt man auf einmal auf der Stelle, plötzlich brechen Krisen herein – aber ebenso plötzlich kann sich die Situation wieder beruhigen.

Es gibt ein theoretisches Modell, mit dessen Hilfe sich solche plötzlichen Veränderungen erklären lassen: die Chaostheorie. Ursprüngliches Anwendungsgebiet ist in den 60er-Jahren des 20. Jahrhunderts die Meteorologie gewesen. Auch hier verläuft der Wechsel zwischen gutem oder schlechtem Wetter nicht schrittweise und allmählich, sondern plötzlich. Die Chaostheorie ist durch folgende Grundthesen gekennzeichnet (vgl. Wehr 2002):

- *Es wird zwischen stabilen und dissipativen (zerfallenden) Strukturen unterschieden:* Eine stabile Struktur in der Meteorologie wäre ein stabiles Hochdruckgebiet, eine stabile Struktur in einem sozialen System zum Beispiel die Arbeitsphase, in der erfolgreich Aufgaben abgearbeitet werden. Auch eine Konfliktsituation kann eine stabile Struktur bilden: Jeder beharrt auf seinem Recht, keiner will nachgeben, es entsteht ein stabiler Regelkreis. Dissipative Strukturen bezeichnen demgegenüber den Wechsel zwischen zwei stabilen Strukturen: Ein erfolgreich arbeitendes Team kippt plötzlich in eine Konfliktsituation – oder es gelingt, durch bestimmte Maßnahmen eine Konfliktsituation zu lösen. Bildlich stellt sich der Wechsel dann folgendermaßen dar:

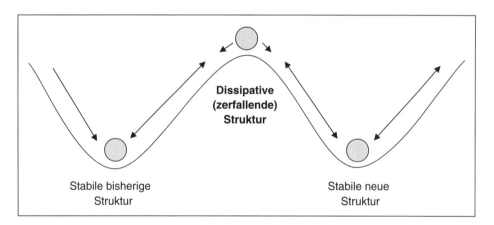

- *Dissipative Strukturen deuten sich durch »schwache Signale« an* (z.B. Schöpfner 2006): Gravierende Veränderungen deuten sich häufig durch kleine Anzeichen an. Kleine Erfolge können Anzeichen für einen »Turn-around« sein, wenn Mitarbeiter weniger beim Vorgesetzten vorbeischauen, kann das ein schwaches Signal für sich anbahnende Konflikte sein.
- *Es gibt Attraktoren (Kräfte), die ein System in die eine oder die andere Richtung ziehen* (z.B. Wehr 2002, 85ff.): Dabei gibt es Attraktoren, die ein System in dem bisherigen stabilen Zustand halten, aber auch Attraktoren, die eine bisherige stabile

Situation zum Zerfallen bringen können (man nennt sie auch »seltsame Attraktoren«). Eingefahrene Regeln und Strukturen sind Attraktoren, um eine bestehende Situation zu stabilisieren, nebensächliche Ereignisse (Verlust eines unwichtigen Auftrags) können Attraktoren sein, die die bisherige Zufriedenheit infrage stellen.

Stabilität, Instabilität, schwache Signale und Attraktoren können ebenfalls Thema in Coachingprozessen werden. Sie können dem Coachee helfen, die Situation einzuschätzen:

- Wie stabil ist die gegenwärtige (positive oder negative) Situation?
- Gibt es »schwache Signale«, die auf eine Veränderung dieser Situation hindeuten?
- Was sind Attraktoren (Kräfte), die die Situation in die eine oder andere Richtung verändern können?

Wenn sich plötzliche Veränderungen durch »schwache Signale« andeuten, dann kann es hilfreich sein, diese schwachen Signale rechtzeitig zu erkennen. Eine Möglichkeit dafür bieten »Frühwarnsysteme«, wie sie in der Organisationsforschung seit den 1970er-Jahren proklamiert wurden (z.B. Krystek/Müller-Stewens 2002; Schöpfner 2006). Der Aufbau eines Frühwarnsystems kann entsprechend Thema des Coachings sein. Dabei ergeben sich folgende Schritte:

- *Einführung in das Thema »Frühwarnsystem«:* In der Regel werden Sie als Coach in das Thema einführen:
  - Was versteht man unter einem Frühwarnsystem?
  - Wozu dient es? Wofür benötigt Ihr Coachee ein solches Frühwarnsystem?
- *Festlegung von Beobachtungsbereichen und -kriterien:* Im Blick auf das Ziel sind Beobachtungsbereiche festzulegen. Wenn es für Herrn Berg um ein Frühwarnsystem im Blick auf das Team geht, wird er die Aufmerksamkeit eben darauf lenken; ein Frühwarnsystem für ein Vertriebsteam zum Erkennen schwacher Signale auf dem Markt wird eher auf Kunden ausgerichtet sein. Was können jeweils schwache Signale sein, die auf mögliche Veränderungen hindeuten?
- *Durchführung:* Hier lassen sich unterschiedliche Vorgehensweisen nutzen. Dazu gehören:
  - Teilnehmende Beobachtung: Bei »Managing by Walking around« auf mögliche schwache Signale achten.
  - Informelle Gespräche: Es gibt in jeder Organisation Personen, »die das Gras wachsen hören«. Hilfreich kann sein, sich mit diesen Personen immer wieder auszutauschen: Was gibt es an verborgenen Entwicklungen? Deuten sich irgendwo Krisen an?
  - Rundgespräche, zum Beispiel in der Bereichsbesprechung oder im Projektteam: Gibt es Anzeichen für irgendwelche Entwicklungen, auf die wir achten müssten?
- *Interpretation der Daten:* Was sagen diese Daten aus? Wie kann ich diese schwachen Signale weiter überprüfen? Welche möglichen Handlungskonsequenzen ergeben sich daraus?

Auch die Chaostheorie kann damit eine neue Perspektive schaffen und neue Handlungsmöglichkeiten in den Blick rücken. Um auf unser Beispiel von Herrn Berg zurückzukommen: Wie stabil ist die Konfliktsituation mit Herrn Kramer? Wie stabil ist seine Position im gesamten Unternehmen? Besteht die Gefahr, dass er seine Position verliert? Was können schwache Signale sein? Was hat er für Möglichkeiten?

Anregung zur Weiterarbeit

Wählen Sie sich aus Ihrem Arbeitsbereich selbst ein Thema:
- Wie stabil oder instabil ist die gegenwärtige Situation?
- Gibt es mögliche schwache Signale, die auf Veränderungen hindeuten?
- Wie könnten Sie sich selbst ein Frühwarnsystem aufbauen?
- Was sind jeweils Attraktoren (Kräfte), die die Situation in die eine oder die andere Richtung verändern können?
- Was für Konsequenzen können Sie daraus ziehen?

Darüber hinaus wieder einige Literaturanregungen:
- Anne K. Schöpfner: Frühwarnsysteme im strategischen Management. VDM, Saarbrücken 2006.
- Marco Wehr: Der Schmetterlingsdefekt. Klett-Cotta, Stuttgart 2002.

Kapitel 5:
Diagnoseverfahren im Rahmen
von Coachingprozessen

Herr Berg hatte für den Coachingprozess zwei Hauptthemen gewählt: seinen Bereich in den Griff zu bekommen und seine Position innerhalb der Bereichsleiter und in Bezug auf die Geschäftsführung zu festigen. Dabei blieb in den vergangenen Coachingsitzungen die Problemsituation etwas unscharf: Herr Berg ist sich selbst nicht klar darüber, woran es zum Beispiel in den Bereichsbesprechungen hängt. Er möchte zudem gerne wissen, wie er von seinen Mitarbeitern, aber auch von den Kollegen eingeschätzt wird. Aber er befürchtet, keine zuverlässigen Antworten zu erhalten, wenn er die Mitarbeiter fragt.

Es wird zwischen Herrn Berg und Beate Scholz vereinbart, dass hier zusätzliche Informationen hilfreich wären: Woran genau hängt es in den Bereichsbesprechungen? Wie wird er von seinen Mitarbeitern und Kollegen eingeschätzt?

Im »normalen« Coachingprozess gehen Klärung der Ist-Situation und Sammlung von Lösungen unmittelbar ineinander über. Es kann jedoch sinnvoll sein, die Klärungsphase zu einer eigenen Diagnosephase auszuweiten mit der Zielsetzung, zunächst einmal genauere Informationen einzuholen. Grundsätzlich bieten sich dafür drei Ansätze: Beobachtung, Interview und Fragebogen oder Testverfahren. Wir möchten Ihnen in diesem Kapitel diese Diagnoseverfahren vorstellen, die im Rahmen von Coachingprozessen hilfreich sein können.

Gemeinsam ist all diesen Diagnoseverfahren, dass sie die Perspektive erweitern: War bislang lediglich die Perspektive von Herrn Berg Basis für das Coaching, so wird sie hier durch andere Perspektiven erweitert: die Perspektive von Frau Scholz, die eine Bereichsbesprechung beobachtet; oder die Perspektive anderer Personen, die interviewt werden; oder schließlich eine nochmalige Außenperspektive, die durch Testverfahren erhoben wird.

Beobachtung im Coaching

Herr Berg hat den Eindruck, dass die Bereichsbesprechungen sich zu lange hinziehen, dass gegeneinandergeredet wird, dass man zu wenig zu Ergebnissen gelangt. Vereinbart wird, dass Beate Scholz als Beobachterin an der nächsten Bereichsbesprechung teilnehmen wird. Sie kann dann anschließend Herrn Berg Feedback geben: Was war aus ihrer Perspektive gut, wo sind Probleme aufgetreten?

Als Beobachter an einzelnen Bereichs- und Abteilungsbesprechungen, an Projektsitzungen, Kundengesprächen oder Einzelgesprächen teilzunehmen oder einfach »mit dem Coachee mitzulaufen« ist ein sehr hilfreiches Vorgehen im Rahmen von Coachingprozessen. Es gibt dem Coach die Möglichkeit, seinen Coachee im realen Umfeld zu erleben, sodass im Coaching nicht nur die Sicht des Coachees, sondern auch die des Coachs berücksichtigt werden kann. In vielen Fällen lassen sich Probleme auf der Basis von solchen Beobachtungen genauer erfassen.

Beobachtung ist eine der klassischen Erhebungsmethoden in den Sozialwissenschaften. Dabei ist die wissenschaftliche Beobachtung von der alltäglichen Beobachtung abgegrenzt: Alltägliche Beobachtung unterliegt häufig Einschränkungen, Verzerrungen, Täuschungen und Vorurteilen. Man nimmt nur bestimmte Situationen wahr, täuscht sich hinsichtlich bestimmter Verhaltensweisen oder wird von Vorurteilen geleitet. Eine wissenschaftliche Beobachtung ist demgegenüber definiert als das »systematische Erfassen, Festhalten und Deuten sinnlich wahrnehmbaren Verhaltens« (Atteslander 2008, 67) und damit durch folgende Merkmale gekennzeichnet (Bortz/Döring 2006, 263ff.):

- einen theoretischen Bezugsrahmen,
- die systematische Planung und Durchführung mit Festlegung von Beobachtungseinheiten und Kategorien,
- die systematische Aufzeichnung von Beobachtungsergebnissen,
- die Möglichkeit von Überprüfung und Kontrolle der Beobachtung.

Nun muss die Beobachtung im Rahmen eines Coachingprozesses nicht vollständig dem Standard einer wissenschaftlichen Beobachtung entsprechen. Trotzdem gelten die aufgestellten Anforderungen auch hier: Beobachtung ist kein subjektives Wahrnehmen, sondern sollte möglichst zuverlässig und methodisch abgesichert sein. Beobachtung erfordert damit eine Beobachterschulung: Erst im Laufe der Zeit lernt man, genauer wahrzunehmen und wichtige inhaltliche Punkte zu erfassen.

Bei der Durchführung einer Beobachtung im Rahmen von Coachingprozessen ergeben sich die folgenden Schritte:

Schritt 1: Festlegung von Beobachtungsziel und Verwendungszweck. Der erste Schritt bei jeder Beobachtung ist die Festlegung von Beobachtungsziel und Verwendungszweck. Beobachtungsziel und Verwendungszweck legen fest, worauf ich als Beobachter die Aufmerksamkeit richte:

- *Beobachtungsziel: Was soll beobachtet werden?* Das Verhalten des Coachees allgemein oder zum Beispiel die Interaktion zwischen verschiedenen Gesprächsteilnehmern oder das Führungsverhalten des Coachees?
- *Verwendungszweck: Was soll mit den erhobenen Daten geschehen?* Der Verwendungszweck im Rahmen von Coaching ist im Grunde immer gleich, nämlich Anregungen für den weiteren Coachingprozess zu erhalten.

Schritt 2: Festlegung der Beobachtungssituation. Hierfür ergeben sich folgende Prozessfragen:

- *In welchen Situationen soll beobachtet werden?* Läuft der Coach einfach mit, wenn der Coachee durch den Bereich geht? Wird eine Mitarbeiterbesprechung beobachtet, ein Zweiergespräch mit einem Mitarbeiter, möglicherweise auch ein Kundengespräch?
- *Welcher Zeitraum wird für die Beobachtung festgelegt?* Genügt eine halbe Stunde oder sollte der Coach einen ganzen Tag den Coachee in möglichst unterschiedlichen Situationen begleiten?

Die Entscheidung für eine bestimmte Beobachtungssituation ist grundsätzlich an die Zustimmung der Beteiligten gebunden: Lassen sich Coachee und die übrigen Beteiligten darauf ein? Nicht geeignet sind Gesprächssituationen, in denen einer der Beteiligten persönliche Themen ansprechen möchte, von denen er nicht will, dass sie andere erfahren. Auch schwierige Kundengespräche können für eine Beobachtung problematisch sein.

Der Zeitrahmen kann von einem Tag bis zu wenigen Minuten reichen. Sie können dem Coachee in eine Besprechung begleiten oder in ein Mitarbeitergespräch, manchmal reicht es, wenn Sie dem Coachee bei einem Telefongespräch zuhören, um entscheidende Schwachpunkte zu erfassen. Bewährt haben sich aber auch »Schattentage« (Mahlmann 2008, 19f.), bei denen der Coach den Coachee einen halben oder möglicherweise einen ganzen Tag begleitet: von dem morgendlichen Durchgehen der E-Mails über das Gespräch mit der Sekretärin, den Rundgang durch den Bereich bis zur Teilnahme an Besprechungen oder Einzelgesprächen und zum Tagesabschluss. Der Vorteil liegt darin, dass Sie als Coach Ihren Coachee in unterschiedlichen Situationen erleben und zugleich ein Gefühl für die Lebenswelt bekommen.

Schritt 3: Festlegung von Beobachtungskategorien. In der Sozialforschung wird in diesem Zusammenhang zwischen strukturierter und unstrukturierter Beobachtung unterschieden: Der strukturierten Beobachtung liegt ein zuvor definiertes Beobachtungsschema zugrunde, das bestimmte Kategorien definiert. Die unstrukturierte Beobachtung verzichtet auf Beobachtungskategorien. Im Coaching kann grundsätzlich die gesamte Palette genutzt werden.

- *Offene (unstrukturierte) Beobachtung:* Hierbei wird alles beobachtet, was auffällt. Der Vorteil liegt darin, dass man nicht schon im Vorhinein die Aufmerksamkeit auf bestimmte Aspekte einschränkt. Der Nachteil ist, dass man möglicherweise die Fülle der Beobachtungen nicht mehr bewältigt.
- *Beobachtung auf der Basis von Leitkategorien (teilstrukturierte Beobachtung):* In vielen Fällen kann es hilfreich sein, die Beobachtung genauer auf bestimmte Aspekte zu richten. Dafür benötigen Sie »Leitkategorien«, die die Aufmerksamkeit in eine bestimmte Richtung lenken.

- *Strukturierte Beobachtung:* Sie zeichnet sich dadurch aus, dass Beobachtungskategorien eindeutig definiert werden und auf dieser Basis Verhalten »gemessen« wird. Auch das kann im Rahmen von Coachingprozessen hilfreich sein:
  - Wie viele der anwesenden Personen beteiligen sich aktiv an dem Gespräch?
  - Wie häufig endet die Besprechung von Themen, ohne dass ein Kontrakt für das weitere Vorgehen getroffen wird?
  - Wie lange dauert es, bis ein Ergebnis erzielt wird?

  Solche messbaren Daten können mögliche Schwachstellen (aber auch Stärken) des Coachee belegen: Wenn sich herausstellt, dass von den fünf in der Bereichsbesprechung behandelten Themen vier ohne konkretes Ergebnis (ohne Maßnahmenplan) blieben, dann kann Frau Scholz ihrem Coachee gut daran verdeutlichen, dass hier Handlungsbedarf besteht.

Je nach der Zielsetzung wird man bei der teilstrukturierten oder strukturierten Beobachtung die Schwerpunkte anders setzen. Beispiele dafür sind:

- *Beobachtung von Prozessen:* In welchen Schritten werden Probleme angegangen? In welche Phasen gliedert sich eine Besprechung? Gibt es eine Orientierungsphase für das Gespräch? Wie verläuft die Klärungsphase? Werden Lösungen erst gesammelt oder sofort bewertet? Wird in der Abschlussphase ein Ergebnis erzielt?
- *Beobachtung sozialer Systeme:* Welche Personen spielen hier eine Rolle? Fehlen Personen? Lassen sich aus der Beobachtung subjektive Deutungen erschließen (deutet zum Beispiel die Körpersprache auf Interesselosigkeit)? Gibt es typische Regelkreise, also Muster in der Besprechung, die immer wieder auftreten? Werden soziale Regeln deutlich? Wie sind Einrichtung und Technik des Besprechungszimmers? Lässt sich eine Entwicklung feststellen?
- *Beobachtung von Kommunikation:* Welche Beziehungsbotschaften werden gesendet? Ist die Darstellung verständlich? Ist sie adressatengerecht?
- *Beobachtung von Führung:* Wie wird die eigene Führungsrolle definiert? Ist die Führung eher sach- oder eher mitarbeiterorientiert? Wieweit wird mit Zielvereinbarungen gearbeitet? Delegiert der Coachee?

Kategorien für die teilstrukturierte oder strukturierte Beobachtung werden häufig aus theoretischen Konzepten übernommen. So können Sie zum Beispiel für Kommunikation die Unterscheidung von Inhalt und Beziehung im Anschluss an Watzlawick oder die von Inhalt, Selbstoffenbarung, Beziehung und Appell im Anschluss an Schulz von Thun zugrunde legen. Sie können aber auch auf der Basis der Transaktionsanalyse die Aufmerksamkeit auf parallele/gekreuzte oder offene/verdeckte Transaktionen richten oder notieren, aus welchem Ich-Zustand heraus (Eltern-Ich, Erwachsenen-Ich, Kind-Ich) Ihr Coachee argumentiert. Bei der Beobachtung einer Projektteamsitzung wird man als Coach das Augenmerk auf projektspezifische Faktoren richten: In welcher Phase befindet sich das Projekt? Welche Verfahren der Risikoanalyse werden genutzt? Sie können somit Ihr theoretisches Wissen über Kommunikation, Führung, Projektmanagement gut nutzen – und damit eine bestimmte Situation für den Coachee in einen neuen Zusammenhang stellen.

Schritt 4: Festlegung der Rolle des Beobachters. In der Literatur unterscheidet man in diesem Zusammenhang zwischen offener und verdeckter Beobachtung: Offen ist die Beobachtung dann, wenn die betreffenden Personen wissen, dass sie beobachtet werden, verdeckt, wenn der Beobachter eine andere Rolle (die des Teilnehmers, des Experten, des Praktikanten) einnimmt.

Im Rahmen von Coachingprozessen ist in der Regel die offene Beobachtung sinnvoller: Den Beteiligten wird erklärt, dass es darum geht, den Coachee zu unterstützen. Nach unseren Erfahrungen wird die Tatsache, dass sich jemand coachen lässt, auch von anderen Gesprächsteilnehmern eher positiv gesehen.

Vor oder zu Beginn der Beobachtung muss zudem vereinbart werden, inwieweit der Coach gegebenenfalls in das Gespräch eingreift beziehungsweise wie die Rückmeldung erfolgt:

- Darf/soll der Coach eingreifen und möglicherweise für bestimmte Zeit die Moderation übernehmen?
- Darf/soll er aus einer Expertenrolle Hinweise und Anregungen geben?
- Soll er im Anschluss die Beteiligten nach ihrer Einschätzung der Gesprächssituation fragen?
- Soll die Rückmeldung vor der Gruppe oder unter vier Augen mit dem Coachee erfolgen?

Alle Möglichkeiten sind denkbar und auch praktikabel, sie müssen nur zuvor mit dem Coachee und den anderen Beteiligten eindeutig geklärt werden.

Hilfreich ist in jedem Fall, die Beobachtungen möglichst genau zu dokumentieren. Eine Möglichkeit der Dokumentation besteht darin, das Gespräch auf Tonband oder Video aufzunehmen und anschließend mit dem Coachee zu bearbeiten. Dies dürfte aber eher die Ausnahme sein. Der Regelfall ist, dass Sie als Coach sich lediglich selbst Notizen machen. Bewährt hat sich das in Form eines Verlaufsprotokolls, bei dem die Zeiten, die jeweiligen Sprecher und ihr Verhalten notiert werden und eine Spalte für Kommentare und Interpretation bleibt. Dabei gilt:

- *Als Beleg konkrete Situationen protokollieren:* Wenn der Coach als Beispiel eine Situation wörtlich notiert hat, in der der Coachee seinen Gesprächspartner nicht ausreden ließ, ist das für die Rückmeldung präziser als ein allgemeiner Hinweis.
- *Positive und negative Beobachtungen notieren:* Für die Rückmeldung benötigt man als Coach sowohl positive Situationen, in denen der Coachee erfolgreich war, als auch negative Situationen, aus denen sich Anregungen ziehen lassen.
- *In der Spalte »Kommentare« besonders wichtige Situationen kennzeichnen, das heißt diejenigen Situationen, die dann im Feedback vor allem bearbeitet werden:* Erfahrungsgemäß hat man als Coach bei einer längeren Besprechung eine mehrseitige Mitschrift und muss dann im Feedback sehr schnell die wichtigsten Situationen auswählen. Hier ist es hilfreich, die Situation vorher zu kennzeichnen.

Anregung zur Weiterarbeit

Versuchen Sie, Beobachtung und insbesondere das Aufzeichnen von Beobachtungen in anderen Situationen zu üben.

- Offene Beobachtung: Achten Sie dabei insbesondere darauf, einzelne Situationen genau mitzuschreiben.
- Teilstrukturierte oder strukturierte Beobachtung: Entwerfen Sie selbst Leitkategorien oder genau definierte Beobachtungskategorien.
- Überlegen Sie dann, was davon Sie einem möglichen Coachee zurückmelden würden.

Falls Sie sich weiter damit befassen möchten, zum Abschluss ein Literaturhinweis:

- Ernst Martin/Uwe Wawrinowski: Beobachtungslehre: Theorie und Praxis reflektierter Beobachtung und Beurteilung. Juventa, Weinheim (5. Aufl.) 2006.

Das Konstruktinterview

Herr Berg stellt sich die Frage, wie ihn eigentlich seine Mitarbeiter sehen. Wieweit wird er als Führungskraft von ihnen akzeptiert? Welche Kritik, welche Anregungen und Wünsche haben sie? Es ist also für den weiteren Verlauf des Coachingprozesses sinnvoll, die Sicht der Mitarbeiter genauer zu erfragen. Der Coach schlägt Interviews vor als eine Möglichkeit, die Sicht der Mitarbeiterinnen und Mitarbeiter zu erfassen.

Das Interview ist neben dem Fragebogen wohl das wichtigste Erhebungsverfahren der empirischen Sozialforschung. Während der Fragebogen auf sogenannte »quantitative« Daten wie Häufigkeiten, Prozentsätze abzielt (zum Beispiel: Wie hoch ist der Prozentsatz der Mitarbeiter, die Führung als Unterstützung erleben?), ermöglicht das Interview, die »qualitative« Sicht der Interviewpartner zu erfassen: Was wird als Problem gesehen, was sind Ideen zur Verbesserung?

Der Vorteil eines qualitativen Interviews liegt darin, dass man nachfragen kann und damit das »verdeckte Wissen« des Interviewpartners, also die Erfahrungen, die nicht sofort greifbar sind, erfassen kann. Wenn von einem Mitarbeiter von Herrn Berg im Interview geäußert wird, er bekomme zu wenig Unterstützung, dann kann man genauer nachfragen: Was versteht der Interviewpartner unter »zu wenig Unterstützung«? In welchen Bereichen fühlt er sich zu wenig unterstützt? Was an Unterstützung wünscht er sich von seinem Bereichsleiter? Damit können qualitative Interviews insbesondere für den Coachingprozess ausgesprochen hilfreich sein und eine Fülle von Anregungen geben.

Ein Interview ist kein alltägliches Miteinanderreden, sondern eine strukturierte Befragungsmethode. Es muss methodisch genauso sorgfältig geplant, durchgeführt und ausgewertet werden wie ein Fragebogen. Darin liegt eine der Hauptschwierigkeiten bei der Verwendung von Interviews gerade im betrieblichen Bereich: In vielen Fällen wird irgendetwas gefragt, ohne dass entsprechende Interviewerkompetenz vorhanden ist – womit man entweder irrelevante Ergebnisse erhält oder nur die eigenen Vorurteile bestätigt. Es gibt mittlerweile eine Fülle von Literatur über das methodische Vorgehen in qualitativen Interviews. Wir beschränken uns hier auf eine bestimmte Form des Interviews, das im Zusammenhang mit Organisationsberatung entwickelte »Konstruktinterview« (ausführlicher König/Volmer 2008, 242ff.).

Die Vorbereitung des Interviews

Ein Interview benötigt eine gründliche Vorbereitung, die am besten schriftlich erfolgt. Als Interviewer wird man dabei gezwungen, sich selbst über die einzelnen Punkte eindeutig klar zu werden.

Schritt 1: Festlegung von Untersuchungsziel und Verwendungszweck. Der Aufbau und das Vorgehen in einer Befragung hängen entscheidend von dem Ziel ab: Worüber sollen Informationen beschafft werden (Untersuchungsziel)? Wozu sollen diese Informationen dienen (Verwendungszweck)? Nur im Bezug auf Ziel und Verwendungszweck lässt sich entscheiden, welche Informationen wichtig und welche weniger wichtig oder irrelevant sind. Daraus ergeben sich folgende Fragen:

- Welche Information zu welchem Thema soll erhoben werden?
- Was soll mit diesen Informationen geschehen, wozu sollen sie verwendet werden?

Auf obiges Beispiel bezogen: Untersuchungsziel wäre, Stärken und Schwachstellen der Führung von Herrn Berg zu erfassen, Verwendungszweck, das Führungsverhalten zu verbessern.

Schritt 2: Festlegung von Grundgesamtheit und Stichprobe. Die Begriffe »Grundgesamtheit« und »Stichprobe« sind aus quantitativen Untersuchungen geläufig: Die Grundgesamtheit sind diejenigen Personen, für die eine Untersuchung gilt, Stichprobe diejenigen aus der Grundgesamtheit, die befragt werden.

Bei qualitativen Interviews bezeichnet die Grundgesamtheit alle diejenigen Personen, die Informationen zum Untersuchungsziel geben können: Wer weiß etwas über die Stärken und Schwachstellen der Führungskraft oder über die Erfolge des Projektes? Die Stichprobe sind dann entsprechend einem Fragebogen diejenigen Personen aus der Grundgesamtheit, die interviewt werden. Daraus ergeben sich zwei Fragen:

- Wer kann Informationen zu diesem Thema und in Bezug auf das Untersuchungsziel geben?
- Wen davon befrage ich?

Als Faustregel gilt, dass einerseits möglichst unterschiedliche Perspektiven (Mitarbeiter, Vorgesetzte, Kollegen, Kunden und so weiter) befragt werden sollten, dass andererseits die Größe der Stichprobe (nicht zuletzt wegen des Arbeitsaufwands) möglichst niedrig sein sollte. Im Rahmen von Coachingprozessen werden in der Regel acht bis fünfzehn Interviews, manchmal sogar noch weniger, ausreichen, um genügend Informationen zu erhalten.

> Wieder auf unser Beispiel bezogen: Befragt werden die vier Abteilungsleiter sowie zwei weitere Mitarbeiter, die mit Herrn Berg unmittelbar zu tun haben, seine Sekretärin, zwei seiner Bereichsleiterkollegen sowie Herr Magge, der Geschäftsführer.

Schritt 3: Festlegung der Interviewform. Grundsätzlich bieten sich hier verschiedene Möglichkeiten an:

- Einzelinterviews, in denen jeweils ein Gesprächspartner interviewt wird.
- Interviews mit zwei oder drei Gesprächspartnern oder
- Gruppeninterviews.

Der Vorteil des Einzelinterviews besteht darin, dass sich der Interviewer völlig auf den Gesprächspartner einstellen und nachfragen kann, wenn ihm etwas unklar ist. Nachteil ist der höhere Zeitaufwand. Der Vorteil von Interviews mit zwei oder drei Personen besteht darin, dass der Zweite jeweils an die Äußerungen des Ersten anknüpfen und sie bestätigen, ergänzen oder aus seiner Sichtweise korrigieren kann. Der Nachteil besteht darin, dass hier ein Nivellierungseffekt auftritt und der Interviewer insgesamt weniger Zeit zum Nachfragen hat. Entsprechendes gilt für Gruppeninterviews: Sie bieten Zeitersparnis, die Möglichkeit des Nachfragens ist aber deutlich eingeschränkt.

Im Zusammenhang mit Coachingprozessen mit in der Regel relativ kleinen Stichproben haben sich Einzelinterviews bewährt: Sie bieten dem Coach die Möglichkeit, genauer nachzufragen, und dem Gesprächspartner Zeit, sich auch Punkte bewusst zu machen, die nicht an der Oberfläche liegen.

Schritt 4: Festlegung von Leitfragen. Die Standardform des qualitativen Interviews ist das sogenannte Leitfadeninterview, bei dem der Verlauf des Interviews durch etwa drei bis sechs offene Fragen strukturiert ist. Diese Fragen geben dem Interviewpartner die Möglichkeit, seine Sichtweise zu dem vorgegebenen Thema frei und offen zu entwickeln. Mögliche Leitfragen können die Frage nach Stärken oder Schwachstellen sein, die Frage nach Anregungen, nach ersten Schritten, die angegangen werden sollten.

> Als Leitfragen im obigen Beispiel wurden gewählt:
> – Was sind allgemein Stärken und Schwachstellen des Bereichs?
> – Was sind Stärken des Führungsverhaltens des Bereichsleiters?
> – Was sollte Herr Berg in seinem Verhalten verändern?

Die erste Frage zielt nicht unmittelbar auf das Führungsverhalten, gibt aber eine Reihe zusätzlicher Hinweise, die anschließend im Coachingprozess aufgegriffen werden können.

Die Erstellung von Leitfragen ist in der Praxis wesentlich komplizierter, als es zunächst den Anschein hat. Hier einige Hinweise zum Vorgehen (ausführlicher König/ Volmer 2008, 248ff.):

Schritt 1: Sammeln Sie im Rahmen eines Brainstormings möglichst verschiedene Leitfragen.

Mögliche Leitfragen können sein:
- Einstiegsleitfragen (die den Gesprächspartner zu dem Thema hinführen): Fragen nach den Aufgaben des Gesprächspartners, den Aufgaben des Teams, Fragen nach Schlagworten, die dem Gesprächspartner spontan zum Thema einfallen.
- Fragen nach Stärken und Schwachstellen.
- Fragen nach Ursachen für Probleme.
- Fragen nach Ideen, Anregungen, Lösungsmöglichkeiten.
- Zirkuläre Fragen, das sind Fragen über andere Personen: Was meinen Sie, wie schätzen Ihre Mitarbeiter diese Situation ein?

Schritt 2: Überprüfung der Leitfragen nach folgenden Kriterien:

- Zielt die Leitfrage in Richtung des Ziels und Verwendungszwecks?
- Ist die Leitfrage für den Interviewpartner verständlich und passend?
- Ist die Leitfrage hinreichend offen, um den Interviewpartner zum Erzählen anzuregen?
- Ist die Reihenfolge der Leitfragen plausibel? Ist für den Gesprächspartner ein roter Faden erkennbar? Werden Gedankensprünge vermieden?

Durchführung des Interviews

Das Interview hat wie das Coachinggespräch eine Orientierungsphase, eine Klärungsphase (Erhebungsphase) und eine Abschlussphase. Es gibt jedoch keine Veränderungsphase. Ziel ist es, die Sichtweise des Interviewpartners zu erfassen, aber nicht, sie zu verändern.

Phase 1: Orientierungsphase. Die Orientierungsphase ist für den Erfolg des Interviews entscheidend: Wenn der Interviewpartner nicht weiß, was auf ihn zukommt, was mit den Daten geschieht, wenn er das Gefühl hat, in eine Ecke gedrängt zu werden, und wenn er nicht wirklich zugestimmt hat, wird er mit Abwehr reagieren und versuchen, Informationen so weit als möglich zurückzuhalten. Das Interview würde damit wertlos. Von daher kommt der Orientierungsphase besondere Bedeutung zu. Im Einzelnen heißt das:

- *Sich als Interviewer auf den Interviewpartner einstellen:* Ziel ist es, die Sicht des Interviewpartners zu erfassen: Wie sieht er die Situation?
- *Kontext des Interviews transparent machen:* In welchem Kontext steht das Interview? Was ist die Funktion des Interviewers?
- *Untersuchungsziel und Verwendungszweck transparent machen:* Welchen Zweck erfüllt die Befragung?

- *Verwendung der Ergebnisse abklären:* Bleiben die Daten anonym oder ist bei der geringen Anzahl von Interviewpartnern das nicht abzusichern?
- *Eventuelle Verwendung des Tonbands besprechen.*
- *Eventuelle offene Fragen klären.*
- *Eindeutigen Kontrakt schließen:* Lässt sich der Interviewpartner darauf ein, dass ihm zu diesem Thema Fragen gestellt werden?

Phase 2: Erhebungsphase. Die Erhebungsphase entspricht der Klärungsphase beim Coachingprozess. Während es im Coachingprozess jedoch das Ziel ist, dass sich der Coachee selbst über seine Situation klar wird, ist es Ziel des Interviews, dass der Interviewer versteht, was der Interviewpartner meint. Das bedeutet, dass der Interviewer hier mehr nachfragt, mehr absichert, dass er das Gesagte tatsächlich verstanden hat. Im Einzelnen ergeben sich daraus folgende Schritte:

- *Auf die jeweilige Leitfrage den Interviewpartner zunächst frei erzählen lassen,* dabei schon darauf achten, wo wichtige Punkte angedeutet, aber nicht expliziert werden.
- *Konkrete Situationen fokussieren:* »Erinnern Sie sich an eine Situation, in der Sie mehr Unterstützung von Ihrem Bereichsleiter gebraucht hätten?«
- *Verdeckte Informationen nachfragen:* »Welche Unterstützung hätten Sie gebraucht?«
- *Den Inhalt paraphrasieren:* die zentralen Aussagen wiederholen, um abzusichern, dass der Interviewer den Interviewpartner richtig verstanden hat.
- *Angesprochene Themen strukturieren:* »Ich höre bei Ihnen drei Problembereiche heraus: Der Bereichsleiter bezieht zu wenig Position. Die Besprechungen sind ineffizient und die Mitarbeiter bekommen zu wenig Unterstützung. Ist das so?«

Phase 3: Abschlussphase. Die Abschlussphase ist weniger aufwendig als im Coachinggespräch, da keine umfangreichen Handlungspläne und Kontrakte zu schließen sind:

- Den Interviewpartner fragen, ob es aus seiner Sicht zum Thema noch Ergänzungen gibt, die bislang nicht angesprochen wurden
- Dank an den Interviewpartner dafür, dass er sich die Zeit genommen hat
- Gegebenenfalls nochmals die Vereinbarung darüber, wie der Interviewpartner über die Ergebnisse informiert wird.

Inhaltsanalytische Auswertung

Die inhaltsanalytische Auswertung stellt eines der Hauptprobleme qualitativer Forschung dar: Aus zahlreichen unstrukturierten Informationen sind die wesentlichen Informationen herauszufiltern und in eine Struktur zu bringen. Das Vorgehen dafür ist in der Sozialforschung als sogenannte strukturierte Inhaltsanalyse geläufig (vgl. Mayring 2010). Die Hauptschritte seien im Folgenden kurz aufgeführt:

Schritt 1: Dokumentation der Interviewergebnisse. Nur im Ausnahmefall wird man, wie im Rahmen von Forschungsprojekten üblich, das gesamte Interview verschriftlichen. Meist reicht es, die in Bezug auf Untersuchungsziel und Verwendungszweck relevanten Textstellen unter Angabe der Interviewnummer zu verschriftlichen. Basis dafür ist sinnvollerweise eine Tonbandaufzeichnung, möglicherweise muss man sich mit der eigenen Mitschrift begnügen.

Schritt 2: Bildung des Kategoriensystems. Die verschiedenen Äußerungen müssen strukturiert werden, das heißt, sie müssen Oberbegriffen (»Kategorien«) zugeordnet werden. Zweckmäßigerweise wird das Kategoriensystem nicht anhand aller Interviews, sondern auf der Basis von ein bis zwei Interviews entwickelt. Anregungen für die Kategorien können auch allgemeine theoretische Konzepte über Führung, Organisationstheorie sein.

Schritt 3: Zuordnung der einzelnen Äußerungen zu den Kategorien. In diesem Schritt sind die gesamten Äußerungen den jeweiligen Kategorien zuzuordnen. Mithilfe eines Sortierprogramms lassen sich diese Äußerungen entsprechend sortieren.

Schritt 4: Auswahl von Kernaussagen. In der Regel erhält man damit zu einer Kategorie eine Fülle von Aussagen. Für die Rückspiegelung der Daten an den Coachee ist es sinnvoll, wichtige Kernaussagen herauszugreifen. Diese Kernaussagen kann man mit oder ohne Kommentierung für eine Präsentation zusammenstellen.

Schritt 5: Interpretation der Ergebnisse. Was sind nun die zentralen Ergebnisse? Wo liegen die Schwerpunkte? Welche Konsequenzen ergeben sich daraus für das Coaching? Um diese Fragen zu beantworten, müssen die Daten interpretiert werden. Das kann heißen:

- *Was sind die zentralen Ergebnisse?* Welche vier oder fünf Botschaften lassen sich aus den Interviews ableiten?
- *Wieweit stimmen die Interviewergebnisse mit anderen Daten (zum Beispiel aus einer Mitarbeiterbefragung) überein?* Wo ergeben sich Unterschiede?
- *Wieweit haben sich die Daten gegenüber früheren Befragungen verändert?* Was ist besser geworden? Wo deuten sich möglicherweise Probleme an?
- *Lassen sich die Daten auf der Basis theoretischer Konzepte (zum Beispiel über Führungsstile) interpretieren?*
- *Welche zentralen praktischen Konsequenzen ergeben sich daraus?* Deuten sich Themen an, die bearbeitet werden müssten?

Als Beispiel stellen wir im Folgenden eine verkürzte Fassung der Ergebnisse aus einer Interviewreihe im Rahmen eines Coachingprozesses vor. Ausgangspunkt dafür war das Anliegen des Bereichsleiters, Informationen darüber zu erhalten, wie er von seinen Mitarbeiterinnen und Mitarbeitern gesehen wird. Die Ergebnisse der Interviews wurden verschiedenen Kategorien zugeordnet und einzelne besonders aussagekräftige Äußerungen dem Coachee wörtlich zurückgespiegelt:

Persönlichkeit
»Herr X hat sehr viel Kraft, sehr viel Dynamik, allein schon die Arbeitsmenge, die er schafft.«

Strategie
»Wir haben eine Menge Ideen, aber es fehlt die einheitliche Linie.«
»Die Perspektive, die Strategie muss von der Leitung formuliert werden, muss kommuni-ziert werden.«

Zielvereinbarung und Delegation
»Was Herr X machen soll, ist, eine klare Zielvorgabe zu machen.«
»Herr X geht zu tief operativ rein, anstatt zu steuern und zu managen.«

Mitarbeiterqualifizierung
»Prima finde ich die Möglichkeit, mich hier weiterzuqualifizieren.«
»Wenn man Fragen hat, kann man zu ihm kommen.«

Informationsfluss
»Ich wüsste gern, was mein Bereichsleiter tut; der heizt hier überall rum, aber ich habe keine Ahnung, was er alles treibt.«

Bereits diese Äußerungen deuten die Richtung für den weiteren Coachingprozess an: Offenbar wird Herr X als unterstützend erlebt, aber es fehlt die klare Linie. Er steuert zu wenig im Blick auf die Strategie des Bereichs; und es fehlt den Mitarbeitern an Orientierungswissen. Möglicherweise wird das nächste Thema sein, Herrn X zu unterstützen, seine Rolle als Führungskraft weiter zu präzisieren und auszufüllen.

Anregung zur Weiterarbeit

Auch wenn Interviewführung leicht erscheint: Professionelle Durchführung, Vorbereitung und Auswertung von Interviews gehören zu den schwierigsten Aufgaben und bergen jede Menge Fehlermöglichkeiten in sich. Hier gilt nur eines: üben, üben, üben! Hilfreich ist, Interviews auf Tonband aufzunehmen und sich dann den Verlauf selbst (mehrmals) anzuhören: Welche Leitfragen haben nicht gegriffen? Wo haben Sie möglicherweise im Gespräch das Ziel aus den Augen verloren? Wo hätten Sie genauer nachfragen können?

Falls Sie sich weiter in Grundlagen und Methoden des Interviews einarbeiten möchten, zum Abschluss wieder einige Literaturhinweise:
- Jochen Gläser/Grit Laudel: Experteninterviews und qualitative Inhaltsanalyse als Instrumente rekonstruierender Untersuchungen. VS, Wiesbaden (4. Aufl.) 2010.
- Eckard König/Gerda Volmer: Handbuch Systemische Organisationsberatung. Beltz, Weinheim und Basel 2008, S. 242–265 (mit ausführlichem Bezug zu Organisationsberatung).
- Philipp Mayring: Qualitative Inhaltsanalyse. Grundlagen und Techniken. Beltz, Weinheim und Basel (11. Aufl.) 2010.

Fragebogen und Testverfahren

Als weitere Methode der Datenerhebung im Rahmen von Coachingprozessen bieten sich schließlich Tests und Fragebogen an. Dabei lassen sich grundsätzlich zwei Vorgehensweisen unterscheiden: Es werden vorhandene Fragebogen und Tests angewandt oder der Coach entwickelt selbst einen Fragebogen.

Nutzung vorhandener Fragebogen und Tests

Der Fragebogen bietet den Vorteil, dass eine größere Zahl von Personen befragt werden kann und die Nachteile, dass man bei der Fragebogenkonstruktion schon zuvor wissen muss, nach welchen Themen gefragt werden soll, und dass zusätzliche Nachfragemöglichkeiten nicht bestehen. Trotzdem kann zum Beispiel eine Befragung der Mitarbeiter des Bereiches eine hilfreiche Basis für die nächsten Schritte im Coachingprozess sein.

Nahezu alle größeren Unternehmen führen heutzutage Mitarbeiterbefragungen durch. In vielen Fällen werden die Daten dann auch auf einzelne Bereiche konkretisiert, sodass einzelne Führungskräfte dadurch unmittelbares Feedback erhalten. Wenn Herr Berg in der Mitarbeiterbefragung bei der Einschätzung seiner Mitarbeiter deutlich schlechter abschneidet als noch vor einem Jahr und wenn insbesondere kritisiert wird, dass er seinen Mitarbeitern zu wenig Orientierung gibt, dann ist das sicherlich ein Thema, das im Coaching bearbeitet werden muss.

Daneben gibt es eine Fülle von – mehr oder weniger – standardisierten Fragebogen, Persönlichkeitstests und weiterer Verfahren, die durchaus auch im Coaching eingesetzt werden und eingesetzt werden können. Exemplarisch seien genannt:

- *Das Fünf-Faktoren-Inventar* auf der Basis des Fünf-Faktoren-Modells »Big Five«, in dem die Persönlichkeit nach den Dimensionen Neurotizismus (emotionale Labilität), Extraversion, Offenheit, Anpassung, Fokussierung unterschieden wird.
- *Das Bochumer Inventar zur berufsbezogenen Persönlichkeitsbeschreibung (BIP),* das persönliche Eignungsvoraussetzungen wie Arbeitsverhalten (Gewissenhaftigkeit, Flexibilität, Handlungsorientierung), berufliche Orientierung (Leistungsmotivation, Gestaltungsmotivation, Führungsmotivation), soziale Kompetenzen (Sensitivität, Kontaktfähigkeit, Soziabilität, Teamorientierung, Durchsetzungsstärke) sowie die psychische Konstitution (emotionale Stabilität, Belastbarkeit, Selbstbewusstsein) erfasst.
- *Der Myers-Briggs-Typenindikator (MBTI)* mit den Dimensionen extravertiert versus introvertiert, sinnlich wahrnehmend versus intuitiv wahrnehmend, analytisch versus gefühlsmäßig, beurteilend versus wahrnehmend.
- *Das DISG-Persönlichkeitsprofil* mit den Dimensionen Dominanz, Initiative, Stetigkeit und Gewissenhaftigkeit (neuerdings unter dem Begriff »persolog«).
- *Der Vier-Farben-Test* im Anschluss an Max Lüscher mit den Dimensionen Grün (Selbstachtung), Gelb (Freiheit), Rot (Selbstvertrauen), Blau (Zufriedenheit).
- *Das Enneagramm* mit neun Typen: der urteilende Perfektionist, der Nette/Fürsorgliche, der leistungsorientierte Macher, der romantische Traumtänzer, der ein-

same Denker, der skeptische Protektionist, der Renaissancemensch/Spieler, der Kämpfer/Boss, der freischwebende Harmonisierer.

- *SYMLOG (System for the Multiple Level Observation of Groups)*, ein von Robert Freed Bales Ende der 1970er-Jahre entwickeltes Verfahren zum Studium von Gruppenprozessen, das drei Dimensionen (Einflussnahme, sozioemotionale Orientierung und Aufgabenorientierung) und dabei jeweils drei Pole (aufwärts/abwärts, positiv/negativ, vorwärts/rückwärts) unterscheidet.

Alle diese Verfahren können für den Coachee eine hilfreiche Einschätzung »von außen« bieten. Aber auch sie sind nicht die »absolute Wahrheit«, sondern sind grundsätzlich stets eine Einschätzung aus einer bestimmten Beobachterperspektive. Das bedeutet für Coachingprozess: An die Darstellung der Ergebnisse des jeweiligen Tests oder Fragebogens muss sich immer Prozessberatung anschließen. Wie geht es dem Coachee mit den Ergebnissen? Was hat er erwartet? Was hat ihn überrascht oder möglicherweise erschreckt? Wie kann er damit umgehen? Gibt es Aspekte in seiner Persönlichkeit, die er verstärken möchte?

Es gibt inzwischen eine ganze Reihe von Tests über Fragebogen zu Persönlichkeit, Teamverhalten, Führungsstilen und so weiter, die im Coaching einsetzbar sind. Relativ leicht anwendbare Beispiele finden Sie unter anderem bei:

- Friedbert Gay: Das persolog Persönlichkeits-Profil. Gabal, Offenbach 2004 (ehemals »Das DISG Persönlichkeitsprofil«).
- Anné Linden/Murray Spalding: Enneagramm und NLP. Junfermann, Paderborn 1996.
- Max Lüscher: Der 4-Farben-Mensch. Ullstein, Berlin 2005.
- Lothar Seiwert/Friedbert Gay: Das neue 1×1 der Persönlichkeit. Gräfe und Unzer, München (5. Aufl.) 2008 (zum DISG).
- Ulf Tödter/Jürgen Werner: Erfolgsfaktor Menschenkenntnis. Scriptor, Berlin 2006.
- Ulrike Brommer: Konfliktmanagement statt Unternehmenskrise. Orell Füssli, Zürich 1994, S. 119ff.; 161ff.; 182ff.
- Dave Francis/Don Young: Mehr Erfolg im Team. Windmühle, Hamburg (2. Aufl.) 2007, S. 49–69.
- Bernhard Prosch: Praktische Organisationsanalyse. Rosenberger, Leonberg 2000.
- Gregor Schmidt: Business Coaching. Wiesbaden 1995 (Gabler), S. 228–266

Übersichten über vorhandene Testverfahren finden sich in:

- Rüdiger Hossiep u.a.: Persönlichkeitstests im Personalmanagement. Hogrefe, Göttingen 2000.
- Rolf Brickenkamp (Hrsg.): Handbuch psychologischer und pädagogischer Tests. 2 Bde. Hogrefe, Göttingen (3. Aufl.) 2002.
- Im Internet unter: www.testzentrale.de

Entwicklung eines eigenen Fragebogens

Eine weitere Möglichkeit ist die Entwicklung eines eigenen Fragebogens. Das kann hilfreich sein, um zum Beispiel relativ schnell die Einschätzung der Führungskraft durch Mitarbeiter zu erheben. Allerdings liegt die Schwierigkeit darin, dass ein Großteil »selbst gestrickter« Fragebogen den Kriterien für die Fragebogenerstellung nicht genügt. Das Erstellen eines Fragebogens stellt ebenso hohe Anforderungen wie die Planung und Durchführung von Interviews. Dazu gibt es umfangreiche Literatur (einige Titel haben wir am Schluss dieses Abschnitts aufgeführt), sodass wir uns hier auf kurze Hinweise beschränken.

Schritt 1: Festlegung von Untersuchungsziel und Verwendungszweck. Die Fragen entsprechen hier denen beim Interview:

- Welche Information zu welchem Thema soll erhoben werden?
- Was soll mit diesen Informationen geschehen, wozu sollen sie verwendet werden?

Schritt 2: Festlegung von Grundgesamtheit und Stichprobe. Bei kleineren Systemen (zum Beispiel einem Team) besteht die Möglichkeit, eine Gesamtbefragung (aller Teammitglieder) durchzuführen. Bei komplexeren Systemen empfiehlt sich eine Stichprobe, wobei als Untergrenze für die Stichprobengröße allgemein etwa 50 Personen angesetzt wird. Fragen sind:

- Wer gehört zur Grundgesamtheit?
- Wieweit ist die Grundgesamtheit geschichtet, das heißt, in welche unterschiedlichen Gruppen gliedert sich die Grundgesamtheit auf?

Schritt 3: Itemsammlung. Items sind die Fragen oder Aussagen eines Fragebogens. Im ersten Schritt geht es zunächst darum, mögliche Items zusammenzustellen: Was können zum Beispiel geeignete Fragen sein, um die Position von Herrn Berg im Bereichsleiterteam zu erfassen?

Für die Itemsammlung gelten die üblichen Brainstormingregeln: In einem ersten Schritt mögliche Fragen oder Aussagen sammeln, ohne bereits jetzt darauf zu achten, ob sie passend formuliert sind und ob sie tatsächlich zu dem betreffenden Thema Informationen liefern. Anregungen für die Itemsammlung können bieten:

- *Bisherige Erfahrungen im Rahmen des Coachingprozesses:* Wenn sich in den vergangenen Sitzungen angedeutet hat, dass »sich selbst positionieren« ein Thema für den Coachee ist, dann kann es sinnvoll sein, dazu Fragen zu formulieren.
- *Andere Fragebogen:* In gängigen Mitarbeiter- oder Teambefragungen finden sich meist auch hilfreiche Anregungen. Aber Vorsicht: Diese Fragen sind nicht unbedingt auf das jeweilige soziale System bezogen, sie bedürfen zumindest noch der Überarbeitung.
- Ergebnisse aus Interviews.

Schritt 4: Itemrevision. Hierbei sind die einzelnen Items im Blick auf das Ziel und im Blick auf die Formulierung zu überprüfen. Mögliche Fragen sind:

- Welche Items sind im Blick auf Ziel und Verwendungszweck aussagekräftig?
- Wieweit sind die verwendeten Begriffe (für die befragten Personen) eindeutig?

- Wieweit ist der Satzbau eindeutig und unmissverständlich?
- Begünstigt die Frage bestimmte Antworttendenzen, indem sie »sozial erwünschte« Antworten suggeriert?

Schritt 5: Definition der Antwortformate. Das Antwortformat legt fest, wie eine Person auf das betreffende Item (die betreffende Frage oder Aussage) antworten soll: Soll sie frei antworten? Wird nach dem Grad der Zustimmung zu einer Aussage (stimme vollständig zu, stimme teilweise zu …) gefragt? Mögliche Antwortformate sind:

- Offene Fragen.
- Ja-Nein-Fragen.
- Fragen mit mehreren Auswahlmöglichkeiten (wobei abzuklären ist, ob Mehrfachnennungen zulässig sind).
- Fragen nach der Rangordnung (zum Beispiel analog zur Skala der Schulnoten oder in einer Skala von 0 bis 10).
- Fragen nach Häufigkeit oder Dauer: Wie lange dauert die Bereichsbesprechung? Wie häufig konnten Sie mit Ihrem Vorgesetzten in der letzten Woche wenigstens fünf Minuten sprechen?

Schritt 6: Festlegung der Reihenfolge der Fragen, grafische Gestaltung des Fragebogens und des Anschreibens. Die Fragen müssen in einer sinnvollen Reihenfolge angeordnet und ansprechend gestaltet werden. Es empfiehlt sich, zunächst mit Themen zu beginnen, die die befragten Personen vermutlich selbst interessieren werden. Dadurch kann Interesse geweckt und die Teilnahmebereitschaft erhöht werden. Außerdem müssen die Fragen so klar strukturiert und mit Verweisen versehen sein, dass sich die Befragten gut zurechtfinden, ohne zu viele Fragen lesen zu müssen, die sie gar nicht betreffen. Schließlich sollten die Befragten in einem sorgfältig formulierten Anschreiben auf die Bedeutung der Umfrage, die Anonymität der Daten und einen Ansprechpartner für Rückfragen hingewiesen werden.

Vor der eigentlichen Befragung muss der Fragebogen mit einigen Personen überprüft werden: Welche Fragen bereiten Schwierigkeiten? Wo treten Missverständnisse auf?

Hinweise insbesondere zum praktischen Vorgehen bei der Entwicklung und Auswertung von Fragebogen finden Sie unter anderem bei:

- Peter Atteslander: Methoden der empirischen Sozialforschung. Walter de Gruyter, Berlin/New York (12. Aufl.) 2008, S. 101–164.
- Sabine Kirchhoff u.a.: Der Fragebogen. VS, Wiesbaden (5. Aufl.) 2010.
- Hans Dieter Mummendey: Die Fragebogen-Methode. Hogrefe, Göttingen u.a. (5. Aufl.) 2008.

Feedback

Beate Scholz hat Interviews mit Mitarbeitern und Kollegen von Herrn Berg geführt. Jetzt wartet Herr Berg auf die Ergebnisse und schwankt dabei zwischen Gelassenheit und Besorgnis: Hoffentlich sind die Daten nicht zu schlecht! Bringt mir das was? Beate Scholz muss ihm Feedback geben.

Feedback an den Coachee – und in der Regel auch andere Beteiligte – ist der notwendige Abschluss der Diagnosephase im Rahmen von Coaching. Dies bildet dann die Basis für die Planung der weiteren Schritte. Dieses Feedback bedarf einer sorgfältigen Vorbereitung und Durchführung.

Vorbereitung des Feedbacks. Der Ausgangspunkt ist das Ziel: Beate Scholz muss sich überlegen, was sie durch das Feedback an ihren Coachee erreichen möchte. Sicher, sie möchte Themen identifizieren, an denen im Coaching weiterzuarbeiten ist. Aber es kann nicht ihr Ziel sein, dem Coachee zu zeigen, wie schlecht er ist – obwohl es durchaus Unternehmensberater gibt, die dem Kunden oder Klienten am Abschluss einer Diagnose dann immer wieder deutlich machen, dass er das eigentliche Ziel noch nicht erreicht hat, und die ihm dann ein neues Beratungsangebot verkaufen. Demgegenüber hat das Feedback im Coaching drei Aufgaben:

- Themen zu identifizieren, bei denen der Coachee bereits erfolgreich ist.
- Themen zu identifizieren, die im weiteren Prozess bearbeitet werden sollten, und hierfür zielgerichtetes Arbeiten zu ermöglichen.
- Den Coachee zu ermutigen, weiter an sich zu arbeiten, und nicht, ihn zu entmutigen und ihm zu zeigen, wie schlecht er ist.

Daraus ergeben sich drei Grundsätze für das Feedback:

- *Feedback soll zeitnah erfolgen:* Um zielgerichtetes Bearbeiten zu ermöglichen, ist zeitnahes Feedback wichtig; außerdem nimmt es dem Coachee Unsicherheit: Wie werde ich gesehen? Also nicht Interviews durchführen und dann drei Monate später die Ergebnisse an den Coachee zurückspiegeln. Sondern zeitnah heißt:
  - Bei Beobachtungen am besten unmittelbar im Anschluss an die Beobachtung (dann sind die Eindrücke noch frisch).
  - Bei Interviews oder Fragebogen nach Möglichkeit innerhalb von 14 Tagen.

  Ungünstig ist es in der Regel, dem Coachee lediglich die Ergebnisse zuzuschicken. Meist bleiben beim Durchlesen irgendwelche Punkte unklar, die der Erläuterung bedürfen. Außerdem kann Ihre Einschätzung der Ergebnisse als Coach hilfreich sein. Zudem können Sie zugleich das Positive betonen. Das heißt also: Versuchen Sie, wenn irgend möglich, die Ergebnisse Ihrer Diagnose in einem persönlichen Gespräch zurückzuspiegeln.
- *Feedback soll ausgewogen erfolgen:* Niemand ist motiviert, wenn er nur negative Rückmeldung bekommt. Um sich weiterentwickeln zu können, ist beides erforderlich: positive Rückmeldung und Anregungen. Das heißt:

- – Bereits bei der Zusammenstellung der Ergebnisse darauf achten, dass stets positive und kritische Ergebnisse möglichst ausgewogen aufgeführt werden.
- – Auch bei Beobachtungen nicht nur negatives Verhalten notieren, sondern auch positives.

Niemand ist ausschließlich positiv oder negativ, sondern es hängt von unserem Blick, von unserem Referenzrahmen ab, wieweit wir das Positive und auch das Negative wahrnehmen. Versuchen Sie als Coach, sich hier zu schulen und die Aufmerksamkeit auf beides zu richten.

- *Feedback soll konkret erfolgen:* Das ist einer der klassischen Grundsätze des Feedbacks: nicht allgemein dem Coachee rückmelden, dass er zu wenig delegiert, sondern das an konkreten Beispielen belegen. Das gilt es bereits während der Interviewführung oder während der Beobachtung zu beherzigen: nach konkreten Beispielsituationen fragen beziehungsweise konkrete Situationen während der Beobachtung (mit wörtlicher Rede) notieren.

Auch das Feedbackgespräch lässt sich in die vier Phasen Orientierungsphase, Klärungsphase, Lösungsphase und Abschlussphase gliedern.

Phase 1: Orientierungsphase des Feedbackgesprächs. Das Ziel, dem Coachee die Ergebnisse der Diagnosephase zurückzumelden, ist relativ unproblematisch, es muss nur klar gesagt werden. Vielleicht kann man auch etwas eingrenzen: Es geht heute nicht darum, schon einen kompletten Maßnahmenplan zu entwickeln, sondern einen ersten Eindruck von den Ergebnissen zu erhalten.

Entscheidender ist in vielen Fällen die Beziehungsebene: dem Coachee zu verdeutlichen, dass es hier nicht darum geht, ihn zu kritisieren, sondern ihn zu unterstützen. Gerade bei deutlich oder überwiegend negativen Ergebnissen ist entscheidend, dass der Coachee sich der Unterstützung des Coachs gewiss ist.

Phase 2: Klärungsphase. Thema der Klärungsphase ist die Rückspiegelung der Ergebnisse. Dabei sind je nach der Situation unterschiedliche Vorgehensweisen denkbar:

- Die Ergebnisse der Interviews oder der Mitarbeiterbefragung liegen schriftlich vor und werden gemeinsam durchgegangen.
- Der Coach gibt zuerst sein Feedback.
- Der Coach fragt zuerst den Coachee nach seiner Einschätzung (Was fand er selbst gut, wo sah er Probleme?) und bindet dann sein Feedback (zum Beispiel zu einer Besprechung) daran an.
- Im Anschluss an eine Besprechung kann man zunächst die Teilnehmer (und den Coachee) nach ihrem Feedback fragen: Wie beurteilen die Teilnehmer Effizienz und Klima der Besprechung? Der Coach kann sich daran anschließen oder ergänzen – was den Vorteil bietet, in der Einschätzung auch die Sicht des sozialen Systems selbst berücksichtigen zu können.

Je sachlicher und konkreter das Feedback gegeben wird, desto leichter ist es für den Coachee, damit umzugehen.

Mit zur Klärungsphase gehört auf jeden Fall Prozessberatung mit dem Coachee: Wie geht es ihm mit den Ergebnissen? Was hat ihn überrascht oder erschreckt? Was hat er vermutet? Für Sie als Coach heißt das, hier wieder die Rolle wechseln: aus der Rolle des Experten, der die Interviews geführt hat, in die Rolle des Prozessberaters wechseln, der zuhört, nachfragt, zusammenfasst und den Coachee anregt, sich selbst über die Ergebnisse klar zu werden.

Weiterer Verlauf des Coachingprozesses

Der weitere Verlauf wird je nach der Situation unterschiedlich sein: Im Anschluss an eine Beobachtung wird unmittelbar ein Thema bearbeitet (was dann aber eine neue Orientierungsphase und einen Kontrakt über dieses Thema erfordert), oder es werden Schwerpunkte für die weiteren Coachingsitzungen festgelegt (was dann möglicherweise zu einer Ergänzung der Zielvereinbarung führt). Die dritte Möglichkeit besteht darin, dass sich unmittelbar eine Abschlussphase anschließt, in der lediglich das weitere Vorgehen besprochen wird, ohne dass bereits jetzt konkrete Themen diskutiert werden. Das bietet den Vorteil, dass der Coachee Zeit hat, sich in Ruhe die Ergebnisse zum Beispiel der Interviews nochmals anzuschauen. Die nächste Coachingsitzung kann daran anschließen und es können mögliche Konsequenzen diskutiert werden.

Es gibt eine Reihe von Literatur zum Feedback, die Ihnen helfen kann, im Umgang mit dem Feedback Sicherheit zu gewinnen. Exemplarisch seien genannt:

- Jörg Fengler: Feedback geben. Beltz, Weinheim und Basel (4. Aufl.) 2009.
- Hans-Jürgen Kratz: 30 Minuten für richtiges Feedback. Gabal, Offenbach (2. Aufl.) 2005.

Kapitel 6:
Coachingthemen

In der Zielvereinbarung für den Coachingprozess von Herrn Berg war eine Reihe von Themen festgelegt worden:

- Erweiterung der Führungskompetenz, was unter anderem Kenntnis der gängigen Führungsmodelle, aber auch Durchführung von Zielvereinbarungen einschließt.
- Seine Positionierung im Kreis der Bereichsleiter.
- Stärkere Delegation von Aufgaben.
- Steigerung des Erfolgs seines Bereichs.

Was Herr Berg hier erwartet, sind durchaus auch konkrete Hinweise und Anregungen: Was ist ein geeignetes Führungsmodell? Worauf sollte er bei Besprechungen achten? Wie kann er seine Mitarbeiter unterstützen, neue Kunden zu gewinnen? Beate Scholz ist hier nicht nur als Beraterin gefordert, sondern stets auch als Expertin, die konkrete Hinweise gibt.

Coaching ist, so haben wir eingangs gesagt, grundsätzlich sowohl Prozessberatung als auch Expertenberatung. Es ist Aufgabe des Coachs, den Coachee dabei zu unterstützen, die Situation klarer zu sehen und selbst neue Lösungen zu finden. Es ist aber ebenso seine Aufgabe (und in der Regel erwartet das der Coachee auch), ihm Anregungen zu geben. Damit ist der Coach zudem stets als Experte gefordert.

Expertenberatung aber setzt Expertenkompetenz voraus: Wer eine Führungskraft coacht, benötigt Wissen über die Aufgaben und Rolle einer Führungskraft; wer eine Projektleiterin coacht, muss wissen, wo die Fallstricke in einem Projekt sind, um den Coachee darauf aufmerksam machen zu können.

Nun kann es nicht Aufgabe dieses Buches sein, einen umfassenden Überblick über Führung, Strategie, Werte, Gesprächsführung, Zeitmanagement, Projektmanagement zu bieten. Dafür gibt es einschlägige Literatur. Aber es sollen dennoch häufig auftretende Themen im Coachingprozess kurz diskutiert werden. Ziel ist dabei, Sie als Coach auf diejenigen wichtigen Punkte aufmerksam zu machen, die im Coachingprozess häufig zur Sprache kommen.

Transition-Coaching: der Wechsel in ein neues soziales System

Der Wechsel von Herrn Berg in die Bereichsleiterposition bedeutet für ihn einen Schritt nach vorn. Die Aufgabe reizt ihn, und er hat schon eine Menge Ideen, was er alles tun möchte. Aber zugleich weiß er, dass der neue Bereich bislang als wenig erfolgreich gilt und dass in der Vergangenheit eine Reihe von Problemen aufgetreten ist. Von daher ist er unsicher, wie er vorgehen soll, und bearbeitet zunächst das Thema »Übergang in die neue Position« mit seinem Coach.

Übergänge, wie der Wechsel in eine neue Führungsposition, einen anderen Bereich oder ein anderes Unternehmen, sind wichtige, aber zugleich schwierige Phasen der beruflichen Entwicklung. Gerade die Anfangsphase (die »ersten 100 Tage«) ist für den Erfolg in einer neuen Position entscheidend: In diesen Tagen wird die Position innerhalb der Abteilung definiert. Es entscheidet sich, wie man mit Kollegen, Mitarbeitern und Vorgesetzten zurechtkommt, welche Ideen man verwirklichen kann und welche nicht.

Übergänge verlaufen immer in bestimmten Phasen: Es gibt, wie der französische Ethnologe Arnold van Gennep (2005) formuliert, eine Ablösungsphase, in der man sich aus der alten Position, dem bisherigen Unternehmen oder dem bisherigen Bereich lösen muss. Es gibt eine Schwellenphase, die den Übergang dokumentiert und in der Regel von Unsicherheit gekennzeichnet ist (»Was kommt auf mich zu?«). Und es gibt schließlich eine Integrationsphase, in der man sich in die neue Position, die neue Lebenswelt eingliedert. Zugleich ist für den Einzelnen dieser Wechsel ein »biografischer Wandlungsprozess« (Welzer 1993, 9), der bisherige Verlauf des Lebens wird unterbrochen, es gibt neue Anforderungen, möglicherweise Phasen der Lähmung und Depression, es verändern sich die eigenen Einstellungen, es werden neue Verhaltensweisen entwickelt.

Systemtheoretisch gesehen ist der Wechsel in eine neue Position (sei es in eine Führungsaufgabe, in eine neue Abteilung oder in eine neue Organisation) der Übergang von einem vertrauten in ein neues, bislang weitgehend unbekanntes soziales System. Das bisherige soziale System war einschätzbar: Man wusste, welche Personen wichtig sind, kannte ihre Erwartungen und Einstellungen, kannte die offiziellen und geheimen Regeln, es hatten sich berechenbare Abläufe etabliert. Diese Kenntnis des bisherigen Systems gab Verhaltenssicherheit: Man konnte einschätzen, was passieren würde, wenn man offensiv Kritik äußerte, hatte andere, auf die man sich verlassen konnte, und wusste, wem gegenüber man vorsichtig sein musste.

In der neuen Position fehlt diese Sicherheit. Es gibt neue Personen, die eine Rolle spielen und die man zunächst überhaupt nicht kennt. Man weiß nicht, was die Betreffenden von ihrer Arbeit, von dem Unternehmen oder auch von dem oder der »Neuen« halten. Man kennt die offenen und geheimen Regeln im Umgang miteinander nicht, die Unternehmenskultur ist nicht vertraut. Man weiß nicht, wie Abläufe organisiert sind oder welche Verhaltensmuster auftreten. Man kennt die Systemumwelt nicht genau, weiß nicht, welchen Einfluss andere Bereiche auf die eigene Arbeit ausüben oder wie die Kommunikation zwischen verschiedenen Bereichen abläuft. Man weiß nicht, welche alltäglichen Konflikte unterschwellig aus früheren Zeiten weiterbestehen oder welche Seilschaften es gibt.

»Fehlende Systemkenntnis« ist wohl der häufigste Grund für das Scheitern bei einem Wechsel in eine neue Position. Wenn man versucht, die im ursprünglichen System bewährten Verhaltensmuster in dem neuen System anzuwenden, wenn man zu schnell alles Mögliche verändert, ohne die Konsequenzen in diesem neuen System abschätzen zu können, besteht ein hohes Risiko, damit zu scheitern.

Den Coachee bei diesem Übergang zu unterstützen, ihn auf mögliche Risiken aufmerksam zu machen und mit ihm geeignete Vorgehensweisen zu entwickeln, ist Aufgabe des Übergangs- oder Transition-Coachings.

Phase 1: Die Abschlussphase. Die Wichtigkeit der Abschlussphase wird allzu leicht unterschätzt: Man weiß, dass man in einigen Wochen eine neue Position übernimmt und richtet nur allzu leicht alle Aufmerksamkeit auf die Zukunft. Man übersieht dabei, dass man erst offen ist für neue Erfahrungen, wenn das Alte abgeschlossen ist. Ihre Aufgabe als Coach ist es, Ihren Coachee darauf aufmerksam zu machen und mit ihm die einzelnen Punkte durchzugehen. Sie können die folgenden Prozessfragen dafür nutzen.

- *Mit welchen Personen müssen Abschlussgespräche geführt werden?* Wer aus dem ursprünglichen Umfeld (Vorgesetzte, Kollegen, Mitarbeiter, Kunden) ist von dem Wechsel in die neue Position zu informieren? Wer ist möglicherweise beleidigt, wenn er nicht »rechtzeitig« informiert wird? In welcher Reihenfolge muss informiert werden? Wer muss persönlich informiert werden?
- *Welche Aufgaben und welche Projekte muss der Coachee noch abschließen?* Muss er wirklich noch neue Aufgaben annehmen? Was kann für den Nachfolger liegen bleiben?
- *Was ist mit dem Nachfolger zu besprechen?* Steht der Nachfolger schon fest? Wie kann er eingeführt werden? Wenn noch kein Nachfolger benannt ist, wie kann die Übergangszeit gestaltet werden?
- *Welche Aufgaben stehen in Bezug auf die bisherigen Mitarbeiter an?* Sollte mit den einzelnen Mitarbeitern noch ein Personalentwicklungsgespräch geführt werden? Benötigen die Mitarbeiter noch Zeugnisse?
- *Was ist formal abzuschließen?* Wer bekommt welche Unterlagen? Wann wird das Büro ausgeräumt?

Wenn jemand den bisherigen Arbeitsbereich verlässt, kann das von anderen leicht als persönliche Ablehnung verstanden werden. Daraus ergibt sich als Ziel für das Abschlussgespräch, Klarheit zu schaffen (»ich werde die Abteilung oder das Unternehmen verlassen«) und zugleich eine möglichst positive Beziehung zu halten – vielleicht braucht der Betreffende die ursprünglichen Kollegen oder Vorgesetzten irgendwann wieder als Ansprechpartner.

Hilfreich ist, mit dem Coachee die einzelnen Phasen der Abschlussgespräche (Orientierungs-, Klärungs-, Lösungs- und Abschlussphase) detailliert zu planen. Der Coach ist hier insbesondere als Experte gefragt, der Hinweise zum Vorgehen gibt:

- *In der Orientierungsphase muss die Mitteilung, dass die Entscheidung endgültig gefallen ist, am Anfang des Gespräches stehen:* Der Gesprächspartner muss wissen, worum es geht und dass es nicht mehr sinnvoll ist, den Kollegen umzustimmen.

- *In der Klärungsphase geht es darum, die Entscheidung transparent zu machen:* Aber der Coachee würde nichts gewinnen, wenn er dabei Enttäuschung oder Kritik an der bisherigen Arbeitsstelle formuliert. Drei Botschaften sind hierbei wichtig:
  - Etwas Positives über die bisherige gemeinsame Zusammenarbeit sagen (unbedingt beachten: Der Coachee muss das, was er sagt, auch tatsächlich positiv sehen!).
  - Gründe nennen, warum der Coachee die neue Stelle angenommen hat: Es war eine besondere Herausforderung, ein Schritt nach vorn.
  - Dem Gesprächspartner Zeit lassen, die Mitteilung zu verarbeiten.
- *In der Lösungsphase geht es darum, mögliche Konsequenzen zu besprechen:* Was ist in der Zeit bis zum Wechsel noch abzuschließen? Was können Möglichkeiten der weiteren Zusammenarbeit sein?
- *In der Abschlussphase sind Vereinbarungen zwischen dem Coachee und seinem Gesprächspartner zu treffen.*

Phase 2: Die Schwellenphase. Die Schwellenphase markiert den Schritt des Übergangs in die neue Position: Man tritt über eine »Schwelle«, um einen neuen Raum zu betreten. Entscheidend ist, dass diese Schwelle eindeutig markiert ist: Das Alte ist abgeschlossen, ein neuer Lebensabschnitt beginnt.

Arnold van Gennep hat in diesem Zusammenhang die Wichtigkeit von Ritualen für Übergänge betont. Rituale sind »symbolische Handlungen« (Imber-Black u.a. 2006, 23), die Orientierungsmuster zur Lebensbewältigung gerade in Übergangsphasen bieten. Wir kennen Rituale zum Beispiel bei der Eheschließung, bei Verabschiedungen, bei der Entlassung von Studierenden aus der Universität. Rituale helfen, Übergänge zu »markieren«; sie machen einem selber und auch anderen bewusst, dass sich hier etwas verändert. Dabei können verschiedene Rituale eine Rolle spielen:

- *Rituale, die dem Coachee helfen, sich den Abschluss bewusst zu machen:* Das kann das bewusste Aussortieren von in Zukunft nicht mehr benötigten Unterlagen sein, das Aufräumen des Büros, das Sortieren von Erinnerungsfotos, das Aufarbeiten der Lernerfahrungen – oder möglicherweise auch die zwei Tage Urlaub vor Eintritt in die neue Position.
- *Das Ritual der Verabschiedung im alten Umfeld:* Gibt es eine Abschlussfeier? Wer wird dazu eingeladen? Wie wird sie gestaltet?
- *Das Ritual am Kick-off-Tag:* Wer führt den neuen Kollegen oder die neue Kollegin ein? Gibt es eine erste Runde durch den Bereich – auch das ist eher ein Ritual, weniger ein inhaltlich notwendiges Vorgehen. Gibt es eine Einstiegsfeier mit einem Glas Sekt oder einem gemeinsamen Frühstück: »Ich bin jetzt da«?

Natürlich wird der oder die »Neue« von allen argwöhnisch beäugt: Wie gibt er sich? Weht jetzt ein neuer Wind? Kann man die bisherigen Gepflogenheiten weiterführen? Es ist häufig der erste Eindruck, der prägend ist und das Bild von dem oder der »Neuen« formt. Von daher: Planen Sie mit Ihrem Coachee den Einstiegstag. Hierfür folgende Hinweise:

- *Die Ankunftszeit im neuen Arbeitsbereich planen und transparent machen:* Es ist misslich, wenn der neue Bereichsleiter morgens um halb acht da ist, während alle Mitarbeiter erst zwischen acht und neun Uhr eintreffen.
- *Einführung des neuen Kollegen:* Es ist in der Regel Aufgabe des Vorgesetzten, den neuen Kollegen vorzustellen – dass der nicht alleine Hilfe suchend durch den Bereich laufen und sich vorstellen muss. Klären Sie das Vorgehen mit Ihrem Coachee ab.
- *Erste Runde durch den Bereich:* Persönliche Begrüßung von Sekretariat, Mitarbeitern, Kollegen.
- *Erste offizielle Besprechung:* Diese wird in vielen Fällen mit Spannung und vielleicht auch Argwohn erwartet: Wie führt sich der neue Bereichsleiter ein? Krempelt er alles um? Bleibt alles beim Alten? Wichtig ist: sich nicht zu weit vorwagen. Trotzdem wird eine Position erwartet. Eine mögliche Botschaft ist: »Ich freue mich, mit Ihnen zu arbeiten. Mir liegt daran, gemeinsam mit Ihnen den Bereich voranzutreiben. Von daher werde ich in den nächsten Tagen und Wochen zahlreiche Gespräche führen, um Ihre Sichtweise zu erfassen.«
- *Abarbeitung laufender Aufgaben:* In der Regel werden schon am ersten Tag laufende Aufgaben anstehen. Günstig ist dabei, das Wissen anderer (zum Beispiel der Sekretärin) zu nutzen: Was muss tatsächlich entschieden werden?
- *Planung der nächsten Tage:* Was sind laufende Themen, die abgearbeitet werden müssen? Mit wem muss der neue Bereichsleiter reden?

Allerdings: Es gibt in jeder Organisation auch mehr oder weniger geheime Regeln, die den Ablauf einschränken (nicht immer ist die Einladung zu einem Glas Sekt angemessen). Das bedeutet, der Kick-off-Tag ist mit dem sozialen System abzustimmen. Vielleicht kann Ihr Coachee mit seiner zukünftigen Sekretärin durchsprechen, was gut ankommt, vielleicht kann er auch mit dem neuen Vorgesetzten so etwas wie ein Regiebuch dafür erstellen.

Phase 3: Die Diagnosephase. Die Wirkungen von Interventionen, so lautet einer der Grundsätze systemischen Denkens, werden durch das jeweilige soziale System definiert und sind damit von System zu System unterschiedlich. Eine bestimmte Intervention des Coachees als Bereichsleiter hat im neuen sozialen System ganz andere Wirkungen als entsprechende Interventionen in dem ursprünglichen System.

Es ist einer der folgenschwersten Fehler »neuer« Führungskräfte, »zu schnell« Veränderungen durchzuführen – ohne zu wissen, wie diese Veränderungen bei den Mitarbeitern und Kollegen ankommen und welche Konsequenzen sie nach sich ziehen. Erfolgreiches Handeln setzt »Systemkenntnis« voraus, die eine neue Kollegin oder Vorgesetzte zunächst erwerben muss. Das benötigt Zeit – nicht von ungefähr gibt es den Spruch von den »ersten 100 Tagen«, die man sich in einer neuen Position Zeit nehmen sollte. Nun werden das nicht immer 100 Tage sein, manchmal steht nur kürzere Zeit zur Verfügung. Aber entscheidend ist die Reihenfolge:

> Sich in der neuen Position Zeit nehmen:
> - Erst Informationen sammeln,
> - danach die eigene Strategie festlegen und Veränderungen umsetzen!

Aufgabe des Übergangscoachings ist es, den Coachee in dieser Diagnosephase zu unterstützen. Dabei beschränkt sich diese Diagnose nicht nur auf die offiziellen Abläufe und offiziellen Dokumente. Viel wichtiger ist es, das »verdeckte Wissen« der Organisation zu erfassen:

- *Wer sind die relevanten Personen in Bezug auf die neue Position?* Welche Personen können den Erfolg maßgeblich beeinflussen? Wer kann gefährlich werden? Wen kann man möglicherweise als Unterstützer gewinnen?
- *Was denken die einzelnen Personen?* Was denken sie über ihre Arbeit, über das Unternehmen? Was sehen sie als Stärken und Schwächen? Was sind die Ziele, die die Einzelnen verfolgen? Was erwarten sie von dem oder der Neuen?
- *Wie werden Abläufe im sozialen System gesteuert?* Gibt es gemeinsame Werte, die das Verhalten leiten? Werden diese Werte tatsächlich gelebt? Oder sind durch umfangreiche Regelsysteme einzelne Prozesse bis ins letzte Detail festgelegt? Welche geheimen Regeln gibt es?
- *Gibt es immer wiederkehrende Verhaltensmuster (Regelkreise)?* Lassen sich bestimmte Muster erkennen? Gibt es Aufgaben, die mehrfach in Angriff genommen wurden, aber stets wieder versandet sind? Was sind die Lösungen, die man bislang versucht hat?
- *Welche Bedeutung besitzt die Systemumwelt?* Wie ist die materielle Umwelt? Wie sind Büros, Besprechungsräume, Produktionshallen eingerichtet? Welche Technik steht zur Verfügung? Wie erfolgt die Abgrenzung zu anderen sozialen Systemen (Vorgesetzte, benachbarte Bereiche, Kunden und so weiter)?
- *Wie war die bisherige Entwicklung?* Welche vergangenen Ereignisse prägen das Denken der Mitarbeiter? Welche Aufgaben stehen in Zukunft an? Gibt es »schwache Signale«, die auf mögliche Veränderungen, Risiken oder Chancen hinweisen?

Für diese Diagnose stehen die in Kapitel 4 dargestellten Methoden zur Verfügung. Wir beschränken uns an dieser Stelle auf einige wichtige Hinweise speziell zur Diagnosephase beim Wechsel in eine neue Position.

Das Interview

Das Interview ist beim Übergang in eine neue Position das wichtigste Diagnoseinstrument. Es sind Interviews, die der Coachee selbst in seinem neuen Umfeld führt, die er aber nicht »Interviews« nennen wird, sondern »Gespräche« mit neuen Vorgesetzen, Kollegen, Mitarbeitern, Kunden und Lieferanten – von der Struktur her sind diese Gespräche nichts anderes als Interviews, die einer sorgfältigen Vorbereitung bedürfen. Ihre Aufgabe als Coach ist es, Ihren Coachee dabei zu unterstützen.

- *Die Auswahl der Gesprächspartner:* Es ist hilfreich, mit dem Coachee eine Liste wichtiger Gesprächspartner zu erstellen, die er dann im Laufe der Zeit abarbeitet. Gesprächspartner können sein:
  - die relevanten Stakeholder für die neue Position, also diejenigen Personen, die den Erfolg in der neuen Position entscheidend beeinflussen können. Dazu zählen sicherlich der unmittelbare Vorgesetzte (möglicherweise höhere Vorgesetzte), die unmittelbar zugeordneten Mitarbeiter, die Sekretärin, wichtige Kollegen aus benachbarten Bereichen, die Vorsitzende des Betriebsrats, wichtige Kunden und Lieferanten.
  - Personen, die über Systemkenntnis verfügen: In jeder Organisation gibt es Personen, die »das Gras wachsen hören«, die über viele Informationen verfügen. Wenn es gelingt, solche Personen zu identifizieren und zu ihnen Vertrauen aufzubauen, kann das für Ihren Coachee eine nicht zu unterschätzende Informationsmöglichkeit für Hintergrundinformationen sein.

  Natürlich weiß man am Anfang nicht, wer in dieser Diagnosephase relevante Gesprächspartner sind. Der Coachee muss sich schrittweise vortasten. In der Regel können offizielle Ansprechpartner (der Vorgesetzte, die Sekretärin) erste Hinweise geben, die in den weiteren Gesprächen dann ergänzt werden.

- *Die Festlegung des Leitfadens:* Hilfreich ist, mit dem Coachee zusammen einen passenden Leitfaden zu entwickeln. Mögliche Leitfragen können sein:
  - Was sind Aufgaben des Arbeitsbereiches? Was waren Schwerpunkte der Arbeit in den letzten Monaten?
  - Was sind Stärken und Schwachstellen?
  - Wo liegen mögliche Probleme?
  - Welche Herausforderungen stellen sich für die Zukunft? Was sind mögliche Risiken und Chancen?
  - Was könnte getan werden, um (noch) erfolgreicher zu werden? Was sind Maßnahmen mit der größten Hebelwirkung?
  - Was sind die Erwartungen unterschiedlicher Stakeholder (des Vorstands, anderer Bereiche, der Kunden, der Mitarbeiter) an den Coachee?
  - Wenn der Coachee als neue Führungskraft (oder als neuer Mitarbeiter, Projektleiter oder andere neue Funktionen) anfängt: Was sind mögliche Risiken und Chancen?
  - Was sind Empfehlungen an die neue Führungskraft (den neuen Mitarbeiter, Projektleiter)? Was sollte er tun, was sollte er auf keinen Fall tun? Was wären die ersten wichtigsten Schritte?

Als neue Führungskraft den Gesprächspartner nach Anregungen in Bezug auf die eigene Person zu fragen ist nicht selbstverständlich. Aber wir haben die Erfahrung gemacht, dass solche Fragen sehr gut ankommen. Der neue Bereichsleiter signalisiert damit Offenheit und Bereitschaft, an sich zu arbeiten. Zugleich erhält er dabei eine Fülle von wichtigen Hinweisen.

Welche Leitfragen der Coachee im Einzelnen stellt, wird sicher je nach Gesprächspartner und Situation unterschiedlich sein. Von daher dienen die genannten Leitfragen lediglich als Anregung.

- *Hinweise zur Durchführung der Gespräche:* Auch hier kann hilfreich sein, mit dem Coachee die einzelnen Schritte des Interviews durchzugehen und möglicherweise zu üben:
  - Wie kann er Kontakt zu dem Gesprächspartner aufnehmen (direkt oder über einen Vorgesetzten)?
  - Auf die eigene Einstellung achten: »Ich möchte jetzt Ihre Sichtweise kennenlernen«, sich vorstellen, dem Gesprächspartner danken.
  - Das Ziel des Gesprächs transparent machen: »Sie kennen den Bereich, und mir ist es zu Beginn meiner Tätigkeit wichtig, Ihre Sichtweise und die anderer Mitarbeiter zunächst kennenzulernen. Auf dieser Basis kann ich meine Vorstellung entwickeln beziehungsweise können wir gemeinsam die Schwerpunkte für die Arbeit im Bereich festlegen.« Eine solche Formulierung macht zum einen die Zielsetzung transparent, zum anderen ist sie ein Zeichen für Wertschätzung: »Ihre Sichtweise ist mir wichtig.«
  - Zuhören, nachfragen, gegebenenfalls zusammenfassen, das Gespräch positiv abschließen.

Teilnehmende Beobachtung: Nicht selten wird der neue Kollege oder Mitarbeiter schon vor Beginn der neuen Position zu Besprechungen und dergleichen eingeladen. Das kann eine hilfreiche Möglichkeit sein, aus der Rolle des Beobachters wichtige Informationen aufzunehmen und ein Gespür für die Situation zu bekommen: sich kurz vorstellen, die Rolle in dieser Besprechung transparent machen (»in diesem Gespräch bin ich nur stiller Teilnehmer«), protokollieren, was auffällt.

Analyse vorliegender Dokumente: Fast jeder neue Mitarbeiter wird zu Beginn mit einer Fülle von Unterlagen (Protokollen, Berichten, Kennzahlen) zugeschüttet. Die Gefahr dabei ist, dass man in einer Fülle von Informationen erstickt und dass keine Kriterien zur Verfügung stehen, was wichtig ist und was nicht.

In vielen Situationen ist es effizienter, diese Unterlagen mit einem internen Gesprächspartner (der Sekretärin, dem Stellvertreter, einem Kollegen) durchzugehen und sie kommentieren zu lassen. Der oder die »Neue« erhält damit zugleich eine Einschätzung:

- Welche Unterlagen sind tatsächlich wichtig?
- Was sind die wirklich wichtigen Kennzahlen zur Steuerung?
- Wie ist die Organisation gegliedert? Wie ist das Organigramm zu lesen?

Aufgabe des Coachings ist es auch hier, das Vorgehen mit dem Coachee zusammen vorzubereiten: Mit wem kann er die jeweiligen Dokumente durchgehen? Wie kann das vorbereitet werden? Wo ist es sinnvoll, selbst Stichproben zu machen (zum Beispiel, sich das eine oder andere Protokoll durchzulesen)?

Die Auswertung der Daten: Im Rahmen einer solchen Diagnosephase erhält der Coachee eine Fülle von Daten. Es ist hilfreich, jeweils mitzuschreiben (möglicherweise sich dafür ein eigenes Notizbuch anzulegen), damit die Ergebnisse nicht verloren gehen. Aber es ist ebenso wichtig, die Ergebnisse anschließend zusammenzufassen und zu interpretieren: Was sind die zentralen Ergebnisse? Welche Konsequenzen kann der Coachee daraus ziehen?

Zusammenfassung und Interpretation der Ergebnisse sind nichts anderes als eine inhaltsanalytische Auswertung, wie wir sie in Kapitel 4 im Zusammenhang mit dem Interview beschrieben haben. Das kann ihr Coachee selbst durchführen – aber benötigt dafür vermutlich Unterstützung. Gegebenenfalls kann die Auswertung auch von außen durchgeführt werden. Möglicherweise können Sie als Coach dafür ein Kategoriensystem vorschlagen.

Mögliches Kategoriensystem für die Auswertung der Diagnosephase

1. Allgemeine Einschätzung des Bereichs
2. Zukünftige Herausforderungen und Aufgaben
3. Vision und Strategie
4. Prozesse
5. Mitarbeiter
6. Führung
7. Konkrete Erwartungen an die neue Führungskraft, den neuen Mitarbeiter
8. Sonstiges
9. Zentrale Konsequenzen

Wie bei der Inhaltsanalyse ist es auch hier hilfreich, einzelne Ergebnisse konkret zu belegen: Was waren konkrete Äußerungen oder konkrete Beobachtungen dazu?

Beginnen kann diese Diagnosephase schon im Vorfeld, wenn der Coachee die neue Stelle noch nicht angetreten hat: Er kann ein erstes Gespräch mit seinem zukünftigen Vorgesetzten führen oder mit wichtigen Kollegen reden. Möglicherweise kann er schon an Abteilungsbesprechungen teilnehmen, oder er erhält Unterlagen. Möglicherweise kann er bereits bestehende informelle Kontakte nutzen. Aber Vorsicht: Abschluss- und Diagnosephase nicht zu sehr vermischen, erst das Bisherige abschließen, um dann frei und offen zu sein für das Neue.

Beim Start in einer neuen Position bestehen zwei Risiken. Zum einen besteht das Risiko, zu schnell zu agieren: Der neue Bereichsleiter hat eine Fülle von Ideen und versucht alles umzuändern, erfährt aber deutlichen Widerstand. Zum anderen besteht die Gefahr, zu langsam zu agieren: Er versucht, sich zunächst in den neuen Bereich einzufinden, und merkt gar nicht, dass er sich dabei anpasst und die ursprünglichen neuen Ideen vergisst.

Deshalb sollte die Diagnosephase auf jeden Fall innerhalb der ersten hundert Tage abgeschlossen sein. Es wird erwartet, dass der neue Bereichsleiter spätestens dann seine Strategie vorstellt. Das ist dann der Beginn der vierten Phase:

Phase 4: Die Erarbeitung der Strategie. Um nicht im Tagesgeschäft unterzugehen, ist eine Strategie erforderlich. Eine Strategie entwickeln bedeutet, eine Vision zu haben, die Ist-Situation richtig zu erfassen, Ziele zu setzen, strategische Maßnahmen zu planen und umzusetzen: Was läuft bislang gut, was weniger gut? Wie stelle ich mir meinen Arbeitsbereich in drei Jahren vor? Auf welche Schwerpunkte konzentriere ich mich? Das Ergebnis wird dann ein konkreter Maßnahmen- oder Businessplan sein, wobei die Schwerpunkte auf unterschiedlichen Ebenen liegen können: von der Entwicklung des Leistungsportfolios bis zu Maßnahmen der Teamentwicklung oder der Entwicklung des eigenen Führungsprofils.

Die Erarbeitung einer solchen Strategie ist nicht nur für den Wechsel in eine höhere Führungsposition (wie bei Herrn Berg) hilfreich, sondern ebenfalls bei anderen Übergängen – also auch dann, wenn Ihr Coachee auf der gleichen Position in einen neuen Arbeitsbereich wechselt.

Wie Ihr Coachee bei der Entwicklung der Strategie im Einzelnen vorgeht und inwieweit Sie als Coach ihn dabei unterstützen, wird von Fall zu Fall unterschiedlich sein. Grundsätzlich ergeben sich folgende Möglichkeiten:

- *Erarbeitung einer Bereichsstrategie für den Arbeitsbereich im Rahmen des Coachings:* Sie als Coach führen mit Ihrem Coachee einen Strategieprozess durch und überlegen, wie er das in seinem Bereich weiterführen kann.
- *Diskussion der Strategie im kleinen Kreis:* Der neue Vorgesetzte kann seine Überlegungen zur Strategie informell mit einigen Mitarbeitern oder auch mit dem Vorgesetzten oder einem oder mehreren Kollegen durchsprechen.
- *Entwicklung der Strategie im Rahmen einer gemeinsamen Veranstaltung:* Der Vorteil liegt darin, dass den Mitarbeitern hier nicht eine Strategie vorgesetzt wird, sondern dass sie an der Erarbeitung mit beteiligt werden. Das kann im Rahmen eines Teamworkshops, aber möglicherweise auch in einer Großgruppenveranstaltung unter Beteiligung zahlreicher Mitarbeiter geschehen. Im Rahmen des Coachings kann gegebenenfalls eine solche Veranstaltung vorbereitet werden, möglicherweise können Sie, wenn Sie über Erfahrung in Organisationsberatung verfügen, diese Veranstaltung selbst moderieren oder den Coachee bei der Auswahl eines geeigneten Moderators unterstützen.
- *Präsentation der Strategie vor den Mitarbeitern oder in der Bereichsleiterbesprechung:* Dies ist meist der Abschluss der Strategieentwicklung und erfordert ebenfalls Unterstützung: Wie werden die Ergebnisse aufbereitet? Was wird wie präsentiert? Wie können andere einbezogen werden?
- *Commitment zur Strategie:* Die eigenen strategischen Überlegungen müssen in Kraft gesetzt, für verbindlich erklärt werden. Das kann im Rahmen eines Zielvereinbarungsgesprächs mit dem eigenen Vorgesetzten, im Rahmen von Zielvereinbarungen mit den Mitarbeitern, aber auch im Rahmen des Strategieworkshops geschehen.

Die Positionierung im sozialen System. Im Anschluss an Konrad Lorenz (Lorenz 1969, 151ff.) lässt sich die Anfangsphase eines Mitarbeiters in einem anderen sozialen System mit der Situation eines neuen Hahnes auf dem Hühnerhof vergleichen: Wenn der neue Hahn auf den Hühnerhof kommt, wird ihm zunächst der niedrigste Platz am Rande zugewiesen – und es ist seine Aufgabe, sich einen »besseren« Platz zu »erkämpfen«. Nicht viel anders geht es in einem sozialen System zu: Zunächst werden alle versuchen, dem neuen Kollegen oder der neuen Kollegin den niedrigsten Status zuzuweisen. Es liegt an ihm oder an ihr, sich »auf dem Hühnerhof« zu positionieren. Auch das ist Thema von Coaching. Möglichkeiten sind:

- *Durchführung einer Stakeholderanalyse mit dem Coachee:* Wer sind die wichtigsten Stakeholder? Was sind ihre inhaltlichen und persönlichen Ziele? Was sind typische Verhaltensweisen?
- *Visualisierung des sozialen Systems:* Welche Position nimmt der Coachee derzeit ein? In welche Richtung könnte er sich bewegen? Welche konkreten Schritte ergeben sich daraus?
- *Planen und Begleiten konkreter Maßnahmen:* Wie kann der Coachee Kontakt zu einem »schwierigen« Bereichsleiterkollegen aufbauen? Mit wem sollte er sprechen? Wo ergeben sich Möglichkeiten für eine gemeinsame Zusammenarbeit? Wo aber sollte er auf Distanz achten?
- *Schaffung eines Supportsystems:* Man kann nicht allein erfolgreich sein, sondern man braucht grundsätzlich andere Personen, die mit einem am selben Strang ziehen und einen unterstützen. Das kann ein Vorgesetzter, ein Mentor sein, das können einige Kollegen sein, mit denen man inoffiziell anstehende Aufgaben bespricht, oder einige Mitarbeiter, auf die man sich verlassen kann. Aufgabe des Coachings ist, den Coachee beim Aufbau eines solchen Supportsystems zu unterstützen: Von wem kann der neue Bereichsleiter wichtige Informationen erhalten? Wem kann er vertrauen? Mit wem kann er informell wichtige Themen durchsprechen?

Übergänge, so das Ergebnis, sind relativ komplexe Prozesse mit einer Fülle von Risiken, aber auch Chancen. Je sorgfältiger ein solcher Prozess geplant und begleitet wird, desto größer ist die Chance Ihres Coachees, den Übergang erfolgreich zu gestalten. Ihre Aufgabe als Coach ist es dabei, Ihren Coachee auf wichtige Punkte aufmerksam zu machen (wobei Sie überwiegend die Rolle des Experten einnehmen), aber ihn auch bei den einzelnen Schritten zu beraten (wobei sich Experten- und Prozessberatung ergänzen).

Schließlich ist es Ihre Aufgabe, Ihren Coachee dabei zu unterstützen, dass der Prozess nicht versandet. Sie können mit ihm eine To-do-Liste anlegen, wo er auflistet, was er zu tun hat, Sie können ein »Monitoringsystem« etablieren, bei dem zum Beispiel eine erfahrene Sekretärin den neuen Bereichsleiter an bestimmte Aufgaben erinnert. Sie können möglicherweise auch als Coach den Prozess monitoren, indem Sie selbst in jedem Coachinggespräch den Status abchecken, möglicherweise auch zwischendurch Ihren Coachee an bestimmte Aufgaben erinnern. Aber denken Sie daran: Es ist Ihre Aufgabe als Coach, Ihren Coachee zu unterstützen, sich selbst zu helfen. Es ist nicht Ihre Aufgabe, ihm die Arbeit abzunehmen.

Anregung zur Weiterarbeit

Um ein Gefühl für die anstehenden Aufgaben beim Transition-Coaching zu bekommen, können Sie Ihren letzten Übergang (zu einer neuen Position, in einen neuen Bereich, zu einer neuen Aufgabe) selbst reflektieren: Wie haben Sie damals die einzelnen Phasen (Abschlussphase, Schwellenphase, Diagnosephase und Positionierung) durchgeführt? Was würden Sie heute (auf dem Hintergrund Ihrer jetzigen Erfahrungen und der Hinweise in diesem Abschnitt) anders machen?

Es gibt mittlerweile eine ganze Reihe von Literatur zu dem Thema Übergang:

- Thorsten Bührmann: Übergänge in sozialen Systemen. Beltz, Weinheim und Basel 2008.
- Helmut Hofbauer/Alois Kauer: Einstieg in die Führungsrolle: Praxisbuch für die ersten 100 Tage. Hanser, München 2011.
- Franz Metz/Elmar Rinck: Transition-Coaching: Führungswechsel meistern, Risiken erkennen, Businesserfolg sichern. Hanser, München 2011.
- Astrid Schreyögg: Coaching für die neu ernannte Führungskraft. Verlag für Sozialwissenschaften, Wiesbaden 2010.
- Michael Watkins: Die entscheidenden 90 Tage. Campus, Frankfurt am Main/New York 2007.

Führung

> Herr Berg war bisher als Abteilungsleiter »einer unter Gleichen«. Nun wurde er Bereichsleiter. Was ist die Rolle, die Herr Berg jetzt als Führungskraft hat? Ist er seinen ehemaligen Kollegen gegenüber immer noch einer unter Gleichen? Oder muss er sich stärker als Führungskraft sehen? Wie kann er seine Rolle ausfüllen? Wo setzt er die Schwerpunkte für seine Arbeit?

Führung ist sozusagen immer Thema beim Coaching von Führungskräften. Das hat etwas damit zu tun, dass in vielen Organisationen Führungskräfte in der Regel nach ihrer Fachkompetenz ausgewählt werden. Ein guter Fachmann wird Abteilungsleiter; eine erfolgreiche Lehrerin wird Rektorin. Führung erfordert jedoch andere Kompetenzen. Auch in Organisationen, in denen es eine Führungskräftequalifizierung gibt, ist in vielen Fällen zusätzlich hilfreich, bei der Übertragung der Inhalte von Führungskräfteausbildungen auf die konkrete Situation zusätzliche Unterstützung (und das heißt Coaching) zu bieten.

Coaching zum Thema Führung erfordert vom Coach neben der allgemeinen Coachingkompetenz zusätzlich Expertenwissen zum Thema Führung: Wo können als Führungskraft Probleme auftreten? Was sollte eine (neue) Führungskraft beachten? Welche Führungsmodelle und -konzepte sind wichtig? Das schließt aber nicht aus, auch hier das »implizite Wissen« des Coachees zu nutzen. Er hat ja immer schon Erfahrungen hinsichtlich Führung gemacht – sei es als »Geführter« oder selbst als Führungskraft – und kann daher sehr wohl einschätzen, was für eine Führungskraft hilfreich ist und was nicht. Auch Coaching zum Thema Führung wird also ebenfalls immer beides sein: Prozessberatung und Expertenberatung.

Nun kann es nicht Aufgabe dieses Buches sein, einen umfassenden Überblick über die zahllosen Führungskonzepte zu geben, die in den letzten Jahrzehnten entwickelt wurden. Wir möchten Ihnen aber für das Coaching von Führungskräften einige Hinweise geben, worauf Sie achten können. Zur Vertiefung ist dann im Anschluss an diesen Abschnitt einiges an weiterführender Literatur aufgeführt.

Aufgaben von Führung

Im Mittelpunkt der Diskussion über Führung stand lange Zeit die Unterscheidung zwischen verschiedenen Führungsstilen: Ende der 40er-Jahre des 20. Jahrhunderts führte Kurt Lewin die Unterscheidung zwischen autoritärem, demokratischem und Laisser-faire-Stil ein. Eine gängige Unterscheidung ist dann die zwischen aufgaben- und mitarbeiterorientierter Führung, wobei dann als »optimale Führung« eine hohe Ausprägung in beiden Dimensionen (sogenannter 9-9er-Stil von Blake/Mouton) oder eine situative Führung, je nach der Situation oder dem »Reifegrad« der Mitarbeiter mehr die Aufgaben- oder die Mitarbeiterorientierung, propagiert wurde.

Auch in der neueren Diskussion spielt die Unterscheidung dieser beiden Führungsstile eine Rolle. Allerdings wird Führung umfassender (»systemischer«) gesehen: Führung ist nicht nur Bewältigung von inhaltlichen Aufgaben oder Führung von Mitarbeitern, sondern Führung ist immer auch Erarbeitung einer Strategie, ist ebenso Stakeholdermanagement und ist nicht zuletzt Arbeit an der eigenen Persönlichkeit. Daraus ergeben sich im Groben vier Schwerpunkte ganzheitlicher (»systemischer«) Führung:

- Führung als Entwicklung der Strategie (»strategische Führung«),
- Führung als erfolgreiche Bearbeitung von Aufgaben (»Management von Aufgaben«),
- Führung als »Management sozialer Systeme« (wozu sowohl Mitarbeiterorientierung als auch Stakeholdermanagement zählen) und
- schließlich Führung als »Selbstmanagement«, die Arbeit an der eigenen Persönlichkeit.

Wir möchten Ihnen zu diesen Bereichen einige Hinweise für den Coachingprozess geben, da diese in der Regel eine Rolle im Coaching spielen.

Strategische Führung. Grob lassen sich die Tätigkeiten einer Führungskraft in drei Bereiche unterscheiden:

- *Strategische Tätigkeiten,* bei denen es darum geht, die Strategie des Bereiches, der Abteilung, des Teams weiterzuentwickeln, neue Konzepte anzufertigen, kreativ zu sein.

- *Operative Aufgaben:* Erledigung des Tagesgeschäftes, Abarbeiten von E-Mails, Teilnahme an unwichtigen Besprechungen.
- *Firefighting:* Lösen aktueller Probleme, wobei nicht selten die jeweilige Führungskraft selbst die Tätigkeiten ausführt.

Faktisch liegt das Schwergewicht von vielen Führungskräften auf Firefighting und operativen Aufgaben; strategische Themen kommen meist zu kurz. Damit wird es Aufgabe von Coaching, eine Führungskraft auf die Wichtigkeit strategischer Themen aufmerksam zu machen und Möglichkeiten zur Verstärkung zu erarbeiten. Hierfür einige Prozessfragen, die Sie im Coaching nutzen können:

- *Wie viel Zeit verwendet die Führungskraft für strategische Themen, für operative Aufgaben und für Firefighting?* Ist das Verhältnis so angemessen oder sollte mehr Gewicht auf die Strategie gelegt werden?
- *Gibt es eine Strategie für den eigenen Bereich, die eigene Abteilung, das eigene Team?* Gibt es eine Vision, die die Führungskraft begeistert? Gibt es eine gemeinsame Vision? Gibt es strategische Schwerpunkte, auf die die Arbeit konzentriert wird? – Wir werden auf das Vorgehen bei der Entwicklung der Strategie im folgenden Abschnitt noch genauer eingehen.
- *Wieweit ist die Strategie eingebunden in die Gesamtstrategie des Unternehmens, der Organisation?* Ist die Strategie auf den eigenen Bereich beschränkt? Wie weit wird das Gesamtinteresse berücksichtigt? Gibt es eine gemeinsame Strategieentwicklung zusammen mit Kunden oder mit Schnittstellenbereichen? Wie weit denkt die Führungskraft »unternehmerisch« – oder geht es nur darum, Kosten zu sparen?
- *Wie kann die Führungskraft Freiräume für die Entwicklung der Strategie schaffen?* Gibt es Freiräume für konzeptionelle und strategische Themen? Wie weit ist das Team in die Entwicklung der Strategie eingebunden? Haben strategische Themen bei den Besprechungen hinreichendes Gewicht?

Management von Aufgaben. Management von Aufgaben bedeutet nicht, dass Führungskräfte alle Aufgaben selbst durchführen. Es gibt Führungskräfte, die sind ihre eigenen »Edelsachbearbeiter« und möchten am liebsten alles selbst erledigen. Das ist durchaus nachvollziehbar: Wenn man als Fachexperte hohe Ansprüche hat, dann kann es leicht passieren, dass Mitarbeiter diesen Ansprüchen nicht gerecht werden. Aber dann »alles selbst zu machen« ist die falsche Konsequenz. Aufgabe der Führungskraft ist es, dafür zu sorgen, dass die Aufgaben erfolgreich erledigt werden, und das heißt zugleich, Strategien für die Abarbeitung der Aufgaben zu entwickeln, sie in einem ganzheitlichen Zusammenhang zu sehen, gegebenenfalls neue Gesichtspunkte einzubringen, die Arbeiten zu delegieren. Hierzu wieder eine Reihe von Prozessfragen:

- *Wieweit verfügt die Führungskraft über Fachwissen?* Fachwissen ist Voraussetzung und Risiko für die Führungskraft zugleich. Ein Zuwenig an Fachwissen erschwert es, Situationen einzuschätzen und gefährdet möglicherweise die Akzeptanz: »Der hat ohnehin keine Ahnung.« Ein Zuviel an Fachwissen birgt das Risiko in sich, dass Fachwissen zu stark in den Mittelpunkt gestellt wird, dass andere Aspekte ausgeblendet werden und dass schließlich auch die Mitarbeiter zu wenig eigenverantwortlich handeln, ganz nach dem Motto: »Der weiß es ohnehin besser.« Von daher gilt, die richtige Balance zu finden: nicht in Details versinken, aber einen groben Überblick und ein Verständnis über die Abläufe, Probleme und mögliche Lösungen zu haben. Wie weit hält der Coachee diese Balance? Sollte er versuchen, sich mehr aus fachlichen Themen herauszuhalten und hier mehr die Kompetenz der Mitarbeiter zu nutzen? Oder muss er sich zunächst einen Überblick über die wichtigen Aufgaben und Abläufe des Arbeitsbereiches verschaffen? Wie kann er diesen Überblick gewinnen? Wer kann ihn dabei unterstützen?

- *Wieweit verfügt die Führungskraft über ganzheitliches, systemisches Denken und kann »über den Tellerrand hinausschauen«?* Ganzheitliches Denken (z.B. Covey 2005) ist das notwendige Gegengewicht zu Fachkompetenz. Wie weit werden Themen in größerem Zusammenhang gesehen? Wieweit werden unkonventionelle, neue Lösungen gesucht? Systemtheoretisch sind die Sicht des Mitarbeiters und die Sicht des Vorgesetzten zwei unterschiedliche Perspektiven: Der Mitarbeiter beurteilt die Situation aus der Sicht seines Aufgabenbereiches, wobei der Gesamtzusammenhang leicht aus den Blick gerät. Aufgabe des Vorgesetzten ist es demgegenüber, diese Gesamtperspektive einzubringen.

- *Wieweit gibt die Führungskraft eine klare Orientierung?* Wissen die Mitarbeiter wirklich, was die Führungskraft von ihnen erwartet? Bezieht sie Position? – Übrigens ist genau das ein Punkt, der auf dem Hintergrund der Betonung von Teamarbeit und kooperativem Führungsstil bei nicht wenigen Führungskräften zu kurz kommt. Sie sind nicht eindeutig, sagen nicht, was ihnen wichtig ist. Ein Thema im Coaching kann dann durchaus sein, den Coachee dabei zu unterstützen, Position beziehen zu können, die Position in Ich-Botschaften zu formulieren: »Mir ist wichtig, dass …«

- *Wieweit werden Ziele vereinbart?* Zielvereinbarung bedeutet, dass Ziele vereinbart werden, aber der Mitarbeiter frei ist bei der Wahl der Maßnahmen und Wege zur Erreichung. Zielvereinbarung bedeutet, dass beide, Vorgesetzter und Mitarbeiter, zustimmen. Zielvereinbarung bedeutet nicht, Ziele vorzugeben. Ist das Instrument der Zielvereinbarung eingeführt, den Mitarbeitern also bekannt, was Zielvereinbarung heißt? Finden regelmäßige Zielvereinbarungsgespräche statt? Sind die Ziele »smart«: spezifisch, messbar, anspruchsvoll, realisierbar und terminiert (zeitlich fixiert)? Ist definiert, woran genau die Erreichung der Ziele überprüft werden kann? Sind Ziele tatsächlich vereinbart, haben Vorgesetzte und Mitarbeiter gemeinsam zugestimmt – oder handelt es sich lediglich um ein Ziel des Vorgesetzten, das den Mitarbeitern übergestülpt wurde?

- *Wieweit werden Aufgaben delegiert?* In vielen Fällen besteht eines der Hauptprobleme von Führungskräften darin, Aufgaben zu delegieren. Sie gehen zu weit in operative Tätigkeiten hinein, befassen sich zu ausführlich mit Details. Welche Tätigkeiten erledigt der Coachee als Führungskraft selbst? Welche dieser Tätigkeiten lassen sich delegieren? Was können andere tun? Wieweit wird Mitarbeitern Freiraum gegeben?

- *Wie werden Entscheidungen getroffen?* Trifft die Führungskraft die Entscheidungen allein für sich »im stillen Kämmerlein« – oder werden Entscheidungen gemeinsam getroffen? Werden Entscheidungen vorschnell getroffen – oder endlos diskutiert? Werden verschiedene Argumente betrachtet und zunächst Lösungsmöglichkeiten gesammelt?
- *Wieweit werden Vereinbarungen nachgehalten?* Eine Vereinbarung, die nicht nachgehalten wird, ist wertlos. Denn damit wird unter der Hand eine geheime Regel eingeführt: »Vereinbarungen brauchen nicht eingehalten werden.« Was hier fehlt, sind klares Verfolgen und auch das Setzen von Sanktionen (positive Sanktionen, wenn Vereinbarungen eingehalten werden, negative Sanktionen, wenn Vereinbarungen nicht eingehalten werden). Wer verfolgt die Vereinbarungen? Gibt es jemanden, der die Führungskraft dabei unterstützen kann, zum Beispiel ein Assistent, der den Maßnahmenplan verfolgt?
- *Wie sind die Prozesse im jeweiligen Arbeitsbereich gestaltet?* Haben sich die Prozesse verselbstständigt, sodass Themen lediglich nach bestimmten Vorgaben abgearbeitet werden? Wieweit sind die Prozesse auf den Kunden und auf Wertschöpfung ausgerichtet? Wie sind die Unterstützungsprozesse gestaltet: Gibt es eine Unmenge an Besprechungen? Sind zu viele Personen daran beteiligt? Werden Ergebnisse erzielt oder werden Themen immer wieder neu diskutiert? Gibt es eine unnötige Flut von Dokumentationen?

Führung als Management sozialer Systeme. Von vielen Führungskräften wird das Schwergewicht auf die Erledigung inhaltlicher Aufgaben gelegt und dabei der systemische Aspekt vernachlässigt. Führungskompetenz ist aber zu einem beträchtlichen Teil »Systemkompetenz«: die Fähigkeit, sich in komplexen sozialen Systemen zu positionieren und sie zu steuern, das heißt, dazu beizutragen, dass sie erfolgreich arbeiten können.

Führung ist, wie man in der Terminologie der Geschäftsprozesse sagt, kein Wertschöpfungs-, sondern ein Unterstützungsprozess. Kein Kunde bezahlt ein Software-Unternehmen dafür, dass eine Führungskraft Besprechungen durchführt, sondern er bezahlt dafür, dass ein Mitarbeiter die betreffende Software entwickelt. Entwicklung von Software ist somit, wie man formuliert, der Wertschöpfungs- oder Kernprozess, Führung ist ein Unterstützungsprozess, weil er dazu dient, dass Mitarbeiter möglichst effizient arbeiten können. Daraus ergibt sich als Führungsaufgabe, Mitarbeiter darin zu unterstützen, ihre Arbeit effizient durchzuführen.

Führung bedeutet ebenso das Management der Stakeholdersysteme: Kontakt zu Kunden und Lieferanten aufzubauen, sich im eigenen sozialen System gegenüber Vorgesetzten und Kollegen zu positionieren, über ein Netzwerk zu verfügen, auf das man sich stützen kann. Daraus ergeben sich folgende Prozessfragen:

- *Wieweit hat die Führungskraft Kontakt zu Mitarbeitern?* Gibt es so etwas wie »Managing by Walking around«, den Gang durch die Abteilung, nicht mit dem Ziel, Fehler zu entdecken, sondern um Kontakt zu Mitarbeitern aufzunehmen, etwas von ihren Themen, ihren Anliegen, Nöten zu erfahren? Gibt es so etwas wie gemeinsame Gesprächsrunden, wo jeder erzählen kann, was ihm wichtig ist? Möglicherweise kann es Aufgabe von Coaching sein, solche Runden oder den Rundgang durch den Bereich zu etablieren, möglicherweise ist es hilfreich, den Coachee dabei zu begleiten.

- *Wieweit erhalten Mitarbeiter Wertschätzung und Anerkennung?* Offenbar gilt für viele Führungskräfte die Regel »Nicht geschimpft ist gelobt genug«. Auf der anderen Seite wurden in fast allen Organisationsanalysen, die wir in den letzten Jahren durchgeführt haben, fehlende Wertschätzung und Anerkennung beklagt. Nimmt die Führungskraft überhaupt positive Seiten wahr oder ist ihre Aufmerksamkeit nur darauf ausgerichtet, Fehler zu entdecken? – Übrigens kann das Thema des Coachings sein, die Führungskraft zu unterstützen, das Positive zu sehen. Erhalten die Mitarbeiter positives Feedback?
- *Wieweit erhalten die Mitarbeiter überhaupt klares Feedback?* Feedback sollte, wir haben es an anderer Stelle schon erwähnt, ausgewogen sein: das Positive wertschätzen, aber auch Schwachstellen klar benennen. Auch das muss möglicherweise geübt werden. Gibt es so etwas wie regelmäßige Statusgespräche mit einzelnen Mitarbeitern?
- *Wieweit coacht die Führungskraft ihre Mitarbeiter?* Coaching bedeutet, erinnern Sie sich an das Eingangskapitel, eine andere Person (in diesem Fall einen Mitarbeiter oder eine Mitarbeiterin) dabei zu unterstützen, selbst Probleme zu lösen. Damit ist Coaching eine der Hauptaufgaben der Führungskraft.
- *Wieweit wird Personalentwicklung als Führungsaufgabe gesehen?* Personalentwicklung ist nicht etwas, das an eine Personalabteilung delegiert wird. Sondern Personalentwicklung ist zunächst Führungsaufgabe: den Mitarbeiter dabei zu unterstützen, sich über seine berufliche Vision und seine Möglichkeiten klar zu werden, dazu beizutragen, dass er sich weiterentwickeln kann.
- *Wieweit berücksichtigt die Führungskraft die Stakeholder?* Stakeholderanalyse oder auch eine Visualisierung des Stakeholdersystems wird in vielen Coachingprozessen irgendwann zum Thema: Ist sich der Coachee über seine Stakeholder im Klaren? Wie ist seine Position im Kreis der Kollegen?
- *Verfügt die Führungskraft über ein Netzwerk?* Netzwerke sind nicht scharf abgegrenzte Systeme, die auf wechselseitige Unterstützung angelegt sind. Auf ein Netzwerk kann man zugreifen, wenn man Hilfe braucht; ein Netzwerk kann aber auch Unterstützung einfordern. Verfügt die Führungskraft über ein solches Netzwerk? Gibt es Mitarbeiter, auf die sie sich verlassen kann? Hat sie einen Mentor, an den sie sich bei Schwierigkeiten wenden kann, der ihr möglicherweise auch den Weg in der Organisation ebnen kann? Hat sie ein »Frühwarnsystem« zur Erfassung der »schwachen Signale« über mögliche Chancen und Risiken?

Führung als Selbstmanagement. Führung ist stets auch Führung von sich selbst. Letztlich ist es die eigene Persönlichkeit der Führungskraft, die entscheidend zum Erfolg einer Abteilung, eines Bereiches beiträgt. Steht die Führungskraft zu ihrem Wort? Stimmen Reden und Tun überein? Wieweit ist die Führungskraft Vorbild? All das sind Themen, die auch im Coaching bearbeitet werden können und häufig müssen. Hierzu wieder nur einige Prozessfragen, die Ihnen als Coach Anregungen geben, die Sie je nach der Situation aber auch ergänzen oder abändern werden.

- *Was sind die Werte der Führungskraft?* Was ist der Führungskraft wirklich wichtig? Was sind Werte, die hinter Entscheidungen (zum Beispiel dem Wechsel aus einer »guten« Stelle) stehen? Welche Werte stehen hinter Tätigkeiten, die eine Person immer wieder ausführt (zum Beispiel Arbeit nicht loslassen können)? Worauf legt die Führungskraft besonderes Gewicht? Sind die Werte angemessen oder sollten sie überdacht werden?
- *Wieweit ist die Führungskraft authentisch?* Wieweit werden die Werte tatsächlich gelebt? Stimmen Denken und Handeln überein? Wird sie von anderen als authentisch wahrgenommen? Steht sie aus Sicht der anderen zu ihrem Wort? Was hindert an der Umsetzung der Werte? Was kann die Umsetzung unterstützen?
- *Wie weit schafft es die Führungskraft, sich auf das Wesentliche zu fokussieren?* Sich fokussieren können ist einer der Hauptfaktoren erfolgreicher Führung. Sich fokussieren bedeutet alle Energie und Konzentration auf einen Punkt zu richten und sich nicht von fortwährenden anderen Themen ablenken zu lassen. Wieweit schafft die Führungskraft das? Ist ihr die Wichtigkeit davon bewusst? Wie kann sie hier an sich arbeiten?
- *Wie geht die Führungskraft mit Stress und Belastung um?* Schafft sie es, Stresssituationen als Herausforderung zu deuten und positiv damit umzugehen? Was sind ihre Gedanken in solchen Situationen, sind sie hinderlich oder förderlich? Fühlt sich die Führungskraft überfordert?
- *Wieweit sorgt die Führungskraft für sich selbst?* Wieweit kann sie sich aus der Arbeit lösen – oder kreisen alle Gedanken fortwährend um berufliche Probleme? Was tut sie für sich selbst? Wie entspannt sie sich? Was tut sie körperlich, hat sie soziale Kontakte, nimmt sie sich Zeit für Hobbys?
- *Nimmt sich die Führungskraft Zeit, ihre Tätigkeit zu reflektieren?* Manchmal hilft schon die persönliche Viertelstunde am Schluss des Arbeitstages, um das Erledigte zu reflektieren, um Distanz von der Arbeit zu bekommen und die verschiedenen Themen wieder in das »rechte Lot« zu bringen.

Coaching von Führungskräften kann einen weiten Rahmen abstecken, der von strategischen Themen über die Entwicklung des Teams bis zu persönlichen Themen wie »Work-Life-Balance« reichen kann. Das heißt gewiss nicht, dass alle Themen bearbeitet werden müssen. Sondern es kommt auf die jeweilige Situation an, welche Themen im Mittelpunkt stehen. Wichtig ist, dass Sie sich als Coach mit Ihrem Coachee Zeit nehmen, um ein Gespür für die wichtigen Themen zu bekommen. Möglichkeiten dafür sind:

- Während des Coachings (also insbesondere in der Klärungsphase) auf mögliche Führungsthemen achten, die im Hintergrund anklingen und möglicherweise bearbeitet werden sollten.

- Im Rahmen teilnehmender Beobachtung (wenn Sie Ihren Coachee zum Beispiel beim Rundgang durch den Bereich oder in Besprechungen begleiten) auf wichtige Themen achten.
- Die Sichtweise anderer Personen (zum Beispiel auf der Basis von Interviews oder des 360-Grad-Feedbacks) erfassen.
- Tests und Fragebogen zum Thema Führung einsetzen.

Wichtig ist bei all diesen Diagnosemethoden, dass sie kein »absolutes Bild der Wirklichkeit« liefern. Aber sie können Anstöße geben, die Sie als Coach nutzen und dann im Rahmen von Prozess-, aber auch Expertenberatung weiter ausführen können.

Auf dieser Basis können Sie einzelne Aufgabenbereiche Ihres Coachees durchgehen: Wieweit versinkt er im Tagesgeschäft – oder ist sein Handeln auf eine Vision hin ausgerichtet? Bleibt er auf einer fachlichen Ebene befangen – oder hat er seine Stakeholder im Blick? Schafft er es, sich auf das Wesentliche zu fokussieren? Versteht er sich überwiegend als Coach und Unterstützer – oder schafft er es, Position zu beziehen? Schafft er es, beide Rollen auszufüllen, Coach und Entscheider

---

Anregung zur Weiterarbeit

Vielleicht haben Sie selbst Führungserfahrung – oder Sie erinnern sich an Ihren eigenen Vorgesetzten oder an eine Führungskraft, die Sie gut kennen. Versuchen Sie, die genannten Prozessfragen durchzugehen: Wieweit waren Sie – oder die betreffende Führungskraft – im Tagesgeschäft befangen? Was waren wirklich wichtige Tätigkeiten? Was würden Sie (jetzt) anders machen? – Sie bekommen damit ein Gefühl für mögliche Themen im Coaching von Führungskräften.

Es gibt zahllose Literatur zum Thema Führung. Hier geben wir Ihnen einige Anregungen.

Einen Überblick über die verschiedenen Führungskonzepte und Führungsaufgaben erhalten Sie zum Beispiel bei:
- Hartmut Laufer: Grundlagen erfolgreicher Mitarbeiterführung. Gabal, Offenbach (11. Aufl.) 2010.
- Alexander Mutafoff: Die sieben Seiten des perfekten Managers. Mi, Landsberg (2. Aufl.) 2002.
- Lutz von Rosenstiel u.a.: Führung von Mitarbeitern. Handbuch für erfolgreiches Personalmanagement. Stuttgart (6. Aufl.) Schäffer-Poeschel, 2009.
- Thomas M. Steiger/Eric D. Lippmann (Hrsg.): Handbuch Angewandte Psychologie für Führungskräfte, 2 Bände. Springer, Berlin (3. Aufl.) 2008.

Daneben gibt es zahllose Bücher, die eher »appellativ« für ein bestimmtes Führungskonzept werben. Exemplarisch seien genannt:
- Felix von Cube u.a.: Führen durch Fordern. Piper, München 2005.
- Fredmund Malik: Führen, Leisten, Leben: Wirksames Management für eine neue Zeit. Campus, Frankfurt am Main/New York 2006.
- Reinhard K. Sprenger: Vertrauen führt. Campus, Frankfurt am Main/New York (3. Aufl.) 2007.

Strategie

Herr Berg verzettelt sich immer wieder im Tagesgeschäft. Er kann nicht unterscheiden, was wirklich wichtig ist. Er braucht, so formuliert es Beate Scholz, eine »Strategie« für seine Tätigkeit, auf deren Basis er Prioritäten und Schwerpunkte setzen kann.

Strategie, so hatte es der preußische Generalfeldmarschall Helmuth Karl Bernhard von Moltke Ende des 19. Jahrhunderts formuliert, ist die »Fortbildung des ursprünglich leitenden Gedankens entsprechend den sich ändernden Verhältnissen«. Dieser Satz umschreibt bereits, was auch heute mit »Strategie« gemeint ist: nicht im operativen Tagesgeschäft befangen zu bleiben, sondern in wechselnden Situationen »die große Linie« beizubehalten.

Der Begriff »Strategie« stammt ursprünglich aus dem militärischen Bereich (der »Stratege« ist der »Führer des Heeres«), wird aber in den 1950er-Jahren in den wirtschaftlichen Bereich übertragen. Strategie, so formuliert es 1962 der Wirtschaftshistoriker Alfred D. Chandler (2003, 13), ist die »Festlegung der langfristigen Ziele eines Unternehmens, die Zuteilung notwendiger Ressourcen und die Festlegung des Kurses im Blick auf diese Ziele«.

Strategie ist somit allgemein das Festlegen übergeordneter Ziele und das Ausrichten des Handelns auf diese Ziele. Thema des Coachings kann sein, eine Strategie für den eigenen Arbeitsbereich zu entwickeln (das ist das Thema von Herrn Berg). Strategie kann aber auch die berufliche Strategie sein (der Coachee möchte sich beruflich verändern) oder die persönliche Lebensstrategie: Worauf möchte der Coachee sein Leben ausrichten? Was ist ihm wirklich wichtig? Strategie kann auch die Strategie für die Entwicklung eines neuen Produktes oder die neue Vertriebsstrategie sein.

Grundsätzlich alle »wichtigen« Veränderungen, die jemand erreichen will, sind »strategische« Veränderungen, sind im Blick auf langfristige Ziele zu planen und durchzuführen.

Ein Strategieprozess hat grundsätzlich drei Teile:

- *Die Vision und die zentralen strategischen Ziele*, auf die langfristig das Handeln ausgerichtet wird.
- *Die Ist-Analyse*, also die Klärung der gegenwärtigen Situation, die bei der Erreichung langfristiger Ziele zu berücksichtigen ist. Dazu gehören die Klärung der gegenwärtigen Stärken und Schwächen, aber auch die Stakeholderanalyse und mögliche oder wahrscheinliche Entwicklungstrends im Umfeld.
- *Die Umsetzung der Strategie*, nämlich die Festlegung von strategischen Schwerpunkten sowie die Planung und Durchführung strategischer Maßnahmen.

Damit ergibt sich folgendes Bild:

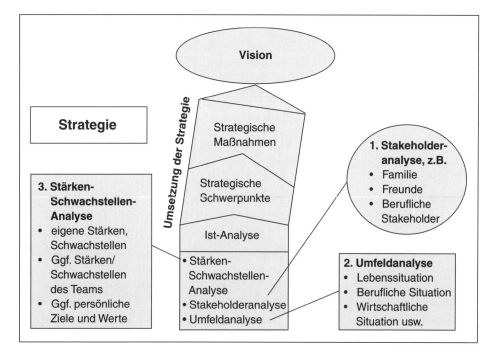

In vielen Fällen ist es hilfreich, die Strategie mit der Vision zu beginnen. Das hat den Vorteil, dass bei der Erstellung der Vision der Blick nicht von vornherein eingeschränkt ist und dass anschließend die Ist-Analyse gezielt im Blick auf die Vision durchgeführt werden kann. Damit ergibt sich folgendes Vorgehen für einen Strategieprozess im Rahmen des Coachings:

Festlegung des Gegenstandsbereichs der Strategie: Voraussetzung für die Entwicklung einer Strategie ist immer, genau festzulegen, wofür die Strategie entwickelt werden soll: Geht es um die eigene berufliche Strategie, um die persönliche Lebensstrategie, die Strategie als Führungskraft? Oder geht es um die Strategie des Teams, des Arbeitsbereichs oder möglicherweise um die Strategie einer ganzen Organisation? Geht es darum, die Strategie für ein neues Beratungs- oder Seminarkonzept (allgemein für ein neues Produkt) zu entwickeln? Hilfreich ist, dafür eine Überschrift zu formulieren: »meine Lebensstrategie«, »Strategie des Bereichs xy«.

Schritt 1: Erstellung der Vision. Eine Vision, so formuliert Matthias zur Bonsen in seinem Buch »Führen mit Visionen« (zur Bonsen 1994, 15), »ist unser inneres Bild von der Zukunft, die wir uns erschaffen wollen«. Eine Vision gibt damit die Richtung für das eigene Handeln an. Eine Vision besitzt zugleich emotionale Kraft: Sie motiviert zu Handlungen, sie gibt Energie, den Weg weiterzuverfolgen.

Eine Vision ist ein entscheidender Faktor für erfolgreiche Veränderungen. Erfolgreiche Veränderungen sind von Visionen geleitet. Denken Sie an die Vision von Henry Ford: »das Auto für jedermann«, oder von Hermann Gmeiner, dem Begründer der SOS-Kinderdörfer, »dem entwurzelten Kind eine Welt der Geborgenheit schenken, die es braucht, um gedeihen zu können«. Eine Vision ist auch Erfolgsfaktor dafür, dass Ihr Coachee tatsächlich das umsetzt, was er sich vornimmt. Im Einzelnen ergeben sich für den Coachingprozess dann die folgenden Schritte:

- *Festlegung des Zeitpunkts der Vision:* Eine Vision ist nicht etwas, das in drei Wochen zu erreichen ist. Sondern eine Vision soll das Handeln über einen längeren Zeitraum leiten. Dieser Zeitpunkt kann in drei, vier oder fünf Jahren liegen. Bei der Entwicklung der persönlichen Lebensvision kann der Zeitpunkt auch der Beginn der Rente sein: Was möchte Ihr Coachee am Schluss seines Berufslebens erreicht haben? Der Zeitpunkt kann nicht von außen vorgegeben werden. Fragen Sie Ihren Coachee: Wann möchten Sie das, was Sie sich vornehmen, erreicht haben: in zwei, drei, fünf Jahren oder …? Geben Sie Ihrem Coachee Zeit, sich gedanklich auf diesen Zeitpunkt einzustellen.
- *Analoge Darstellung der Vision:* Eine Vision besitzt nur Kraft, wenn sie nicht rational, sondern emotional in dem Bereich der »emotionalen Intelligenz« oder des intuitiven, ganzheitlichen Wissens verankert ist. Sie können das für den Coachingprozess nutzen, indem Sie Ihren Coachee unterstützen, sich zunächst ein (inneres) Bild von seiner Vision zu schaffen. Sie können dafür die analogen Verfahren nutzen, die wir in Kapitel 4 beschrieben haben (vgl. S. 96ff.). Mögliche Vorgehensweisen sind:
  - Wählen Sie sich ein Symbol für Ihre Vision.
  - Malen Sie ein Bild oder erstellen Sie eine Collage.
  - Schreiben Sie den Brief eines begeisterten Kunden.
  - Erstellen Sie einen Pressebericht »Der Bereich x im Jahr y«, »Das Trainingsunternehmen z«.
  - Stellen Sie sich vor, es ist Ihr 65. Geburtstag und Ihre Verabschiedung: Was sagt man über Sie? Erstellen Sie die Abschiedsrede.
- *Formulierung von Leitsätzen:* In vielen Fällen ist es hilfreich, die Vision in einigen wenigen Kernsätzen zu formulieren. Solche Kernsätze bilden gleichsam die Brücke zwischen der bildlichen, intuitiven Vorstellung und der rationalen Umsetzung. Denken Sie an den Satz von Hermann Gmeiner: »dem entwurzelten Kind eine Welt der Geborgenheit schenken, die es braucht, um gedeihen zu können«. Ein solcher Satz ist einprägsam und deutet bereits an, wo Schwerpunkte zu setzen sind. Für den Coachingprozess heißt es: Unterstützen Sie Ihren Coachee dabei, das Bild seiner Vision in Sprache zu übersetzen. Sie können dafür das im Abschnitt »Symbole und Metaphern« dargestellte Vorgehen nutzen:
  - Mit welchen Begriffen beschreibt Ihr Coachee sein Bild: Was »sieht« er, was fällt ihm auf?
  - Was bedeuten diese Begriffe für die Vision?
  - Wie lassen sich daraus einprägsame Sätze formulieren?

Für die Formulierung von Leitsätzen der Vision gibt es folgende Regeln:
- Die Leitsätze in der Gegenwart formulieren: nicht »ich will«, sondern »ich bin«, »wir sind«, »der Bereich xy ist«.
- Keine negativen Begriffe verwenden, da diese im Bereich des intuitiven Denkens die Aufmerksamkeit auf das Negative, auf die Probleme lenken. Also nicht: »Wir haben unsere Probleme gelöst«, sondern sagen, was erreicht ist.
- Die Leitsätze persönlich formulieren: »wir«, »ich«, »das Unternehmen VS«.
Die Leitsätze müssen für den Coachee emotional motivierend sein. Dabei kommt es auf den Wortlaut und den Satzbau an: Wie klingt der Satz? Wird das Gefühl angesprochen? Achten Sie auf Ihren Coachee, lassen Sie ihn die Sätze aussprechen: Wie ist der Tonfall? Wo »hängt« es noch – und sollte deshalb anders formuliert werden?

- *Die Vergegenwärtigung der Vision:* Eine Vision wird nur dann wirken, wenn sie nicht im Tagesgeschäft vergessen wird. Überlegen Sie mit Ihrem Coachee: Wie kann er sich die Vision vergegenwärtigen? Kann er sich das Symbol oder ein Bild auf den Schreibtisch stellen? Lässt sich ein Ritual des Jahrestages der Vision einführen? Wo schreibt er sich die Leitsätze auf? Welche Form ist dafür angemessen?

Schritt 2: Die Ist-Analyse. Strategie bedeutet, eine Verbindung zwischen der gegenwärtigen Situation und den Zielen herzustellen. Es ist schwierig, als strategisches Ziel die Gründung eines überregionalen Beratungsunternehmens anzusetzen, wenn man bislang ausschließlich als Lehrer an einer Schule gearbeitet hat. Wohlgemerkt: Auch ein solches Ziel kann sinnvoll sein, aber der Weg ist länger, als wenn man bislang zum Beispiel schon als selbstständiger Berater oder Trainer gearbeitet hat oder über Erfahrungen in einem Start-up-Unternehmen verfügt. Man muss wissen, von welchem Ausgangspunkt man sich auf die Reise macht. Im Einzelnen ergeben sich für die Ist-Analyse dann folgende Schwerpunkte:

- *Stärken-Schwachstellen-Analyse:* Was sind die eigenen Stärken (des Bereiches, der Arbeitsgruppe, die persönlichen Stärken)? Was sind Schwachstellen? Was sind Kernkompetenzen?
- *Stakeholderanalyse:* Abhängig vom Thema der Strategie können die Stakeholder ganz unterschiedliche Personen sein. Für die Strategie des eigenen Arbeitsbereiches werden das Vorgesetzte, Kunden, Konkurrenten oder wichtige Lieferanten sein; bei der Entwicklung der eigenen Lebensstrategie gehört vermutlich die Familie zu den wichtigen Stakeholdern. Mögliche Prozessfragen hierfür sind: Wer sind die Stakeholder? Wie groß ist ihr Einfluss? Welche Ziele verfolgen die Stakeholder in Bezug auf die Strategie des Coachees? Was sind die Erwartungen an den Coachee oder die eigene Organisation? Gibt es typische Muster, Verhaltensweisen in Bezug auf die Stakeholder? Welche möglichen Handlungskonsequenzen ergeben sich daraus?
- *Umweltanalyse:* Welche Umfeldfaktoren sind zu beachten? Für die Entwicklung der Strategie für eine selbstständige Trainerin wird der Markt eine entscheidende Rolle spielen. Wie ist der Trainingsmarkt? Wie wird sich der Markt in Zukunft

entwickeln? Was sind mögliche Trends? Für die Entwicklung der persönlichen Lebensstrategie mögen die Wohnsituation (Stadt oder Land), die Verkehrsanbindung, die jeweilige Lebensqualität am Wohnort eine Rolle spielen.

Ein etabliertes Verfahren zur Ermittlung von Trends stellt die Szenariotechnik dar (z.B. Gausemeier/Fink 1999, 73ff.; Welge/Al-Laham 2008, 419ff.), die ursprünglich mit aufwendigen Datenerhebungen arbeitet, sich aber im Rahmen von Coachingprozessen durchaus in vereinfachter Form anwenden lässt. Grundgedanke ist, dass man zwei oder drei unterschiedliche Trends (einen optimistischen, einen pessimistischen und den wahrscheinlichsten Trend) zu erfassen versucht. Wenn es darum geht, abzuschätzen, wie sich das Kundenverhalten in Bezug auf Trainings entwickeln wird, könnte die optimistische Prognose sein, dass Trainings noch stärker nachgefragt werden. Eine pessimistische Prognose wäre, dass der Bedarf an Trainingsmaßnahmen beträchtlich zugunsten von kürzeren Maßnahmen (Training on the job, Coaching durch Vorgesetzte) zurückgehen wird. Die wahrscheinlichste Prognose könnte dann möglicherweise sein, dass weiterhin Bedarf an Trainings besteht, aber daneben zunehmend andere Formen der Qualifizierung genutzt werden.

Schritt 3: Strategieumsetzung. Ist-Analyse und Vision bilden die Eckpunkte der Strategie. Das eine markiert den Ausgangspunkt, das andere den Endpunkt. Offen ist dann noch die Frage nach dem Weg vom Ausgangspunkt zum Endpunkt. Eben das ist Thema des nächsten Teils der Strategie, der Strategieumsetzung:

- *Was sind die strategischen Schwerpunkte?* Im Blick auf die Vision und unter Berücksichtigung der Ausgangssituation gilt es, die Kräfte zu bündeln: Welche Themen müssen im Blick auf die Erreichung der Vision bearbeitet werden? Geht es darum, vor allem die Prozesse im Bereich zu überprüfen? Geht es darum, neue Kunden für das Trainingsunternehmen zu gewinnen oder neue Konzepte zu entwickeln? Muss der Coachee im Blick auf die Vision neue Kompetenzen erwerben oder seinen privaten Lebensraum verändern?
- *Welche strategischen Ziele ergeben sich daraus?* Im Unterschied zur Vision sollen Ziele messbar sein: Was genau soll erreicht werden? Bis wann soll es erreicht werden?
- *Welche strategischen Maßnahmen ergeben sich daraus?* Die Umsetzung einer Strategie fängt mit dem ersten Schritt an. Was sind die ersten (nächsten) Schritte, die hier zu gehen sind? Was muss der Coachee tun? Wo kann er sich Unterstützung holen? Bis wann will er das erledigt haben? Aufgabe des Coachingprozesses ist es nicht, einen umfassenden Maßnahmenplan für die nächsten Jahre festzulegen, wohl aber, die nächsten Schritte zu planen.
- *Wie wird die Strategie kommuniziert?* Mit wem muss die Strategie abgestimmt werden? Wer muss eingebunden werden? Wer muss informiert werden?

Ein möglicher Nachteil dieser Strategieentwicklung von der Vision her kann darin bestehen, dass sich die Vision zu weit von der Realität entfernt und somit nicht mehr umsetzbar ist. Als andere Möglichkeit bietet sich an, die Strategie mit der Ist-Analyse zu beginnen.

Eine besondere Form dieses Vorgehens ist das »Effectuation«-Konzept, das Saras Sarasvathy (eine indische Unternehmerin und Forscherin an der University of Virginia) begründet hat (Faschingbauer 2010). Man kann sich diesen Ansatz gut an einem Beispiel verdeutlichen: Beim Autofahren von einem Ziel auszugehen und sich Wege zur Erreichung des Ziels zu überlegen, entspricht der klassischen Strategieentwicklung. Man kann aber auch von der Gegenwart ausgehen (wo befinde ich mich, welches Fortbewegungsmittel benutze ich?) und Gelegenheiten (eine besonders schöne Wegstrecke) ausnutzen – und wird möglicherweise gerade dadurch überraschende Entdeckungen machen. Eben das ist Effectuation: die gegenwärtige Situation und die gegenwärtigen Stärken zu nutzen und nach neuen Möglichkeiten Ausschau zu halten.

Ähnlich ist auch das »Blue-Ocean-Konzept« (Kim u.a. 2005). Hier geht es darum, in einem ersten Schritt die Erwartungen verschiedener Kunden und im Blick darauf Stärken und Schwächen im Vergleich zu Wettbewerbern zu klären. Ziel ist dann, strategische Schwerpunkte im »blauen Ozean«, also in den Feldern anzusetzen, in denen die eigenen Stärken besonders ausgeprägt und der Vorteil gegenüber Mitbewerbern besonders deutlich ist.

Auf der Basis dieser Konzepte kann der Coachee von der gegenwärtigen Situation ausgehen:

- Was sind gegenwärtige Stärken und Schwächen?
- Was sind Partner, die bereit wären, mit einem »neue Wege« zu gehen?
- Was sind Chancen und Gelegenheiten, die sich nutzen ließen?
- Welche Fähigkeiten, Kompetenzen oder Produkte habe ich, die andere (Wettbewerber) nicht haben? Wie kann ich sie nutzen und ausbauen?

Eine Strategie, so lässt sich zusammenfassen, ermöglicht es, Prioritäten zu setzen: Was ist im Blick auf die Strategie wirklich wichtig? Das kann die persönliche Lebensstrategie des Coachees sein, die Strategie seines Teams, seines Bereichs, seiner Organisation.

Wenn es um die Bereichsstrategie des Bereichs von Herrn Berg oder die Strategie eines kleineren Beratungsunternehmens geht, kann die individuelle Strategie des Coachees zwar im Rahmen von Einzelcoaching entwickelt, muss aber letztlich von allen getragen werden. Eine Möglichkeit ist, in einem zweiten Schritt andere Personen in die Strategieentwicklung einzubeziehen: Herr Berg und seine Frau entwickeln ihre gemeinsame Lebensstrategie (der Strategieprozess wird also mit beiden gemeinsam durchgeführt); die Strategie des Beratungsunternehmens wird im Rahmen eines Teamworkshops mit dem Team gemeinsam entwickelt; oder die Bereichsstrategie im Rahmen einer Großgruppenveranstaltung mit allen 60 Mitarbeiterinnen und Mitarbeitern.

Anregung zur Weiterarbeit

Hier können Sie ähnlich vorgehen, wie bei den vorangegangenen Themen: Sie gewinnen Verständnis für den Strategieprozess, wenn Sie die einzelnen Schritte für sich selbst durchgehen. Versuchen Sie, Ihre Strategie (als Coach, Ihre berufliche Strategie) zu entwickeln. Gehen Sie dabei die einzelnen Schritte durch. Was sind Ihre Stärken und Schwächen? Was könnte Ihre Vision sein? Welche strategischen Schwerpunkte ergeben sich daraus?

Hilfreich ist, wenn Sie das nicht alleine für sich tun, sondern jemanden finden, der Sie dabei unterstützt, der also die Rolle Ihres Coachs übernimmt. Das kann im Rahmen einer Ausbildung geschehen (bei unseren Coachingausbildungen ist die Entwicklung der Strategie immer eines der zentralen Themen), im Rahmen Ihrer Supervision (wo Sie sich selbst coachen lassen) oder auch im Rahmen kollegialen Coachings, wo Sie sich mit anderen zusammentun.

Wenn Sie sich weiter in das Thema einarbeiten möchten, zum Abschluss wieder einige Hinweise:

- Michael Faschingbauer: Effectuation: Wie erfolgreiche Unternehmer denken, entscheiden und handeln. Schäffer-Poeschel, Stuttgart 2010.
- Hans H. Hinterhuber: Strategische Unternehmensführung. De Gruyter, Berlin/New York (8. Aufl.) 2011.
- W. Chan Kim u.a.: Der Blaue Ozean als Strategie: Wie man neue Märkte schafft, wo es keine Konkurrenz gibt. Hanser, München 2005.
- Robert S. Kaplan u.a.: Der effektive Strategieprozess: Erfolgreich mit dem 6-Phasen-System. Campus, Frankfurt am Main 2009.
- Reinhard Nagel: Lust auf Strategie. Workbook zur systemischen Strategieentwicklung. Klett-Cotta, Stuttgart 2007.

Wenn Sie den Strategieprozess im Rahmen eines umfangreicheren Organisationsberatungsprozesses weiterführen möchten, dann finden Sie ausführliche Hinweise zum Vorgehen in:

- Eckard König/Gerda Volmer: Handbuch Systemische Organisationsberatung. Beltz, Weinheim und Basel 2008.

Prozesse

Herr Berg ist jeden Tag wenigstens zwei bis drei Stunden beschäftigt, seine E-Mails durchzuarbeiten. Er ist darüber alles andere als glücklich. Es kostet ihn zu viel Zeit, die ihm dann anderweitig fehlt. Er spricht das Thema im Coaching an.

Beate Scholz schlägt vor, dieses Thema unter der Überschrift »Prozesse« zu bearbeiten: Wie ist der Prozess (der Ablauf) bei der Bearbeitung von E-Mails? Herr Berg berichtet: Alle an ihn gerichteten Mails landen direkt auf seinem Rechner. Jeden Morgen geht er diese Mails durch, einige kann er gleich beantworten, einige sind nur zur Information, einige leitet er weiter (wobei sich dann häufig herausstellt, dass der Betreffende ohnehin die gleiche Information erhalten hat), bei einigen sind längere Aktivitäten erforderlich. Doch ist dieser Prozess wirklich sinnvoll? Wieweit lässt er sich vereinfachen? Beate Scholz, Herr Berg und die Assistentin von Herrn Berg, Frau Lämmer, setzen sich zusammen, um das Thema zu bearbeiten.

Seit den 1980er-Jahren ist eine große Zahl von Konzepten zum Thema »Prozessmanagement« – von Kaizen über TCT (Total Cycle Time) und TQM (Total Quality Management) bis zu TPM (Total Productive Maintenance) und Six Sigma – entwickelt worden, die alle das Ziel verfolgen, Prozesse (Abläufe) zu überprüfen und zu optimieren. Obwohl diese Konzepte sich als eigenständige Ansätze verstehen, haben sie eines gemeinsam: Es geht um Verbesserung der Abläufe (Prozesse) im Blick auf die Anforderungen des Kunden.

Die Durchführung dieser Optimierungsverfahren ist in der Regel kein Thema des Coachings, sondern ein eigenes Vorgehen. Trotzdem kann es sinnvoll sein, das Thema »Prozesse« im Coaching mit im Auge zu haben: zum einen, weil manche Prozesse (wie das in unserem Beispiel genannte Thema E-Mail-Flut) auch im Coaching behandelt werden sollten, zum anderen, um möglicherweise umfangreichere Prozessoptimierungsprozesse vorzubereiten und Herrn Berg ein Gefühl für das Vorgehen zu vermitteln.

Prozessoptimierung basiert auf folgenden Grundsätzen:

- *Es wird die Aufmerksamkeit auf Prozesse gelenkt,* also nicht auf die Aufbauorganisation, aber auch nicht auf die subjektiven Deutungen einzelner Mitarbeiter.
- *Es wird nach Kunden für jeden Prozess gefragt.*
- *Es werden Prozesse nach Wertschöpfung und Verschwendung beurteilt:* Wertschöpfung und Verschwendung sind zwei zentrale Begriffe der Prozessoptimierung. Wertschöpfung ist das, was der Kunde erwartet (und wofür er bereit wäre, zu bezahlen). Verschwendung ist alles das, was dem Kunden nichts nützt, woran er kein Interesse hat. Dabei lassen sich verschiedene Arten von Verschwendung unterscheiden:
  - Verschwendung von Personal (es nehmen zu viele Personen an einer Besprechung teil),
  - Verschwendung von Zeit (Wartezeit, Wegezeit, Reparaturzeiten, Zeiten, in denen diskutiert wird, ohne zu einem Ergebnis zu gelangen) und
  - Verschwendung von Material (Produktionsmaterial, unnötige Ausdrucke von E-Mails).
- *Es werden Verbesserungsmöglichkeiten für Prozesse entwickelt und umgesetzt.*

Der Ablauf lässt sich im Wesentlichen wieder in die Phasen Orientierungsphase, Diagnosephase, Veränderungsphase, Abschlussphase gliedern.

Phase 1: Orientierungsphase. In dieser Phase gilt es zwei Fragen zu beantworten:

- *Welche Prozesse sollen überprüft werden?* Kriterium dabei ist, Prozesse zu bearbeiten, deren Optimierung mit dem geringsten Aufwand den größten Nutzen bringt.
- *Welche Personen sollen das »Prozessteam« bilden?* Optimierung von Abläufen ist ein Thema, das sinnvollerweise in einer kleinen Gruppe durchgeführt werden sollte, um den Prozess aus verschiedenen Perspektiven (aus der Sicht der Betroffenen sowie aus derjenigen der Kunden und Lieferanten) betrachten zu können. In unserem Beispiel beschränkt sich das Prozessteam (zunächst) auf Herrn Berg und seine Assistentin.

Phase 2: Diagnosephase. Der zweite Schritt ist auch hier die Diagnose. Dabei stehen im Wesentlichen folgende Aufgaben an:

- *Definition von Anfangs- und Endpunkt des Prozesses:* In unserem Beispiel beginnt der Prozess damit, dass eine E-Mail bei Herrn Berg ankommt. Endpunkt ist, wenn die E-Mail als bearbeitet gelöscht (oder in den Ordner erledigter Mails verschoben) wird.
- *Zergliederung des Prozesses in die einzelnen Teilschritte:* Hier geht es darum, den Prozess möglichst detailliert zu zergliedern und die Beteiligten festzulegen. Im Beispiel besteht der erste Schritt stets darin, dass Herr Berg sämtliche Mails öffnet (nur er ist daran beteiligt). Danach entscheidet es sich, ob er die Mails zur Bearbeitung weiterleitet, sie selbst beantwortet oder als uninteressant (weil nur zur Information) ablegt.
- *Bewertung und Messung der einzelnen Prozessschritte im Blick auf Wertschöpfung und Verschwendung:* Um anschließend Verbesserungen beurteilen zu können, ist eine Bewertung erforderlich. Wie wertschöpfend ist die Tätigkeit insgesamt beziehungsweise sind die einzelnen Teilschritte? Durcharbeiten von E-Mails ist – so bereits die subjektive Einschätzung von Herrn Berg – im Vergleich zu anderen Aufgaben wenig wertschöpfend. Welche Zeit benötigt er für einzelne Tätigkeiten oder täglich für die Bearbeitung der E-Mails insgesamt?

Phase 3: Veränderungsphase. Auf der Basis dieser Analysen gilt es dann, mögliche Maßnahmen zur Prozessoptimierung zu entwickeln. Fragen dafür sind:

- Welche Prozessschritte können entfallen oder gekürzt werden?
- Wo kann Material oder Zeit eingespart werden?
- Sind alle beteiligten Personen erforderlich?
- Können Abläufe stärker standardisiert werden?

Auf unser Beispiel bezogen: Idee ist, dass Frau Lämmer jeden Morgen alle E-Mails von Herrn Berg durchsieht, CC-Mails sofort ablegt und die übrigen so weit als möglich auf verschiedene Mitarbeiter verteilt. In der täglichen Besprechung mit Herrn Berg informiert sie ihn dann kurz, gibt eine Zusammenfassung der eingegangenen Mails, im Anschluss daran wird entschieden, wie mit den restlichen Mails zu verfahren ist.

Phase 4: Abschlussphase, Umsetzung des Maßnahmenplans und Überprüfung der Ergebnisse. Bei Prozessoptimierungen besteht immer die Gefahr, dass gute Maßnahmenpläne entwickelt, aber nicht umgesetzt werden oder dass bei veränderten Prozessen unvorhergesehene Nebenwirkungen auftreten. Hier gilt der Grundsatz, alle Veränderungen der Ablauforganisation nach bestimmter Zeit nochmals zu überprüfen. Für den Coachingprozess bedeutet das, dass auch die Umsetzung verfolgt werden muss:

- Was wurde tatsächlich umgesetzt?
- Was hat sich verändert?
- Was wurde dadurch erreicht?
- Sind unvorhergesehene Nebenwirkungen aufgetreten? Was muss zusätzlich getan werden, um diese Nebenwirkungen zu vermeiden oder zu verringern?
- Wieweit ist der neue Ablauf standardisiert und stabilisiert?

Es gibt umfangreiche Literatur zum Thema Prozessmanagement. Als Einführungen seien hier genannt:
- Rainer Feldbrügge/Barbara Brecht-Hadraschek: Prozessmanagement leicht gemacht. Redline, München 2008.
- Timo Füermann/Carsten Dammasch: Prozessmanagement. Hanser, München (3. Aufl.) 2008.

Ein »Roman« über Prozessmanagement ist:
- Eliyahu M. Goldratt/Jeff Cox: Das Ziel. Campus, Frankfurt am Main/New York (4. Aufl.) 2008.

Eine umfassende Übersicht über die verschiedenen Verfahren des Prozessmanagements geben unter anderem
- Hermann J. Schmelzer/Wolfgang Sesselmann: Geschäftsprozessmanagement in der Praxis. Hanser, München (6. Aufl.) 2008.

Kommunikation

Herr Berg hat eine Besprechung mit einem seiner Mitarbeiter, Herrn Lau. Herr Berg ist nicht in allen Punkten mit der Arbeit von Herrn Lau zufrieden: Herr Lau lässt sich nichts sagen. Bei Anregungen von Herrn Berg gibt es uferlose Diskussionen. Herr Berg möchte, dass sich hier etwas ändert. Aber das Gespräch mit Herrn

> Lau lässt ihn etwas unbefriedigt. Herr Lau sieht keinerlei Probleme, kann sich an solche Situationen auch nicht erinnern. Herr Berg hat den Eindruck, dass seine vorsichtige Kritik nicht ankommt, das Gespräch bleibt unverbindlich. Er bespricht das Thema mit seinem Coach.

Kommunikation ist eines der häufigsten Themen in Coachingprozessen. Gespräche (seien es Gespräche mit einzelnen Mitarbeitern, mit dem eigenen Vorgesetzten, mit Kunden, Besprechungen mit der Abteilung oder im Projektteam) machen einen großen Teil der Arbeit einer Führungskraft aus, und nicht selten verlaufen die Gespräche unbefriedigend: Es wird endlos geredet, die Argumente wiederholen sich, man redet gegeneinander, das Gespräch endet ergebnislos. Erwartet werden im Coachingprozess somit Hinweise, wie sich Gespräche beziehungsweise allgemein die Kommunikation verbessern lassen.

In der Kommunikation lassen sich grundsätzlich zwei Ebenen unterscheiden: eine Prozessebene und eine Systemebene: Ein Gespräch verläuft in einzelnen Schritten (Prozessebene), zugleich stellt es sich als ein (zeitlich begrenztes) soziales System mit mindestens zwei Personen dar (Systemebene). Der Erfolg eines Gesprächs ist sowohl vom Prozess, also von einzelnen Schritten, abhängig als auch von den verschiedenen Faktoren sozialer Systeme.

Prozessebene der Kommunikation

Auf der Prozessebene lässt sich der Gesprächsverlauf als Problemlösungsprozess oder Teil eines solchen Prozesses verstehen. Ein Problemlösungsprozess gliedert sich in die Zielanalyse, die Ist-Analyse (Situationsanalyse) und die sogenannte »Operatoranalyse«, in der es darum geht, Schritte zur Erreichung des Ziels festzulegen (Dörner 1994). Diese Gliederung findet sich auch in der »niederlagelosen Methode« von Thomas Gordon (z.B. 2006, 207ff.), in der es darum geht, gemeinsam ein Problem zu lösen. Gordon gliedert ein solches Gespräch in sechs Schritte:

- Das Problem wird erkannt und definiert,
- alternative Lösungen werden entwickelt,
- die alternativen Lösungen werden bewertet,
- die Entscheidung wird getroffen,
- die Entscheidung wird ausgeführt und
- anschließend erfolgt die Bewertung der Lösung.

Die Struktur des Problemlösungsprozesses mit den Phasen Orientierungsphase, Klärungsphase, Lösungsphase, Abschlussphase haben wir bereits als Gliederung für den Coachingprozess zugrunde gelegt, sie lässt sich nunmehr auf jegliche Kommunikation anwenden und gibt für den Coachee eine hilfreiche und leicht zu merkende Struktur.

Phase 1: Orientierungsphase. Auf der Prozessebene ist es Aufgabe der Orientierungs-phase, Thema, Ziel und Ablauf der Besprechung festzulegen. Daraus ergeben sich folgende Schritte:

- *Sich Zeit für den Gesprächsbeginn nehmen:* Wie erfolgt die Begrüßung? Nimmt sich der Coachee Zeit, sich auf die Situation einzustellen? Wer eröffnet das Gespräch? Wie eröffnet er es?
- *Thema und Ziel definieren:* Worum geht es? Was ist das Anliegen des Gesprächs-partners? Gibt es eine Tagesordnung der wichtigen Themen? Was genau soll Ergebnis des Gesprächs sein?
- *Den Zeitrahmen abklären:* Kaum etwas ist lästiger, als wenn man mitten im Gespräch ist und plötzlich erfährt, dass der Gesprächspartner jetzt einen anderen Termin hat. Abklärung des Zeitrahmens gibt Orientierung und verhindert zugleich, dass man sich in endlosen Diskussionen verfängt.
- *Den Verlauf des Gesprächs abklären:* In welchen Schritten soll das Thema bearbeitet werden?
- *Kontrakte über Thema, Ziel, Zeitrahmen und Verlauf schließen:* Stimmen beide Gesprächspartner tatsächlich zu? Was ist mit Themen, die in diesem Zeitrahmen nicht bearbeitet werden können?

Phase 2: Klärungsphase. Die Klärungsphase dient dazu, die Ist-Situation zu klären. Je nachdem, wer »das Problem hat«, gibt es dabei zwei unterschiedliche Vorgehens-weisen: Bei obigem Beispiel hat Herr Berg ein Problem mit seinem Mitarbeiter. Damit muss er zunächst aus seiner Sicht die Situation darstellen. Er muss sagen, was ihn stört – und Herr Lau braucht Zeit, sich darauf einzustellen. Wenn andererseits der Gesprächspartner (also zum Beispiel Herr Lau) ein Problem oder ein Thema hat, dann ist er derjenige, der zunächst die Situation darstellt. Daraus ergibt sich als Erstes die, wie Thomas Gordon formuliert, Frage nach dem »Problembesitz« (Gordon 2006, 55ff.):

> Wer hat das Problem:
> - Ich habe das Problem: die eigene Sicht klar darstellen, Ich-Botschaften!
> - Der andere hat das Problem: zuhören, nachfragen, absichern, dass ich den anderen verstehe – aber zunächst nicht Stellung beziehen!

Daraus ergeben sich zwei unterschiedliche Abschnitte in der Klärungsphase:

- *Die eigene Sichtweise darstellen:* Hier klar Position beziehen und sie mit »ich« kennzeichnen: Was war die Ausgangssituation? Was ist zwischenzeitlich gelaufen? Wer war beteiligt? Was ist erreicht, nicht erreicht? Welche Faktoren haben zu dieser Situation geführt? Was ist zu erwarten, was wäre der Worst Case? Wie ausführlich ist die Situation dargestellt: Wurde zu wenig oder zu viel dargestellt? Ist die Information für den Zuhörer tatsächlich wichtig? Wie war die Darstellung strukturiert? Wird die eigene Sichtweise an konkreten Beispielen belegt?

- *Wenn der Gesprächspartner seine Sichtweise darstellt:* zuhören, das heißt zunächst versuchen, das Gesagte zu verstehen, nachfragen, aber nicht unterbrechen, nicht sofort in eine Diskussion verfallen.
- *Beide Sichtweisen abklären:* Wieweit stimmen beide Gesprächspartner bei der Einschätzung der Situation überein? Wo bestehen unterschiedliche Sichtweisen? – das Risiko in dieser Phase liegt darin, dass man sich hier in eine Diskussion verfängt, wer recht hat, was wirklich war. Diskussionen über die Frage, was wirklich war, sind aber ebenso langatmig wie ergebnislos. Letztlich sind es verschiedene Sichtweisen, das Ergebnis unterschiedlicher Konstruktionen der Wirklichkeit. Versuchen Sie, Ihrem Coachee deutlich zu machen, dass es meist günstiger ist, beide Sichtweisen nebeneinander stehen zu lassen.

Entscheidend in der Klärungsphase von Gesprächen ist, dass die unterschiedlichen Abschnitte bewusst unterschieden und als solche markiert sind. Das heißt:

- *Wenn der Coachee als Erster seine Sicht darstellt (weil er ein Problem hat), in der ersten Phase die eigene Sicht darzustellen, anschließend in einer zweiten Phase in die Rolle des Zuhörers zu wechseln:* Der andere braucht Zeit, das Gehörte zu verarbeiten, und hier wechseln die Rollen. Aufgabe Ihres Coachees ist es, ihm diese Zeit zu geben, und das bedeutet: anschließend zuzuhören, nachzufragen. – Aber nicht sofort wieder die eigenen Argumente zu wiederholen!
- *Wenn der Gesprächspartner als Erster seine Sicht darstellt, ist es Aufgabe Ihres Coachees, in der ersten Phase zuzuhören, nachzufragen und anschließend in der zweiten Phase Stellung zu beziehen:* »Ich kann Ihnen in folgenden Punkten zustimmen … Anders sehe ich jedoch …«

Phase 3: Lösungsphase. Aufgaben sind hier Festlegung der nächsten Ziele, Sammlung und Bewertung von Handlungsmöglichkeiten. Auch hier kommt es wieder darauf an, die einzelnen Schritte klar voneinander abzugrenzen – also nicht jede neue Lösung sofort zu diskutieren und zu zerreden. Das heißt im Einzelnen:

- *Das Ziel für die nächsten Schritte eindeutig festlegen:* Besteht hier Konsens?
- *Lösungsmöglichkeiten sammeln:* Dabei die Brainstormingregeln einhalten (Sammlung von Möglichkeiten ohne Diskussion und Bewertung), Lösungsmöglichkeiten visualisieren! Wenn sich keine Möglichkeiten finden: Überlegen, wie Lösungen gefunden werden können!
- *Lösungsmöglichkeiten bewerten:* Was sind Vor- und Nachteile? Auch hier kommen die verschiedenen Perspektiven wieder zum Tragen. Also: den Gesprächspartner nach seiner Einschätzung fragen, wo sieht er Vorteile und Nachteile, mögliche Chancen und Risiken? Aber auch als Vorgesetzter oder Projektleiter die eigene Einschätzung einbringen.

Phase 4: Abschlussphase. Eine der großen Gefahren von Besprechungen besteht darin, dass sie ohne Ergebnis enden. Daraus ergeben sich die folgenden Schritte in der Abschlussphase:

- *Das Ergebnis zusammenfassen:* Was ist das Ergebnis der Besprechung? In welchen Punkten stimmen beide (alle) überein? Zu welchen Punkten gibt es welche unterschiedlichen Sichtweisen? Wo sind Fragen offen? – Auch das kann das Ergebnis sein.
- *Entscheidungen treffen:* Welche Entscheidung ergibt sich daraus? Ist damit das Thema abgeschlossen? Lässt sich eine inhaltliche Entscheidung treffen? Gibt es Vereinbarungen? Ist die Entscheidung, das Thema nochmals zu überdenken, gegebenenfalls neue Sichtweisen einzubeziehen, noch Daten zu sammeln? Können sich alle darauf einlassen?
- *Maßnahmenplan festlegen:* Wer macht was bis wann? Was sind die nächsten Schritte? Was sind die nächsten Schritte, wenn keine Einigung erzielt wurde? Wer dokumentiert die Vereinbarungen (Gibt es eine To-do-Liste?) Wer verfolgt die Umsetzung der Maßnahmen? Wann wird überprüft, wann und wie die Maßnahmen umgesetzt werden? Wie wird abgesichert, dass die Maßnahmen nicht versanden?

Systemebene der Kommunikation

Ein Gespräch stellt ein soziales System dar, das nur für relativ kurze Zeit besteht: Zwei oder mehrere Personen treffen sich, sie haben Erwartungen, deuten die Situation. Das Gespräch ist von Regeln geleitet, durch bestimmte Abläufe und Regelkreise gekennzeichnet, von einer Systemumwelt beeinflusst und hat eine Entwicklung. Ein erfolgreiches Gespräch bedeutet somit zugleich, dass es gelungen ist, die Gesprächssituation als funktionsfähiges soziales System zu etablieren.

Die Systemebene wird zum ersten Mal ausdrücklich in dem Buch »Menschliche Kommunikation« von Paul Watzlawick und anderen (2007, ursprünglich 1969) behandelt und dann von Schulz von Thun (2007, ursprünglich 1981) weitergeführt. Watzlawicks »Axiome menschlicher Kommunikation« (Watzlawick u.a. 2007, 50ff.) sind eine Erläuterung des Systembegriffs in der Tradition von Gregory Bateson, zugleich aber Hinweise auf mögliche Probleme in Gesprächen.

- *Erstes Axiom: Man kann nicht nicht kommunizieren.* Denke daran, dass jedes Verhalten als Kommunikation verstanden wird!
- *Zweites Axiom: Jedes Verhalten hat einen Inhalts- und einen Beziehungsaspekt.* Denke daran, dass jedes Verhalten im Blick auf den Inhalt und die Beziehung gedeutet wird! Die von Schulz von Thun als Beispiel aufgeführte Äußerung eines Beifahrers »Du, da vorne ist Grün!« ist zum einen eine Information (Inhaltsebene), zugleich eine Mitteilung auf der Beziehungsebene: »Du schleichst mal wieder.«
- *Drittes Axiom: Die Natur einer Beziehung ergibt sich aus der Interpunktion der Ereignisfolgen.* Denke daran, dass Kommunikation in Regelkreisen verläuft, die sich aus den wechselseitigen subjektiven Deutungen ergeben! Klassisches Beispiel ist der »Teufelskreis« des sogenannten »Nörgler-Rückzug-Beispiels«: Sie kritisiert, dass er sich zurückzieht, er zieht sich zurück, weil sie kritisiert; das Verhalten stabilisiert sich.

- *Viertes Axiom: Kommunikation bedient sich digitaler und analoger Modalitäten.* Denke daran, dass verbales ebenso wie nonverbales Verhalten als Mitteilung gedeutet wird!
- *Fünftes Axiom: Kommunikation verläuft entweder symmetrisch oder komplementär.* Regelkreise können entweder dadurch entstehen, dass beide Gesprächspartner das gleiche Verhalten zeigen (jeder greift den anderen an) oder unterschiedliches Verhalten (der eine kritisiert, der andere zieht sich zurück).

Aufgabe im Coaching ist es damit auch, die Aufmerksamkeit des Coachees auf das soziale System zu lenken. Als Coach können Sie auf die verschiedenen Faktoren des sozialen Systems hinweisen:

Personen des sozialen Systems:
- *Wer nimmt an dem Gespräch teil?* Sind zu wenig oder zu viele Personen beteiligt? Sind die für eine »ganzheitliche Problemlösung« erforderlichen unterschiedlichen Perspektiven berücksichtigt? Nehmen andererseits möglicherweise zu viele Personen an der Besprechung teil, weil jeder meint, dazugehören zu müssen? Wer ist wirklich wichtig?
- *Wie werden die verschiedenen Personen in das Gespräch einbezogen?* Oder sind es immer nur drei, die die Diskussion bestreiten, während die übrigen eine »schweigende Masse« bilden? Können die anderen in einem Rundgespräch einbezogen werden?

Subjektive Deutungen:
- *Was sind die Erwartungen des Gesprächspartners an diesem Gespräch?* Was sind seine Ziele, was möchte er erreichen oder vermeiden? Möchte er etwas durchsetzen, möchte er Unterstützung, ein Problem abschieben – oder möchte er vor allem ungeschoren aus der Situation herauskommen?
- *Was sind die Erwartungen des Coachees?* Was möchte er als Ergebnis haben? Was möchte er auf jeden Fall vermeiden? Welche Gesprächsstrategie ergibt sich daraus?
- *Wie wird die Gesprächssituation gedeutet?* Wie wird die Beziehung zwischen den Gesprächspartnern gedeutet? Welche Beziehungsbotschaften werden gesendet, welche Botschaften werden wahrgenommen? Ist genügend Zeit, sich auf die Situation einzustellen (beispielsweise durch Small Talk, eine kurze Aufwärmphase)? Welche Beziehungsbotschaften werden körpersprachlich (durch Körpersprache, Gestik, Mimik, Tonfall) gesendet? Welche Einstellung wird im Verhalten deutlich?

Werte und Regeln:
- *Welche Werte werden in dem Gespräch erkennbar?* Ist das Gespräch durch wechselseitige Wertschätzung und Akzeptanz gekennzeichnet – oder durch gegenseitige Ablehnung? Sind die Gesprächspartner authentisch? Was sind die Werte des Coachees, die er in dem Gespräch realisieren möchte? Was kann getan werden, um Werte hier deutlicher zu etablieren?

- *Gibt es sinnvolle Gesprächsregeln?* Werden Moderations- oder Brainstormingregeln eingehalten? Wieweit sind die Regeln den Beteiligten transparent? Wie können solche Regeln eingeführt werden?
- *Welche »geheimen« Regeln bestehen?* Wofür wird der Einzelne belohnt oder bestraft? Wobei erhält er Zustimmung? Was wird kritisiert oder nicht beachtet (Nichtbeachtung ist eine Form der Bestrafung)?
- *Gibt es hinderliche Regeln, die abgeändert werden sollten?* Zum Beispiel kann die Regel »Jeder darf so lange reden, wie er will, ohne unterbrochen zu werden« in vielen Situationen hinderlich sein, weil sie dazu führt, dass jeder endlos immer wieder dasselbe wiederholen kann. Welche Regel könnte stattdessen eingeführt werden? Wie könnte sie eingeführt werden? Wie kann sie durch Sanktionen abgesichert werden?

Regelkreise:
- *Gibt es Regelkreise, die sich im Gespräch wiederholen?* Gibt es Regelkreise wie
  - Kritik – Verteidigung,
  - Erklärung – neue Erklärung,
  - Angriff – Gegenangriff,
  - Vorwurf – Schuld auf andere schieben,
  - Zustimmung – aber nichts geschieht?

  Können diese Regelkreise bewusst gemacht werden?
- *Was kann getan werden, um hinderliche Regelkreise aufzulösen?* Was könnte man stattdessen tun? Können neue Regeln eingeführt werden? Was wären »Lösungen zweiter Ordnung«?

Systemumwelt:
- *In welchem Umfeld findet das Gespräch statt?* Sind Größe, Ausstattung und Einrichtung des Raums passend? Gibt es einen Besprechungstisch? Steht die erforderliche Technik zur Verfügung? Gibt es ein Flipchart oder ein Whiteboard, um spontan wichtige Punkte zu visualisieren?
- *Wie ist die Sitzposition der Gesprächspartner?* Welche Sitzposition sollte Ihr Coachee einnehmen? Wie kann er sich in der Körperhaltung auf den Gesprächspartner einstellen?
- *Treten Störungen auf?* Wird die Besprechung durch fortwährende Anrufe auf dem Handy unterbrochen? Wie können Störungen vermieden werden?

Entwicklung:
- *Hat das Gespräch eine klare Struktur?* Werden die Phasen des Problemlösungsprozesses eingehalten? Oder springt das Gespräch fortwährend von einem Punkt zum anderen? Wie kann abgesichert werden, dass die einzelnen Phasen abgeschlossen werden?
- *Gibt es Phasen, in denen das Gespräch auf der Stelle tritt?* Verfängt sich das Gespräch in Nebensächlichkeiten oder in Regelkreisen? Was kann hier getan werden?

- *Wie ist der zeitliche Umfang des Gesprächs?* Wird Zeit verschwendet? Hätte sich das Gespräch insgesamt straffen lassen? Wieweit werden die Zeiten bei Beginn und Abschluss eingehalten?
- *Gibt es darüber hinaus noch weitere Entwicklungen im Gesprächsverlauf?* Ist das Gespräch zum Beispiel dadurch gekennzeichnet, dass sich die Fronten verhärten und ein Konflikt eskaliert? Was kann getan werden? Ist es zweckmäßig, das Gespräch zu unterbrechen?

Coaching zum Thema Kommunikation ist auch Expertenberatung: den Coachee auf mögliche Probleme in der Kommunikation aufmerksam machen, und ihm Hinweise geben, wie er (durch klarere Strukturierung, durch Vermeidung von Regelkreisen …) Probleme lösen beziehungsweise insgesamt erfolgreicher Besprechungen führen kann. Coaching zum Thema Kommunikation ist aber zugleich Prozessberatung, bei der Anregungen wirklich als Anregungen verstanden werden, die der Coachee nutzen, im Blick auf seine Situation abändern oder verwerfen kann, weil sie nicht passend.

Anregung zur Weiterarbeit

Auch hier besteht die wohl beste Möglichkeit darin, ein eigenes Gespräch im Blick auf die hier genannten Hinweise zu analysieren. Nehmen Sie sich ein Gespräch als Beispiel, möglicherweise ein Gespräch, mit dem Sie nicht ganz zufrieden sind. Gehen Sie das Gespräch durch:
- Wie haben Sie das Gespräch strukturiert? Wieweit waren die einzelnen Phasen klar? Was könnten Sie nächstes Mal anders machen?
- Wie funktionsfähig war das soziale System? Gehen Sie die einzelnen Merkmale des sozialen Systems durch, zum Beispiel: Gab es bestimmte Regelkreise? Wie hätten Sie diese Regelkreise abändern können? In welchen Faktoren sind darüber hinaus noch Probleme aufgetreten?

Es gibt zahllose Bücher zum Thema Kommunikation. Hier nur wieder einige Titel, die zugleich auch Hinweise für das Coaching von Besprechungen geben:
- Klaus Birker: Betriebliche Kommunikation. Cornelsen, Berlin (3. Aufl.) 2004.
- Theo Gehm: Kommunikation im Beruf. Beltz, Weinheim und Basel (4. Aufl.) 2006.
- Klaus Pawlowski/Hans Riebensahm: Konstruktiv Gespräche führen. Reinhardt, München (4. Aufl.) 2005.
- Friedemann Schulz von Thun: Miteinander reden. 3 Bände. Rowohlt, Reinbek 2007.
- Paul Watzlawick u.a.: Menschliche Kommunikation. Huber, Bern (11. Aufl.) 2007.

Konflikte

Zwischen Herrn Berg und seinem Vorgänger, Herrn Manz, gibt es Konflikte. Herr Manz ist jetzt zuständig für Qualitätsmanagement und nimmt das zum Anlass, wiederholt in den Bereich von Herrn Berg einzugreifen: Er geht auf Mitarbeiter zu, ohne Herrn Berg zu informieren, gibt dabei zu verstehen, dass er von der ganzen Arbeit von Herrn Berg wenig hält. Bei der letzten Qualitätsbesprechung ist der Konflikt zwischen Herrn Berg und Herrn Manz eskaliert. Herr Berg weiß nicht, wie er mit Herrn Manz umgehen soll.

In der Konfliktforschung wird Konflikt definiert als das Bestehen entgegengesetzter Verhaltenstendenzen: »Ein Konflikt liegt immer dann vor, wenn in einer Situation zwei oder mehr unverträgliche (das heißt nicht gleichzeitig durchführbare) Verhaltensweisen zur Verfügung stehen« (Herkner 2008, 85). Diese Definition ist sehr weit gefasst und schließt sowohl Konflikte innerhalb einer Person als auch Konflikte zwischen mehreren Personen ein.

- *Konflikte innerhalb einer Person (intrapersonale Konflikte):* zum Beispiel der Konflikt, ob der Betreffende das Angebot auf eine neue Stelle annehmen soll oder nicht.
- *Konflikte zwischen mehreren Personen oder Gruppen (interpersonale oder soziale Konflikte):* zum Beispiel ein Konflikt über die Höhe des Projektetats zwischen Projektleiter und Auftraggeber oder der im Beispiel angedeutete Konflikt zwischen Herrn Berg und Herrn Manz. Ein sozialer Konflikt ist durch folgende Merkmale gekennzeichnet:
  - Der Konflikt spielt sich zwischen zwei oder mehr Personen oder Parteien ab, die sich gegenseitig beeinflussen können.
  - Die Parteien versuchen, scheinbar oder tatsächlich unvereinbare Handlungspläne zu verwirklichen.
  - Die Parteien (oder zumindest eine der Parteien) sind sich ihrer Gegnerschaft bewusst.

Konflikte als Systemeigenschaft

Im Alltag erklären wir häufig den Konflikt aus einer einzigen Ursache: Ursache ist das Verhalten des anderen (»Er ist schuld«), Ursache können aber auch die schlechte wirtschaftliche Situation oder irgendwelche unvernünftigen Vorstandsentscheidungen sein. Solche Erklärungen sind aber zu einfach: Ein Konflikt hat nie nur eine Ursache, sondern es wirken hier stets mehrere Faktoren zusammen. Das bedeutet, Konflikte sind im Zusammenhang mit dem jeweiligen sozialen System zu sehen und sind von den unterschiedlichen Faktoren sozialer Systeme beeinflusst.

1) Die am Konflikt beteiligten Personen. Bei intrapersonalen Konflikten ist im Wesentlichen nur eine Person beteiligt, der Konflikt spielt sich innerhalb dieser Person ab. Bei sozialen Konflikten sind das zunächst die Konfliktparteien, darüber hinaus können aber auch Personen im Hintergrund die Fäden ziehen oder als Betroffene unter dem Konflikt leiden.

2) *Subjektive Deutungen in Konflikten.* Konflikte sind in der Regel durch negative Deutungen der Situation gekennzeichnet. Das bedeutet:

- *Die Situation wird als belastend erlebt:* Die Stimmung ist schlecht, man hat das Gefühl, auf der Stelle zu treten.
- *Das Verhalten beziehungsweise die Absicht des anderen wird negativ gedeutet:* »Der andere ist nicht zu einer Einigung bereit«, »Der andere ist der Schuldige«.
- *Das eigene Verhalten wird als Reaktion auf das Verhalten des anderen gedeutet:* »Weil er nicht zu einer Einigung bereit ist, muss ich auf meiner Position beharren.«
- *Häufig fühlen sich Betroffene im Recht.* Oder sie haben das Gefühl, versagt zu haben, weil es ihnen nicht gelungen ist, die anderen zu überzeugen.

3) *Soziale Regeln in Konflikten.* Soziale Regeln beeinflussen die Art, wie Konflikte ausgetragen werden. Eine Regel »Ein Gewitter reinigt die Luft«, die besagt, dass es in einem sozialen System erlaubt ist, seine Meinung klar zu sagen, Position zu beziehen und Konflikte auszutragen, führt dazu, dass Konflikte eher angesprochen und ausdiskutiert werden. Regeln wie »Wir verstehen uns gut« oder »Wir sind ein harmonisches Team« besagen: »Bei uns darf es keine Konflikte geben!« Konsequenz davon ist, dass Konflikte »unter der Oberfläche« gehalten werden: Man spürt zwar, dass etwas nicht in Ordnung ist, aber jeder versucht, Probleme nicht anzusprechen.

4) *Regelkreise in Konflikten.* Festgefahrene Verhaltensmuster (Regelkreise) sind ein typisches Merkmal von Konflikten. Es werden ständig dieselben Argumente vorgebracht, dieselben Vorwürfe erhoben, dieselben Verteidigungen angeführt:

5) *Die Systemumwelt bei Konflikten.* Auch die materielle oder soziale Systemumwelt beeinflusst Konflikte: In einem Büro, das ursprünglich für drei Mitarbeiter gedacht war, sind jetzt fünf untergebracht, Es kommt zu Konflikten. Es entstehen Konflikte über die Verteilung von Mitteln, oder häusliche Probleme (also Probleme in einem anderen sozialen System) beeinflussen das Verhalten eines Kollegen und damit die Stimmung im gesamten Team.

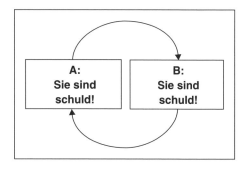

6) *Entwicklung von Konflikten.* Jeder Konflikt hat eine Geschichte. Dabei gibt es in vielen Fällen keine eindeutige Ursache und in der Regel auch nicht einen eindeutigen Schuldigen: Möglicherweise waren es am Anfang Kleinigkeiten, die sich allmählich hochgeschaukelt haben.

Friedrich Glasl hat (ursprünglich für Konflikte in größeren sozialen Systemen) ein Schema für verschiedene Eskalationsstufen von Konflikten entwickelt (Schmidt/Berg 2008, 322; ausführlich Glasl 2004, 92ff.)

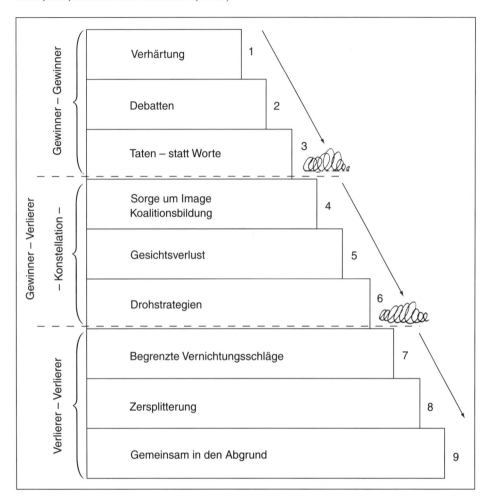

Glasl verdeutlicht diese Stufen am Beispiel eines Konfliktes zwischen Monteuren und dem Abteilungsleiter der Kesselwerke AG (Glasl 2004, 94ff.):

Eskalationsstufe 1 (Verhärtung): Einige Monteure haben Einwände gegen das neue Instandhaltungsschema vorgebracht, die aber vom Abteilungsleiter zurückgewiesen wurden. In der Folge verhärten sich die täglichen Abteilungsbesprechungen, die Diskussionen drehen sich wiederholt im Kreis, getroffene Entscheidungen werden in der nächsten Sitzung infrage gestellt.

Eskalationsstufe 2 (Debatte und Polemik): Abteilungsleiter und Monteure beschuldigen sich gegenseitig.

Eskalationsstufe 3 (Taten statt Worte): Die Monteure machen Dienst nach Vorschrift, der Abteilungsleiter behandelt immer weniger Themen in den Abteilungsbesprechungen.

Eskalationsstufe 4 (Images und Koalitionen): Wechselseitig bezeichnen sich die Kontrahenten als inkompetent; der Abteilungsleiter holt sich Unterstützung beim Werksleiter, die Monteure Unterstützung bei der Gewerkschaft.

Eskalationsstufe 5 (Gesichtsverlust): Wechselseitige massive Beschuldigungen und Vorwürfe.

Eskalationsstufe 6 (Drohstrategien): Die Personalabteilung bereitet die Entlassung des Teamsprechers vor, der seinerseits damit droht, Informationen über Verstöße gegen die Umweltschutzgesetze an die Presse weiterzugeben.

Eskalationsstufe 7 (begrenzte Vernichtungsschläge): Der Teamsprecher wird fristlos entlassen und klagt dagegen. Die Umweltbehörden erhalten anonym Kopien von belastenden Dokumenten.

Eskalationsstufe 8 (Zersplitterung des Feindes): Kunden, Lieferanten, Banken erhalten in anonymen Briefen Informationen über die Skandale in der Firma und ziehen sich mehr und mehr zurück. Der entlassene Teamsprecher wird in der Region völlig boykottiert.

Eskalationsstufe 9 (gemeinsam in den Abgrund): Der ehemalige Teamsprecher verliert sein gesamtes Vermögen in langwierigen Prozessen gegen die Kesselwerke AG. Das Werk muss geschlossen werden.

Nun muss nicht jeder Konflikt alle diese Stufen durchlaufen. Möglicherweise gelingt es durch interne Gespräche oder mit Unterstützung eines externen Coachs, den Konflikt zu »deeskalieren« und zu einer von beiden Parteien akzeptierten Lösung zu gelangen. Möglicherweise wird die Kommunikation irgendwann abgebrochen. Es kommt ein neuer Abteilungsleiter, oder derjenige Vertreter der Monteure, der den Konflikt am meisten verschärft hatte, scheidet aus. Oder der Konflikt wird auf einer bestimmten Stufe eingefroren: Es wird ein Problem endlos debattiert. Irgendwann wird (aus Erschöpfung) die Debatte abgebrochen. Die nächste Woche passiert nichts, dann plötzlich geht die Debatte von Neuem los.

Diagnose und Lösung von Konflikten als Thema im Coaching

Die Diagnose von Konflikten kann unmittelbar in der Klärungsphase eines Coachingprozesses oder in einer eigenen Diagnosephase mithilfe von Beobachtungen, Interviews und ähnlichen Maßnahmen erfolgen. Dabei bilden die genannten Merkmale sozialer Konflikte eine Checkliste (vgl. auch Berkel 2008, 45ff.; Glasl 2008, 95ff.; Schwarz 2005, 39ff.):

- *Welche Personen sind an dem Konflikt beteiligt?* Wer sind die unmittelbar Beteiligten? Spielen Personen im Hintergrund eine Rolle?
- *Wie wird der Konflikt gedeutet?* Welche Konstrukte werden zur Beschreibung der Situation verwendet? Wie wird das Verhalten des anderen gedeutet? Wie wird die Situation erklärt? Was glauben die Beteiligten zu gewinnen, was fürchten sie zu verlieren? Welche Lösungsmöglichkeiten kommen in den Blick?
- *Gibt es Werte und Regeln, die den Konflikt beeinflussen?*
- *Was ist der zentrale Regelkreis des Konfliktes?* Was macht A, wie antwortet darauf B, wie antwortet darauf C? Welches immer wiederkehrende Verhaltensmuster ergibt sich daraus?
- *Welche Umweltfaktoren beeinflussen den Konflikt?* Welche Rolle spielen finanzielle Ressourcen, räumliche Bedingungen, die Technik? Welche Rolle spielen andere soziale Systeme (Kunden, andere Unternehmensbereiche, die eigene Familie)? Wie ist die Systemgrenze zu diesen anderen sozialen Systemen?
- *Wie ist die bisherige Entwicklung des Konfliktes verlaufen?* Seit wann besteht der Konflikt? Gibt es eine Vorgeschichte? Ist er seitdem eskaliert? Gab es zwischenzeitlich Unterbrechungen des Konfliktes?

Ein hilfreiches Verfahren ist die in Kapitel 4 dargestellte Visualisierung von Regelkreisen:

- *Das Verhaltensmuster möglichst detailliert darstellen:* Was war die Ausgangssituation? Wer wurde als Erster aktiv? Was tat, sagte die betreffende Person? Was war der nächste Schritt? Was tat, sagte der oder die andere?
- *Die jeweiligen subjektiven Deutungen erfragen:* Was dachten, fühlten Sie in dieser Situation? Was, meinen Sie, dachte oder fühlte der andere?

Konfliktlösung bedeutet dann Veränderung des jeweiligen sozialen Systems, wobei grundsätzlich jeder Beteiligte Möglichkeiten hat. Daraus ergeben sich zwei Grundsätze:

- Nur der Coachee kann den ersten Schritt gehen – der andere ist nicht da!
- Konfliktlösung bedeutet, etwas anderes zu tun!

A greift B an

B greift nicht A an, sondern tut etwas anderes

Der Satz »Es wäre ja so einfach, der andere müsste nur …« bleibt leer: Der andere ist nicht da – und möglicherweise hat er keinerlei Interesse an der Veränderung der Situation. Das heißt, nur der Coachee kann etwas daran tun. Doch was? Im Grunde ist die Antwort ganz einfach (so schwer sie auch in der Praxis zu realisieren ist): Letztlich ist es egal, was »das andere« ist – es muss nur tatsächlich etwas anderes sein.

Konfliktlösung im Sinne von »etwas anderes tun« kann auf den unterschiedlichen Ebenen ansetzen:

1) Konfliktlösung als Veränderung von Personen. Grundsätzlich lässt sich ein Konflikt lösen, wenn eine der beteiligten Personen »aus dem System aussteigt«: Herr Berg geht für einige Jahre ins Ausland und baut dort einen Bereich auf. Er könnte, wenn es zu belastend ist, kündigen. Oder er könnte versuchen, sich mehr zurückzuziehen. Veränderung von Personen kann also bedeuten:

- Sich mehr zurückziehen, versuchen, den Kontakt zum anderen abzubrechen oder deutlich zu verringern.
- Jemand anderes übernimmt die bisherigen Aufgaben – und kann dann unbefangen an die Situation gehen.
- Das soziale System wechseln: kündigen, sich an einen anderen Standort versetzen lassen.

2) Konfliktlösung als Veränderung subjektiver Deutungen. Die jeweiligen subjektiven Deutungen legen einen »Rahmen« möglicher Lösungen fest. Damit können Konflikte auch gelöst werden, wenn sich die subjektive Deutung ändert, wenn also der Coachee die Situation »mit anderen Augen« oder aus einer anderen Perspektive sieht. Ein Beispiel dafür hatten wir bereits bei der Darstellung der Referenztransformation (s. S. 90ff.) aufgeführt: Herr Berg beklagt sich darüber, dass sein Vorgesetzter mit steinerner Miene vorbeigelaufen ist, und deutet die Situation: »Der hat etwas gegen mich.« Damit kommen für ihn nur zwei Handlungsmöglichkeiten in den Blick: gegen den Vorgesetzten kämpfen oder sich zurückziehen. Deutet Herr Berg dagegen die Situation als Überarbeitung, dann kann er Verständnis zeigen, den Vorgesetzten unterstützen oder zumindest sich von dessen Stimmungen nicht stören lassen.

Damit wird die Referenztransformation zu einem wichtigen Ansatz bei der Lösung von Konflikten: den Coachee dabei zu unterstützen, die Situation »mit anderen Augen« zu deuten, um auf dieser Basis neue Handlungsmöglichkeiten zu entwickeln. Das heißt im Einzelnen:

- *Den Coachee dabei zu unterstützen, die bisherigen Deutungen infrage zu stellen:* Hier ist es Aufgabe des Coachs, durch geeignete Fragen, aber auch durch Gegenargumente den Coachee anzuregen, seine bisherigen Deutungen zu überprüfen: »Woher wissen Sie das?«, »Warum können Sie sicher sein, dass diese Deutung stimmt?«, »Gibt es nicht auch andere Erklärungen für dieses Verhalten?«, »Ist diese Folgerung logisch?«.
- *Den Coachee unterstützen, die Situation oder das Verhalten des anderen positiver zu deuten:* Dies ist das in Kapitel 4 dargestellte Verfahren der Referenztransformation: »Was ist das Positive an dem Verhalten Ihres Vorgesetzten?«, »Welches positive oder nachvollziehbare Ziel könnte hinter dem Verhalten stehen?«, »Lässt sich die Situation anders verstehen, zum Beispiel als Zeichen von Überlastung und Druck?«.

- *Kritik in Wünsche transformieren:* Wir werden das Vorgehen in Kapitel 7 (s. S. 216ff.) ausführlich darstellen: Eine Kritik wie »Sie geben mir zu wenig Information« führt viel leichter in einen Konflikt als ein Wunsch »Ich wünsche mir, mehr Information«.

Übrigens ist auch die systemische Betrachtung von Konflikten bereits eine Referenztransformation: Die Ursache des Konfliktes wird nicht im Verhalten des anderen (»der andere ist schuld«), sondern als Ergebnis des sozialen Systems gesehen. Es gibt nicht »den Schuldigen«, sondern jeder hat etwas dazu beigetragen – und damit kann jeder auch etwas zur Lösung des Konfliktes beitragen.

3) Konfliktlösung als Veränderung sozialer Regeln. Konflikte in Besprechungen können durch die Abänderung von Regeln »deeskaliert« werden. Mögliche Regeln sind:

- *Allgemeine Kommunikationsregeln* wie »Jeder darf aussprechen«, Begrenzung der Redezeit.
- *Brainstormingregeln:* Ideen werden erst gesammelt, ohne sie zu diskutieren und zu bewerten.
- *Feedbackregeln:* Feedback annehmen, ohne es (sofort) zu diskutieren und damit, ohne sich zu verteidigen.

4) Konfliktlösung als Auflösung von Regelkreisen. Konflikte sind durch Regelkreise gekennzeichnet, bei denen sich beide Verhaltensweisen wechselseitig verstärken. Regelkreise lassen sich auflösen, wenn einer der Beteiligten (dabei ist es gleichgültig, ob das A oder B ist) »etwas anderes tut«. Was dieses »anderes« ist, kann von Fall zu Fall unterschiedlich sein. Möglichkeiten sind:

- *Distanz schaffen, um die Konfliktstruktur zu unterbrechen.* Wenn sich in Konflikten Verhaltensweisen wechselseitig hochschaukeln, kann ein erster Schritt sein, die Kommunikation zu unterbrechen. In einer eskalierenden Besprechung kann dann beispielsweise eine kurze Pause eingelegt werden, sodass sich jeder »abkühlen« kann: Das bedeutet auch: einen Konflikt nicht im Flur austragen, sondern einen eigenen Termin vereinbaren.
- *Etwas anderes machen.* Das kann zum Beispiel sein:
  – den Konfliktpartner fragen oder um Unterstützung bitten, anstatt gegen ihn zu arbeiten,
  – klar Position beziehen, anstatt unklar zu diskutieren,
  – selbst eine Entscheidung zu treffen, anstatt endlos zu diskutieren,
  – das Gleiche tun wie der Konfliktpartner …
- *Den Konflikt eingrenzen.* Bei Konflikten werden leicht bestehende Gemeinsamkeiten übersehen. Es ist leichter, Gegensätze zu bearbeiten, wenn Gemeinsamkeiten deutlich sind. Das heißt konkret: Abklären, wo die Positionen übereinstimmen und wo genau die Unterschiede oder Gegensätzlichkeiten liegen.

Auch gängige Kommunikationskonzepte im Anschluss an Thomas Gordon, das Neurolinguistische Programmieren, die Transaktionsanalyse oder andere bieten solche

»Lösungen zweiter Ordnung«. Es handelt sich dabei stets um »andere« Verhaltensweisen, die einen bestehenden Regelkreis auflösen können.

- *»Ich-Botschaften« anstelle von »Du-Botschaften« im Anschluss an Thomas Gordon* (z.B. 2006, S. 222f.): Statt dem anderen Vorwürfe zu machen, die eigenen Empfindungen deutlich machen: »Ich ärgere mich, wenn Sie direkt auf meine Mitarbeiter zugehen, weil mir dann die Leitung des Bereichs aus der Hand genommen wird.«
- *Aktives Zuhören* (Gordon 2006, S. 79ff.) *anstelle von Kritik, Ratschlägen, Drohungen, Ermahnungen:* Kritik, Drohungen, Ermahnungen, aber auch gute Ratschläge führen nicht selten zu Regelkreisen. »Aktiv zuhören«, also die Empfindungen des Gesprächspartners widerspiegeln (»Sie möchten mehr in die Arbeit einbezogen werden«), führt dazu, dass der andere sich verstanden fühlt und man eher eine Basis findet, auf der eine gemeinsame Lösung möglich ist.
- *Zwischen Inhalt und Beziehung unterscheiden* (Schulz von Thun 2007, Bd. 1, 25ff.): Deutlich zu machen, dass der Gegensatz ein inhaltlicher ist, aber man den Gesprächspartner trotzdem schätzt, kann helfen, die Diskussion zu versachlichen. In eine ähnliche Richtung zielt auch der Wechsel auf die Ebene des Erwachsenen-Ichs aus einem Eltern- oder Kind-Ich in der Tradition der Transaktionsanalyse.
- *Verdeckte Informationen nachzufragen, anstatt sofort Stellung zu beziehen.* Das gibt einem auch Zeit, genauer nachzufragen und zu verstehen.
- *»Metakommunikation« durchführen,* indem man über die Kommunikationsstrukturen redet (Schulz von Thun 2007 Bd. 1, 91ff.): »Ich glaube, wir haben uns hier in einem Muster verfangen.« Aber Vorsicht: Im Anschluss daran nicht in eine negative Du-Botschaft verfallen, »weil Sie mich immer angreifen« – das würde nur einen neuen Regelkreis initiieren: »Ich greife Sie doch nicht an!«
- *Positive Ansätze verstärken, statt zu kritisieren* (Verhaltensmodifikation, z.B. Steiner 2007).

Schließlich: Eine besondere Form der Unterbrechung von Regelkreisen in Konflikten ist Humor. Humor ist eine Möglichkeit, »aus festgefahrenen Kommunikationsmustern auszusteigen« (Titze/Patsch 2011, 21). Auf einen Konflikt »humorvoll« auszusteigen, zum Beispiel Kritik vorbehaltlos, aber mit einem Lächeln bestätigen (»Sie haben ja so Recht!«), unerwartete Antworten zu geben, bringt nicht selten den Gegner zum Lachen und bietet neue Ansatzpunkte.

5) Konfliktlösung als Veränderung der Systemumwelt. »Etwas anderes tun« kann auch bedeuten, die Systemumwelt zu verändern. Manchmal sind das ganz einfache Möglichkeiten: die eigene Sitzposition in einer Besprechung verändern (nicht mehr frontal gegenüber), das Büro anders einrichten. Bisweilen kann es helfen, die Grenze zu anderen Systemen zu verändern: beispielsweise Themen erst im kleinen Kreis vorbesprechen oder von außen Unterstützung holen.

6) Konfliktlösung als Veränderung der Entwicklung. Für viele Situationen gibt es den »passenden« Zeitpunkt. In manchen Fällen ist es dann hilfreich, schnell das Gespräch zu suchen oder schnell etwas zu verändern. Manchmal kann es aber durchaus hilfreich sein, erst einmal abzuwarten.

Gerade dann, wenn Konflikte festgefahren sind, fällt es dem Coachee häufig nicht leicht, »neue« Lösungen zu finden. Er benötigt insbesondere dann Unterstützung. Möglichkeiten sind:

- *Die Sammlung neuer Lösungen an die Visualisierung des Regelkreises anzuschließen:* Was sind die Punkte im Konfliktverlauf, an denen der Coachee handelt? Was wären hier andere Möglichkeiten? Was könnte er stattdessen tun (gar nichts, etwas anderes, etwas Verrücktes)?
- *Paradoxe Prozessfragen stellen:* Eine Reihe von Prozessfragen sind »paradoxe« Fragen, die den Coachee verwirren und damit aber zugleich frei machen für neue Lösungen. »Stellen Sie sich vor, es ist ein Wunder geschehen, und über Nacht hat sich das Problem gelöst ...« – diese Frage ist rational wenig sinnvoll, aber sie bringt gleichsam den Gesprächspartner durcheinander, und er vergisst damit seine Einwände. Manchmal genügt auf die Antwort »Ich weiß hier keine Lösung« auch schon die Frage des Coachs »Raten Sie mal!«. Manchmal führt die sogenannte Verschlimmerungsfrage »Was können Sie tun, damit der Konflikt noch schlimmer wird?« zu neuen, überraschenden Lösungen.
- *Als Experte neue Handlungsmöglichkeiten nennen:* Von außen fällt es häufig leichter, neue Handlungsmöglichkeiten zu entwickeln. Dabei gelten für diese Phase ebenfalls die Brainstormingregeln. Und das bedeutet: Die Ideen des Coachs werden aufgeschrieben, ohne sie zu diskutieren – und erst im Anschluss daran erfolgt die Bewertung durch den Coachee.
- *Andere Beteiligte als Experten nutzen:* Jemand von außen wird leichter neue Ideen finden. Vielleicht hat die Sekretärin eine gute Idee? Vielleicht kann man ein Teammeeting nutzen, um neue Lösungen zu finden?
- *Den Konflikt mithilfe analoger Verfahren bearbeiten:* Analoge Verfahren bieten hier den Vorteil, dass sie die emotionale Intelligenz, das intuitive Wissen des Coachees nutzen: »Suchen Sie sich ein Symbol für eine gute Lösung!« Der Coachee kommt dann nicht selten mit irgendeinem Gegenstand an, bei dessen Bearbeitung sich in der Tat neue Lösungen auftun.

Aber auch hier gilt wieder: Jedes Coaching muss mit Prozessberatung abschließen. Im Anschluss an Anregungen von außen ist dann der Coachee gefragt: Welche Ideen bieten für ihn mögliche Ansätze? Was könnte er ausprobieren? Was könnte er möglicherweise modifizieren, um daraus eine eigene Lösung zu entwickeln?

Anregung zur Weiterarbeit

Hier ist wieder ein geeignetes Verfahren, einen Konflikt zwischen anderen, den Sie beobachtet haben (oder einen eigenen Konflikt, der aber inzwischen gelöst ist), zum Gegenstand der Analyse zu machen. Versuchen Sie, die Konfliktstruktur zu visualisieren. Überlegen Sie: Was wären andere Handlungsmöglichkeiten.

Als weitere Anregung hier wieder einige Literaturhinweise:

- Friedrich Glasl: Konfliktmanagement: Ein Handbuch für Führungskräfte, Beraterinnen und Berater. Haupt, Bern 2008.
- Susanne Klein: Wenn die anderen das Problem sind: Konfliktmanagement, Konfliktcoaching, Konfliktmediation. Gabal, Offenbach 2006.
- Astrid Schreyögg: Konfliktcoaching: Anleitung für den Coach. Campus, Frankfurt am Main/New York (2. Aufl.) 2011.
- Fritz B. Simon: Einführung in die Systemtheorie des Konflikts. Carl-Auer-Systeme Heidelberg 2010.
- Christoph Thomann/Friedemann Schulz von Thun: Klärungshilfe 2: Konflikte im Beruf: Methoden und Modelle klärender Gespräche. Rowohlt, Reinbek 2004.
- Michael Titze/Inge Patsch: Die Humor-Strategie: Auf verblüffende Art Konflikte lösen. Kösel, München (6. Aufl.) 2011.

Ganzheitliches Selbstmanagement

Der Wechsel von Herrn Berg in die Bereichsleiterposition bedeutet für ihn einen Schritt auf der Karriereleiter nach oben. Aber er verspürt ein gewisses Unbehagen dabei: Wie wird er mit der zusätzlichen Belastung zurechtkommen? Traut er sich überhaupt die neue Aufgabe zu?

Aktuell wird dieses Problem, als Herr Berg als neuer Bereichsleiter zugleich noch ein Projekt erhält, in dem es um Verbesserung von Abläufen im Vertrieb geht. »Ich brauche da einen Projektleiter, der Standing hat«, so der Geschäftsführer Herr Magge, »mir liegt sehr daran, dass Sie das übernehmen.« Nun, Herr Berg fühlt sich in dieser Situation alles andere als standfest, sondern gerät in Panik: »Es ist schrecklich. Jetzt hat mir doch dieser Magge noch das Projekt aufgehalst. Ich bin absolut überfordert und weiß nicht mehr, wo mir der Kopf steht. Alles muss ich gleichzeitig machen, und das Ergebnis ist, nichts kriege ich ordentlich hin. Schon jetzt sitze ich jeden Abend fast bis 22 Uhr im Büro, und am Wochenende bearbeite ich dann die liegen gebliebenen E-Mails. Wie soll ich das überhaupt schaffen?«

Dabei geht es nicht um Probleme im Umgang mit Herrn Magge, sondern es geht um den Umgang von Herrn Berg »mit sich selbst«: Wie geht er mit Belastungen, Stress und Zeitdruck um?

In der Praxis versucht man nicht selten, solchen Problemen mit Methoden des Zeitmanagements oder der Arbeitsmethodik zu begegnen: Herr Berg muss seine Zeit nur besser planen. Doch ein solches »technisches« Verständnis von »Selbstmanagement«, wie man es oft bezeichnet, löst häufig nicht die Probleme. Herr Berg mag noch so viele Methoden der Priorisierung und der Arbeitsmethodik anwenden – trotzdem kann es sein, dass er damit sein Problem nicht löst.

Der Philosoph Wilhelm Schmid hat Themen wie Umgehen mit Stress, Belastung, Zeit unter ein anderes Motto gestellt: »Mit sich selbst befreundet sein« heißt der Titel eines von ihm verfassten Buches zur »Lebenskunst« (Schmid 2004). »Mit sich selbst befreundet sein« ist eine andere Metapher. Eine Freundschaft lässt sich nicht einfach »managen«. Eine Freundschaft ist immer auch ein Geschenk, etwas, das nicht »herstellbar« ist. Entsprechend lenkt die Bezeichnung »Lebenskunst« den Blick auf andere Aspekte: darauf, dass der Umgang mit sich selbst nicht nur ein Machen und Herstellen ist, sondern auch ein Innehalten, Wahrnehmen, sich selbst vergessen – oder, wie Wilhelm Schmid formuliert, »mir selbst Aufmerksamkeit widmen, mich auf mich selbst besinnen und bewusst die Sorge für mich wahrnehmen können« (Schmid 2004, 72). Sicher, der Umgang mit sich selbst ist auch ein Planen, eine Anwendung von Methoden (zum Beispiel Methoden für den Umgang mit Stress). Aber es ist nicht nur das. Es hat auch etwas mit einer Vorstellung vom »guten« Leben zu tun, damit, wie weit ich mich selbst akzeptiere, mich wertschätze, für mich sorge.

Die Kernfrage beim Thema »Selbstmanagement« lautet: Wie gehe ich mit mir selbst um? Häufige Themen im Zusammenhang mit Selbstmanagement sind daher:

- Mir fehlt Energie.
- Ich kann mich nicht aufraffen.
- Ich bin im Stress.
- Ich komme mit meiner Zeit nicht zurecht.
- Glück.
- Ich rackere mich ab, doch wofür? Was ist der Sinn meiner Arbeit?
- Ich schaffe es nicht.

Zu all diesen Themen gibt es mittlerweile uferlose Literatur auf der Basis verschiedener Konzepte, wobei die Spannweite von theoretischen Konzepten (kognitive Verhaltenstherapie, NLP, Gesprächstherapie, Hypnotherapie, narrative Therapie) über Themen wie Selbstcoaching, Selbstmanagement, Selbsttraining bis zu Ratgebern reicht, in denen die Autoren ein »besseres«, »erfüllteres«, »stressfreieres« Leben versprechen.

Sicherlich ist es hilfreich, sich genauer mit der jeweiligen Literatur zu befassen, wenn Sie mit Ihrem Coachee Themen wie Stress, Zeitmanagement, Blockaden besprechen. Aber wir möchten Ihnen hier so etwas wie eine Grundorientierung geben, wo Sie bei der Bearbeitung solcher Themen im Coaching ansetzen können. Im Blick darauf fassen wir auch so unterschiedliche Themen wie Sinn und Zeitmanagement zusammen.

Das Selbstmanagement-Prozessmodell

In der Tradition der älteren Verhaltenstheorie hat man versucht, Probleme wie Stress und Zeitdruck nach dem Reiz-Reaktions-Modell zu erklären. Stress, so eine klassische Definition ist ein »Muster spezifischer und unspezifischer Reaktionen eines Organismus auf Ereignisse« (Zimbardo/Gerrig 2008, 745). Das heißt, ein bestimmter Reiz (zum Beispiel eine neue Aufgabe) löst eine bestimmte Reaktion (Stress) aus. Oder auf andere Themen übertragen: Ein schlechtes Ergebnis bei der Präsentation führt zum Sinken der Motivation, möglicherweise zu Resignation und innerer Kündigung.

Dieses Modell ist zu einfach. Reize führen nicht automatisch zu irgendwelchen Reaktionen, sondern es hängt von der jeweiligen Person ab, wie sie auf äußere Anforderungen reagiert. Denken Sie daran, wie unterschiedlich verschiedene Personen mit dem gleichen »Stress« umgehen. Der eine fühlt sich völlig überfordert, der andere erlebt das als Herausforderung und blüht nahezu auf – möglicherweise zum völligen Unverständnis der Umwelt. Diese unterschiedlichen Reaktionen lassen sich nicht durch Reize erklären, sondern haben etwas mit der betreffenden Person zu tun – genauer: mit den subjektiven Deutungen, aber auch mit dem zur Verfügung stehenden Handlungsrepertoire. Je nachdem, wie die betreffende Person die Situation deutet und über welche »subjektiven Strategien« sie verfügt (also, welche Handlungsmöglichkeiten in den Blick kommen und verfügbar sind), wird die Reaktion anders sein. Verdeutlichen wir das an dem Beispiel von Herrn Berg:

- *Auslöser* für die Situation ist die Tatsache, dass Herr Berg neben seiner Arbeit als neuer Bereichsleiter noch ein Projekt als zusätzliche Aufgabe erhält. Dabei ist jedoch der Auslöser nicht als »die« Ursache im Sinne eines klassischen Kausaldenkens zu sehen. Auf der Basis eines systemischen Ansatzes gibt es stets mehrere Faktoren, die eine Situation beeinflussen: In diesem Fall Herr Magge, die Erwartung von Herrn Magge, möglicherweise auch eine soziale Regel im Unternehmen, dass man solche Aufträge nicht ablehnen darf.
- *Subjektive Deutung der Situation:* In Kapitel 4 hatten wir zwischen kognitiven und emotionalen subjektiven Deutungen unterschieden: Kognitive subjektive Deutungen sind die Gedanken, die sich eine Person zu der Situation macht. Emotionale subjektive Deutungen sind die unmittelbar auftretenden Gefühle und Empfindungen. Auf das Beispiel von Herrn Berg bezogen bedeutet das:
  - In der Schilderung von Herrn Berg fallen bestimmte zentrale Begriffe auf, mit denen er die Situation beschreibt: »schrecklich, überfordert, nicht wissen, wo mir der Kopf steht, es schaffen können«. Er hätte die Situation auch mit anderen Begriffen beschreiben können: »das ist im Grunde eine tolle Herausforderung, hier kann ich zeigen, dass ich komplexe Situationen beherrsche«. Die gleiche Situation lässt sich mit unterschiedlichen Begriffen beschreiben – und die Konsequenzen sind andere.

– Herr Berg berichtet aber auch von seinen Empfindungen und Gefühlen: Er fühlt sich überfordert, er hat Angst zu versagen. All das sind unmittelbar auftretende Empfindungen, die in Zusammenhang stehen mit seinen Gedanken, die er aber auch nicht einfachhin unterdrücken kann.

- *Coping- oder Bewältigungs-Strategien:* Coping-Strategien sind das Handlungsrepertoire, das jemand zur Bewältigung belastender Situationen zur Verfügung steht. Herr Berg hat offenbar die Coping-Strategie, besonders lange (bis spät abends und auch am Wochenende) zu arbeiten – zu fragen ist dann, ob diese Strategie geeignet ist oder ob sich nicht hier eine bessere Coping-Strategie entwickeln lässt.
- *Reaktionen:* Reaktionen können kognitiv, emotional, körperlich und verhaltensmäßig sein: Herr Berg bekommt zunehmend Konzentrationsschwierigkeiten (kognitive Reaktion), hat das Gefühl, überwältigt zu sein (emotional), kann nachts nicht mehr schlafen (körperlich) und bricht zunehmend seine Kontakte im privaten Umfeld ab (verhaltensmäßig).

Bildlich dargestellt ergibt sich damit folgendes Selbstmanagement-Prozessmodell:

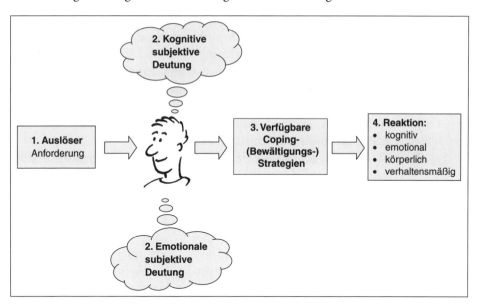

Dieses Prozessmodell lässt sich auch auf andere Themen übertragen. Wenn jemand keine Energie mehr hat oder keinen Sinn in der Arbeit findet, dann gibt es dafür immer auch Auslöser, die Situation wird kognitiv gedeutet, aber auch emotional als Druck, Lähmung erlebt, es werden bestimmte Verhaltensstrategien angewandt, und es treten bestimmte Reaktionen auf. Damit kann dieses Prozessmodell einen Orientierungsrahmen für die Bearbeitung im Coaching bieten. Es ist zu fragen:

- Was sind die Auslöser für diese Situation – lassen sich die Auslöser abändern?

- Wie wird die Situation subjektiv gedeutet und emotional erlebt – lassen sich Gedanken und Emotionen verändern?
- Welche Bewältigungsstrategien stehen zur Verfügung – oder lassen sich entwickeln?
- Welches Verhalten resultiert daraus – und lassen sich zum Beispiel Regelkreise abändern?

Die einzelnen Ansatzmöglichkeiten werden in den folgenden Abschnitten beschrieben.

Erfassung und Abänderung von Auslösern

Stressoren und Zeitdiebe. Natürlich haben alle Probleme im Umgang mit sich selbst immer auch Auslöser. Im Zusammenhang mit Zeitmanagement spricht man von Zeitdieben, im Umgang mit Stress von Stressoren. Dabei gibt es in vielen Fällen so etwas wie »typische« Auslöser:

- *Typische Stressoren:*
  - soziale Stressoren wie Konflikte, Konkurrenz, aber auch Isolation, »Crowding« (zu wenig Freiraum)
  - Leistungsstressoren wie Termindruck, eine wichtige anstehende Präsentation, Prüfung, Über-, aber auch Unterforderung
  - besondere Ereignisse wie Tod eines Ehepartners, Krankheit, Heirat, Start in einer neuen Stelle, aber auch Weihnachten kann Stressor sein
  - physische Stressoren wie Schlafmangel, Lärm, Kälte, Hitze
  - täglicher Kleinkram (»little hazzles«) wie häufiges Telefonklingeln, aber auch Stau während der Rushhour, Schlangen im Supermarkt.
- *Typische Zeitdiebe:* Das können äußere Faktoren sein, wie unangemeldete Besucher, plötzliche Telefonanrufe, zu viel Kleinkram, ineffiziente Besprechungen, an denen man teilnehmen muss, Unordnung auf dem Schreibtisch. Daneben gibt es dann Zeitdiebe, die in der eigenen Person liegen wie fehlende Prioritätensetzung, fehlende Disziplin beim Abarbeiten von Aufgaben.

Aufgabe im Coaching ist es zunächst, diese Auslöser zu identifizieren. Das schafft für den Coachee Klarheit: In welchen Situationen tritt dieses Problem auf? Zugleich ergeben sich daraus erste Hinweise auf mögliche Lösungen: Häufiges Telefonklingeln lässt sich durch Anrufumschaltung beseitigen, Termine lassen sich weniger kurzfristig festlegen. Daraus ergibt sich eine Reihe von Prozessfragen:

Prozessfragen zur Analyse und Abänderung von Auslösern
- Was sind typische Situationen, die zu Belastung oder Stress führen?
- Wann, wo, mit wem trat diese Situation das letzte Mal auf?
- Was ist ein typisches Beispiel für diese Situation?
- Was genau ist passiert? Was hat der andere gesagt oder getan? Wie haben Sie reagiert?

- Welche Situationen helfen, persönliche Belastungen abzubauen?
- Welche Abänderungen gibt es dafür?
- Wie könnten Sie die Situation anders gestalten?

Auch hier gilt wieder: Sie können das Vorgehen an sich selbst üben – am besten mit einem Gesprächspartner, der Sie dabei unterstützt.

Stakeholderanalyse und Stakeholder-Management. Auch andere Personen haben Auswirkungen auf den Umgang mit sich selbst. Das kann der Vorgesetzte (Herr Magge) sein, der Forderungen an Herrn Berg stellt und damit Stress erzeugt. Das kann der Ehepartner sein, der Erwartungen an gemeinsame Zeit hat, oder der auch unterstutzen kann.

Das Verfahren, das Sie hier anwenden können, ist die bereits erwähnte Stakeholderanalyse (s. S. 74ff.): Wer sind Ihre Stakeholder im Umgang mit Stress, Zeitproblemen, Energie? Hier nur einige mögliche Prozessfragen:

- Wer sind im Umgang mit sich selbst die wichtigen Stakeholder? Wer sind die Personen, die Sie im Umgang mit sich selbst belasten (weil sie zum Beispiel Zeit beanspruchen, Anforderungen stellen)? Wer sind aber auch die Personen, die Sie dabei unterstützen können?
- Was erwarten die betreffenden Stakeholder? Welche Unterstützung geben sie Ihnen?
- Was sind typische Verhaltensweisen dieser Stakeholder, die hier eine Rolle spielen?
- Welche Anregungen (mögliche Handlungskonsequenzen für Sie) ergeben sich daraus?

Ankern. Vermutlich kennen Sie das aus eigener Erfahrung: Es gibt bestimmte Orte (zum Beispiel eine Bank in Ihrem Garten), und Sie fühlen sich entspannt. Sie erhalten eine E-Mail von einem Kunden – und schon geraten Sie unter Stress.

Was hier abläuft, ist das in der Lernpsychologie seit über hundert Jahren bekannte »klassische Konditionieren«: Ein Reiz wird mit einem zunächst neutralen anderen Reiz verknüpft und löst dann die Reaktion aus, die der ursprüngliche Reiz ausgelöst hat: Sie hatten einmal mit einem Kunden oder Kollegen einen massiven Konflikt – und jede E-Mail von ihm, selbst wenn sie überhaupt nichts mit dem ursprünglichen Problem zu tun hat, versetzt Sie in Stress.

Im Neurolinguistischen Programmieren (NLP) hat man dieses Verfahren unter der Bezeichnung »Ankern« wieder aufgegriffen (z.B. Mohl 2010, 153–176). Ein Anker ist ein Auslöser für eine bestimmte Reaktion. Dabei lassen sich verschiedene Arten von Ankern unterscheiden:

- *Visuelle Anker als sichtbare »Merker«:* Ein auf die Arbeitsmappe geklebtes Smiley erinnert den Coachee daran, zuzuhören; eine in Folie eingeschweißte Checkliste erinnert an die Hauptschritte im Coachingprozess.

- *Auditive Anker:* Sie hörten an einem entspannten Abend eine bestimmte Melodie. In einer anderen Situation ist dieselbe Melodie wieder zu hören – und Sie fühlen sich plötzlich wiederum entspannt und gelöst.
- *Sogenannte »kinaesthetische« Anker:* dazu gehören bestimmte Bewegungen oder Gegenstände zum Anfassen, beispielsweise ein besonderer Schlüsselring in der Hosentasche mit der Bedeutung »bei Angriffen ruhig bleiben«; oder der Druck vom Daumen auf den Mittelfinger der rechten Hand mit der Bedeutung »du kannst es«.

Wenn die Bank im Garten bei Ihnen der Auslöser für Entspannung ist (weil Sie vielleicht öfters hier sehr entspannt sitzen), dann können Sie das nutzen, indem Sie sich in Stresssituationen gedanklich auf diese Bank setzen. Mit hoher Wahrscheinlichkeit wird sich ein Gefühl der Entspannung einstellen. Entsprechend können Sie Ihren Coachee unterstützen, Auslöser (Anker) für positive Reaktionen zu finden. Die Schritte dabei sind folgende:

- Definieren Sie mit Ihrem Coachee das Verhalten oder Gefühl (zum Beispiel Sicherheit im Auftreten), das er gerne erreichen möchte.
- Bitten Sie Ihren Coachee, sich dafür einen Anker zu wählen: eine bestimmte Handbewegung, einen Schlüsselanhänger, ein Bild.
- Bitten Sie Ihren Coachee, sich an eine Situation zu erinnern, in der das erwünschte Verhalten besonders ausgeprägt war – also an eine Situation, in der er wirklich sicher aufgetreten ist. Hilfreich ist, dabei verschiedene Wahrnehmungskanäle anzusprechen: Was hat der Coachee in dieser Situation gesehen? Was hat er gehört? Möglicherweise hat er etwas gerochen (den Duft der Bäume im Garten)? Was hat er gefühlt? Bitten Sie ihn, dieses Gefühl wieder zu erleben.
- Wenn Sie spüren, dass Ihr Coachee »in dieser Situation ist« und das Gefühl intensiv erlebt, dann fordern Sie ihn auf, den Anker zu setzen: beispielsweise den Schlüsselanhänger zu betrachten und anzufassen, die entsprechende Handbewegung auszuführen.
- Nachdem Sie Ihren Coachee aus der Situation geholt haben, können Sie leicht überprüfen, inwieweit der Anker tatsächlich gesetzt ist. Lassen Sie ihn den Schlüsselanhänger in die Hand nehmen oder die betreffende Bewegung ausführen: Stellt sich das Gefühl wieder ein? Wie verhält er sich?

Selbstmanagement als Klärung und Veränderung subjektiver Deutungen

Hier können Sie als Coach all die Vorgehensweisen nutzen, die wir bereits in Kapitel 4 dargestellt haben. Sie können Ihren Coachee unterstützen, die positiven Aspekte einer Situation zu erkennen (Referenztransformation) oder Sie können hinderliche Annahmen in einem »Disput« überprüfen. Sie können ihn darüber hinaus auch zur Selbstreflexion anregen. Sie können aber ebenso auf der Ebene der emotionalen subjektiven Deutungen ansetzen, indem Sie zum Beispiel mit Metaphern arbeiten.

Referenztransformation. Dieses Vorgehen haben wir bereits in Kapitel 4 ausführlich dargestellt. Es lässt sich gleichermaßen beim Thema Selbstmanagement anwenden, wobei die dort aufgeführten unterschiedlichen Formen der Referenztransformation eine Rolle spielen. Wir beschränken uns auf einige Beispiele:

- Wie lässt sich die gegenwärtige Situation anders und positiver deuten? So könnte Herr Berg die Situation nicht als Überforderung, sondern als Herausforderung deuten – und würde damit neue Handlungsmöglichkeiten gewinnen.
- Welches Ziel mag dahinterstecken, dass Herr Berg immer im Zeitdruck ist? Möglicherweise vermeidet er dadurch, Gedanken über seine Beziehung, möglicherweise gewinnt er dadurch Beachtung seines Vorgesetzten.
- Herr Berg erlebt sich als Opfer, ihm wurde immer noch etwas »aufgebürdet«. Doch diese Situation lässt sich auch als Ergebnis von Handlungen deuten: Was hat Herr Berg getan, dass es so wurde? Was kann er daraus lernen?

Ein Ansatz, in dem im Hinblick auf das »bessere Leben« Referenztransformation eine große Rolle spielt, ist die Positive Psychologie im Anschluss an Martin Seligman. Das Anliegen der positiven Psychologie ist zu untersuchen, welche Faktoren zu positiven Gefühlen wie Befriedigung, Glück, Hoffnung führen. Entscheidende Faktoren, so Seligman (2011, 111ff.) sind

- *Die positive Einschätzung der Vergangenheit:* die Aufmerksamkeit auf positive Erinnerungen richten, sich eigener Erfolge, aber auch positiver Ereignisse in der Vergangenheit bewusst werden, sich überlegen, was das Positive in einem schwierigen Gespräch, einer schwierigen Position war, negative Erfahrungen nicht aus stabilen Eigenschaften (»ich bin unfähig«), sondern aus konkreten und spezifischen Faktoren erklären, die Tatsachen überprüfen.
- *Positive Einschätzung der Zukunft:* sich nicht nur auf ein Worst-Case-Szenario konzentrieren, sondern Alternativen betrachten, optimistisch in die Zukunft schauen, auch hier wieder: das Positive und die Chancen in zukünftigen Situationen sehen.
- *Positive Einschätzung der Gegenwart:* Kleine positive Situationen (einen Sommermorgen, der Blick in den Garten) überhaupt wahrnehmen, und auch hier wieder: sich die positiven Aspekte der gegenwärtigen Situation bewusst machen.

Daraus ergeben sich wiederum unterschiedliche Vorgehensweisen für den Coachingprozess: Sie können Ihren Coachee nach Erfolgen in der Vergangenheit fragen, ihn anleiten, kleine positive Situationen wahrzunehmen, jeden Tag ein positives Ereignis aufzuschreiben.

Selbstreflexion. Jede Person macht sich ein Bild von sich, sie hat ein »Selbstkonzept«, wobei Selbstkonzept »die Gesamtheit aller bewussten, subjektiv wichtigen Vorstellungen, die eine Person von sich … hat« (Greif 2008, 24). Dabei unterscheidet man zwischen dem realen Selbstkonzept (wie sich die Person gegenwärtig sieht) und dem idealen Selbstkonzept (wie sie sein möchte). Entwicklung der eigenen Person ist nur möglich, wenn reales und ideales Selbstkonzept verglichen werden. Eben das ist »Selbstreflexion«. Coaching ist hier eine wichtige Möglichkeit, die Selbstreflexion anzustoßen und – damit Anregungen für die Weiterentwicklung zu geben.

Selbstwert: Eines der Hauptprobleme bei Selbstmanagement besteht darin, dass der Betreffende sich selbst negativ, als Versager, sieht. Selbstwert oder Selbstachtung, so formuliert Virginia Satir (Satir/Baldwin 2004, 159),

> *»ist der Wert, den ein Mensch sich selbst zumisst, die Liebe und Achtung, die er für sich aufbringt, unabhängig davon, wie andere ihn sehen.«*

Aufgabe des Coachings ist dann, den Coachee darin zu unterstützen, wieder Selbstwert zu gewinnen. Das bedeutet zunächst, die Aufmerksamkeit auf das Positive und das Erreichte zu lenken. Möglichkeiten dafür sind:

- *Das Positive bewusst machen:* Zum Beispiel sich zu jedem Lebensbereich eine Situation bewusst machen, auf die der Coachee wirklich stolz ist. Nicht selten benötigt der Coachee hier Unterstützung, sich wirklich auf das Positive zu fokussieren.
- *Das Selbstwert-Tagebuch:* Nehmen Sie sich am Schluss des Tages (oder der Woche) 15 Minuten Zeit und reflektieren Sie den Tag oder die Woche: Mit welcher beruflichen Leistung bin ich zufrieden? Was habe ich Gutes für meine Familie, für meine Beziehungen getan? Was habe ich für mich getan? Was war eine wirklich sinnvolle Tätigkeit? Und nehmen Sie sich dann für den nächsten Tag (die nächste Woche) zwei Bereiche vor, in denen Sie etwas Gutes oder Sinnvolles tun wollen.

Veränderung persönlicher Regeln

Regeln – wir hatten das bereits in Kapitel 4 dargestellt – sind Anweisungen, etwas zu tun oder zu unterlassen. Regeln können soziale Regeln sein, die das Miteinander in einem sozialen System (einer Familie, einer Gruppe, einem Arbeitsteam, einer größeren Organisation) regeln. Regeln können aber auch persönliche Regeln sein, die das eigene Handeln leiten. Es gibt eine Reihe von solchen persönlichen Regeln oder »subjektiven Imperativen« (Wagner 2011, 146ff.), die immer wieder auftreten:

- Mach es perfekt: beweise, dass du etwas kannst; erst die Arbeit, dann das Vergnügen; ich muss besser sein als die anderen!
- Streng dich an: sitz nicht rum, tu etwas; wer rastet, der rostet!
- Mach es anderen recht: ich muss immer freundlich sein; es darf keinen Streit geben!
- Sei vorsichtig!
- Sei immer ordentlich!

Persönliche Regeln sind in vielen Situationen hilfreich, sie geben Orientierung für das eigene Handeln. Aber sie können auch einengend sein und Druck erzeugen (es immer beweisen zu müssen, ist anstrengend). Aufgabe im Coaching ist dann, den Coachee zu unterstützen, solche Regeln zu erkennen und abzuändern. Hierfür hat Virginia Satir im Rahmen ihrer familientherapeutischen Arbeit ein relativ einfaches, aber hilfreiches Vorgehen entwickelt, die Regeltransformation (Satir u.a. 2007, 323ff.). Sie verläuft in folgenden Schritten:

- Schritt 1: Fordern Sie Ihren Coachee auf, die problematische Regel aufzuschreiben und mehrmals auszusprechen. Dabei sollte die Betonung auf unterschiedlichen Wörtern liegen. Also zum Beispiel bei der Regel »ich muss immer freundlich sein: <u>ich</u> muss immer …, ich <u>muss</u> immer …, ich muss <u>immer</u> …«. Wenn der Coachee dabei auf sein Gefühl achtet, wird schnell deutlich, an welchen Stellen die Regel unpassend ist.
- Schritt 2: In einem zweiten Schritt geht es darum, die Regel abzuändern. Dabei können die sogenannten Modaloperatoren (»müssen«, »wollen«) verändert werden (ich »will« statt »ich muss«). Es können Generalisierungen (»immer«), aufgelöst oder Bedingungen und Ergänzungen eingeführt werden (»ich will freundlich sein, aber ich darf auch aus der Haut fahren«), die Regel kann positiv statt negativ formuliert werden.
- Schritt 3: Jede einzelne Regel wird dann im dritten Schritt entsprechend überprüft, indem sie wieder (mit unterschiedlicher Betonung) mehrmals ausgesprochen wird. Letztlich stellt sich dann immer eine Formulierung heraus, die passend ist.
- Schritt 4: In einem vierten Schritt kann dann überlegt werden, was die Umsetzung dieser Regel im Alltag für Konsequenzen hat und wie sie eingeübt werden kann.

Ein ähnliches Vorgehen ist die »Introversion« für die Auflösung innerer Konflikte (Wagner 2011, 200ff.). Sie besteht aus drei Schritten:

- Schritt 1: Der Coachee wird aufgefordert, zu einer Problemsituation das zu sagen, was ihm durch den Kopf geht.
- Schritt 2: Der Coach achtet auf die diesem Problem zugrunde liegende Regel und spiegelt sie ihm »konstatierend«, das heißt neutral zurück.
- Schritt 3: Der Coachee wird aufgefordert, sich diese Regel »konstatierend« und damit gleichsam von außen zu betrachten. In vielen Fällen reicht dieses Vorgehen aus, um Distanz zur Regel zu gewinnen und neue Handlungsmöglichkeiten zu entwickeln.

Veränderung von Metaphern

Stellen Sie sich vor, Sie befinden sich vor einer schwierigen Situation. Versuchen Sie, sich diese Situation unter unterschiedlichen Metaphern vorzustellen (in Anlehnung an Fuchs/Huber 2002, 57):

- Es ist eine Lawine, die auf Sie zukommt.
- Es türmt sich vor Ihnen ein Berg auf.
- Sie stehen auf einem steilen Skihang.
- Sie rudern in einem kleinen Boot auf dem Ozean.

Je nachdem, mit welcher Metapher Sie die Situation deuten, wird Ihre Reaktion unterschiedlich sein: Einer Lawine ist man ausgeliefert; ein Berg, der sich vor einem auftürmt, überwältigt einen; in einem kleinen Boot wird man getrieben. Die meisten Handlungsmöglichkeiten bietet möglicherweise der steile Skihang: Man kann sich überlegen, welche Abfahrt man wählt, möglicherweise auch im Schneepflug erst einmal ein Stück entlangrutschen – oder sich einfach in den Hang stürzen und mit großen Schwüngen hinunterfahren. Jede dieser Metaphern eröffnet unterschiedliche Handlungsmöglichkeiten. Damit ist Bearbeitung von Metaphern hier auch ein Ansatzpunkt für Coaching. Grundsätzlich bieten sich zwei Möglichkeiten:

- Den Coachee unterstützen, die Metapher zu verändern oder mit Ihr umzugehen. Dabei bieten sich folgende Fragen an: Was kann er tun, wenn er eine Lawine auf sich zukommen sieht? Wo kann er Schutz bekommen? Was könnte ein Lawinensuchgerät sein? Möglicherweise lässt sich die Größe der Lawine verändern, bis sie schließlich ein kleiner, den Hang hinunterrutschender Schneehaufen wird.
- Eine andere Metapher zur Deutung der Situation wählen: anstelle des Berges die Metapher eines sanften Hügels mit Wegen, die allmählich hinaufführen. Möglicherweise gibt es Almwiesen, die einen weiten Blick eröffnen, vielleicht auch Ruhebänke. Welche Metapher ließe sich anstelle des Bildes von der Lawine verwenden? Oder andere Beispiele: ein »Kampf« ließe sich in ein »Spiel« verändern. Die Führungsrolle nicht als »Dompteur« sondern als »Dirigent« beschreiben.

Prozessfragen zur Bearbeitung von Metaphern

- Mit welchen Metaphern wird die Situation gedeutet?
- Wie lässt sich die Metapher verändern oder bearbeiten?
- Wie lässt sich anders damit umgehen?
- Was wären Metaphern, mit denen sich stattdessen die Situation deuten ließe?

Hilfreich ist es hierbei, wenn Sie als Coach sich selbst die Metapher bildlich verdeutlichen: Was sind Möglichkeiten, mit einem steilen Berg »besser« umzugehen. Den Berg kann man besteigen, bezwingen, an ihm entlangspazieren, vielleicht auch mit der Seilbahn hinauffahren oder ihn aus der Luft betrachten. Anstelle des steilen Bergs könnte man auch die Metapher einer Sommerwiese mit einer Fülle interessanter Blumen wählen …
Aber Vorsicht: Ihre »neuen« Metaphern müssen nicht die Metaphern Ihres Coachees sein. Fordern Sie Ihren Coachee auf, sich selbst andere Metaphern oder (metaphorische) Möglichkeiten zur Veränderung zu überlegen. Bestenfalls können Sie Angebote machen. Aber letztlich muss die Metapher für Ihren Coachee passen, und nicht für Sie!

Geschichten erzählen

Eng mit Metaphern verbunden sind Geschichten: Die Metaphern »Wanderung« oder »Berufsweg« für die eigene berufliche Karriere legen eine Geschichte nahe: Wo mein Berufsweg begann, was die nächsten Stationen waren, wo es steile Stücke gab oder solche, die leicht zu begehen waren. Die Bedeutung, die wir unserem Leben geben, konstruieren wir als Geschichten. Die Konstruktion »guter« Geschichten, so der Ansatzpunkt von »narrativer« Therapie und Beratung (z.B. White 2010; Loebbert 2003) schafft ein neues Verständnis der Wirklichkeit und eröffnet damit neue Handlungsmöglichkeiten. Daraus ergeben zwei weitere Ansatzpunkte für Coaching:

- Sie können den Coachee Geschichten erzählen lassen: zum Beispiel seine Geschichte eines Konflikts. Sie können den Coachee dann auffordern, die Geschichte aus der Perspektive des anderen (des Vorgesetzten, des Mitarbeiters) zu erzählen. Möglicherweise kann man dann (von einer Außenposition) beide Geschichten vergleichen: Wo sind Gemeinsamkeiten, wo sind die Unterschiede, die sich aus den verschiedenen Perspektiven ergeben?
- Sie können selbst eine Geschichte konstruieren, die in metaphorischer Form die Lösung eines Problems enthält. Sie geben damit letztlich Ihrem Coachee Anregungen. Aber indem das in analoger Form geschieht und in eine Geschichte verpackt wird, die zunächst mit dem Coachee nichts zu tun hat, wird hier die Ebene der emotionalen Intelligenz angesprochen und der Coachee ist frei, das anzunehmen, was für ihn passend ist.

Für die Konstruktion einer Geschichte ergeben sich folgende Schritte:

- Schritt 1: Das Problem analysieren: Worin besteht das Problem des Coachee?
- Schritt 2: Mögliche Lösungsansätze entwickeln: Welche veränderten Gedanken, Einstellungen, Gefühle oder Verhaltensweisen könnten für den Coachee zur Lösung des Problems geeignet sein?
- Schritt 3: Daraus eine Kernbotschaft entwickeln, die Sie dem Coachee mitgeben möchten.
- Schritt 4: Den Rahmen für die Geschichte konstruieren: In welcher Zeit soll die Geschichte spielen? Soll sie in der Gegenwart spielen (als Geschichte, die Sie zum Beispiel von einer Kollegin gehört haben), in der Vergangenheit? Welche Personen sollen in der Geschichte vorkommen? Wie ließen sich Geschichte und reale Situation aufeinanderbeziehen? Wie könnte das Problem in der Geschichte definiert werden?
- Schritt 5: Das Drehbuch für die Geschichte konstruieren. Dabei haben solche Geschichten häufig ein ähnliches Drehbuch: Es gibt ein Vorspiel, es werden die Personen und Themen eingeführt, ein Problem tritt auf, nimmt an Bedeutung zu, die Spannung steigt, und die Entwicklung treibt auf einen Höhepunkt zu. Eine überraschende Wendung bringt schließlich die Lösung.

Entscheidend ist, dass diese Geschichte als »indirekte« Botschaft ohne direkte Anweisungen formuliert wird. Das bedeutet, dass das Problem »verfremdet« wird: Es ist nicht der Coachee, der hier beschrieben wird, es ist eine andere Person. Es ist auch nicht eine Empfehlung, sondern es ist die Erzählung von irgendeinem Ereignis. Direkte Botschaften würden eher rationale Einwände und Widerstände provozieren, indirekte Botschaften wirken vor allem auf der Ebene der emotionalen subjektiven Deutungen und werden damit eher als Anregung und damit leichter akzeptiert.

Lebensvision

Probleme wie Zeitdruck oder Stress lassen sich in vielen Fällen nicht durch verbesserte Planung oder Methoden lösen, sondern stehen im Zusammenhang mit der eigenen Lebensvision. Was in meinem Leben ist mir wirklich wichtig? Was ist wirklich »sinnvoll«?

Ein Ansatz dazu ist das Zeitmanagement-Konzept von Lothar Seiwert (z.B. 2007). Für ihn ist Zeit »er-füllte« Zeit; ganzheitliches Zeitmanagement heißt dann, eine Balance zwischen einzelnen Lebensbereichen Arbeit/Leistung, Familie/Kontakt, eigene Person (etwas für sich selbst tun) und Sinn (etwas tun, das wirklich Sinn macht) herzustellen. Grafisch lässt sich das folgendermaßen darstellen:

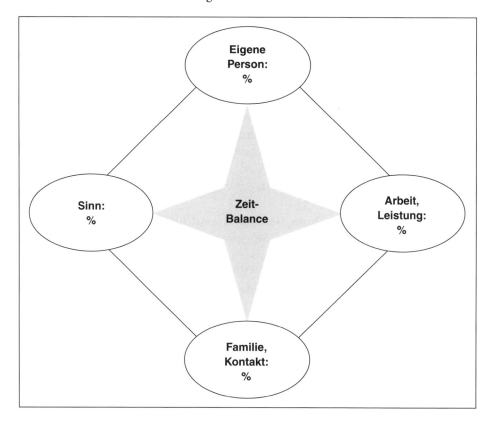

Man kann dieses Bild für die Klärungs- ebenso wie für die Lösungsphase verwenden. Daraus ergeben sich folgende Prozessfragen:

- *Wie viel Prozent ihres Lebens verwenden sie für die einzelnen Bereiche?* Für Seiwert bedeutet das, die 100 Prozent auf die verschiedenen Bereiche aufzuteilen. Möglicherweise gelangt man aber auch zu einer Summe, die über 100 liegt, dann nämlich, wenn bestimmte Aktivitäten zusammenfallen: Der Ausflug mit der Partnerin kann zugleich etwas für die eigene Person sein.
- Was möchten Sie an der Aufteilung verändern?

Meist wird dann schnell deutlich, dass im tatsächlichen Handeln ein Übergewicht im beruflichen Bereich liegt. Oder es wird deutlich, dass die Vision letztlich überhaupt nicht allein im privaten Bereich liegt, sondern ein Gleichgewicht zwischen verschiedenen Bereichen darstellt. Man kann diese Vision wieder durch ein Symbol verdeutlichen, zum Beispiel durch eine Balkenwaage, die einen daran erinnert, dass der berufliche Teil gleichgewichtig zu dem privaten sein soll.

Sinn: »Sinn« ist ein Begriff, der gerade in den letzten Jahren zunehmend zum Thema von Coaching wird. Macht meine Arbeit überhaupt noch »Sinn«? Was ist überhaupt der Sinn, den ich mit meinem Leben verbinde?
   Ein bekannter Ansatz in diesem Zusammenhang ist die Logotherapie von Viktor Frankl, die zum Beispiel Ralph Schlieper-Damrich für das Coaching aufgegriffen hat (Schlieper-Damrich u.a. 2008). »Menschsein«, so formuliert Viktor Frankl (2008, 52),

»weist über sich selbst hinaus, es verweist auf etwas, das nicht wieder es selbst ist. Auf etwas oder auf jemanden. Auf einen Sinn, den zu erfüllen es gilt, oder auf anderes menschliches Sein, dem wir begegnen. Auf eine Sache, der wir dienen, oder auf eine Person, die wir lieben.«

Frankl für die Therapie und dann Schlieper-Damrich für das Coaching haben eine Reihe von Methoden zusammengestellt, die das Finden von Sinn unterstützen können. Genannt werden unter anderem (Schlieper-Damrich 2008, 50ff.):

- *Paradoxe Intervention:* im »humorvollen Gedankenspiel« die Problemsituation sich möglichst intensiv vorzustellen – und sich damit zugleich von ihr zu distanzieren.
- *Dereflexion:* die Aufmerksamkeit von sich abzuwenden, sich selbst zu vergessen.
- *Das Sinneswahrnehmungstraining:* eine Methode, mit deren Hilfe der Klient (oder dann der Coachee) unterstützt wird, aus verschiedenen Optionen die sinnvollste zu wählen. Das Sinneswahrnehmungstraining wird durch fünf Fragen geleitet: Was ist mein Problem? Wo ist mein Freiraum? Welche Wahlmöglichkeiten habe ich? Welche Möglichkeit ist die sinnvollste? Welche will ich verwirklichen?

Dabei ist »Sinnfindung« keine Technik, sondern eine besondere Art des Umdenkens: alltägliche Themen nicht so wichtig nehmen, Unabänderliches hinzunehmen, »sinnvolle« Aufgaben finden.

Anregung zur Weiterarbeit

Sie können die Themen (und die Vorgehensweisen) am besten an sich selbst üben:
- Wie deuten Sie belastende Situationen?
- Was sind Ihre persönlichen Regeln?
- Mit welchen Metaphern beschreiben Sie Ihre Arbeit, Ihr Leben?
- Wie können Sie Ihre Situation anders deuten?
- Was ist Ihre Lebensvision? Worin finden Sie »Sinn«?

Hilfreich ist es, wenn Sie einen Gesprächspartner haben, der Sie dabei unterstützt.

Zum Abschluss wieder einige Bücher aus verschiedenen Ansätzen.

Allgemeine Anregungen zur Klärung und Veränderung subjektiver Deutungen im Rahmen von Selbstmanagement finden Sie zum Beispiel bei:
- Cora Besser-Siegmund: Mentales Selbst-Coaching. Junfermann, Paderborn 2006.
- Ferdinand Buer/Christoph Schmidt-Lellek: Life-Coaching. Vandenhoeck & Ruprecht, Göttingen 2008.
- Ingeborg Dietz/Thomas Dietz: Selbst in Führung. Junfermann, Paderborn 2007.
- Siegfried Greif: Coaching und ergebnisorientierte Selbstreflexion. Hogrefe, Göttingen 2008.
- Sylvia Kéré Wellensiek: Handbuch Integrales Coaching. Beltz, Weinheim und Basel 2010.
- Martin E. P. Seligman: Der Glücksfaktor: Warum Optimisten länger leben. Lübbe, Bergisch Gladbach (8. Aufl.) 2011

Zum Thema Selbstwert:
- Nathaniel Branden: Die 6 Säulen des Selbstwertgefühls. Piper, München/Zürich (6. Aufl.) 2008.
- Virginia Satir: Kommunikation, Selbstwert, Kongruenz. Junfermann, Paderborn (7. Aufl.) 2004.

Zum Thema Sinn:
- Ralph Schlieper-Damrich u.a. (Hrsg.): Wertecoaching. managerSeminare, Bonn 2008.

Zum Thema narratives Coaching:
- Michael Loebbert: Storymanagement. Der narrative Ansatz für Management und Beratung. Klett-Cotta, Stuttgart 2003.
- Michael White: Landkarten der narrativen Therapie. Auer, Heidelberg 2010.

Veränderung der Coping-Strategien

Coping-Strategien sind das Handlungsrepertoire, das jemanden zur Bewältigung schwieriger Situationen zur Verfügung steht. Coping-Strategien können mehr oder weniger geeignet oder ungeeignet sein. So gibt es eine ganze Reihe häufig verwendeter, aber meist ungeeigneter Coping-Strategien:

- Vermeidung und Flucht: belastenden Situationen aus dem Weg zu gehen.
- Selbstbeschuldigung: sich selbst Vorwürfe machen.
- Resignation.
- Selbstmitleid: sich zu fragen, warum gerade mir das geschehen musste.
- Soziale Abkapselung: sich von seiner Umwelt abzuschotten.
- Fortwährende gedankliche Beschäftigung: immer wieder über das Problem nachdenken und sich nicht davon lösen können.

Aufgabe im Coaching ist es, die bisherigen Coping-Strategien zu identifizieren (eine gute Methode dafür ist die Visualisierung des Regelkreises) und den Coachee zu unterstützen, bessere oder geeignetere Strategien zu entwickeln.

Es gibt eine Reihe von hilfreichen Coping-Strategien im Umgang mit sich selbst. Im Groben lassen sich dabei zwei Hauptbereiche unterscheiden: Coping-Strategien im Rahmen von Zeitmanagement und Arbeitsmethodik, aber auch Coping-Strategien der »Lebenskunst«, also solche, um »besser« und »positiver« mit sich selbst umzugehen.

Coping-Strategien im Rahmen von Zeitmanagement und Arbeitsmethodik. Hier gibt es zunächst eine Reihe von allgemeinen Techniken, dann aber auch spezielle Zeitmanagementtechniken:

- *Allgemeine Techniken:*
  - Einen Handlungsplan entwickeln.
  - Prozesse optimieren: Welche Schritte in einem Prozess können entfallen, welche können delegiert, welche können verkürzt werden?
  - Wichtige Tätigkeiten kurz vorbereiten: Eine kurze Vorbereitung auf ein Gespräch (in der Regel reichen fünf Minuten) hilft, sich auf das Wesentliche zu konzentrieren, und schafft schließlich dadurch auch wieder freie Zeit.
- *Die ABC-Analyse:* Grundlage ist hier das Pareto-Prinzip mit der These, dass wir in 20 Prozent unserer Zeit 80 Prozent unserer Ergebnisse erzielen. Die ABC-Analyse fordert, die anstehenden Aufgaben nach ihrer Wichtigkeit oder Wertschöpfung zu unterscheiden. Man kann das als Tabelle darstellen:

Tag	Zeit	Tätigkeit	Wert-schöpfung	Kommentar
11.6.	7:40–8:30	Durchsicht E-Mails	C	
	8:30–9:20	Besprechung AL Hübner	A	Sehr wichtig, aber Zeit überzogen
	9:30–12:15	Bereichsbesprechung	C	Ergebnislose Diskussion über Kostenreduzierung

In einem nächsten Schritt (der Lösungsphase) geht es dann darum, Möglichkeiten zu finden, sich insbesondere auf die besonders wichtigen A-Aufgaben zu konzentrieren.

- *Das Eisenhower-Prinzip:* Hier werden Prioritäten nach den Kriterien Wichtigkeit und Dringlichkeit gesetzt.
- Die Alpen-Methode:
    - **A**ufgaben, Termine und geplante Aktivitäten notieren,
    - **L**änge schätzen,
    - **P**ufferzeiten einplanen,
    - **E**ntscheidungen treffen und
    - **N**achkontrolle durchführen.

Gerade an diesen Zeitmanagementmethoden sind aber auch die Grenzen von Coping-Strategien deutlich geworden: Es gibt keine allgemeingültigen Coping-Strategien, sondern sie sind von der betreffenden Person (und im Blick auf das soziale System) jeweils neu zu entwickeln. So mögen die klassischen Planungsmethoden für Personen geeignet sein, die ohnehin eher rational und linear vorgehen, sie sind aber eher ungeeignet für Menschen, die nur unter Zeitdruck erfolgreich arbeiten können.

Coping-Strategien der »Lebenskunst«. Bereits der Begriff ist zumindest missverständlich: Bei Lebenskunst denkt man nicht an Strategien, die man »technisch« anwenden kann. Andererseits gibt es eine Reihe von Handlungsmöglichkeiten, die einem helfen, besser mit sich umzugehen. Dafür gibt es eine lange Tradition, die von gleichsam klassischen Entspannungsverfahren über Meditationstechniken bis zu Ansätzen in der Tradition der Positiven Psychologie oder des Selbstcoachings reicht. Einige solcher Verfahren seien hier aufgeführt:

- *Distanz schaffen:* Dazu gehört, sich von Problemen oder dem Alltagsgeschäft lösen können. Distanz schaffen ist eine Strategie, die man lernen und üben kann.
- *Körperlich entspannen und regenerieren:* Dazu gehören klassische Entspannungstechniken, eine Sauna, eine Massage.
- *Schlafen:* den Schlaf als eine Regenerationsmöglichkeit nutzen und darauf vertrauen, dass sich bis zum nächsten Morgen neue Lösungen finden werden.
- *Sich bewegen:* Bewegung setzt Endorphine frei, die körpereigenen Glückshormone.
- *Mit anderen Personen zusammen sein:* Dazu gehört sowohl der geselligen Umgang miteinander als auch mit anderen Personen über Probleme reden, sich von anderen Unterstützung holen.
- *Ordnung schaffen:* Ordnung schaffen ist zunächst das befreiende Aufräumen des Schreibtischs, kann aber auch das Aufräumen seelischen Ballasts bedeuten: schwelende Streitigkeiten auflösen, eine lange Geschichte beenden …
- *Durch konzentriertes Tun unsere mentalen Kräfte sammeln:* Konzentration bedeutet, alle Aufmerksamkeit auf einen Punkt zu bündeln und dabei alle sonstigen Gedanken, Sorgen und Probleme in den Hintergrund treten zu lassen. Das erfordert die Konzentration auf eine Aufgabe, die unsere Aufmerksamkeit anzieht, die Ab-

schirmung von Störfaktoren, eine Tätigkeit, die uns weder über- noch unterfordert.

- *Genießen:* Auch Genießen erzeugt Endorphine. Zum Genießen (sei es der Genuss beim Essen, Genießen beim Reisen, bei Musik und Tanz, in der Natur, im Gleichklang mit anderen) gehört, sich die Zeit dafür zu gönnen, sich nicht ablenken zu lassen, sich die Erlaubnis zum Genuss geben.
- *Lachen und Heiterkeit:* Positiver Humor befreit, verbindet und bringt Bewegung in starre Denkmuster. Das humorvolle »Erleichtern« anstrengender Situationen senkt den Stresspegel, gibt der Situation spielerisch einen neuen Referenzrahmen, ermöglicht innere Distanzierung und eröffnet neue Handlungsmöglichkeiten, es bringt Gelassenheit, gute Laune und positive Gefühle. Humor hilft bei der Bewältigung negativer Ereignisse.
- *Einführung von Ritualen:* Rituale sind einem festen Ablauf folgende, sich wiederholende Handlungen, die nicht nur instrumentell sind. Ein Ritual kann das Sitzen am offenen Kamin oder bei Kerzenlicht sein, bestimmte Abläufe zum Abschließen des Arbeitstags oder kann bestimmte Sprüche enthalten (immer abends einen Spruch lesen). Rituale sind Orientierungsmuster zur Lebensbewältigung. Sie helfen, den Alltag hinter sich zu lassen und neue Energie zu gewinnen.

In der Tradition der Positiven Psychologie wird darüber hinaus in diesem Zusammenhang insbesondere die Bedeutung sozialer Handlungen für das eigene Wohlbefinden und letztlich das eigene Glück betont (Seligman 2011):

- *Danken macht glücklich:* Zum Beispiel sich jeden Abend Dinge notieren oder bewusst machen, für die Sie dankbar sind. Das kann ein Gespräch mit einem Freund, ein guter Hinweis eines Mentors sein – aber auch Dankbarkeit dafür, am Morgen gesund aufgewacht zu sein, eine gute Entscheidung getroffen zu haben.
- *Vergebung erleichtert und macht froh:* Die Erinnerung an einen Menschen, der einen verletzt hat, kann einen über Jahre belasten. Demgegenüber, so Seligman (2011, 135): »Vergeben verwandelt Bitterkeit in Neutralität oder sogar in positiv getönte Erinnerungen und ermöglicht so eine sehr viel größere Lebenszufriedenheit«. Seligman nennt fünf Schritte (mit der Formel »REACH«), die Vergeben erleichtern:
  - **R**ecall: sich den Schmerz zurückrufen,
  - **E**mpathie: versuchen, den anderen zu verstehen,
  - **A**ltruistic: Vergeben als Geschenk betrachten,
  - **C**ommit: sich auf die Vergebung festlegen und
  - **H**old on: sich immer das Vergeben bewusst machen.
- *Gute Taten beglücken:* Einer anderen Person oder sich selbst etwas Gutes tun, aber auch, sich belohnen.

Sicher, vieles davon sind alles ganz alltägliche Verfahren – aber sie können zur Lebensbewältigung wichtig werden. Und es ist dann Aufgabe im Coaching, den Klienten dabei zu unterstützen, sich solcher Handlungsmöglichkeiten bewusst zu werden, sie wieder zu entdecken oder neue Formen zu entwickeln.

Umgang mit sich selbst als Unterbrechung von Regelkreisen

Probleme im Umgang mit sich selbst, darauf haben wir schon an verschiedenen Stellen hingewiesen, sind meist durch stabile Regelkreise gekennzeichnet. Dabei können auch andere Personen beteiligt sein, häufig sind es aber Regelkreise lediglich innerhalb der eigenen Person, in denen verschiedene Verhaltensweisen oder Gefühle und Verhalten sich wechselseitig verstärken. Beispiele kennen Sie sicherlich:

- A beginnt eine neue Arbeit, macht sie aber nicht zu Ende, sondern fängt etwas Neues an.
- A wird dauernd vom Telefon unterbrochen, um dann wieder neu anzufangen.
- A gibt sich für eine Präsentation besonders viel Mühe, wird dabei verkrampft, das Ergebnis ist negativ.
- A findet bei einem Problem keine Lösung, stellt fest, dass er nicht mehr klar denken kann, die Gedanken kreisen, und die Feststellung, dass die betreffende Person nicht weiterkommt, macht alles nur noch schlimmer.

Im Grunde gilt hier das Gleiche, was wir bereits bei Regelkreisen allgemein festgestellt haben: Aufgabe des Coachs ist es, den Coachee zu unterstützen, den Regelkreis zu erkennen und Möglichkeiten zur Unterbrechung zu entwickeln. Dabei gilt aber auch hier: Lösungen können »im Verborgenen« liegen: Unterstützen Sie Ihren Coachee dabei, möglichst viele – auch zunächst absurd erscheinende – Lösungen zu entwickeln.

Der Coachingprozess zum Thema Selbstmanagement und Lebenskunst

Im Grunde verläuft der Coachingprozess hier nicht anders als bei anderen Themen. Gleichsam als Zusammenfassung führen wir einige Prozessfragen auf:

Orientierungsphase. Hier geht es immer um Themen im Umgang mit sich selbst. Häufig werden solche Themen vom Coachee direkt angesprochen. Prozessfragen können sein:

- Was sind Situationen, die Sie belasten?
- Was möchten Sie an sich ändern?
- Welches Thema ergibt sich daraus, das wir heute bearbeiten sollten?
- Was möchten Sie als Ergebnis mitnehmen? – in vielen Fällen wird es darum gehen, Klarheit zu gewinnen, möglicherweise auch Anregungen, Schritte festlegen.

Klärungsphase. Faktoren, die den Umgang mit sich selbst betreffen, können auf allen hier dargestellten Ebenen des Prozessmodells liegen. Mögliche Prozessfragen sind:

- In welchen Situationen tritt das Problem auf?
- Können Sie eine konkrete Situation schildern?
- Was war der Auslöser?
- Welche Faktoren haben zu diesem Problem geführt?
- Was ist Ihnen dabei durch den Kopf gegangen?
- Was haben Sie gefühlt? Können Sie das Gefühl beschreiben? Können Sie es in einer Metapher beschreiben?
- Was haben Sie versucht, das Problem zu lösen? – diese Frage gibt Hinweise auf die bisherigen Coping-Strategien
- Gibt es dabei typische Verhaltensmuster? Können Sie das an einer konkreten Situation verdeutlichen? Womit begann die Situation? Was haben Sie dann gedacht? Was haben Sie getan? Was ergab sich daraus als Nächstes?

Lösungsphase.
- Können Sie die Situation abändern?
- Können Sie das Umfeld anders einrichten?
- Können Sie sich einen Anker setzen, der Ihnen hilft?
- Woher wissen Sie, dass Ihre Annahmen richtig sind? Was können Sie tun, um sie zu überprüfen?
- Was ist das Positive an dieser Situation?
- Was gewinnen Sie in dieser Situation? (als Frage nach dem Sekundärgewinn)
- Welches persönliche Ziel könnte hinter diesem Verhalten stecken?
- Was empfinden Sie in dieser Situation?
- Welche Botschaft steht hinter dieser Empfindung?
- Betrachten Sie Ihre Empfindung gleichsam von außen? Können Sie sie verändern?
- Was sind neue Möglichkeiten, damit umzugehen? Dabei reicht dann die Palette von Entspannungstechniken über danken, Spaß haben bis zu Techniken der Arbeitsmethodik.
- Was wären weitere Möglichkeiten?
- Gab es eine Situation, in der das Problem nicht auftrat? Was war da anders? Was haben Sie anders getan?
- Haben Sie eine ähnliche Situation schon mal bewältigt? Wie sind Sie da vorgegangen?
- Suchen Sie sich ein Symbol für eine gute Lösung!
- Was könnten Sie tun, um das Problem zu vergrößern?
- Stellen Sie sich vor, das Problem ist gelöst. Was ist anders? Was haben Sie getan?

Abschlussphase. Wie in jedem Coachingprozess geht es auch hier darum, das Ergebnis und die nächsten Schritte festzumachen: Wie kann der Coachee das Ergebnis sichern? Kann er sich ein Symbol für seine neue Sicht oder seine persönliche Vision hinstellen,

das ihn daran erinnert, nicht in der Alltagshektik unterzugehen? Kann er sich Erfolgs-
erlebnisse aufschreiben, um auf diese Weise sein bisheriges negatives Selbstkonzept
abzuändern? Kann er bestimmte Vorgehensweisen üben, um sein Handlungsrepertoire zu erweitern? Mögliche Prozessfragen sind:

- Was nehmen Sie als Ergebnis?
- Und wenn Sie das jetzt wissen, was machen Sie damit?
- Wie können Sie das Ergebnis im Alltag nutzen?
- Wie werden Sie vorgehen? (gegebenenfalls hier eine konkrete Situation durchspie-
  len)
- Wie können Sie sich daran erinnern?

Hier bietet sich dann die Möglichkeit, den Abschluss auch analog zu festigen: Kann
Ihr Coachee sich ein Symbol mitnehmen? Kann er einen Anker nutzen, der ihm hilft?

Anregung zur Weiterarbeit

Überlegen Sie: Was sind Ihre Coping-Strategien? Welche neuen Strategien können Sie
entwickeln?

Zum Abschluss wieder einige Bücher aus verschiedenen Ansätzen:
- Steven R. Covey: Die 7 Wege zur Effektivität. Gabal, Offenbach 2005.
- Marco von Münchhausen: Wo die Seele auftankt. Campus, Frankfurt am Main/New
  York 2004.
- Klaus Schuster: 11 Managementsünden, die Sie vermeiden sollten: Wie Führungs-
  kräfte sich um Karriere, Verstand, Ehepartner und Spaß bringen. Redline, München
  2009.

Zum Thema Zeitmanagement sind insbesondere die Bücher von Lothar Seiwert zu nennen, die klassische Methoden der Zeitplanung und die Einbettung in Vision und Werte
verbinden:
- Lothar J. Seiwert: Wenn du es eilig hast, gehe langsam. Campus, Frankfurt/Main
  (13. Aufl.) 2008.

Weitere Anregungen finden Sie unter anderem auch bei:
- David Allen/Helmut Reuter: Wie ich die Dinge geregelt kriege: Selbstmanagement für
  den Alltag. Piper, München 2007.
- Anita Bischof/Klaus Bischof: Selbstmanagement effektiv und effizient. Haufe, Plan-
  egg (6. Aufl.) 2009.
- Jürgen Kurz: Für immer aufgeräumt. Gabal, Offenbach 2007.

Ein anregendes Buch für das Zeitmanagement von »kreativen Chaoten« ist:
- Cordula Nussbaum: Organisieren Sie noch oder leben Sie schon? Campus, Frankfurt
  am Main/New York (2. Aufl.) 2012.

Hinweise zum Thema Stress finden Sie zum Beispiel bei:
- Sabine Gapp-Bauß: Stressmanagement: Zu sich kommen statt außer sich geraten.
  Aschenbeck & Isensee, Ahlerstedt (3. Aufl.) 2008.
- Gert Kaluza: Gelassen und sicher im Stress. Springer, Heidelberg (3. Aufl.) 2007.

Kapitel 7:
Coaching in komplexen Situationen

Coaching in Triadensituationen

> Der Informationsfluss zwischen Herrn Berg und einem seiner Abteilungsleiter, Herrn Protz, klappt nicht. Herr Protz ist schon lange im Unternehmen und war es gewohnt, völlig alleine zu entscheiden. Aber Herr Berg möchte mehr Informationen. Er bittet seinen Coach, Frau Scholz, ein gemeinsames Gespräch zu begleiten.

In diesem Beispiel ist eine besondere Form des Coachings angesprochen, das Coaching in der Dreier- oder, wie wir im Folgenden auch formulieren, Triadensituation. Solche Situationen treten relativ häufig auf: Ein Coach unterstützt Projektleiter und Linienvorgesetzte bei der Klärung von Schnittstellen; in das Coaching mit einem Bereichsleiter wird ein technischer Experte einbezogen, der Anregungen gibt; das Personalentwicklungsgespräch zwischen dem Vorgesetzten und einem seiner Mitarbeiter wird gecoacht, in den Coachingprozess zum Thema »Lebensstrategie« wird der Ehepartner des Coachees mit einbezogen.

Eine besondere Form des Triadencoachings ist das Coaching von zwei Personen in einer Konfliktsituation: Der Konflikt zwischen Herrn Berg und Herrn Protz wird im Rahmen eines Triadencoachings (anwesend sind Herr Berg, Herr Protz und Frau Scholz als Coach) bearbeitet. Triadencoaching in Konflikten ist letztlich eine Konfliktmediation, in der »ein neutraler Dritter ohne eigentliche Entscheidungsgewalt ver-

Coachee A

Coach

Coachee B

sucht, sich im Streit befindenden Personen auf dem Weg zu einer Einigung zu helfen« (Altmann u.a. 2005, 18).

Die Schwierigkeit bei allen Formen des Triadencoachings liegt darin, dass der Coach seine Aufmerksamkeit auf zwei Personen zugleich zu richten hat und den Prozess entsprechend steuern muss.

Dabei erwarten die Beteiligten in den meisten Fällen keinen neutralen Coach, sondern erhoffen sich vom Coach Unterstützung für ihre eigene Seite: Der Projektleiter erwartet Unterstützung gegenüber dem Auftraggeber, ein Vorgesetzter gegenüber seinem Mitarbeiter. Meist erwartet gerade derjenige, der den Kontakt zum Coach hergestellt hat, Unterstützung, und der andere wird eher zögernd und abwartend sein, weil er befürchtet, nun von zwei Seiten »in die Zange« genommen zu werden. Doch gerade darin liegt die Schwierigkeit beim Triadencoaching: Wenn der Coach eine der Konfliktparteien unterstützt, wird die andere abwehren; es entsteht ein Regelkreis, der eine produktive Lösung verhindert. Daraus ergeben sich folgende zentrale Aufgaben des Coachs im Triadencoaching:

> Aufgabe des Coachs im Triadencoaching ist es,
> - den Coachingprozess zu steuern – und je klarer er das tut, desto größer ist die Chance auf eine für alle befriedigende Lösung,
> - dabei neutral zu sein, also für keine Seite Partei zu ergreifen und
> - jedem gleichermaßen Wertschätzung entgegenzubringen.

Das hört sich einfacher an, als es in der Praxis tatsächlich ist. In jeder Phase des Coachingprozesses gibt es eine Reihe von Problempunkten; die und jeweils mögliche Vorgehensweisen möchten wir Ihnen im Folgenden vorstellen. Dabei legen wir wieder die Gliederung in die vier Phasen des Coachingprozesses zugrunde, zusätzlich ist (analog zur Mediation) in vielen Fällen eine Vorphase hilfreich.

Vorphase: Vorgespräche mit jedem der Beteiligten. Gerade in Situationen wie der folgenden ist eine Vorphase wichtig.

> Herr Protz weiß oder bekommt mit, dass Herr Berg und Frau Scholz schon länger miteinander Kontakt haben. Die Aufforderung von Herrn Berg, an einem Dreiergespräch teilzunehmen, kann er schwerlich ablehnen (schließlich ist Herr Berg sein Vorgesetzter). Aber er wird mit abgrundtiefem Misstrauen erfüllt sein: Hat sich der Berg da jemanden als Unterstützung geholt, um mich fertigzumachen? – Eine solche Einstellung ist gewiss keine günstige Voraussetzung für einen Coachingprozess.

In solchen Situationen ist ein Vorgespräch unbedingt erforderlich. In diesem Fall: Beate Scholz führt ein Vorgespräch mit Herrn Protz, aber klärt auch den Ablauf des Triadencoachings im Vorhinein mit Herrn Berg. Dieses Vorgespräch hat zwei Aufgaben:

- *Kontakt zu dem jeweiligen Gesprächspartner aufzubauen:* Herr Protz kennt Frau Scholz bislang noch nicht. Hier ist es notwendig, sich kennenzulernen und Kontakt aufzubauen.
- *Die eigene Rolle als Coach deutlich zu machen:* Beate Scholz muss beiden – und wirklich beiden – ganz klar mitteilen, dass ihre Rolle in dem Coachingprozess die einer neutralen Person ist. Wenn es gelingt, diese Rolle Herrn Protz authentisch zu vermitteln, kann Beate Scholz bereits an dieser Stelle einiges – sicher nicht alles – Misstrauen abbauen. Aber auch gegenüber Herrn Berg ist die Rollenklärung wichtig: ihm deutlich machen, dass nur dann eine Chance auf Einigung besteht, wenn sein Coach nicht für ihn Partei ergreift, sondern »neutral« bleibt.

Auch in anderen Situationen kann ein solches Vorgespräch hilfreich sein. Beispielsweise wird ein Vorgespräch mit einem Fachexperten geführt, um ihm die Rollenverteilung im Coachingprozess zu verdeutlichen: Der Coach steuert den Prozess, der Experte bringt seine Argumente und Anregungen ein, aber letztendlich entscheidet der Coachee über das Vorgehen.

Phase 1: Orientierungsphase. Auch im Triadencoaching werden in der Orientierungsphase die Positionen sondiert und da kann es natürlich zu Problemen kommen.

Stellen Sie sich folgenden Beginn des Coachinggesprächs mit Herrn Berg und Herrn Protz vor: Man trifft sich im Besprechungsraum. Herr Berg und Herr Protz kommen zusammen. Erst betritt Herr Berg den Raum, geht auf Frau Scholz zu, begrüßt sie herzlich und stellt dann Herrn Protz vor. Letzterer ist sichtlich zögernd und zurückhaltend. Man setzt sich um den Besprechungstisch. Herr Protz sitzt auf der einen Seite, Herr Berg setzt sich auf die andere Seite in die Nähe von Frau Scholz. Herr Berg eröffnet das Gespräch: Wie schön, dass es mit dem Termin geklappt hat. Man hatte ja schon mehrmals versucht, Schnittstellenprobleme abzuklären, aber bislang war man zu keinem Ergebnis gekommen. Von daher sei man jetzt zuversichtlich, dass dies bald bewältigt werden könne. Währenddessen strahlt er Frau Scholz an, wendet sich ihr zu, beugt sich vor und rutscht unauffällig etwas näher. Herr Protz sagt zunächst gar nichts, er lehnt sich etwas zurück, schiebt den Stuhl fast unmerklich etwas nach hinten.

An diesem Beispiel wird ein Problem deutlich, das im Triadencoaching immer wieder auftritt: Einer der Coachees (in der Regel derjenige, der das Coaching organisiert hat) versucht, eine Koalition mit dem Coach zu bilden. Solche Koalitionsangebote können verbal oder körpersprachlich auf unterschiedliche Weise erfolgen: Er bedankt sich überschwänglich für die Unterstützung des Coachs, äußert seine Freude darüber, in dieser schwierigen Situation einen Neutralen zu haben (Vorsicht: Er will keinen Neutralen, sondern Unterstützung), der Coachee lächelt, rückt unmerklich näher an den Coach heran, nimmt dessen Vorschläge begeistert an und findet sie äußerst hilfreich.

Gerade unerfahrene Coaches sind in Gefahr, auf solche Angebote einzugehen: Sie lächeln zurück, freuen sich über Anerkennung. Doch dadurch entsteht eine Koalition zwischen dem einen Coachee und dem Coach. Der Coach ist in das System gefallen und hat mit dem Coachee A ein Subsystem gebildet, das den anderen Coachee B (die andere Konfliktpartei) ausgrenzt:

Auf das genannte Beispiel bezogen heißt dies: Herr Protz steht außerhalb des Systems, fühlt sich von zwei Seiten bedrängt und wird sich vermutlich verteidigen. Es entwickelt sich ein Regelkreis, in dem Coach und Coachee A versuchen, den anderen zu überzeugen. Sehr wahrscheinlich werden sich Überzeugungs- und Abwehrversuche gegenseitig steigern, ohne dass eine gemeinsame Lösung erzielt wird.

Daraus ergibt sich die zentrale Aufgabe für die Orientierungsphase im Triadencoaching: Der Coach muss seine Neutralität deutlich machen. Es ist nicht seine Aufgabe, Partei zu ergreifen. Er muss zeigen, dass er beide dabei unterstützen will, eine für beide gleichermaßen akzeptable Lösung zu finden. Im Einzelnen heißt das:

- *Sich innerlich auf Coaching einstellen:* Coaching bedeutet, die Coachees zu unterstützen, eine für beide Seiten akzeptable Lösung zu finden. Das erfordert aufseiten des Coachs Wertschätzung beider Klienten, aber auch Empathie und Authentizität und vor allem klare Neutralität.
- *Das äußere Umfeld vorbereiten:* Gerade beim Coaching mit mehreren Personen ist es wichtig, die räumliche Anordnung zu bedenken: Welche Sitzposition kann der Coach wählen, um sich neutral zu positionieren? Ungünstig wäre sicherlich, wenn der Coach an einem langen Tisch neben einem Coachee sitzt. Vielleicht an der Querseite, wobei dann darauf zu achten ist, dass der Abstand zu den Coachees nicht zu groß wird? Vielleicht lassen sich die Stühle etwas näher zueinander schieben? Vielleicht ist es günstig, dass der Coach zuerst seinen Platz wählt oder ihn mit einer Schreibmappe markiert?

- *Die Coachees beim Hereinkommen beobachten:* Die Ankunft der Coachees sagt in dem jeweiligen körpersprachlichen Verhalten viel darüber, wie ihre Einstellung gegenüber dem Coach ist. Wer kommt als Erster? Wie entschlossen oder wie reserviert gehen die einzelnen Coachees auf den Coach zu? Wer begrüßt den Coach als Erster? Wer wählt welchen Platz? Wer versucht bereits in der Anfangsphase, eine Koalition mit dem Coach aufzubauen? Wie geht der andere Coachee mit dieser Situation um?

- *Die eigene Sitzposition als Coach wählen:* Wie beim Einzelcoaching gilt auch hier, sich körpersprachlich auf den Coachee einzustellen. Nur dass es hier nicht eine, sondern mehrere Personen sind und der Coach in Bezug darauf seine Neutralität körpersprachlich deutlich machen muss. Das ist nicht immer leicht. Sie können das nur, wenn Sie verschiedene körpersprachliche Faktoren, die die Beziehung definieren, nutzen:
  - Nähe und Distanz: Rücke ich etwas weiter zurück, etwas mehr an den anderen heran?
  - Körperrichtung: Wohin ist der Körper gerichtet? Wem kann ich mich körpersprachlich zuwenden?
  - Blickrichtung: Wohin ist der Blick gerichtet? Dabei macht es wenig Sinn, einen imaginären Punkt zwischen den Klienten anzustarren. Sinnvoll ist es, den Blick gleichmäßig zu verteilen.
  - Körperhaltung: Kontakt drückt sich (häufig) in ähnlicher Körperhaltung (»Pacing«) aus. Diese Ausrichtung der Körperhaltung muss aber im Triadencoaching auf beide Gesprächspartner ausgerichtet sein. Gibt es bei beiden gemeinsame Körperhaltungen (beide sind zurückgelehnt)? Oder ist es besser, eine neutrale Position einzunehmen?

  Die Wahl der Sitzposition ist keine bloße »Technik«, mit der man etwas vorspielen kann. Sie müssen sich in dieser Situation auf Ihr eigenes Gefühl verlassen: In welcher Position haben Sie den besten Kontakt zu beiden Coachees? Ist das dann, wenn Sie genau in der Mittelposition sitzen, oder ist es günstiger, etwas näher an einen zu rücken, aber die Körperhaltung deutlich auf den anderen Klienten auszurichten? Versuchen Sie, verschiedene Positionen auszuprobieren und für Ihre Sitzposition sensibel zu werden. Vergessen Sie dabei aber nicht, dass es dabei vor allem auf Ihre innere Einstellung, nämlich die Wertschätzung beider Gesprächspartner, ankommt.

- *Positive Beziehung zu jedem Einzelnen aufbauen:* Stellen Sie sich vor, Beate Scholz begrüßt die beiden Gesprächspartner mit folgenden Worten: »Schön, Sie wieder zu sehen, Herr Berg. Und Sie haben ja Herrn Protz mitgebracht« – sie streckt ihm die Hand hin, die dieser nur sehr zögernd ergreift.

  Sie können es sich vorstellen: Allein durch eine solche Formulierung fühlt sich Herr Protz vermutlich zurückgesetzt und abgewertet. Von daher gilt: Jeden Einzeln mit Namen begrüßen, jedem danken, dass er gekommen ist, Verständnis äußern, das Positive hervorheben:

»Ich kann mir vorstellen, dass für Sie, Herr Protz, die Situation nicht ganz unproblematisch ist, neu hinzuzukommen, nachdem Herr Berg und ich uns schon länger kennen. Ich finde es schön, dass Sie trotzdem gekommen sind!«

- *Die eigene Rolle als Coach transparent machen:* »Es ist nicht meine Aufgabe, für eine Seite Partei zu ergreifen, sondern meine Rolle kann nur sein, eine für Sie beide passende Lösung zu finden.« Für diese Rolle brauchen Sie die Zustimmung Ihrer Gesprächspartner: »Ist das für Sie in Ordnung, dass ich diese neutrale Rolle übernehme?«

- *Regeln für den Coachingprozess festlegen:* In vielen Fällen ist es hilfreich, bereits zu Beginn der ersten Sitzung zusätzliche Regeln festzulegen, die die Situation als Coachingprozess definieren: »Mir ist wichtig, dass jeder seine Sichtweise darstellen kann und dass der andere dabei zuhört. Anschließend würden wir die Rollen wechseln, der Zweite schildert seine Sichtweise und der Erste hört zu. Können Sie sich darauf einlassen?«
  Übrigens kann die Klärung der Regeln für andere Situationen im Triadencoaching ebenfalls hilfreich sein. Denn mit einem Experten gibt es ebenso Regeln zu vereinbaren, beispielsweise wann er Fragen stellen darf. Entscheidend ist aber auch hier ein ausdrücklicher Kontrakt mit beiden Gesprächspartnern: Lassen sich beide darauf ein?

Der inhaltliche Einstieg entspricht dann dem Coaching mit einem Klienten: Es sind Thema und Ziel abzuklären: Welches Thema soll behandelt werden? Was soll Ziel des Coachinggesprächs sein? Was genau möchten Sie als Ergebnis haben? In welchen Schritten gehen wir vor?

Doch genau damit beginnt die Schwierigkeit im Triadencoaching: Es mag sein, dass nur ein Gesprächspartner ein Ziel verfolgt, und der andere sich mit mehr oder weniger Skepsis auf das Gespräch eingelassen hat. Es mag sein, dass die Ziele unterschiedlich sind. In dieser Situation gibt es folgende Möglichkeiten:

- *Im Blick auf unterschiedliche Prozessziele ein gemeinsames Coachingziel festlegen:* Hier ist die klare Unterscheidung zwischen Prozess- und Coachingziel erforderlich. Wenn die Prozessziele unterschiedlich sind (der eine Gesprächspartner möchte die Arbeitsverteilung neu regeln, der andere möchte, dass sich nichts ändert), was kann im Blick darauf ein für beide Seiten akzeptables Coachingziel sein: eine Lösung zu finden, auf die sich beide einlassen können.

- *Als Coach selbst ein »Metaziel« vorschlagen:* Als Metaziele bezeichnen wir in diesem Fall die Coachingziele, die über den inhaltlichen Prozesszielen liegen. Bei solchen Metazielen geht es in der Regel darum, abzuklären, ob eine Einigung möglich ist, ob sich für beide akzeptable Lösungen finden lassen. Häufig gelingt dies am besten, wenn der Coach die Wünsche strukturiert und gemeinsame Interessen herausarbeitet: »Ich höre bei Ihnen beiden heraus, dass es Ihnen darum geht, Reibungsverluste zu vermeiden. Können Sie beide sich darauf einlassen, dass wir Möglichkeiten dafür suchen?«

- *Das Coachingziel des einen Gesprächspartners vereinbaren:* Nicht selten hat nur der eine Gesprächspartner ein Problem, für das er eine Lösung haben möchte. Zu fragen ist, ob der andere sich darauf einlassen kann.

Ein gemeinsames Ziel ist unabdingbare Voraussetzung für das Gelingen des Coachingprozesses. Manchmal mag sich hinter den unterschiedlichen Themen beider Coachees ein gemeinsames Ziel erkennen lassen. Bisweilen verfolgt nur einer ein Ziel, aber der andere ist bereit, sich darauf einzulassen. In anderen Fällen mag es notwendig sein, die Ernsthaftigkeit deutlich herauszustellen: Wenn es nicht gelingt, ein gemeinsames Ziel festzulegen, macht es keinen Sinn, den Coachingprozess weiterzuführen. Erfahrungsgemäß tritt dieser Fall selten ein, da sich niemand vorwerfen lassen will, nicht zu einer gemeinsamen Problemlösung bereit zu sein.

Phase 2: Klärungsphase. Aufgabe der Klärungsphase ist, jeden Einzelnen zu unterstützen, die Situation zu klären – darüber hinaus aber auch, dass jeder dem anderen gegenüber seine Sichtweise verdeutlicht und transparent macht. Im Einzelnen ergeben sich daraus folgende Vorgehensweisen:

- *Jeden der Beteiligten seine Sicht schildern lassen:* dabei offenlassen, wer anfängt: »Wer von Ihnen mag beginnen, seine Sicht zu schildern?« Wenn der Coach einen der Coachees als Ersten auffordert, besteht die Gefahr, dass der andere sich zurückgesetzt fühlt und der Coach bereits dadurch »ins System fällt«.
- *Den Betreffenden dabei unterstützen, seine Sichtweise zu klären:* Wie im Einzelcoaching ist es die Aufgabe des Coachs, zu fokussieren, verdeckte Erfahrungen nachzufragen oder widerzuspiegeln. Aber zugleich die Aufmerksamkeit stets auch auf den anderen Coachee zu richten: Ist er überhaupt noch bereit, zuzuhören? Zieht er sich zurück? Wann sollte ihm die Möglichkeit gegeben werden, seine Sicht darzustellen?
- *Anschließend das Wort an den zweiten Coachee weitergeben:* »Wie haben Sie diese Situation erlebt?«, »Können Sie die Situation aus Ihrer Sicht schildern?«. Es ist auch möglich, direkt an die Darstellung des anderen anzuknüpfen: »Ich habe den Eindruck, dass Sie viel nachgedacht haben, als Sie zuhörten. Was ist Ihnen dabei durch den Kopf gegangen?«
- *Die verschiedenen Sichtweisen übersetzen:* Im Rahmen der Klärungsphase werden häufig Sachverhalte oder Empfindungen deutlich, die dem anderen Konfliktpartner bislang nicht bekannt waren. Hier bietet sich die Möglichkeit der Übersetzung: »Wussten Sie schon, dass ...?« Hilfreich kann dabei sein, zu wiederholen, zusammenzufassen oder aktiv zuzuhören: »Ich höre bei Ihnen heraus, Herr Protz, dass Sie sich alleingelassen fühlten und Unterstützung gewünscht hätten. Ist es das?« Anschließend kann man dann zum anderen Gesprächspartner wechseln: »Wenn Sie das hören, was geht Ihnen dabei durch den Sinn?«
- *Die hinter den Positionen stehenden Ziele herausarbeiten:* Dies ist ein Vorgehen, das in der Mediation besonders betont wird (z.B. Bitzer u.a. 2002, 144f.; Duve u.a. 2003, 156ff.). Positionen sind die gegensätzlichen Standpunkte. Dahinter können jedoch übergeordnete Ziele (in der Mediation spricht man hier von Interessen) stehen, die keineswegs mehr so gegensätzlich sind. Hinter der Position von Herrn Protz, keine Absprachen zu treffen, mag möglicherweise das Ziel stehen, für einen eigenen Aufgabenbereich zuständig zu sein.

- *Direkte Kommunikation anstoßen:* Häufig sprechen die Beteiligten (insbesondere in dieser Phase) »über« den anderen: »Ich habe mich geärgert, dass ich von Herrn Berg nicht zur Strategiesitzung eingeladen wurde.« In dieser Situation gilt es, direkte Kommunikation zwischen beiden anzustoßen: »Können Sie das Herrn Berg direkt sagen?«

Gerade in der Klärungsphase besteht die Gefahr, dass die Coachees in ihre alltäglichen Kommunikationsmuster zurückfallen: Der eine unterbricht den anderen, oder einer redet auf den anderen ein, der andere zieht sich immer mehr zurück. Aufgabe des Coachs ist es, genau diese Regelkreise zu unterbrechen. Das ist keineswegs immer leicht und erfordert in vielen Fällen Nachdruck. Bewährt haben sich folgende Schritte:

- *Die Kommunikation einen Moment lang beobachten.* Sie können schauen: Wie gehen die beiden miteinander um? Wie verläuft die Interaktion? Wer unterbricht wen?
- *Sich einen passenden Zeitpunkt wählen, die Kommunikation zu unterbrechen.* Das kann Nachdruck erfordern: sich vorbeugen und auf den passenden Moment warten, die Diskussion nachdrücklich, mit lauter Stimme unterbrechen, die Unterbrechung durch Körperbewegung und das Signal »Stopp« verstärken.
- *Danach als Coach selbst etwas länger reden.* Das gibt den beiden Kontrahenten die Möglichkeit, sich etwas »abzukühlen«, und verhindert, dass der Streit von Neuem beginnt. »Stopp, lassen Sie uns hier einhalten. Sie kennen die Diskussion, wie sie jetzt gerade abgelaufen ist, sicher aus anderen Situationen, und Sie haben die Erfahrung gemacht, dass gerade diese Diskussion nicht weiterführt. Von daher ist es wichtig, jetzt ein anderes Vorgehen auszuprobieren ...«
- *Im Anschluss daran neue Regeln einführen oder bereits vereinbarte Regeln nochmals absichern.* Sie können sagen: »Ich schlage Ihnen deshalb folgendes Vorgehen vor: Jeder erzählt seine Sichtweise, der andere hört zu, aber darf nicht unterbrechen. Anschließend gebe ich dann an den anderen weiter, damit er seine Sichtweise darlegt. Können Sie sich darauf einlassen?«

Möglicherweise lassen sich auch durch andere Vorgehensweisen bisherige Kommunikationsmuster abändern: Jeder stellt seine Position auf einem Flipchartbogen dar. Anschließend kann man die Darstellung wechselseitig kommentieren lassen: Wo stimmt der andere zu, wo sind die Unterschiede? Oder jeder wählt ein Symbol für die Situation.

Phase 3: Lösungsphase. Zielstellung dieser Phase ist, Lösungen zu finden, auf die sich alle Beteiligten einlassen können. Das mag in normalen Schnittstellengesprächen noch verhältnismäßig einfach sein; es wird umso schwieriger, je mehr eine Konfliktsituation festgefahren ist. Für den Coach bedeutet das: Er kann nicht garantieren, dass tatsächlich eine Lösung gefunden wird – aber er kann dazu beitragen, dass der Raum möglicher Lösungen und Einigungen abgeklärt wird. Und meist gelingt es in der Tat, zumindest für Teilbereiche eine für beide Seiten akzeptable Lösung zu finden. Hilfreich sind folgende Vorgehensweisen:

- *Das Erreichte würdigen:* Es fällt schwer, eine positive Lösung zu finden, wenn man die Aufmerksamkeit nur auf das Negative und die Probleme richtet. Hier hilft es, den Blick zunächst auf das Positive und das Erreichte zu richten und damit eine gemeinsame Basis zu schaffen. Wenn es um Probleme in der Zusammenarbeit geht: Was sind Bereiche, wo die Zusammenarbeit gut klappt? Was haben die Beteiligten schon erreicht? Was ist schon in der Klärungsphase erreicht?
- *Eine gemeinsame Basis schaffen:* In der Regel gibt es irgendwelche Gemeinsamkeiten zwischen den verschiedenen Positionen, die aber den Betreffenden meist nicht bewusst sind, weil sie ihre Aufmerksamkeit eher auf Gegensätze und Probleme richten. Hier ist es die Aufgabe des Coachs, diese Gemeinsamkeiten bewusst zu machen und damit eine Basis für die Einigung zu schaffen:»Ich höre bei Ihnen das gleiche Ziel heraus, nämlich, den Erfolg des Bereiches zu steigern. Mir ist wichtig, diese Gemeinsamkeit herauszustellen. Der Unterschied besteht dann nicht hinsichtlich des Ziels, sondern hinsichtlich der Frage, wie dieses Ziel am besten zu erreichen ist.« Die gemeinsame Basis kann auch darin bestehen, dass beide an dem Coaching teilnehmen:»Ich nehme wahr, dass Sie beide daran interessiert sind, das Thema zu bearbeiten – sonst wären Sie nicht hier.«
- *Probleme schrittweise bearbeiten:* In vielen Situationen liegt ein großes Bündel von Problemen vor, wobei man meist die Angewohnheit hat, sich zunächst das »wichtigste« und damit aber auch in vielen Fällen das am schwersten lösbare Problem herauszugreifen. Das führt leicht zu endlosen Diskussionen ohne Aussicht auf Erfolg. Der umgekehrte Weg ist in den meisten Fällen besser: zunächst mit Problemen beginnen, die leichter lösbar sind. Auch wenn es sich dabei lediglich um ein »Randproblem« handelt, verändert eine erste Lösung die Einstellung der Beteiligten. Beide machen die Erfahrung, dass es durchaus möglich ist, gemeinsam zu einer Lösung zu gelangen. Damit besteht die Hoffnung, sich auch bei anderen Fragen einigen zu können.
- *Bisherige Lösungsversuche abklären und ausklammern:* In der Regel hat jedes im Coaching behandelte Problem eine Vorgeschichte vergeblicher Lösungsversuche, die häufig »Teil des Problems« sind. Die bisherigen Lösungsversuche blieben ohne Erfolg, sonst wäre das Problem längst gelöst. Um eine »neue« und bessere Lösung zu finden, müssen die bisherigen Lösungsversuche zunächst identifiziert werden:»Was hat jeder von Ihnen bislang versucht, um das Problem zu lösen? … Wenn das nicht erfolgreich war, brauchen Sie es nicht länger zu versuchen. Was wären andere Lösungen?«
- *Neue Lösungsmöglichkeiten sammeln:* Je nach der Situation kann das Vorgehen hier unterschiedlich sein. Man kann gemeinsam ein Brainstorming durchführen, mithilfe von Prozessfragen verdeckte Lösungsmöglichkeiten aufdecken (»Was hat Ihnen in der Vergangenheit in solchen Situationen geholfen?«), ein Experte oder der Coach kann Ideen einbringen.

- *Die nächsten Schritte zur Lösung des Problems festlegen, anstatt das Problem inhalt-lich zu diskutieren:* Nicht selten verfangen sich inhaltliche Diskussionen hier in unterschiedlichen Einschätzungen. Hilfreicher kann es sein, hier lediglich die nächsten Schritte zu überlegen: Jeder überschläft nochmals das Thema, es werden neue Informationen eingeholt, es wird ein Verfahren festgelegt, das endlose Diskussionen verhindert.

Es gibt in der Literatur eine Reihe von Verfahren, die zur Bearbeitung von Konflikten im Triadencoaching eingesetzt werden können. Dabei reicht die Spannweite von der »niederlagelosen Methode« im Anschluss an Thomas Gordon über das Harvard-Konzept bis zu sogenannten Tetralemma-Verfahren oder der Nutzung analoger Verfahren (jeder sucht sich ein Symbol, das dann bearbeitet wird). Einige Literaturhinweise haben wir im Anschluss an dieses Kapitel angefügt.

Arbeit mit Wünschen

Hier möchten wir Ihnen noch eine Methode vorstellen, die sich in Triadensituationen bei Konflikten, aber auch im Teamcoaching gut bewährt: die Arbeit mit Wünschen. Grundsätzlich handelt es sich dabei um eine Referenztransformation. Wenn Herr Berg kritisiert, dass er von seinem Abteilungsleiter, Herrn Protz, zu wenig Informationen erhält, dann kann diese Kritik in einen Wunsch »übersetzt« werden: Herr Berg »wünscht« sich mehr Informationen. Die Transformation von Kritik in Wünsche verändert das Bild der Wirklichkeit. Wenn das Gegenüber kritisiert wird, wird es mit Abwehr reagieren. Ein »Wunsch« macht es leichter, darauf einzugehen. Daraus ergibt sich als ein wichtiger Ansatz für das Coaching in Triadensituationen, die hinter einer Kritik stehenden Wünsche herauszuarbeiten und zu bearbeiten. Die Schritte dafür sind folgende:

- *Den Coachee einen Wunsch an den anderen formulieren lassen oder Kritik in einen Wunsch umformulieren:* »Gibt es einen Wunsch, den Sie an Ihren Bereichsleiter richten möchten?«, »Ich höre heraus, Sie wünschen sich ..., ist das richtig?«.
- *Den Wunsch konkretisieren:* Wünsche zeichnen sich im Alltag häufig dadurch aus, dass sie unscharf und unklar bleiben. Wenn Herr Berg mehr Informationen von seinem Abteilungsleiter wünscht, dann dürfte zunächst völlig offen sein, welche Informationen er benötigt. Von daher gilt: Es muss für den anderen Gesprächspartner geklärt werden, was genau mit dem Wunsch gemeint ist. Aufgabe des Coachs ist es, genau nachzufragen (wir erinnern an das Verfahren aus dem Kapitel 3) und abzusichern, dass der andere den Wunsch verstanden hat. Mögliche Prozessfragen dafür sind:
  - »Können Sie anhand einer konkreten Situation verdeutlichen, welche Informationen Sie hier gebraucht hätten?«
  - »Welche Information genau benötigen Sie?«
  - »Ich höre bei Ihnen heraus, dass Ihnen frühe Informationen über mögliche Probleme fehlen?«

- »Was genau sollte Herr Protz tun, um Ihnen wichtige Informationen zu geben?«
- »Woran können Sie merken, dass die wichtigen Informationen weitergegeben sind?«

● *Das Verständnis beim anderen Gesprächspartner absichern:* Bevor eine lange Diskussion über den Wunsch beginnt, ist es notwendig, das gemeinsame Verständnis abzusichern: »Ist Ihnen deutlich geworden, was Herr Berg meint?«

● *Den Wunsch direkt an den anderen Gesprächspartner richten:* Gerade in angespannten Situationen besteht die Gefahr, dass Wünsche nur über den Coach mitgeteilt werden. Damit ergibt sich eine Dreieckskommunikation: A teilt dem Coach mit, was er von B möchte. Ziel des Coachings ist demgegenüber, die direkte Kommunikation zwischen beiden Coachee zu ermöglichen: »Könnten Sie den Wunsch direkt an Herrn Protz richten?«

Zuweilen brauchen Coachees in dieser Situation Unterstützung, weil es ihnen schwerfällt, den Wunsch direkt an den anderen Gesprächspartner zu richten. Beide haben schon seit Monaten nicht mehr miteinander gesprochen, und nun sollen sie plötzlich Wünsche an den anderen formulieren. Ein Verfahren, das hier unterstützt, ist das »Doppeln«: Der Coach geht zu dem einen Coachee und spricht für ihn: »Ich als Herr Berg wünsche mir von Ihnen, Herr Protz, frühere Information über mögliche Probleme.« Sinnvoll ist es dabei, dieses Doppeln bei dem Betreffenden abzusichern: »Ist es das, was Sie meinen?« Vermutlich wird man (insofern die Klärung des Wunsches korrekt verlaufen ist) ein zustimmendes Nicken erhalten oder vielleicht eine Ergänzung.

● *Aushandeln des Wunsches:* Wünsche können gestellt werden (und es ist hilfreich, Klarheit darüber zu erhalten, was der andere sich wünscht), aber es gibt keine Garantie, dass sie erfüllt werden. Daraus ergibt sich als nächster Schritt, abzuklären, wie weit der Wunsch erfüllt wird: »Sie haben den Wunsch von A gehört. Meine Frage an Sie (an den Coachee B) ist nun, ob Sie bereit sind, diesen Wunsch zu erfüllen?«

Hilfreich ist, dabei die Autonomie des betroffenen Coachees herauszustellen: »Wünsche können, aber brauchen nicht erfüllt zu werden. Jeder von uns hat eine Reihe von Wünschen, die er nicht erfüllt bekommt. Von daher ist mir wichtig, Herr Protz, dass Sie frei entscheiden können, ob Sie den Wunsch erfüllen oder nicht.« Der betroffene Coachee hat in dieser Situation drei Möglichkeiten: Er kann den Wunsch erfüllen, er kann den Wunsch grundsätzlich ablehnen, oder (und das ist der häufigste Fall) er knüpft die Erfüllung des Wunsches an Bedingungen: »Ich würde ja, aber ich habe keine Zeit, immer hinter Ihnen herzurennen und alle möglichen Informationen zu geben.« Aufgabe des Coachs ist es hier, diese Bedingungen ebenfalls in Wünsche zu übersetzen und zu bearbeiten: »Ich höre bei Ihnen heraus, Sie wären bereit, den Wunsch zu erfüllen, wenn Sie jeweils genaue Nachfragen erhalten würden. Ist es das?«

Üblicherweise braucht ein solcher Aushandlungsprozess Zeit. Es werden Bedingungen gestellt, Einschränkungen gemacht, stellenweise auch Bereitschaft signalisiert. Es ist Aufgabe des Coachs, diesen Prozess sorgsam zu steuern. Möglicherweise ist der Coach als Experte gefordert, selbst Anregungen zu geben oder Vorschläge zur Realisierung zu machen.

- *Kontrakte festmachen:* Das Aushandeln von Wünschen führt, wenn es erfolgreich gewesen ist, zu Kontrakten. A und B einigen sich auf bestimmte Vorgehensweisen. Auch hier ist wieder Aufgabe des Coachs, diesen Kontrakt festzumachen: Ist es das, worauf sich die Coachees wirklich einlassen? Oder gibt es noch irgendwelche Bedenken, die dann ihrerseits zu bearbeiten und möglicherweise in zusätzliche Wünsche zu übersetzen sind?

- *Wechsel zu einem Wunsch des anderen Gesprächspartners:* Wenn der Wunsch des einen Coachees bearbeitet ist, dann steht der Wunsch des anderen zur Diskussion. Hat er ebenfalls einen Wunsch? Welchen Wunsch? Ist der Gesprächspartner bereit, diesen Wunsch zu erfüllen?

  Wichtig ist, dass jeder das Recht hat, Wünsche an den anderen zu formulieren. Häufig ist allerdings diese Phase bereits in das Aushandeln des ersten Wunsches eingeschlossen: Wenn die Erfüllung des ersten Wunsches an Bedingungen geknüpft wird, dann ist die Bearbeitung dieser Bedingungen bereits Bearbeitung von neuen Wünschen. Dann ist abschließend nur abzuklären, ob noch Wünsche offen geblieben sind.

Phase 4: Abschlussphase. Ziel der Abschlussphase im Triadencoaching ist, Vereinbarungen zwischen den beiden Partnern zu treffen, die nächsten Schritte festzulegen und möglicherweise Kontrakte zwischen Coach und den Coachees zu vereinbaren. Das heißt im Einzelnen:

- *Das Ergebnis zusammenfassen:* Das ist üblicherweise Aufgabe des Coachs: Was wurde erreicht? Was sind die Vereinbarungen? Ist jedem klar, was der Inhalt des Kontraktes ist?

- *Kontrakte schließen:* Entscheidend ist hier, abzusichern, dass sich tatsächlich jeder darauf einlässt. Wenn Konfliktpartner verbal zustimmen, obwohl sie noch körpersprachlich Einwände zeigen, müssen diese bearbeitet werden.

- *Den Handlungsplan festlegen:* Was sind die nächsten Schritte, wann genau treffen sich die Betreffenden wieder? Wer tut was bis wann?

- *Mögliche Hausaufgaben geben:* Der Coach kann bestimmte Aufgaben vorschlagen. Das könnte zum Beispiel sein: über das Ergebnis nochmals nachzudenken, sich zu bestimmten Zeiten zu treffen. Aber solche Hausaufgaben sind immer nur Vorschläge, die Coachees entscheiden, ob sie diese annehmen möchten oder nicht.

- *Mögliche Sanktionen vereinbaren:* »Was passiert, wenn der Kontrakt nicht eingehalten wird?«

- *Checktermine (untereinander, mit dem Coach, mit einem Dritten) vereinbaren:* Selbst wenn jetzt alle zustimmen, so ist doch immer damit zu rechnen, dass die Vereinbarungen im Tagesgeschäft vergessen werden. Hier ist sinnvoll, dass daran erinnert wird. Das kann darin bestehen, dass der Coach mit einer E-Mail an die Vereinbarungen erinnert, dass man sich nach zwei Monaten zu einem Checktermin trifft, dass ein Vorgesetzter den Prozess »monitort«, also zu gegebener Zeit nachfragt.

- *Möglicherweise den Kontrakt symbolisch bestätigen:* mit Handschlag, mit einem unterschriebenen Vertrag oder wie auch immer.
- *Das Ergebnis würdigen:* Das ist die Abschlussrunde. Wie geht es den Coachees mit dem Ergebnis? Was wurde aus ihrer Sicht erreicht? Gibt es noch Unsicherheit, ob das Vereinbarte tatsächlich umgesetzt wird? Das Schlusswort hat dann meist der Coach. Er würdigt das Ergebnis aus seiner Sicht. Achten Sie als Coach darauf, das Positive des Ergebnisses herauszustellen: Es wurde Klarheit geschaffen, es wurde die Bereitschaft deutlich, gemeinsam an einer Lösung zu arbeiten, es wurde Einigung in bestimmten Punkten erzielt, es wurde deutlich, was als Nächstes zu tun ist.

Selten, aber es gibt solche Situationen: Es gelingt nicht, eine Einigung zu erzielen. Denken Sie als Coach daran: Es ist nicht Ihre Aufgabe, eine heile Welt zu schaffen, sondern es ist Ihre Aufgabe, Klarheit zu schaffen und den Raum möglicher Lösungen auszuloten. Die Verantwortung für das Ergebnis bleibt bei den Coachees, sie tragen dann auch die Verantwortung dafür, dass sie (oder einer) nicht bereit sind, sich zu einigen. Ihre Aufgabe als Coach ist in solchen Fällen, dieses Ergebnis transparent zu machen und zu würdigen. Es kann befreiend sein, zu wissen, dass hier keine Einigung möglich ist. Häufig schließt sich daran eine kurze Phase der Prozessberatung mit jedem einzelnen Coachee (in Anwesenheit des anderen) an: Wie geht es ihm mit dem Ergebnis? Was zieht er daraus für Konsequenzen?

Eine abschließende Bemerkung: Wir haben hier die Phasen des Triadencoaching an der schwierigsten Form dargestellt, dem Triadencoaching in Konfliktsituationen. Nicht jedes Triadencoaching ist so schwierig. Wenn es darum geht, Schnittstellen zwischen zwei Kollegen, die sich ansonsten gut verstehen, abzuklären, werden weniger Konfliktmuster zu unterbrechen sein, es ist leichter, dabei zur Einigung zu gelangen. In allen Fällen gilt, die Grundstruktur des Triadencoachings im Auge zu behalten. Bei einem Triadencoaching mit einem Experten verändert sich das Coachingziel: Es geht darum, den einen Coachee zu unterstützen, und der Experte hat die Aufgabe, dafür sein Wissen und seine Anregungen einzubringen.

Hier kommt es ebenfalls auf eine klare Steuerung des Prozesses durch den Coach an. Auch mit dem Experten gilt es, Kontrakte zu schließen (was ist seine Aufgabe, lässt er sich darauf ein?), auf mögliche Regelkreise ist zu achten (Experten können leicht den Coachee mit ihrem Wissen »zuschütten«), darauf achten, dass sich an jede Phase der Expertenberatung dann Prozessberatung anschließt (was macht der Coachee mit den Anregungen des Experten, was passt, was nicht?), den Beitrag des Experten würdigen. Denken Sie an unsere Grundregel: Klare Struktur und zugleich ein Gefühl für die jeweilige Situation entwickeln.

Es gibt eine Reihe von Ansätzen zu Mediation, Konfliktlösung und ähnlichen Themen, die Sie nutzen können. Hier einige Anregungen aus unterschiedlichen Konzepten:

- Fredrike Bannink: Praxis der Lösungs-fokussierten Mediation: Konzepte, Methoden und Übungen für Mediatorinnen und Führungskräfte. Concadora, Stuttgart 2009.
- Roger Fisher u.a.: Das Harvard-Konzept. Der Klassiker der Verhandlungstechnik. Campus, Frankfurt am Main/New York (22. Aufl.) 2004.
- Mario H. Kraus: Mediation – wie geht denn das? Junfermann, Paderborn 2005.
- Christoph Thomann: Klärungshilfe: Konflikte im Beruf. Rowohlt, Reinbek (2. Aufl.) 2004.
- Matthias Varga von Kibéd/Insa Sparrer: Ganz im Gegenteil. Tetralemmaarbeit und andere Grundformen Systemischer Strukturaufstellungen – für Querdenker und solche, die es werden wollen. Carl-Auer, Heidelberg 2005.

Teamcoaching

> Herr Berg und die anderen Bereichsleiter haben eine Reihe von Themen, die sie gemeinsam absprechen müssen. Aber das klappt nicht so richtig. Jeder sieht sich als Einzelkämpfer. Herr Berg hat das Gefühl, dass in dem »Bereichsleiterteam« eher gegeneinander gearbeitet wird als miteinander und dass auch unterschwellige Konflikte bestehen. Er schlägt vor, dass Beate Scholz das gesamte Bereichsleiterteam coacht.

Teamcoaching ist eine durchaus geläufige Form des Coachings. Dabei entspricht der Ablauf den Phasen beim Triadencoaching, nur dass es hier nicht nur zwei, sondern mehrere Coachees gibt. Aber die Grundstruktur ist gleich: Der Coach wird den Prozess steuern, muss seine Aufmerksamkeit auf mehrere Personen richten, jeden würdigen, muss neutral bleiben, muss möglicherweise hinderliche Regelkreise (»die Diskussion fährt sich fest«) unterbrechen, absichern, dass alle dem Ergebnis zustimmen. Wir beschränken uns in unseren Ausführungen auf eine knappe Checkliste der wichtigsten Punkte.

Phase 1: Orientierungsphase. Auch hier geht es wieder darum, Kontakt herzustellen sowie Thema, Ziel und Rahmenbedingungen abzuklären:

- *Sich kennenlernen:* Beim Teamcoaching kennen sich die Teilnehmer untereinander, aber sie kennen möglicherweise noch nicht den Coach, und der Coach kennt nicht die (oder einen großen Teil der) Teilnehmer. Hier benötigt man Zeit, sich kennenzulernen und aufeinander einzustellen. Eine einfache Form ist ein Rundgespräch – vielleicht weniger, dass jeder Teilnehmer Namen und Funktion sagt (das ist erfahrungsgemäß wenig aussagekräftig). Überlegen Sie sich eine andere Form des Kennenlernens: Jeder Teilnehmer (und natürlich auch der Coach) nennt ein positives Ereignis oder ein Erfolgserlebnis der letzten Wochen, jeder charakterisiert sich mit drei Eigenschaften, drückt seine Situation in einer Metapher aus ...

- *Mögliche Themen und Ziele festlegen:* Auch hier gilt, alle einzubeziehen. Man kann ein Rundgespräch durchführen, bei dem jeder Teilnehmer sagt, was aus seiner Sicht bearbeitet werden sollte. Häufig ergibt sich bereits daraus so etwas wie ein »Systemtrend«, bei dem sich ein zentrales Thema herauskristallisiert. Man kann verschiedene Themen sammeln und sie anschließend punkten lassen. Aber auch der Coach kann aus seiner Perspektive ein Thema vorschlagen, das bearbeitet werden könnte.
- *Eindeutige Kontrakte schließen:* Lassen sich alle auf das Thema ein? Fragen Sie hier explizit nach: »Ist es für jeden in Ordnung, dass wir dieses Thema heute bearbeiten?« – und dann den Blick über die Runde schweifen lassen. Entsprechendes gilt dann für Coachingziel, Zeitrahmen und mögliche Vorgehensweisen. Hilfreich ist, wenn Sie als Coach hier Vorschläge machen (das verkürzt die Diskussion), aber ausdrücklich die Zustimmung der Anwesenden einholen.

Phase 2: Klärungsphase. Je nach der Zielstellung können unterschiedliche Prozessfragen den Einstieg bilden:

- *Was sind Stärken und Schwachstellen des Teams:* Wie erfolgreich ist das Team auf einer Skala von 0–100? Was sind die Stärken? Was sind Themen, an denen wir arbeiten müssen?
- *Was sind die Stärken eines jeden Teammitglieds, was kann jeder Einzelne zum Teamerfolg beitragen? Wo braucht jedes einzelne Teammitglied Unterstützung von andern?* Diese Fragen können gerade in Problemsituationen hilfreich sein. Sie lenken die Aufmerksamkeit weg von Problemen zu den Potenzialen, den Fachkenntnissen, Erfahrungen, Fähigkeiten, die der Einzelne in das Team einbringen kann – zugleich wird deutlich, dass jeder Einzelne von anderen Unterstützung benötigt.
- *Was denken andere über das Team?* Wie würde ein Kunde (ein Vorgesetzter, ein Mitarbeiter) das Team beschreiben? Was erwarten andere von dem Team? Man kann solche zirkulären Fragen (also Fragen darüber, was andere Personen tun, denken) auch spielerisch bearbeiten. Es werden Zweiergruppen (zum Beispiel an Stehtischen) gebildet, die ein Gespräch anderer Personen nachspielen: »Stellen Sie sich vor, Sie sind zwei Mitarbeiter Ihres Bereiches und unterhalten sich über das Bereichsleiterteam.« Ein vierter Teilnehmer kann gleichzeitig die wichtigen Ergebnisse auf Metaplankarten mitschreiben.
- *Welche typischen Verhaltensmuster treten immer wieder auf?*
- *Welche Werte und Regeln werden im Team gelebt?*
- *Wie lässt sich das Team mithilfe analoger Verfahren darstellen?* Hier können Teilnehmer typische Teamsituationen szenisch darstellen, jeder Teilnehmer kann ein Symbol für das Team suchen oder es anhand von Metaphern beschreiben, ein Teilnehmer kann das Team mithilfe von Stühlen visualisieren.

Diese Fragen können im Rahmen eines Rundgesprächs (jeder schildert aus seiner Sicht Stärken und Schwachstellen), in einer Kartenabfrage oder zunächst in kleineren

Gruppen bearbeitet werden. In einem zweiten Schritt gilt es dann, daraus ein gemeinsames Ergebnis zu erstellen. Die einzelnen Ergebnisse werden gepunktet, oder verschiedene Symbole werden zu einem gemeinsamen »Kunstwerk« zusammengefügt.

Phase 3: Lösungs- oder Veränderungsphase. Auch hier geht es darum, neue Lösungen zu sammeln und zu bewerten. Dabei kann der Gruppenvorteil des Teams genutzt werden: Mehrere Personen haben eine größere Chance, neue Lösungen zu finden. Mögliche Vorgehensweisen sind:

- Brainstorming zur Sammlung neuer Lösungen.
- Bearbeitung von Themen in Kleingruppen, wobei dann anschließend die Ergebnisse im Plenum abgestimmt werden.
- Aushandeln von Wünschen.
- Bearbeitung von Konflikten im Team.
- Durchführung eines Strategieprozesses für das Team: Was sind Stärken und Schwächen des Teams, was ist die Vision, was sind Ziele, was sind strategische Schwerpunkte?
- Verbesserung der Prozesse im Team: Zum Beispiel kann die Veränderung der Abläufe in Teambesprechungen angegangen werden.
- Klärung der Aufgabe und Rolle einzelner Teammitglieder.
- Bearbeitung von Themen mithilfe analoger Verfahren.
- Veränderung der Systemgrenze zu anderen sozialen Systemen, zum Beispiel Schnittstellenworkshops mit Kunden oder Lieferanten.

Phase 4: Abschlussphase. Wie bei sonstigen Coachingprozessen sollte das Ergebnis zusammengefasst und die nächsten Schritte festgelegt werden. Wichtig ist, die Zustimmung aller abzusichern. Mögliche Prozessfragen sind:

- *Was sind die nächsten Schritte:* Wer macht was bis wann? Ist eindeutig geklärt, was diese nächsten Schritte sind?
- *Wie wird die Umsetzung der Maßnahmen überprüft:* durch den Coach, den Vorgesetzten oder durch ein Teammitglied?
- *Was nimmt jeder als (positives) Ergebnis des Coachings mit?*

Ähnlich wie das Einzelcoaching kann ein Teamcoaching durchaus ein längerer Prozess sein, wobei zu Beginn Ziele (Was will das Team am Schluss erreicht haben? Woran lässt sich die Erreichung feststellen?) festgelegt und dann in einzelnen Sitzungen die einzelne Themen bearbeitet werden.

Zum Abschluss zwei Literaturhinweise:
- Rainer Alf-Jährig u.a.: Teamcoaching. Konzeption, Methoden und Praxisbeispiele für den Teamcoach. managerSeminare, Bonn (2. Aufl.) 2010.
- Bernhard Haas/Bettina von Traschke: Teamcoaching: Excellenz vom Zufall befreien. Gabler, Wiesbaden 2010.

Kollegiales Coaching

Die Firma Achsenroth hat in den letzten Jahren eine Reihe neuer Führungskräfte eingestellt. Mittlerweile ist Interesse an Coaching deutlich geworden. Frau Kleppner, eine neue Abteilungsleiterin, spricht die Geschäftsführung darauf an. Allerdings stehen, so Frau Göppler, die Personalleiterin, dafür keine finanziellen Mittel zur Verfügung. Beate Scholz schlägt ein anderes Vorgehen vor: kollegiales Coaching.

Kollegiales Coaching (häufig spricht man auch von kollegialer Beratung oder kollegialer Supervision) ist die Durchführung eines strukturierten Coachinggesprächs unter Kollegen, mit einem festen Ablauf und verteilten Rollen.

Entwickelt wurde kollegiale Beratung in den 70er-Jahren des 20. Jahrhunderts. Im Unterschied zu Sozialpädagogen oder Sozialarbeitern haben Lehrer üblicherweise keine Möglichkeit zur Supervision, zur Beratung in beruflichen Fragen. Um aber trotzdem Unterstützung bei praktischen Problemen zu erhalten, bildeten sich Kollegiale Unterstützungsgruppen, in denen Lehrer über »Ärgernisse, Enttäuschungen und Schwierigkeiten im Berufsalltag« (Schlee 2008, 25) reden und dabei auch praktische Lösungshinweise erhalten konnten.

Mittlerweile ist kollegiale Beratung oder kollegiales Coaching eine durchaus übliche Form wechselseitiger Unterstützung. Es bietet die Möglichkeit, die Vorteile von Coaching nutzen zu können, auch wenn kein Pool ausgebildeter Coachs zur Verfügung steht.

Anstoß für kollegiales Coaching kann von den Betroffenen selbst kommen: Eine Gruppe von Kollegen (in unserem Beispiel einige neue Führungskräfte bei der Firma Achsenroth) sucht wechselseitige Unterstützung. Kollegiales Coaching kann aber auch Bestandteil der Einführung von Coaching in einer Organisation sein.

Damit kollegiales Coaching erfolgreich eingeführt werden kann, sollten ebenso folgende Voraussetzungen gegeben sein:

- *Offenheit und Vertrauen unter den Beteiligten:* Voraussetzung ist auch hier Vertrauen unter den Beteiligten, um offen über Probleme sprechen zu können. Man muss sicher sein, dass die Inhalte nicht nach außen getragen werden, es muss Wertschätzung da sein – nur dann wird sich ein Kollege anderen Kollegen öffnen.
- *Neutralität:* Wenn der Coach oder andere Beteiligte von dem Problem direkt betroffen sind, ist kollegiales Coaching nicht möglich. Auch das ist eine Voraussetzung, die ja generell für Coaching gilt.
- *Coachingkompetenz:* Auch kollegiales Coaching ist ein strukturiertes Vorgehen und erfordert damit die Fähigkeit, den Coachingprozess in die einzelnen Phasen zu strukturieren, gute Fragen zu stellen, die Ergebnisse herauszuarbeiten. Hilfreich ist, diese Kompetenz in einer eigenen Qualifizierung zu vermitteln. In unserem Beispiel: Beate Scholz führt ein eintägiges Coachingtraining mit den Teilnehmern durch, in dem die Grundzüge des Coachingprozesses vermittelt und geübt werden.

Wir möchten Ihnen im Folgenden einige Hinweise geben, wie Sie selbst in Ihrem Umfeld kollegiales Coaching einführen und nutzen können.

Vorbereitungsphase. Auch hier beginnt der Coachingprozess mit einer sorgfältigen Vorbereitung:

- *Bildung der kollegialen Coachinggruppe:* In der Literatur zu kollegialem Coaching werden in der Regel Gruppen von fünf bis acht Teilnehmern vorgeschlagen. Meist handelt es sich um stabile Gruppen, in denen sich Vertrauen und Offenheit herangebildet haben und die damit die Möglichkeit bieten, über konkrete Probleme zu sprechen. Eine Gruppengröße von vier bis fünf Teilnehmern ist durchaus zweckmäßig – dann ist die Gruppe auch arbeitsfähig, wenn ein oder zwei Teilnehmer fehlen. Auf der anderen Seite können sich zwei Personen im Rahmen kollegialen Coachings wechselseitig unterstützen.
- Im Blick auf die Neutralität der einzelnen Teilnehmer bietet es Vorteile, wenn die Teilnehmer aus unterschiedlichen Bereichen oder Organisationen (zum Beispiel Lehrerinnen von unterschiedlichen Schulen) kommen. Dann besteht die größte Wahrscheinlichkeit, dass die Unterstützer nicht selbst von dem Problem betroffen sind. Auf der anderen Seite kann es zweckmäßig sein, kollegiales Coaching in einem Bereich (also zum Beispiel zwischen den Abteilungsleitern) zu etablieren – was aber voraussetzt, dass hier nicht Spannungen bestehen und man Probleme untereinander an anderer Stelle behandelt.
- *Festlegung des Gastgebers:* Nachdem kollegiales Coaching weniger institutionalisiert ist als »offizielles« Coaching, obliegt es in der Regel einem der Teilnehmer, für einen Raum zu sorgen und den Termin abzustimmen.
- *Vorbereitung des Raumes:* Das kann ein Besprechungsraum innerhalb der Organisation sein, das kann aber ebenso bei einem Teilnehmer zu Hause geschehen. Für den Raum gelten die üblichen Regeln: Störungen vermeiden, nach Möglichkeit ausgestattet mit Flipchart, Moderationskarten, Kaffee, Mineralwasser. Wichtig: Er sollte nicht zu sehr an eine private Atmosphäre erinnern. Kollegiales Coaching in einer Sofaecke ist nicht unbedingt förderlich.
- *Verteilung der Rollen:* Die Gruppe trifft sich, vermutlich wird man sich zunächst ein wenig austauschen, um miteinander warm zu werden. Dann ist zu fragen, wer ein Thema zu bearbeiten hat und wie die Rollen verteilt werden:
  - Wer ist Coachee (oder, wie man auch formuliert, der »Fallgeber«): Wer bringt ein Thema ein, für das er Unterstützung haben möchte?
  - Wer sind Experten, die die Aufgabe haben, ihre Erfahrungen und Anregungen einzubringen?
  - Wer ist Coach: Aufgabe des Coachs ist es, den Coachingprozess (und auch die Experten) zu steuern.
  - Wer ist Beobachter: Hilfreich kann in vielen Fällen ein Beobachter sein, der von außen den Prozess begleitet. Seine Aufgabe ist es unter anderem, auf die Zeit zu achten, möglicherweise auch, den Prozess zu unterbrechen, wenn sich Coa-

chee, Coach und Experten in Diskussionen verfangen. Seine Aufgabe ist zudem, anschließend das Feedback zum Ablauf (nicht zum Inhalt des kollegialen Coachings) zu leiten: Wie haben Coachee und Coach den Prozess erlebt? Was fanden sie hilfreich? Welche Anregungen haben sie für den Coach?

Die weiteren Schritte entsprechen dann im Wesentlichen dem Coachingprozess, bei dem Experten mit einbezogen werden.

Phase 1: Orientierungsphase. Üblicherweise führt der Coachee (Fallgeber) in die Thematik ein. Aufgaben des Coachs ist es dann, Kontrakte zu folgenden Themen herbeizuführen:

- *Was ist das Coachingziel?* Was möchte der Coachee als Ergebnis dieser Phase haben: neue Ideen, einen Handlungsplan, Überprüfung seines Plans?
- *Was erwartet der Coachee von den Experten?* Anregungen, kritische Fragen, fachlichen Input?

Phase 2: Klärungsphase. Aufgabe des Coachs ist es hier, den Prozess zu steuern: Wie ist die Situation? Was ist erreicht? Wo genau liegen die Probleme? Welche Faktoren haben zu dem Problem geführt? Was sind die bisherigen Überlegungen des Coachees?
Die Experten können hierzu gegebenenfalls Fragen stellen – aber Vorsicht, dass die Experten nicht ihre Neugier befriedigen und dem Coach die Steuerung aus der Hand nehmen. Die Experten können aber auch aus ihrer Sicht die Situation kommentieren. Das ist ein Vorgehen, das unter dem Begriff »Reflecting Team« in der Familienberatung bekannt ist (z.B. Andersen 2011). Die Experten kommentieren die Situation – der Coachee erhält damit neue Anregungen, nimmt aber nicht Stellung und gelangt auch nicht in die Situation, seine Auffassung verteidigen zu müssen. Nach Abschluss dieser Expertenrunde übernimmt dann wieder der Coach die Steuerung: »Sie haben die Kommentare der Experten gehört. Was ist Ihnen dabei durch den Kopf gegangen?«

Phase 3: Lösungsphase. Die Entwicklung von Lösungsmöglichkeiten ist insbesondere Aufgabe der Experten, sie können ihre Anregungen einbringen. Aufgabe des Coachs ist es, den Prozess zu steuern (und sich dabei die Steuerung nicht aus der Hand nehmen zu lassen).

- Ideen sammeln, ohne sie zu bewerten.
- Ideen visualisieren: nach Möglichkeit auf Flipchart, gegebenenfalls auch auf Metaplankarten.
- Die Experten nach Vor- und Nachteilen beziehungsweise Chancen und Risiken der einzelnen Lösungsmöglichkeiten befragen.
- Anschließend wieder Prozessberatung mit dem Coachee durchführen: Was macht er mit den Anregungen? Welche kann er nutzen, wo gibt es möglicherweise Abänderungen?

Phase 4: Abschlussphase. In der Abschlussphase wechselt der Prozess wieder in Prozessberatung mit dem Coachee:

● Was nimmt er als Ergebnis? Was sind seine nächsten Schritte?
● Gegebenenfalls können die Experten auch hier noch Hinweise zur konkreten Umsetzung geben – aber wichtig: Daran schließt sich wieder Prozessberatung an: Der Coachee entscheidet, ob er die Anregungen nutzt oder nicht.
● Den Abschluss bildet dann der Dank an die Experten.

Abschließende Reflexion des Prozesses. Hier übernimmt der Beobachter die Steuerung und fragt die Teilnehmer: Wie haben sie den Prozess erlebt? Was lief gut, wo hätte der Coach mehr steuern oder mehr Freiraum geben können?

Kollegiales Coaching ist nicht nur Unterstützung des Coachees, sondern darüber hinaus eine gute Möglichkeit, Coaching zu üben und dabei Sicherheit zu gewinnen.

Anregung zur Weiterarbeit

Die Anregung ist hier sehr einfach: Probieren Sie selbst das kollegiale Coaching aus und versuchen Sie, Sicherheit zu gewinnen.

Zum Abschluss zwei Literaturhinweise:
● Kim-Oliver Tietze: Kollegiale Beratung: Problemlösungen gemeinsam entwickeln. Rowohlt, Reinbek (3. Aufl.) 2008.
● Jörg Schlee: Kollegiale Beratung und Supervision für pädagogische Berufe. Kohlhammer, Stuttgart (3. Aufl.) 2012.

Lernsequenzen im Coachingprozess

Gegenwärtig dauert die wöchentliche Besprechung von Herrn Berg mit seinen Abteilungsleitern fast immer fünf bis sechs Stunden. Es wird endlos hin und her geredet, man kommt zu keinem Ergebnis. Herr Berg spricht das Thema im Coaching an. Es läuft ein normales Beratungsgespräch, es werden auch Lösungen gefunden – aber Beate Scholz sieht es Herrn Berg an: Irgendwie ist er damit noch nicht richtig zufrieden.

Wenn im Coaching keine Lösungen gefunden werden, dann kann das zwei Gründe haben: Es kann an der Einstellung liegen. In unserem Beispiel: Es kann daran liegen, dass sich Herr Berg nicht traut, andere Teilnehmer zu unterbrechen, dass er nicht energisch genug auftreten kann. Er schafft es vielleicht in anderen Situationen, aber nicht hier. In diesem Fall ist das Thema im Rahmen eines normalen Coachingprozesses zu bearbeiten: Was hindert Herrn Berg, energischer aufzutreten? Was sind Möglichkeiten? Wie kann er möglicherweise seinen Referenzrahmen (in diesem Fall sein bisheriges Verständnis von Führung) überdenken?

Es kann aber auch daran liegen, dass dem Coachee das Handlungsrepertoire fehlt. Herr Berg weiß einfach nicht, wie er die Bereichsbesprechung besser strukturieren oder mit Dauerrednern in der Besprechung besser umgehen kann. Hier nützt es nichts, mögliche Widerstände zu bearbeiten. Es reicht aber auch nicht aus, in einem Brainstorming Ideen zu sammeln – weil Herr Berg eben nicht weiß, wie er diese Ideen umsetzen kann. Hier ist ein anderes Vorgehen erforderlich: Der Coachee muss sein Handlungsrepertoire erweitern. Er muss etwas Neues lernen. Herr Berg muss lernen, wie er die Bereichsbesprechung strukturiert, wie er mit Gesprächen umgeht. Beate Scholz schlägt vor, das zu einem Thema zu machen. Sie führt mit Herrn Berg eine Lernsequenz »Gesprächsführung« durch.

Im traditionellen Verständnis sind solche Lernsequenzen Inhalt von Trainings, und etwas anderes als Coaching: Coaching wird als Unterstützung bei der Lösung konkreter Probleme am Arbeitsplatz verstanden, Training als Vermittlung von Kenntnissen und Fertigkeiten. Im Rahmen eines Moderations- oder Führungskräftetrainings lernen die Teilnehmer, eine Besprechung zu moderieren. Sie bekommen vielleicht ein Schema für den Ablauf der Moderation und üben Moderation im Rollenspiel. Im Rahmen von Coaching werden konkrete Probleme der Umsetzung bearbeitet.

Mittlerweile ist aber die Unterscheidung von Training und Coaching weniger scharf. Zum einen kann es im Rahmen oder als Ergänzung von Trainings durchaus Coachingsequenzen geben. Zum anderen – und das ist in diesem Kapitel das Thema – kann es auch im Rahmen von Coaching sinnvoll sein, Lernsequenzen (kürzere Trainingseinheiten) durchzuführen: Beate Scholz verwendet eine Coachingsitzung dazu, mit Herrn Berg das Moderieren von Besprechungen zu trainieren.

Im Folgenden möchten wir Ihnen eine Checkliste vorstellen, die Ihnen als Coach helfen kann, Lernsequenzen im Rahmen von Coachingprozessen zu planen und durchzuführen.

Schritt 1: Festlegung des Ziels der Lernsequenz. Die erste Frage ist in der Regel: »Was will beziehungsweise sollte der Coachee lernen?« Will er lernen, Abteilungsbesprechungen straffer zu führen? Will er lernen, in Konflikten Ich-Botschaften zu formulieren oder im Team Probleme effizienter zu bearbeiten?

Lernsequenzen können bereits in der Zielvereinbarung zu Beginn vereinbart werden. Sie können sich aber auch im weiteren Verlauf des Coachingprozesses ergeben: Der Coachee bringt als Thema den Konflikt mit einem Mitarbeiter ein; in diesem Zusammenhang wird eine (kürzere) Lernsequenz zum Thema »Konfliktgespräch« durchgeführt. Oder der Coach begleitet den Bereichsleiter in einer Bereichsbesprechung. Im Anschluss daran wird eine Lernsequenz »Moderation von Besprechungen« vereinbart. Vorschläge zu möglichen Themen von Lernsequenzen können sowohl vom Coachee als auch vom Coach kommen. Wichtig ist, dass das Ziel eindeutig formuliert ist: Was genau soll der Coachee am Ende der Lernsequenz wissen oder können? Woran lässt sich feststellen, ob das Ziel erreicht wurde?

Schritt 2: Sammlung möglicher Inhalte der Lernsequenz. Für viele Lernsequenzen gibt es Konzepte, die als Grundlage genommen werden können. So können als Grundlage für Gesprächsführung aktives Zuhören, Ich-Botschaften und die niederlagelose Methode von Gordon genommen werden. Der Ablauf des Problemlöseprozesses wird als Grundlage für die Gliederung eines Gesprächs genommen. Es werden Lernsequenzen zum Thema Führung auf der Basis verschiedener Führungsmodelle entwickelt oder eine Lernsequenz Referenztransformation in den Coachingprozess integriert.

Schritt 3: Festlegung von Teilzielen. Lernsequenzen beschränken sich im Rahmen von Coaching häufig auf ein bis zwei Stunden und sind damit deutlich kürzer als entsprechende Einheiten in Trainings. Das erfordert, komplexe Themen zu zergliedern: Wenn der Coachee lernen will, schwierige Besprechungen zu moderieren, dann lässt sich dieses Thema nicht in sechzig Minuten abarbeiten, sondern wird in eine Reihe kürzerer Lernsequenzen zerlegt. Aus der verhaltenstheoretischen Lerntheorie gibt es dafür zwei unterschiedliche Konzepte, Chaining und Shaping.

- *Chaining* bedeutet, dass ein komplexes Verhalten in einzelne Teilschritte zerlegt wird. So lässt sich die Moderation einer Besprechung in Vorbereitung der Besprechung, Vorbereitung des Raumes, Wahl der Sitzposition, Begrüßung, Zuhören, Nachfragen, Festmachen der Ergebnisse zerlegen. Jedes Thema könnte in einer eigenen kurzen Lernsequenz bearbeitet werden.
- *Shaping* bedeutet ursprünglich, dass jede Annäherung an ein komplexes Verhalten verstärkt wird. Bezogen auf Lernsequenzen ergibt sich damit eine schrittweise Einübung zunächst in leichteren, dann in zunehmend schwierigen Situationen. Die Leitung von Besprechungen wird zunächst im Rollenspiel, dann in kleinen und schließlich in schwierigen Besprechungen geübt.

Schritt 4: Erstellung des Ablaufplans für die Lernsequenz. Für Trainings hat es sich bewährt, einen Ablaufplan zu erstellen, der einerseits die Struktur der Trainingseinheit festlegt, aber andererseits so flexibel ist, dass er je nach der Situation abgeändert werden kann. Das gleiche Vorgehen kann für Lernsequenzen im Rahmen des Coachings hilfreich sein: In welchen Schritten soll Moderation eingeübt werden? Womit fängt man an? Wie geht man dann weiter vor? Aus der Erwachsenenbildung ist die Unterscheidung in zwei verschiedene Vorgehensweisen geläufig, deduktiv und induktiv.

- *Deduktiv:* Es wird zunächst ein allgemeines Konzept vorgeschlagen, das dann auf die konkrete Situation angewandt wird. So erhält der Coachee zunächst Informationen darüber, was Ich-Botschaften sind (allgemeines Konzept), anschließend wird das Vorgehen anhand einzelner Äußerungen oder im Rollenspiel geübt.
- *Induktiv:* Induktiv bedeutet, vom Konkreten zum Allgemeinen zu gehen. Im Rahmen des Coachingprozesses werden in der Klärungsphase die Probleme herausgearbeitet, die bei einem Konfliktgespräch aufgetreten sind. Daraus wird dann ein allgemeines Schema für die Strukturierung von Konflikten entwickelt.

Jedes Vorgehen hat Vor- und Nachteile: Das deduktive Vorgehen bietet mehr Sicherheit für den Coach (er hat eine klare Struktur), kann aber möglicherweise aufgesetzt sein. Das induktive Vorgehen lässt sich leichter auf die konkrete Situation beziehen, erfordert dann aber vom Coach höhere Flexibilität.

Schritt 5: Entwicklung von Handlungsplänen. Man kann eine Situation sicherer bewältigen, wenn man dafür einen Handlungsplan hat, also weiß, wie man in dieser Situation vorgehen kann. Dabei gibt es grundsätzlich zwei Möglichkeiten, solche Handlungspläne zu erstellen:

- *Checkliste als Handlungsplan:* Eine naheliegende Möglichkeit besteht darin, eine Checkliste für das konkrete Vorgehen zu erstellen. So könnte eine Checkliste für die Gliederung eines Gesprächs analog zum Problemlösungsprozess etwa folgendermaßen ausschauen.

1) Orientierungsphase: Thema und Ziel – Was ist das Thema? – Was ist das Ziel? Was soll Ergebnis dieses Gesprächs sein? – Welcher Zeitrahmen steht zur Verfügung?	– Sich auf das Gespräch einstellen, Störquellen reduzieren. – Thema nennen oder erfragen – Ziel des Gesprächs schriftlich formulieren
2) Klärungsphase: W-Fragen – Was ist geschehen? – Was ist erreicht, was nicht? – Wo genau liegen die Probleme? – Was hat zu der Situation geführt? – Was könnte passieren?	– Erst eigene Sicht darstellen, dann Pause, den anderen erzählen lassen. – Oder erst Sicht des Gesprächspartners erfragen. – Erst die Klärung, danach die Lösung.
3) Lösungsphase: Ideen sammeln – Den Gesprächspartner fragen: • Was haben Sie geplant? • Was schlagen Sie vor? • Was sind Möglichkeiten? – Eigene Ideen einbringen	– Brainstormingregeln beachten: Erst Ideen sammeln, dann bewerten. – Gegebenenfalls Ideen visualisieren oder zumindest mitschreiben.
4) Abschlussphase: – Wer macht was bis wann? – Wann reden wir wieder über dieses Thema?	– To-do-Liste erstellen.

Es gibt in der Literatur Unmengen von Checklisten für unterschiedliche Anlässe. Allerdings ist der Wert solcher vorgegebener Checklisten meist relativ begrenzt. Checklisten müssen in der Sprache des Coachees formuliert werden. Er muss da-

mit etwas anfangen können. Von daher können vorgegebene Checklisten bestenfalls eine Anregung sein, die dann »in die Sprache des Coachees« zu übersetzen
sind: Entweder formuliert sie der Coach für diese Situation neu, oder er geht sie
mit dem Coachee durch, oder der Coachee formuliert sie mithilfe des Coachs für
sich selbst.

- *Visuelle Repräsentation des Handlungsplans aufgrund von Beobachtung:* Handlungspläne entstehen in vielen Situationen anhand von Beobachtung. Sie sehen,
wie eine andere Person souverän mit einer schwierigen Gesprächssituation umgeht, und entwickeln daraus für sich (möglicherweise ohne es explizit formuliert
zu haben) einen Handlungsplan. Konkret bedeutet das: Der Coach führt ein bestimmtes Verhalten vor, das der Coachee als Anregung übernimmt. Das kann in
Form eines Rollenspiels geschehen, bei dem der Coachee die Rolle des Gegenübers
übernimmt und der Coach die Rolle des Coachees – aber Vorsicht: Es ist misslich,
wenn das Konfliktgespräch, das Sie im Rollenspiel vorführen, total danebengeht.
Sie können ebenso in einer Realsituation ein bestimmtes Verhalten demonstrie-
ren: Für eine Projektbesprechung übernehmen Sie die Rolle des Moderators und
zeigen damit zugleich Ihrem Coachee, wie er in Zukunft vorgehen kann. Hilfreich
ist in jedem Fall eine Nachbesprechung, damit Ihr Coachee seinen Handlungsplan
entwickeln kann: Was kann er übernehmen? Wie entwickelt er daraus eine Strategie, die für ihn passt?

- *Auditive Repräsentation von Handlungsplänen: die Selbstinstruktion* (Fliegel u.a.
1998, S. 182ff.; Meichenbaum 1995): Für viele Menschen ist es hilfreich, sich in
schwierigen Situationen selbst Anweisungen zu geben: »Erst tief durchatmen,
dann antworten«, »Ein Schritt nach dem anderen«. Sie können somit den Handlungsplan mit Ihrem Coachee als Selbstinstruktion erarbeiten. Aber auch hier gilt:
Der Handlungsplan muss in der Sprache des Betreffenden formuliert sein. Achten
Sie darauf, dass Ihr Coachee eine Formulierung findet, mit der er etwas anfangen
kann.

Schritt 6: Einübung des neuen Verhaltens. In vielen Situationen reichen Handlungspläne aus: Der Coachee hat sich eine Checkliste erarbeitet und weiß damit, wie er vorgehen kann. Es gibt aber auch Situationen, in denen ein solcher Handlungsplan nicht
ausreicht, sondern das betreffende Verhalten geübt werden muss. Denken Sie zum
Beispiel ans Fahrradfahren. Eine Checkliste, auf was Sie alles achten, wird schwerlich
ausreichen, um Fahrrad fahren zu lernen, Sie müssen es üben. Ähnlich mag es bei einem Konfliktgespräch sein. Eine Checkliste wird in der Regel nicht ausreichen, um sicher solche Situationen zu bewältigen. Das ist dann der Zeitpunkt, wo (auch im Coaching) die Lernsequenz zu einer tatsächlichen Trainingssequenz wird: ein neues Verhalten einzuüben. Grundsätzlich bieten sich dafür zwei Möglichkeiten:

- *Einübung neuen Verhaltens im Rollenspiel:* In Trainings ist Einübung neuen Verhaltens anhand von gespielten Situationen gleichsam das Standardvorgehen (z.B.
Schaller 2006). Sie können das gleichermaßen auf das Coaching übertragen und
führen ein Rollenspiel durch: Sie als Coach (oder gegebenenfalls eine zweite anwe-

sende Person) übernehmen die Rolle des Gesprächspartners, der Coachee übt im Rollenspiel das Vorgehen in einer Konfliktsituation.

- *Einübung in realen Situationen:* Der Coachee übt das Vorgehen in einer realen Situation. Möglicherweise nehmen Sie als Coach daran teil, ohne in das Geschehen direkt einzugreifen, und sprechen nachher das Vorgehen mit Ihrem Coachee durch.

Auf jeden Fall müssen solche Übungsphasen (auch wenn Sie als Coach nicht daran teilgenommen haben) ausgewertet werden – und münden dann in einen normalen Coachingprozess: Wie hat der Coachee die Situation erlebt? Was ist aus Sicht des Coachs gut gelungen, wo sind noch Verbesserungen möglich? Kann der Coachee mit den Anregungen etwas anfangen? Wie will er weiter vorgehen?

Schritt 7: Stabilisierung des Handlungsrepertoires. Selbst wenn Ihr Coachee ein neues Verhalten geübt hat, ist damit zu rechnen, dass er es im Tagesgeschäft vergisst und dass es damit wieder »verlernt« wird. Daraus ergibt sich die nächste Aufgabe: das neue Vorgehen zu sichern und zu stabilisieren. Im Einzelnen gibt es dafür folgende Vorgehensweisen:

- *Einführung von Ankern als »Erinnerung«:* Ankern haben wir bereits im vierten Kapitel in Zusammenhang mit dem Thema Selbstmanagement eingeführt (s. S. 205f.). Sie können hier ebenfalls Anker nutzen: Der Coachee weiß, dass er zunächst zuhören und erst dann Stellung beziehen sollte. Aber in der konkreten Situation fällt er immer wieder in das ursprüngliche Muster zurück. Der Coachee braucht daher einen Auslöser (einen Anker), der ihn daran erinnert, in den Gesprächen mit anderen zunächst zuzuhören. Anker können sein:
  - Visuelle Anker als sichtbare »Merker«: Ein auf die Arbeitsmappe geklebtes Smiley; ein Bild im Büro mit der Überschrift »Übersicht bewahren«; eine in Folie eingeschweißte Checkliste mit den Hauptschritten im Coachingprozess.
  - Auditive Anker: Ein leiser Weckton auf dem Handy während des Gesprächs erinnert den Coachee daran, sich an die Zeiten zu halten.
  - Kinästhetische Anker, also bestimmte Bewegungen oder Gegenstände: eine Kastanie in der Hosentasche mit der Bedeutung »bei Angriffen ruhig bleiben«.
- *Schaffung von Übungsmöglichkeiten:* Verhalten, das nicht geübt wird, wird mit hoher Wahrscheinlichkeit vergessen. Konsequenz davon ist: Sorgen Sie als Coach dafür, dass Ihr Coachee das neue Verhalten auch übt. Eine einfache Möglichkeit dafür sind »Hausaufgaben«. Vereinbaren Sie mit Ihrem Coachee, in der nächsten Woche drei Gespräche schriftlich vorzubereiten oder in den nächsten Sitzungen die Moderation zu üben.
- *Verstärkung des neuen Verhaltens:* Das ist ein Prinzip der verhaltenstheoretischen Lerntheorien. Verhalten wird (eher) gelernt, wenn es verstärkt wird. Diese Verstärkung kann von Ihnen als Coach kommen, indem Sie das Erreichte besonders betonen, den Erfolg würdigen. Verstärkung kann sich ebenso aus dem Verlauf ergeben (ein erfolgreiches Konfliktgespräch ist bereits an sich Verstärkung). Sie kön-

nen Ihrem Coachee zudem vorschlagen, sich selbst zu verstärken, indem er sich selbst auf die Schulter klopft, nach einem erfolgreichen schwierigen Gespräch sich etwas gönnt. Sie können Ihren Coachee auch bitten, seine Erfolge in einer Art Tagebuch (»Leadership Booklet«) aufzuschreiben und sie sich damit bewusst zu machen.

- *Einführung von Supportsystemen:* Lernen kann durch andere Personen unterstützt werden. Möglichkeiten, den Lernerfolg zu sichern, können deshalb darin bestehen, mit Kollegen, Mitarbeitern oder dem Vorgesetzten ein positives Unterstützungssystem zu etablieren: Kann sich der Coachee von einem Gesprächspartner Feedback holen? Gibt es Kollegen, die sich untereinander coachen beziehungsweise unterstützen können? Gibt es einen Teilnehmer in der Besprechung, der dem Coachee anschließend Rückmeldung geben kann?

Sicher werden nicht in allen Situationen dieselben Schritte erforderlich sein. Es hängt von der konkreten Situation ab, worauf Sie als Coach das Schwergewicht legen: auf die Erarbeitung von Handlungsplänen, auf das Einüben neuer Verhaltensweisen, auf Anker, die das neue Verhalten auslösen können, oder möglicherweise auf die Bildung eines Supportsystems.

Anregung zur Weiterarbeit

Sie können sich gut in die Thematik einarbeiten, wenn Sie versuchen, für wichtige Themen selbst kurze Lernsequenzen (nicht länger als 30 bis 60 Minuten) zu erarbeiten. Mögliche Themen können sein:
- Zielvereinbarung,
- Feedback geben und nehmen,
- der Problemlösezyklus,
- das Mitarbeitergespräch sowie
- Zeitmanagement.

Darüber hinaus wieder einige Hinweise, wenn Sie sich weiter mit der Thematik befassen möchten.

Hinweise auf die psychologischen Grundlagen des Lernens finden Sie zum Beispiel bei:
- Guy R. Lefrançois: Psychologie des Lernens. Springer, Heidelberg (4. Aufl.) 2006.

Anregungen für die Gestaltung von Lernsequenzen finden Sie auch in der Literatur zur Methodik der Erwachsenen- und Weiterbildung. Exemplarisch seien genannt:
- Jörg Knoll: Kurs- und Seminarmethoden. Beltz, Weinheim und Basel (11. Aufl.) 2007.
- Bernd Weidenmann: Erfolgreiche Kurse und Seminare. Beltz, Weinheim und Basel (8. Aufl.) 2011.

Kapitel 8:
Führungskraft als Coach

> Herr Berg möchte Coaching auch für seine Mitarbeiter nutzen: »Im Grunde ist das doch das Gleiche: meine Mitarbeiter zu unterstützen, selbst Probleme zu lösen.« Doch zugleich kommen Zweifel. Beate Scholz als Coach ist neutral und kann damit ihrem Coachee die Entscheidung überlassen. Doch Herr Berg ist Führungskraft, er kann nicht neutral sein. Er trägt Gesamtverantwortung, er muss Ziele vereinbaren, bisweilen Mitarbeiter kritisieren, möglicherweise sogar jemandem kündigen. Kann er dann überhaupt seine eigenen Mitarbeiter coachen?

Zu der Frage, ob eine Führungskraft Coach sein kann, gibt es bis heute eine intensive und oftmals heftige Auseinandersetzung. Da wird auf der einen Seite die These vertreten, dass eine Führungskraft letztlich überhaupt nicht Coach sein kann – weil ihr die Neutralität fehlt. Auf der anderen Seite wird ebenso massiv behauptet, dass traditionelle Führung durch Coaching abgelöst wird.

Wir tun uns vermutlich leichter, wenn wir diese Frage anhand konkreter Situationen diskutieren. Als Führungskraft, vielleicht erinnern Sie sich an Kapitel 6, hat Herr Berg vier unterschiedliche Aufgaben zu bewältigen:

- *Die Entwicklung der Strategie:* Es geht darum, eine Vision zu entwickeln, im Blick darauf Schwerpunkte zu setzen und gemeinsam mit den Mitarbeitern die Strategie für den Bereich zu auszuarbeiten.
- *Das Management von Aufgaben:* Er hat dafür zu sorgen, dass Ziele vereinbart und erreicht werden; er muss Entscheidungen treffen und er kann seine Mitarbeiter mit Fachwissen unterstützen.
- *Das Management sozialer Systeme:* Hier gilt es, die Mitarbeiter zu unterstützen, aber auch ihnen gegenüber Position zu beziehen, die Stakeholder einzubinden.
- *Das Management der eigenen Person:* Das bedeutet, sich über seine eigenen Werte klar zu werden, mit Stress und Zeitdruck umzugehen.

Wenn man einmal das Management der eigenen Person beiseitelässt, das wenig mit Coaching der Mitarbeiter zu tun hat (wohl aber Thema des Coachings von Herrn Berg sein kann), dann wird in jedem der übrigen Aufgabenbereiche Coaching eine Rolle spielen – aber nicht allein: Wenn Herr Berg einerseits Mitarbeiter dabei unterstützt, Probleme zu lösen, wenn er dazu Fragen stellt oder auch seine Erfahrungen einbringt, aber auch, wenn er Verständnis für Mitarbeiter hat, ist er Coach. Wenn er andererseits Ziele einfordert, wenn er Position bezieht, wenn er Entscheidungen trifft, wenn er versucht, einen Kollegen zu überzeugen, eine Mitarbeiterin kritisiert, sie abmahnt oder ihr kündigt, wenn er in einem Konflikt befangen ist, in all diesen Situationen ist er nicht Coach, sondern ist Entscheider. Daraus ergeben sich zwei zentrale Rollen einer Führungskraft: Führungskraft als Entscheider und Führungskraft als Coach.

- *Führungskraft als Entscheider:* Hier sind Sie gefordert, Position zu beziehen: Sie vereinbaren mit Ihrem Mitarbeiter Ziele, fordern sie ein, geben Orientierung darüber, was Ihnen wichtig ist, fordern die Vorbereitung einer Präsentation bis nächsten Donnerstag oder kritisieren, dass diese Vorbereitung nicht rechtzeitig fertig ist, müssen möglicherweise eine Kündigung aussprechen: In all diesen Situationen können Sie nicht Coach sein.
- *Führungskraft als Coach:* Hier unterstützen Sie eine Mitarbeiterin oder einen Mitarbeiter, ein Ziel zu erreichen. Oder Sie helfen ihm bei einem Problem mit einem Kunden, möglicherweise auch bei einem privaten Problem. Hier können Sie das anwenden, was wir in den vorausgegangenen Kapiteln dargestellt haben: Sie können Fragen stellen, Ihren Mitarbeiter unterstützen, das Problem aus einer anderen Perspektive zu betrachten, können mit ihm in einem Brainstorming Lösungen sammeln und dabei auch Ihre Erfahrung einbringen. Aber die Entscheidung bleibt bei Ihrem Mitarbeiter. In diesen Situationen können Sie als Führungskraft Coach sein.

Es ist etwas anderes, ob man als Führungskraft selbst Position bezieht oder ob man einen Mitarbeiter unterstützt, aber ihm die Entscheidung überlässt. In der Praxis ist diese Unterscheidung keineswegs so leicht zu treffen. Ein gutes Hilfsmittel dafür ist die Frage nach dem »Problembesitz« (vgl. Gordon 2006, 55ff.). Sie können diese Frage stellen, um konkret zu unterscheiden, ob Sie als Coach oder als Entscheider agieren:

- *Der Mitarbeiter hat ein Problem:* Eine Mitarbeiterin spricht Sie an und bittet um Unterstützung, wie sie mit einer Kollegin oder einem schwierigen Kunden umgehen soll. Oder Sie sehen einem Mitarbeiter an, dass ihn irgendetwas bedrückt, und sprechen ihn darauf an. Hier können Sie ganz normal in das Coachinggespräch einsteigen.
- *Sie als Vorgesetzter haben ein Problem:* Das ist immer dann der Fall, wenn Sie etwas erreichen möchten, wenn Sie sich beispielsweise über einen Mitarbeiter ärgern. Es ist aber auch dann der Fall, wenn Sie eine Entscheidung Ihres Mitarbeiters nicht akzeptieren können. In all diesen Situationen sind Sie gefordert, selbst Position zu beziehen: »Mir ist wichtig, dass …«, »Ich bin nicht zufrieden, wie das Projekt läuft …«. Hier sind Sie nicht Coach, sondern Entscheider.

Übrigens gilt die gleiche Unterscheidung auch für andere Situationen, in denen Sie mehrere Rollen zugleich haben. Wenn Sie Ausbilderin, Dozent oder Lehrer sind, dann ist Ihre Aufgabe zunächst, Ihre Auszubildenden, Studierenden oder Schüler zu qualifizieren. In dieser Rolle haben Sie Feedback zu geben und in der Regel zu bewerten, inwieweit die Leistungen den jeweiligen Anforderungen und Standards entsprechen. Aber Sie können sie grundsätzlich auch coachen. Entscheidend ist, dass Sie sich über Ihre jeweilige Rolle (Ausbilder, Dozent, Lehrer – oder Coach) klar sind, und dass es Ihnen gelingt, auch Ihrem Gesprächspartner die jeweilige Rolle transparent machen.

Je nachdem, ob Sie als Vorgesetzter oder Ausbilder, Lehrer, Dozent »ein Problem haben« und Position beziehen müssen, oder ob Ihr Mitarbeiter das Problem hat, je nachdem, ob Sie als Coach oder als Entscheider handeln, wird der Gesprächsverlauf unterschiedlich sein. Wir möchten Ihnen beide Gesprächsformen vorstellen.

Ablauf des Coachinggesprächs als Führungskraft

Die Grundstruktur mit der Unterscheidung in Orientierungsphase, Klärungsphase, Lösungsphase und Abschlussphase gilt gleichermaßen dann, wenn Sie als Führungskraft eine Mitarbeiterin coachen. Aber in den einzelnen Phasen ergeben sich durchaus Besonderheiten aufgrund Ihrer besonderen Rolle.

Phase 1: Orientierungsphase. In dieser Phase sind folgende Punkte wichtig:

- *Die eigene Einstellung:* Das ist wohl der entscheidende Punkt für das Coaching. Kann ich mich auf Coaching einlassen? Das bedeutet zugleich: Kann ich wirklich jede Lösung akzeptieren, die mein Mitarbeiter für sich wählt – selbst wenn ich als Vorgesetzter es möglicherweise ganz anders machen würde? Diese Einstellung wird man als Führungskraft nicht unbedingt haben – gerade dann, wenn man selbst fachlich auf diesem Gebiet kompetent ist. Aber denken Sie an den Grundsatz des Coachings: Es ist nicht Ihre Aufgabe, dem Coachee das Problem abzunehmen, sondern Sie sollen ihn dabei unterstützen, selbst das Problem zu lösen.
- *Festlegung des Themas:* Hier gibt es zwei Möglichkeiten. Entweder spricht ein Mitarbeiter Sie an und erbittet Unterstützung. Oder Sie als Vorgesetzter sprechen den Mitarbeiter auf ein Problem an: »Ich habe den Eindruck, Sie kommen mit dem Angebot Meyer nicht richtig vorwärts. Sollen wir uns das gemeinsam anschauen?«, »Sie schauen in der letzten Zeit irgendwie etwas niedergeschlagen aus, möchten Sie darüber reden?«. In jedem Fall liegt es hier an dem Mitarbeiter, ob er sich auf Coaching einlässt oder nicht. Möglicherweise wird er die Unterstützung annehmen – oder er wird abwiegeln: »Nein, ich bin nur etwas überarbeitet.«
- *Festlegung des Ziels:* Was soll am Schluss des Gesprächs als Ergebnis stehen? Geht es darum, neue Ideen zu sammeln, oder braucht Ihr Mitarbeiter einen Handlungsplan und benötigt dafür Unterstützung?
- *Kontrakte:* Entscheidend ist, dass am Schluss der Orientierungsphase ein eindeutiger Kontrakt vorliegt, dass Ihr Mitarbeiter Sie als »Coach« akzeptiert und dass Sie sich darauf einlassen. Hilfreich ist in vielen Fällen, hier bewusst nachzufragen: »Okay, dass ich Sie dabei unterstütze?«, »Ist es in Ordnung, dass wir uns das Angebot gemeinsam anschauen?«. Hilfreich ist aber auch, sich am Schluss nochmals

der eigenen Einstellung zu vergewissern: Kann ich als Vorgesetzter mich wirklich auf diesen Mitarbeiter, dieses Thema und diesen Zeitpunkt einlassen?

Phase 2: Klärungsphase. Wie bei dem sonstigen Coachinggespräch geht es hier vor allem darum, den Coachee (den Mitarbeiter) zu unterstützen, für sich die Situation zu klären – weniger darum, selbst die Situation zu verstehen. Übrigens, auch das ist für Führungskräfte nicht leicht: sich klar zu machen, dass ich als Führungskraft nicht alles verstehen muss, sondern dass es meine Aufgabe ist, den Mitarbeiter zu unterstützen, die Situation zu klären. Daraus ergibt sich folgender Verlauf:

- *Prozessfragen zur Klärung der Situation:* Wie war die Ausgangssituation? Was wurde getan? Was wurde erreicht, was nicht? Wo genau liegen die Probleme? Welche Faktoren haben dazu geführt? Was kann passieren? Was wäre Best Case, was Worst Case?
- *Erfragen verdeckter Erfahrungen:* Auch wenn Sie als Führungskraft coachen, ist es Ihre Aufgabe, das »verdeckte Wissen« des Gesprächspartners an die Oberfläche zu holen: eine konkrete Situation fokussieren (»Können Sie das an einem Beispiel verdeutlichen?«), direkt nachfragen (»Was heißt, Sie kommen mit dem Auftrag Meyer nicht weiter?«), paraphrasieren und strukturieren, aktiv zuhören, das heißt, die Empfindungen des Gesprächspartners verbalisieren (»Das heißt, Sie haben bei dem Angebot Meyer ein ungutes Gefühl?«).
- *Die eigene Sicht einbringen:* Dieser Punkt kann beim Coaching eigener Mitarbeiter durchaus eine Rolle spielen. Als Führungskraft haben Sie in vielen Situationen Erfahrung und Vermutungen über mögliche Faktoren, die zu dieser Situation geführt haben. Sie brauchen diese nicht zurückzuhalten. Sie sollten sich aber davor hüten, diese Gesichtspunkte aus Ihrem Mitarbeiter »herauszukitzeln« – das wirkt in der Regel oberlehrerhaft. Sie können Ihre Auffassung durchaus im Klartext einbringen: »Aus meiner Sicht können vielleicht folgende Punkte zu dem Problem geführt haben …« Das gibt dann Ihrem Gesprächspartner die Möglichkeit, den eigenen Rahmen zu erweitern. Aber denken Sie daran: Auch Ihre Auffassung ist immer nur eine mögliche Perspektive, und es ist wenig zielführend, lange darüber zu diskutieren, was in Wirklichkeit war. Lassen Sie die verschiedenen Sichtweisen nebeneinander stehen!

Phase 3: Lösungsphase. Coaching kann Prozess- und Expertenberatung sein. Das gilt gleichfalls, wenn Sie als Führungskraft Ihren Mitarbeiter coachen. Ihre Aufgabe ist es dann, Ihren Mitarbeiter dabei zu unterstützen, selbst neue Lösungen zu entwickeln, aber als Experte werden Sie auch Ihre Ideen einbringen. Als Führungskraft verfügen Sie in der Regel über umfangreiche Erfahrung, und es ist legitim (und eine Form von Wissensmanagement), dieses Wissen weiterzugeben. Aber achten Sie darauf, dass nicht am Ende Sie es sind, der alleine Lösungen vorschlägt, und dass nicht daraus unter der Hand ein Regelkreis wird: »Ihr Mitarbeiter findet keine Lösung – Sie als Vorgesetzter bieten ihm Lösungen.« Im Einzelnen ergibt sich folgender Ablauf:

- *Den Mitarbeiter nach möglichen Lösungen fragen:* In der Regel ist es der passende Einstieg, zunächst Ihren Mitarbeiter zu fragen. Das lässt das Problem bei dem Coachee und verhindert, dass Ihnen das Problem untergeschoben wird. Die entsprechenden Prozessfragen haben wir im Kapitel über den Coachingprozess ausführlich dargestellt: »Was schlagen Sie vor?«, »Was wären aus Ihrer Sicht Möglichkeiten?«, »Womit haben Sie in ähnlichen Situationen Erfolg gehabt?«, »Was wäre aus Ihrer Sicht ein erster Schritt zur Lösung des Problems?«.
- *Die eigenen Ideen einbringen:* Wie gesagt, das können (und sollten) Sie im Klartext tun: »Ich sehe hier noch folgende Möglichkeiten« (günstig ist, selbst mehrere Möglichkeiten zu nennen). Es ist aber durchaus legitim, darzustellen, wie Sie selbst in dieser Situation vorgehen würden: »An Ihrer Stelle würde ich ...« Aber denken Sie daran: Sie sind hier im Coaching und nicht in einem Verkaufsgespräch, in dem Sie einer Mitarbeiterin Ideen unterjubeln. Grundsätzlich: An jede Expertenberatung muss sich Prozessberatung anschließen: »Können Sie damit etwas anfangen?« Übrigens ist es auch hier hilfreich, die Ideen (auf Flipchart, Whiteboard oder gegebenenfalls auf Karten oder einem Blatt Papier) zu visualisieren. Sie beide behalten dann den Überblick, und außerdem wird dabei häufig deutlich, dass die Situation keineswegs so aussichtslos ist, wie sie möglicherweise zu Beginn schien.
- *Bewertung der Lösungen:* Was sind jeweils Vor- und Nachteile, Chancen und Risiken der verschiedenen Lösungen? Bewertung kann (und sollte) aus verschiedenen Perspektiven erfolgen: aus der Perspektive Ihres Mitarbeiters (denn nur er kennt die Situation, kennt den Kunden und kennt sich), aber durchaus ebenso aus Ihrer Sicht (»Nach meiner Erfahrung ist diese Lösung kritisch, denn ...«). Aber auch hier gilt: Lassen Sie beide Bewertungen nebeneinander stehen, sie sind Anregungen, die Ihrem Mitarbeiter helfen, die Situation aus unterschiedlichen Perspektiven zu bewerten.

Phase 4: Abschlussphase. Hier geht es darum, ein Ergebnis zu erzielen. Doch Vorsicht: An dieser Stelle wechseln Sie die Rolle. Sie sind hier nicht nur Coach, der dem Coachee völlig die Entscheidung überlässt, sondern Sie sind zugleich Führungskraft und tragen eine Gesamtverantwortung. Und Sie müssen »aus dieser Perspektive« zustimmen.

Ein Beispiel: Herr Thommen, ein Mitarbeiter von Herrn Berg, schlägt einen aufwendigen Kunden-Event vor. Als neutraler Coach von außen würden Sie vielleicht abchecken, ob Ihr Coachee diesen Event durchsetzen kann. Als Vorgesetzter müssen Sie zugleich abchecken, ob dieser Kostenrahmen überhaupt verantwortbar ist. Sie sind hier als Entscheider gefordert.

Es macht wahrlich keinen Sinn, als »reiner« Coach einer Lösung zuzustimmen, die Sie dann im nächsten Statusgespräch als Entscheider zurücknehmen müssen, weil der geplante Event beispielsweise den Kostenrahmen übersteigt.

Der »idealtypische« Ablauf der Abschlussphase schaut folgendermaßen aus:

- *Ihren Mitarbeiter fragen, welche Lösung er wählt:* Hier sind Sie Coach, der den Coachee fragt. Denn nur er kennt die Situation, und es würde wenig helfen, ihm eine Lösung aufzudrängen, die für ihn nicht passend ist.
- *Abchecken, ob Sie als Entscheider diese Lösung akzeptieren können:* Hier wechseln Sie die Rolle. Sie müssen sich gleichzeitig fragen, ob die ins Auge gefasste Lösung im Blick auf den Kostenrahmen und Ihre Gesamtverantwortung als Vorgesetzter vertretbar ist. Hier haben Sie sozusagen ein Vetorecht, Lösungen anzuhalten – was freilich nicht dazu führen darf, dass letztlich nur Ihre Lösung in Betracht kommt.
- *Gegebenenfalls die nächsten Schritte abklären:* Im Coachingprozess gehört das Festlegen des Handlungsplans in der Regel zu den Aufgaben in der Abschlussphase. Klären Sie ab, inwieweit Ihr Mitarbeiter hier noch Unterstützung braucht oder ob er den Handlungsplan selbst entwickeln kann. Übernehmen Sie nicht die Verantwortung für Aufgaben, die Ihr Mitarbeiter allein bewältigen kann.
- *Möglichen Unterstützungsbedarf abklären:* Braucht Ihr Mitarbeiter für das weitere Vorgehen noch Unterstützung? Braucht er von Ihnen Unterstützung? Kann er sich von anderen Unterstützung holen? Auch hier sind Sie wieder in beiden Rollen gefragt: als Coach, der den Coachee unterstützt, aber ebenso als Entscheider, der bestimmt, ob er bereit und in der Lage ist, diese Unterstützung zu geben.
- *Den nächsten Checktermin abstimmen:* Hier können Sie als Coach oder als Führungskraft gefragt sein: als Coach, der damit Unterstützung anbietet, aber möglicherweise ebenfalls als Entscheider, dessen Aufgabe es ist, abzusichern, dass die nächsten Schritte tatsächlich durchgeführt werden. Je nachdem werden Sie vermutlich anders formulieren: »Sollen wir uns in ungefähr 14 Tagen wieder zusammensetzen, um zu sehen, wieweit es mit der Umsetzung klappt?«, oder: »Mir ist wichtig, dass wir uns in ungefähr 14 Tagen wieder zusammensetzen und den Status klären.«

Wenn Sie als Führungskraft Ihre eigenen Mitarbeiter coachen, dann folgt der Ablauf den Phasen des sonstigen Coachingprozesses. Aber Sie sind insbesondere in der Orientierungs- und der Abschlussphase zudem als Führungskraft gefordert: In der Orientierungsphase, um abzuklären, ob tatsächlich das Problem bei Ihrem Mitarbeiter oder nicht möglicherweise (auch) bei Ihnen liegt und ob Sie sich hier überhaupt auf einen Coachingprozess einlassen können. In der Abschlussphase, indem Sie die Lösungen ebenso aus der Perspektive als Führungskraft abchecken: Kann ich als Vorgesetzter dem Vorgehen grundsätzlich zustimmen?

Entscheidend ist, sich selbst darüber klar zu werden, in welcher Rolle Sie jeweils sind. Hilfreich kann sein, das Ihrem Mitarbeiter gegenüber klarzumachen und es konkret auszusprechen: »Soll ich Sie bei diesem Problem unterstützen?«, »Welche Lösung ist für Sie plausibel?« – hier sprechen Sie aus der Rolle des Coachs. Sie wechseln in die Rolle des Entscheiders, wenn Sie sagen: »Als Führungskraft erscheint mir die Lösung plausibel …«, »Im Blick auf den Kostenrahmen kann ich diese Lösung als Führungskraft nicht akzeptieren …«.

Das heißt, wie bereits betont, nicht, dass es letztlich Ihre Lösungen sind, die Sie durchsetzen. Thomas Gordon spricht in diesem Zusammenhang von der »niederlagelosen Methode«: die Lösung zu wählen, der beide (Vorgesetzter und Mitarbeiter oder Lehrer und Schüler, Eltern und Kinder) zustimmen können. Man kann sich das bildlich verdeutlichen: Für jeden der Beteiligten, den Mitarbeiter und den Vorgesetzten, kommen bestimmte Lösungen in den Blick. Die werden teilweise übereinstimmen, teilweise werden sie unterschiedlich sein. Aber es gibt in der Regel eine gemeinsame Schnittmenge.

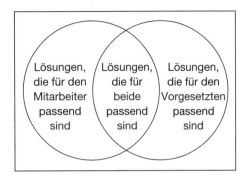

Wenn Sie als Vorgesetzter Ihre Mitarbeiter coachen, sind letztlich nur die Lösungen akzeptabel, denen beide zustimmen können – ansonsten haben Sie ein Problem!

Führungskraft zunächst Entscheider – und dann als Coach?

> Nehmen wir die andere Situation: Herr Drümpel, ein anderer Mitarbeiter von Herrn Berg, hatte zugesichert, den Kundenentwicklungsplan für den Kunden Firma Benrath bis Montag fertigzustellen. Aber nichts ist geschehen.

Hier hat Herr Berg ein Problem und ist damit als Entscheider gefordert: Er hat ein Interesse, dass der Kundenentwicklungsplan fertiggestellt wird. Möglicherweise verbirgt sich dahinter ein Problem von Herrn Drümpel, aber zunächst ist es Herr Berg, der das Problem besitzt: Er will etwas erreichen, ist möglicherweise ziemlich verärgert. Wie läuft das Gespräch hier ab?

Schritt 1: Die Ich-Botschaft. Zunächst wird der Einstieg ein völlig anderer sein als beim Coachinggespräch. Herr Drümpel kommt nicht von sich aus zu Herrn Berg (im Gegenteil, er versucht, ihm aus dem Weg zu gehen). Und die Frage »Möchten Sie über den Kundenentwicklungsplan Benrath sprechen?« wäre in diesem Fall nicht unbedingt zielführend – Herr Drümpel möchte alles andere als darüber sprechen und sieht sich vermutlich durch diese Frage in die Enge gedrängt. Herr Berg muss hier Position beziehen: »Ich will wissen, was der Stand des Entwicklungsplans Benrath ist!«
    Thomas Gordon spricht in diesem Zusammenhang von Ich-Botschaften. Er schlägt für die Formulierung drei Teile vor (Gordon 2006, 128):

- »Eine kurze Beschreibung des *Verhaltens*, das Sie nicht akzeptieren können,
- Ihre ehrlichen *Gefühle* und
- die greifbare und konkrete *Wirkung* des Verhaltens auf Sie (die Konsequenzen)«.

Sie können das gut auf das Gespräch von Herrn Berg mit Herrn Drümpel anwenden. Der Einstieg wäre ungefähr folgender: »Ich bin verärgert, dass Sie mir den Kundenentwicklungsplan nicht, wie vereinbart, bis Montag geschickt haben, denn damit sehe ich Risiken bei der Erreichung unserer Vertriebsziele.«

Allerdings (und das gilt auch für obige Formulierung) wirken Ich-Botschaften nach Gordon manchmal etwas pedantisch in der Formulierung. Das liegt zum einen daran, dass Gordon stark auf die jeweiligen Gefühle abhebt (was etwas mit dem zugrunde liegenden Ansatz der personzentrierten Gesprächstherapie zu tun hat, dem zufolge die Klärung der Gefühle der entscheidende Schritt bei der Lösung der Probleme ist), zum anderen wirken die Konsequenzen manchmal etwas hölzern: Wenn ein Termin nicht eingehalten wird, ist das ärgerlich, ohne dass damit unbedingt besondere Konsequenzen verbunden sind. Entscheidend ist letztlich, dass die eigene Position klar wird, und diese Klarheit wird durch eine Ich-Botschaft am deutlichsten erreicht. Je nach der Situation können dann auch Gefühle oder Konsequenzen genannt werden. Beispiele für solche Ich-Botschaften sind:

> *»Ich will wissen, was der Status des Projektes ist.«: Hier kommt die Position des Vorgesetzten als Entscheider klar zum Ausdruck, ohne dass irgendwelche Begründungen oder Gefühle erklärt werden müssen.*
> *»Wir hatten vereinbart, dass ich bis Montag den Kundenentwicklungsplan für die Firma Benrath habe, aber nichts ist geschehen. Ich will wissen, was hier los ist.«*
> *»Ich möchte, dass Sie mich rechtzeitig informieren, sobald sich Probleme im Projekt andeuten!«*
> *»Ich fand es schade, dass Sie mich nicht persönlich auf das Thema angesprochen haben.«*

Vielleicht können Sie sich in solche Situationen hineinversetzen: Hinter den Äußerungen wird deutlich, dass der Betreffende eine klare Position bezieht. Er redet nicht um den heißen Brei herum, versucht nicht, durch irgendwelche Fragen etwas herauszukitzeln, sondern er bezieht Position. Er wirkt damit authentisch und gibt Orientierung.

Schritt 2: Dem anderen Zeit lassen, das Gesagte zu verarbeiten. Ein Fehler, den Führungskräfte (und nicht nur diese) häufig machen, besteht darin, dass sie anschließend pausenlos weiterreden und zu erklären suchen. Das führt in der Regel dazu, dass der andere zugeschüttet wird und man sich leicht in Nebensächlichkeiten verliert. Der andere Weg ist der richtige: Der Gesprächspartner braucht Zeit, sich damit auseinandersetzen zu können, was die Führungskraft ihm mitgeteilt hat, und es zu verarbeiten. Ihre Aufgabe als Führungskraft ist es, dem anderen diese Zeit zu geben. Und das heißt: Nach Abschluss der Ich-Botschaft kurz innehalten, eine Pause machen und warten, was der andere dazu sagt.

Schritt 3: Klare Vereinbarungen treffen. Fast immer wird der andere mit irgendwelchen Erklärungen antworten: Ihm fehlten irgendwelche Unterlagen, er ist fast fertig, es sind unvorhergesehene Probleme aufgetreten. Das ist letztlich nichts anderes als eine Strategie, sich aus einer unangenehmen Situation herauszulavieren. Es liegt an Ihnen, wieweit Sie als Führungskraft das akzeptieren – oder ob Sie bei einer klaren Position bleiben. Es ist eine Alltagserfahrung: Wenn der andere die Hoffnung hat, sich aus der Situation herauszuwinden, wird er es versuchen – wenn ihm andererseits bewusst wird, dass er damit nicht durchkommt, wird er anfangen, sich in der neuen Situation zurechtzufinden. Als Führungskraft ist es Ihre Aufgabe, Ihrem Gesprächspartner deutlich zu machen, dass Sie hier Position beziehen. Das kann im Einzelnen heißen:

- *Die eigene Position bekräftigen:* Eine Diskussion über die Gründe und Erklärungen ist in der Regel ebenso langatmig wie unbefriedigend – und führt nur dazu, dass der Gesprächspartner vom eigentlichen Thema ablenken und sich herauswinden kann. Lassen Sie sich nicht darauf ein. Manchmal kann es einfach sinnvoll sein, die Position zu wiederholen:»Egal, wir hatten vereinbart, dass ich bis Montag den Kundenentwicklungsplan erhalte. Und ich erwarte, dass ich informiert werde, falls irgendwelche Schwierigkeiten auftreten.«
- *Klare Kontrakte schließen:* Möglicherweise waren die Vereinbarungen, die Sie getroffen haben, nicht eindeutig. Dann gilt es, hier nachzubessern: Was genau ist die Vereinbarung? Ist dem Gegenüber klar, was damit gemeint ist? Lässt er sich tatsächlich darauf ein?
- *Konsequenzen aufzeigen:* Was sind Konsequenzen, wenn man hier nicht weiterkommt?
- *Sich von den Argumenten überzeugen lassen:* Auch das ist selbstverständlich eine Möglichkeit. Sie müssen nicht auf einer Position beharren, die sich aufgrund des Gesprächs als falsch erweist. Aber auch dann beziehen Sie klare Position: »Ihre Argumente leuchten mir ein. Ich schlage vor …«

Schritt 4: Das weitere Vorgehen klären. Auch hier bleiben Sie zunächst in der Rolle des Entscheiders: Sie wollen wissen, wie der andere vorgeht – und Sie formulieren das wieder als Ich-Botschaft: »Ich will wissen …«, oder: »Was werden Sie tun, um das abzusichern?« Sie können auch selbst Vorschläge machen: »Ich schlage vor, dass Sie sich mit Frau Klüver zusammensetzen und Ihren Kundenentwicklungsplan mit Ihr durchgehen. Ist das für Sie in Ordnung?«

Schritt 5: Der Wechsel in die Coachrolle. Das ist der Punkt im Gespräch, an dem Sie von der Rolle des Entscheiders in die Rolle des Coachs wechseln und Ihrem Mitarbeiter anbieten können, ihn zu unterstützen: »Wenn Sie möchten, können wir uns zu Ihrem Kundenentwicklungsplan zusammensetzen und schauen, woran es hängt und was Sie tun können.« Es kann in der Tat sein, dass Ihrem Mitarbeiter Wissen oder Erfahrung fehlen, mit dem Problem umzugehen. Hier braucht er Hilfe. Und hier kann gleichsam ein eigener Coachingprozess beginnen.

Auch in Situationen, in denen Sie das Problem haben, kann Coaching eine Rolle spielen – in diesem Fall aber nicht zu Beginn, sondern als Ergebnis eines Gesprächs.

Entscheidend ist letztlich, sich über die jeweilige Rolle klar zu werden: Habe ich ein Problem? Bin ich Entscheider? Oder hat der andere das Problem? Bin ich Coach? Je nachdem ergeben sich zwei unterschiedliche Gesprächsstrukturen.

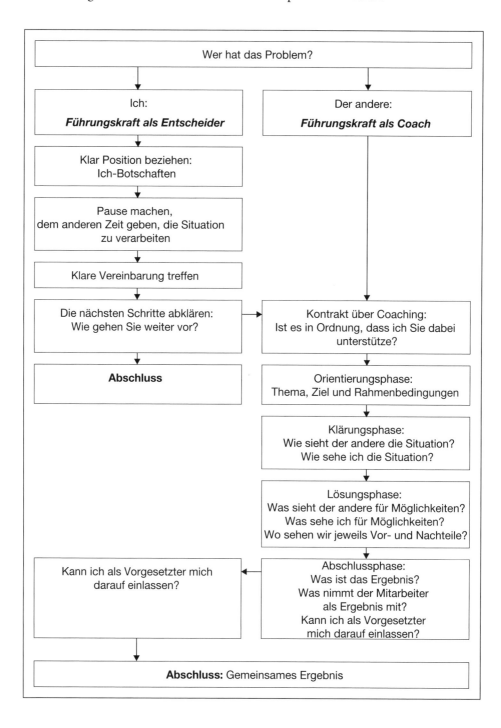

Die jeweiligen Gesprächsphasen können unterschiedlich lang sein. Es mag sein, dass ein Vorgesetzter in einem ersten Gespräch klare Position bezieht und dass anschließend Coaching für ein zweites Gespräch zu einem anderen Zeitpunkt vereinbart wird. Es ist aber ebenso gut möglich, dass die Phasen innerhalb eines einzigen Gesprächs relativ schnell wechseln: Eine Vorgesetzte stellt eine Anforderung an eine Mitarbeiterin (ist also in der Rolle der Entscheiderin) und wechselt dann in die Rolle des Coachs, um mit der Mitarbeiterin abzuklären, wie sie bei der Erfüllung dieser Aufgabe vorgehen kann – bevor dann das Gespräch wieder zu anderen Themen kommt, bei denen die Vorgesetzte möglicherweise wieder in die Rolle der Entscheiderin wechselt.

- Entscheidend ist, sich als Führungskraft jeweils darüber klar zu sein, in welcher Rolle man sich befindet – und das auch dem Mitarbeiter gegenüber klarzumachen: Bin ich hier Entscheider, der eine bestimmte Position vertritt – oder bin ich Coach, der als solcher den Mitarbeiter unterstützt, aber ihn entscheiden lässt.

- Entscheidend ist ferner, dass die jeweilige Rolle eindeutig und transparent ausgefüllt ist. Im Zusammenhang mit der Forderung nach mitarbeiterorientiertem Führungsstil scheinen nicht wenige Führungskräfte verlernt zu haben, klar Position zu beziehen. Das führt nicht selten zu einer unklaren Vermischung verschiedener Rollen, bei denen sowohl Eindeutigkeit als auch wirkliche Unterstützung fehlen. Hierfür abschließend ein Beispiel aus einem unserer Coachingprozesse:

In einem Vertriebsteam war vereinbart, dass die einzelnen Mitarbeiter Termine mit wichtigen Kunden machen. Die Teamleiterin gewinnt den Eindruck, dass bei Sylvia, einer Mitarbeiterin, nichts geschehen ist.

Teamleiterin: »Wie geht es dir mit den Kundengesprächen?«
Sylvia: »Nicht gut, es kommt immer so viel dazwischen, und ich habe eigentlich auch keinen, den ich darauf ansprechen kann.«
Teamleiterin: »Schade, lass uns doch gemeinsam die nächsten Termine machen.«

Vier Gespräche finden statt, bei einem wird ein Auftrag abgeschlossen.
Teamleiterin: »Ist doch schön, siehst du, es klappt doch!«
Sylvia: »Aber das war Zufall. Und du kannst das ohnehin besser …«

Mit der Zeit entwickelt sich diese Situationen zu einem Regelkreis, die Teamleiterin ist zunehmend genervt. Dabei hatte sie doch die beste Absicht und wollte ihre Mitarbeiterin coachen. Doch was hätte sie anders machen können?

Vermutlich sind Ihnen die Schwachpunkte aufgefallen: Die Teamleiterin wählt einen windelweichen Einstieg (»Wie geht es dir mit den Kundengesprächen?«), der an die nichtssagende Alltagsfrage »Wie geht es Ihnen?« erinnert, aber die Rolle der Teamleiterin weder als Coach noch als Entscheider definiert. Schauen wir uns die Situation genauer an: Das Problem hat eindeutig die Teamleiterin. Sie ist damit als Entscheiderin gefordert, klar Position zu beziehen: »Wir hatten vereinbart, dass jeder im Team Kundenbesuche durchführt. Ich möchte wissen, wie weit du damit gekommen bist.« Eine solche Botschaft ist eindeutig, man spürt, dass es der Teamleiterin ernst ist.

Auf die Antwort von Sylvia bleibt die Teamleiterin zunächst in der Rolle der Entscheiderin und muss den Kontrakt abklären. Lässt sich Sylvia darauf ein – oder weigert sie sich? Vermutlich wird Sylvia sich nicht grundsätzlich weigern, sondern zu erklären suchen, warum sie es nicht geschafft hat. Und hier hat die Teamleiterin zwei Möglichkeiten: Entweder verdeutlicht sie nochmals ihre Position und erreicht eine Vereinbarung über das weitere Vorgehen – oder sie wechselt in die Rolle des Coachs: »Wenn du magst, können wir uns gemeinsam anschauen, warum du hier nicht vorwärtskommst und was du tun kannst.« An dieser Stelle macht im Beispiel die Teamleiterin den zweiten Fehler. Sie »coacht« (indem beide gemeinsam Kunden besuchen) – jedoch ohne klaren Kontrakt und ohne klare Struktur.

Anregung zur Weiterarbeit

Wenn Sie Coaching als Führungskraft für Ihre Mitarbeiter anwenden wollen, können Sie an folgenden Punkten ansetzen:

- Versuchen Sie, sich klarzumachen, in welchen Situationen Sie als Führungskraft Coach, in welchen Sie Entscheider sind. Je klarer Ihre jeweilige Rolle ist, desto leichter wird es Ihnen fallen, Mitarbeiter zu coachen.
- Wenden Sie einzelne Elemente des Coachings in Ihrem Tagesgeschäft an. Eine klare Strukturierung können Sie in jedem Gespräch üben: Am Anfang das Ziel des Gesprächs festlegen, zuhören, nachfragen und anschließend Lösungen erst sammeln, dann bewerten! Sie erwerben damit Sicherheit im Umgang mit einzelnen Coachingtools.
- Überlegen Sie, wie Sie Ihre Coachingkompetenz erweitern oder vertiefen können. Möglicherweise hilft es Ihnen, nochmals einzelne Abschnitte dieses Buches durchzuarbeiten, möglicherweise können Sie Coaching im Rahmen von kollegialem Coaching üben.
- Vielleicht können Sie bei einem Mitarbeiter mit dem Coaching beginnen. Versuchen Sie, ihr oder ihm deutlich zu machen, was Sie damit bezwecken, und sammeln Sie damit Erfahrungen.
- Reflektieren Sie Ihr Vorgehen anschließend: Was hat geklappt, was nicht? War die eigene Rolle (als Coach oder Entscheider) jeweils für Sie selbst klar und war sie für den Coachee ebenfalls transparent? Was können Sie nächstes Mal verbessern?

Zum Abschluss wieder einige Anregungen, wenn Sie sich weiter mit diesem Thema befassen möchten.

Gleichsam ein Klassiker für Coaching als Führungskraft ist immer noch die »Managerkonferenz« (oder die »Lehrer-Schüler-Konferenz«) von Thomas Gordon:
- Thomas Gordon: Managerkonferenz. Heyne, München 2006.

Hilfreiche Anregungen finden Sie auch bei:
- Ulrich und Renate Dehner: Coaching als Führungsinstrument. Campus, Frankfurt am Main/New York 2004.
- Thomas A. Knappe/Jürgen Straßburg: Einfach Coaching. Schilling, Berlin 2005.
- Elisabeth Haberleitner u.a.: Führen, fördern, coachen. Piper, München/Zürich (10. Aufl.) 2008.
- Jutta Kreyenberg: 99 Tipps zum Coachen von Mitarbeitern. Scriptor, Berlin 2008.

Implementierung von Coaching als Teil der Führungskultur

Es ist nicht unbedingt leicht, Coaching von Mitarbeitern in der eigenen Abteilung oder dem eigenen Team zu etablieren. Zwei Voraussetzungen müssen dafür geschaffen werden:

Klarheit schaffen, was Coaching bedeutet. Mitarbeitern, aber auch Führungskräften ist häufig nicht klar, was Coaching bedeutet, und sie reagieren mit Abwehr. Der Begriff »Coaching« kann diffus sein, es wird möglicherweise Coaching mit Therapie in Verbindung gebracht, Mitarbeiter wissen das neue Verhalten nicht einzuordnen. Aufgabe ist hier, Transparenz zu schaffen:

- *Die eigene Rolle als Coach transparent machen:* Coaching bedeutet nicht, jemanden zu etwas zu überreden, sondern ist die Bereitschaft, Mitarbeiter zu unterstützen, ohne ihnen die Verantwortung abzunehmen. Wenn diese Grundeinstellung (und darum handelt es sich hier letztlich) authentisch rüberkommt, dann ist damit ein entscheidender Schritt getan.
- *Jeweils transparent machen, in welcher Rolle man sich befindet, als Coach oder Entscheider:* Vermischung der Rollen führt zu Unsicherheit und Widerstand. Werden Sie sich selbst darüber klar, ob Sie das Problem haben oder der Mitarbeiter und in welcher Rolle Sie sich gerade befinden. Versuchen Sie, das auch gegenüber Ihrem Mitarbeiter deutlich zu markieren: »Als Führungskraft ist mir wichtig, dass …«, »Als Coach möchte ich Sie unterstützen«, »Als Coach schlage ich Ihnen vor …«.
- *Erfolge transparent machen:* Coaching wird dann akzeptiert, wenn es von den Beteiligten (Mitarbeitern und Führungskräften) als Unterstützung erlebt wird. Wenn Mitarbeiter erfahren, dass sie dadurch Probleme besser bewältigen können, Sicherheit und letztlich mehr Freiraum gewinnen, dann steigt ihre Bereitschaft, sich auf Coaching einzulassen. Entsprechendes gilt für Führungskräfte: Wenn Coaching dazu hilft, Ziele besser zu erreichen, wird es akzeptiert.

Coachingkompetenz aufbauen. Ein zweites Hindernis besteht häufig darin, dass Führungskräften Coachingkompetenz fehlt. Sie wissen nicht, wie sie beim Coaching vorgehen sollen, verwechseln Coaching und Überredung, verlieren sich in Diskussionen, stellen nicht die richtigen Fragen. Was hier fehlt, ist Coachingkompetenz als die Fähigkeit, einen Coachingprozess zielgenau zu strukturieren, die richtigen Fragen zu stellen, Anregungen als Anregungen und nicht als Anweisungen zu formulieren. Von daher stellt sich die Frage, wie Sie in Ihrem Arbeitsbereich Coachingkompetenz aufbauen können.

Was hier erforderlich ist, sind letztlich Lernsequenzen, in denen einzelne Personen lernen, richtig zu coachen. Solche Lernsequenzen können als Teil des externen Coachings eingeführt werden: Beate Scholz führt mit Herrn Berg eine Lernsequenz zum Thema Coaching durch, indem sie mit ihm die Hauptschritte durchgeht und dann in die Rolle des Coachees wechselt, wobei Herr Berg sie zu einem realen Thema coacht. Lernsequenzen können aber auch in einer größeren Gruppe (mit mehreren Führungskräften) durchgeführt werden.

Hierfür ein konkretes Beispiel. Es handelt sich um die Einführung von Coaching in einem größeren Bereich eines internationalen Konzerns. An der Spitze standen zwei Bereichsleiter, darunter gab es eine weitere Führungsebene von zwölf Abteilungsleitern. Die Implementierung von Coaching verlief in folgenden Schritten:

- *Schritt 1: Coaching der beiden Bereichsleiter durch externe Coachs:* Das externe Coaching gibt den Anstoß. Den Bereichsleitern wird deutlich, dass Coaching ein hilfreiches Instrument darstellt, sie beschließen, Coaching in ihrem Bereich zu implementieren.
- *Schritt 2: Trainingssequenz »Führungskraft als Coach« mit allen 14 Führungskräften durch den externen Coach.* Bewährt hat es sich, Coachingkompetenz nicht »on the job«, sondern im Rahmen einer eigenen Qualifizierung im Umfang von einem Tag zu vermitteln. Hier werden die Hauptschritte des Coachingprozesses vorgestellt, das Vorgehen wird demonstriert, die Teilnehmer führen untereinander jeweils ein Coachinggespräch (sodass jeder einmal Coach, Coachee und Beobachter ist). Als Ergebnis wird vereinbart:
  - Zur Sicherung des Gelernten wird kollegiales Coaching untereinander eingeführt.
  - Jede Führungskraft führt ein Coachinggespräch mit einem Mitarbeiter durch.
- *Schritt 3: Review des Erreichten in einer der nächsten Bereichsbesprechungen.* Mit Unterstützung des externen Coachs wird hier der Stand der Implementierung diskutiert: Was hat geklappt? Wo traten Probleme auf? Wo ist zusätzliche Unterstützung erforderlich? Aufgabe des externen Coachs ist es, dafür konkrete Hinweise zu geben.
- *Regelmäßige Durchführung von Coachinggesprächen, teilweise mit externer Unterstützung.* Jede Führungskraft führt Coachinggespräche mit den direkt zugeordneten Mitarbeitern durch. Teilweise ist der externe Coach als »Supervisor« dabei und gibt anschließend Rückmeldung.
- *Festschreiben des Coachings im Rahmen der Zielvereinbarung:* Um Coaching nachhaltig zu implementieren, wird Coaching in der Zielvereinbarung zwischen den Bereichsleitern und den zwölf Abteilungsleitern festgeschrieben.

Je nach der Situation kann dieser Prozess abgewandelt werden. Als hilfreich hat sich die Kombination von »Durch die eigene Führungskraft gecoacht werden«, »Selbst coachen«, Trainingseinheiten und Supervision erwiesen, wobei bei größeren Organisation die Supervision (teilweise) zudem von internen Coachs übernommen werden kann.

Kapitel 9:
Der Abschluss des Coachingprozesses: Evaluation und Stabilisierung

Der Coachingprozess von Herrn Berg neigt sich dem Ende zu. Beate Scholz möchte – für den Auftraggeber, für den Coachee und nicht zuletzt für sich – Bilanz ziehen: Was hat das Coaching gebracht? Sie möchte darüber hinaus absichern, dass das, was Herr Berg erreicht hat, nicht versandet. Doch wie kann sie hier vorgehen?

Diese zwei Themen sind es, die wir Ihnen in diesem Kapitel vorstellen möchten: Evaluation des Coachingprozesses, um festzustellen, was erreicht wurde und wo der Prozess gut oder weniger gut lief, und das Thema Stabilisierung: Was können Sie (schon während des Coachingprozesses) tun, damit die erreichten Veränderungen nicht versanden?

Evaluation des Coachings

Evaluation, so eine gängige Definition, ist die »systematische Anwendung empirischer Forschungsmethoden zur Bewertung des Konzepts …, der Implementierung und der Wirksamkeit sozialer Interventionsprogramme« (Bortz/Döring 2006, 102). Das heißt

- Gegenstand der Evaluation sind soziale Interventionen: Veränderungsprozesse in Organisationen, aber auch Unterricht, Fortbildung, Training und nicht zuletzt Coaching.
- Ziel der Evaluation ist eine Bewertung: Was hat die Maßnahme gebracht? Lässt sie sich verbessern? Lohnt sich der Aufwand?
- Diese Bewertung ist keine lediglich subjektive, sondern soll methodisch abgesichert – also letztlich auf der Basis empirischer Methoden – erfolgen, seien es nun Befragungen, Beobachtungen oder Analysen vorhandener Dokumente.

Evaluation von Coaching kann in mehrfacher Hinsicht hilfreich sein:

- *Für den Auftraggeber:* Das Unternehmen x will wissen, »ob sich Coaching gelohnt hat«. Rechnet sich der Aufwand (an Geld und Zeit)? Ist tatsächlich ein Ergebnis erzielt?
- *Für den Coachee:* Evaluation kann ihm helfen, sich die durch Coaching angestoßenen Veränderungen zu vergegenwärtigen, macht den Unterschied zwischen der Eingangssituation und dem Ergebnis transparent.

- *Für den Coach:* Er erhält dadurch Hinweise, welche Verfahren beim Coachee besonders gut ankamen und wo er das Vorgehen verbessern kann. Er kann möglicherweise aber auch Evaluationsdaten für andere Kunden nutzen, um den Erfolg seines Coachings deutlich zu machen.

Je nach dem Zweck der Evaluation wird man dabei den Blick auf unterschiedliche Aspekte richten. In der Evaluationsforschung unterscheidet man in diesem Zusammenhang zwischen Input-, Prozess- und Ergebnisevaluierung, wobei Ergebnisevaluierung noch in kurzfristig messbare (»Output-Evaluation«) und längerfristige, nur indirekt beeinflusste Ergebnisse (»Outcome- oder Impact-Evaluation«) unterschieden wird. Auf Coaching bezogen ergeben sich dazu jeweils folgende Fragen:

- *Input-Evaluation:* Was wurde in Coaching investiert? Welche Personen wurden gecoacht? Wie viele Termine fanden statt? Wie lange dauerten die einzelnen Coachinggespräche? Wie umfangreich war die Vorbereitungszeit für den Coach? Wie hoch waren die Kosten (Kosten für den Auftraggeber, möglicherweise Gesamtkosten unter Berücksichtigung von ausgefallenen Arbeitszeiten, Miete für Räume)?
- *Prozess- oder formative Evaluation:* Wie ist der Coachingprozess verlaufen? Welche Themen wurden behandelt? Welche Methoden wurden angewandt? Welche Vorgehensweisen waren besonders erfolgreich, welche weniger? Wie ist die Einschätzung des Verlaufs aus Sicht des Coachees und des Coachs?
- *Output-Evaluation:* Output-Evaluation ist die Evaluation unmittelbar zum Abschluss des Coachingprozesses: Was hat der Coachee umgesetzt? Wie weit hat er sein Verhalten verändert? Welche Veränderungen nimmt er wahr? Hat sich aus Sicht von Vorgesetzten, Mitarbeitern, Kunden das Verhalten des Coachee verändert?
- *Outcome- oder Impact-Evaluation:* Hier geht es um die Nachhaltigkeit des Coachings. Welche längerfristigen Veränderungen sind durch den Coachingprozess eingetreten? Ist der Coachee als Führungskraft nachhaltig sicherer geworden? Hat er seine persönlichen Ziele durch den Coachingprozess erreicht? Ist er in seiner Karriere vorangekommen? Ist der Bereich erfolgreicher geworden?

Für den Auftraggeber (und in der Regel auch den Coachee) sind die Input-Evaluation (wie viel haben Auftraggeber beziehungsweise Coachee investiert?) sowie die Output- und insbesondere die Outcome-Evaluation relevant. Für den Coach ist zusätzlich die Prozessevaluation wichtig, weil sie Möglichkeiten zur Verbesserung des weiteren Vorgehens bietet: Sollten die Themen oder Methoden abgeändert werden? Was kann getan werden, um den weiteren Ablauf zu verbessern?

Methoden der Evaluation sind die bereits in Kapitel 5 genannten Diagnoseverfahren: Man kann eine Evaluation auf der Basis von Interviews (oder offenen Fragen im Rahmen eines Workshops) durchführen, man kann einen Fragebogen zugrunde legen oder Kennzahlen, also objektive Zahlen, die Hinweise auf den Erfolg des Prozesses geben können, erheben. Alle drei Möglichkeiten möchten wir Ihnen hier vorstellen.

Qualitative Evaluation auf der Basis von Interviews

Eine qualitative Evaluation auf der Basis kann als eigene Diagnosephase (ggf. mit Interviews durch einen »unabhängigen« Interviewer) durchgeführt werden, aber ebenso im Rahmen einer Abschlussreflexion der jeweiligen Sitzung oder zum Abschluss des gesamten Coachingprozesses. Merkmal ist, dass stets offene Fragen gestellt werden, zu denen der Gesprächspartner frei das antworten kann, was ihm wichtig ist. Mögliche Leitfragen sind:

Leitfragen zur Evaluation des Coachingprozesses:
- Wie beurteilen Sie die unsere heutige Coachingsitzung (auf einer Skala zwischen 0 und 100)? Was war gut? Was hätten Sie sich anders gewünscht?
- Was waren wichtige Punkte bei der heutigen Sitzung?
- Was sollten wir in den folgenden Sitzungen beibehalten?
- Was sind Anregungen für die folgenden Sitzungen?

Leitfragen zur Evaluation des Ergebnisses:
- Was waren für Sie wichtige Ergebnisse?
- Wie beurteilen Sie den Nutzen der heutigen Sitzung (des gesamten Prozesses) für ihre Arbeit (zwischen 0 und 100)? Worin liegt der Nutzen? Was hätte ich tun können, um den Nutzen noch mehr zu steigern?
- Wie viel von den Ergebnissen können Sie in der Praxis umsetzen (wieder zwischen 0 und 100)? Was können Sie umsetzen, was nicht? Was hätten wir anders machen können?
- Welche Vereinbarungen aus dem Coachingprozess haben Sie umgesetzt? Welche nicht? Was hinderte Sie daran?

Weitere Leitfragen ergeben sich dann in der Regel aus der Zielvereinbarung. So könnte Frau Scholz bei Herrn Berg möglicherweise folgende Fragen im Abschlussgespräch stellen:
- Inwieweit hat sich durch Coaching Ihr Führungsverhalten geändert? Was hat sich geändert? Was ist gleich geblieben?
- Wie beurteilen Sie Ihre Position im Bereichsleiterteam (zwischen 0 und 100)? Wie war sie zu Beginn des Coachingprozesses? Wie jetzt?
Übrigens könnten diese Fragen in modifizierter Form auch den Mitarbeitern von Herrn Berg gestellt werden:
- Haben Sie (seit Beginn des Coachings) Veränderungen im Führungsverhalten von Herrn Berg wahrgenommen? Wenn ja, welche?

*Leitfragen zur Evaluation der Nachhaltigkeit (*zum Beispiel vier Monate nach Abschluss des Coachings)
- An welche Themen aus unserem Coachingprozess erinnern Sie sich noch?
- Was sind die wichtigsten Erkenntnisse aus unserem Coachingprozess?
- Was davon wenden Sie heute noch an?
- Stellen Sie sich vor, es ist ein Jahr vergangen: Wie stabil sind aus Ihrer Sicht die Ergebnisse (zwischen 0 und 100)?

Je nach der jeweiligen Situation lassen sich diese Leitfragen ergänzen oder modifizieren. So kann man als Coach die qualitative Evaluation mit dem Coachee allein durchführen oder sich möglicherweise in einer Selbstevaluation Gedanken dazu machen. Man kann aber auch ein Evaluationsgespräch mit Coachee und Auftraggeber oder Frau Scholz kann die Evaluation als Gruppendiskussion mit Herrn Berg und seinem Team durchführen. Die Entscheidung ist im Blick auf Aufwand und Nutzen zu treffen, aber auch mit dem Coachee abzuklären.

Eine andere Möglichkeit ist, mithilfe zirkulärer Fragen den Coachee nach der (vermuteten) Einschätzung anderer Personen zu fragen (z.B. Hagen 2007). Beispiele für solche Fragen sind:

- Was meinen Sie, welche Personen haben Veränderungen aufgrund des Coachings am deutlichsten wahrgenommen? Welche weniger?
- Was meinen Sie, welche Veränderungen hat Ihr Vorgesetzter (oder haben andere Personen) wahrgenommen?
- Was meinen Sie, wie würde Ihr Vorgesetzter Aufwand und Nutzen des Coachings einschätzen?
- Was meinen Sie, welche Veränderungen nehmen die Mitarbeiter wahr?

Evaluation auf der Basis von Fragebogen

Es ist durchaus üblich, dem Coachee (oder anderen Personen) nach Abschluss des Coachingprozesses einen Fragebogen zuzusenden. Allerdings gilt auch hier wieder, was wir bereits allgemein zu Fragebogen gesagt haben: Vorsicht mit selbstgestrickten Fragebogen, die den Anforderungen an die Fragebogenerstellung (vgl. Kapitel 5) nicht genügen. Vorsicht aber auch mit einem Standardfragebogen für alle Situationen. Es ist unbedingt notwendig, Items im Blick auf die besondere Situation festzulegen und zu überprüfen. So könnte ein Fragebogen für Herrn Berg etwa folgendermaßen ausschauen:

Wie stark treffen folgende Aussagen zu:	Trifft sehr zu	Trifft zu	Trifft eher zu	Trifft eher nicht zu	Trifft kaum zu	Trifft gar nicht zu
Fragen zur Auftragsklärung						
Es bestand die Möglichkeit zu einem persönlichen Kennenlernen	❏	❏	❏	❏	❏	❏
Der Coach stellte sein Kompetenzprofil klar dar	❏	❏	❏	❏	❏	❏
Der Coach stellte sein Konzept klar dar	❏	❏	❏	❏	❏	❏

Wie stark treffen folgende Aussagen zu:	Trifft sehr zu	Trifft zu	Trifft eher zu	Trifft eher nicht zu	Trifft kaum zu	Trifft gar nicht zu
Die Coachingziele wurden in einer Zielvereinbarung festgelegt	☐	☐	☐	☐	☐	☐
Zur Überprüfung der Zielerreichung wurden Indikatoren festgelegt	☐	☐	☐	☐	☐	☐
Die Rahmenbedingungen des Coachings (Dauer, Termine, Kosten, Vertraulichkeit usw.) wurden eindeutig geklärt	☐	☐	☐	☐	☐	☐
Fragen zum Coachingprozess						
Die Beziehung zwischen mir und dem Coach war durch Vertrauen und Wertschätzung gekennzeichnet	☐	☐	☐	☐	☐	☐
Die einzelnen Coachinggespräche wurden von meinem Coach professionell durchgeführt	☐	☐	☐	☐	☐	☐
Die vom Coach eingesetzten Methoden waren für den Prozess hilfreich	☐	☐	☐	☐	☐	☐
Die Länge der einzelnen Sitzungen war angemessen	☐	☐	☐	☐	☐	☐
Der Abstand zwischen den einzelnen Sitzungen war angemessen	☐	☐	☐	☐	☐	☐
Fragen zur Zielerreichung Meine wichtigsten Ziele der Zielerreichung waren						
Ziel 1: Erweiterung der Führungskompetenz Dieses Ziel habe ich vollständig erreicht	☐	☐	☐	☐	☐	☐
Ziel 2: Gute Positionierung im Kreis der Bereichsleiter Dieses Ziel habe ich vollständig erreicht	☐	☐	☐	☐	☐	☐
Ziel 3: Steigerung des Erfolgs des Bereichs Dieses Ziel habe ich vollständig erreicht	☐	☐	☐	☐	☐	☐

Wie stark treffen folgende Aussagen zu:	Trifft sehr zu	Trifft zu	Trifft eher zu	Trifft eher nicht zu	Trifft kaum zu	Trifft gar nicht zu
Fragen zu weiteren Ergebnissen:						
Durch das Coaching … habe ich mehr Klarheit erreicht	❑	❑	❑	❑	❑	❑
… hat sich mein Selbstvertrauen gesteigert	❑	❑	❑	❑	❑	❑
… habe ich neue Verhaltensweisen gelernt	❑	❑	❑	❑	❑	❑
… kann ich mit anderen Personen besser umgehen	❑	❑	❑	❑	❑	❑
… kann ich in Zukunft mit Problemen besser umgehen	❑	❑	❑	❑	❑	❑
Andere Personen in meinem Umfeld haben positive Veränderungen wahrgenommen	❑	❑	❑	❑	❑	❑
Ich bin sicher, dass die erreichten Veränderungen Bestand haben werden	❑	❑	❑	❑	❑	❑
Beurteilung insgesamt						
Ich glaube, dass Coaching meine Entwicklung positiv unterstützt hat	❑	❑	❑	❑	❑	❑
Ich würde Coaching in ähnlichen Situationen weiterempfehlen	❑	❑	❑	❑	❑	❑
Ich würde meinen Coach weiterempfehlen	❑	❑	❑	❑	❑	❑

Zweckmäßig ist auch, die geschlossenen Fragen durch offene Fragen zu ergänzen. Solche ergänzenden Fragen könnten sein:

- Was waren aus Ihrer Sicht die wichtigsten Erfolgsfaktoren des Coachings?
- Was hat Ihnen in der Zusammenarbeit mit dem Coach am meisten geholfen?
- Was empfanden Sie in der Zusammenarbeit weniger hilfreich?
- Was würden Sie Ihrem Coach als Anregung für weitere Coachingprozesse geben?

Ein Fragebogen kann an den Coachee geschickt werden. Ebenso ist es aber möglich, einen Fragebogen für andere Personen (den Vorgesetzten, Mitarbeiter, ggf. auch Kollegen) zu entwickeln, um die Wahrnehmung möglicher Veränderungen beim Coachee in seinem Umfeld zu erfassen.

Evaluation auf der Basis von Kennzahlen

Kennzahlen sind messbare Daten, die sich mithilfe von Beobachtung (oder auch im Rahmen eines Fragebogens) erfassen lassen. Hilfreich kann sein, daraus so etwas wie eine Checkliste zu erstellen. Hier einige Anregungen:

Checkliste zur Evaluation der einzelnen Coachingsitzungen:
- Inwieweit hat der Coachee Vereinbarungen aus der letzten Sitzung umgesetzt?
- Wurde das Coachingziel für die heutige Sitzung festgelegt?
- Wurde der Coachingprozess in die Phasen Orientierungsphase, Klärungsphase, Lösungsphase, Abschlussphase strukturiert?
- Wurde ein Ergebnis erzielt?
- Wurde ein Handlungsplan erarbeitet?

Checkliste zur Evaluation des gesamten Coachingprozesses
- Liegt eine Auftragsklärung vor?
- Wie viele Sitzungen fanden statt?
- Wurde der Coachingprozess vorzeitig durch den Coachee oder Auftraggeber abgebrochen?
- Wie häufig fielen Sitzungen aus oder wurden verschoben (das kann ein Hinweis auf fehlende Akzeptanz des Coaching sein)
- Wie viele Coachings resultieren aus Empfehlungen anderer Coaches?
- Wie viele spontane positive oder kritische Rückmeldungen zum Coachingprozess liegen vor?

Kennzahlen, die Hinweise auf das Ergebnis des Coachingprozesses geben, resultieren in der Regel aus der Zielvereinbarung. So findet sich in der Zielvereinbarung für den Coachingprozess mit Herrn Berg bereits eine Reihe von Kennzahlen:

- Wie häufig werden Aufträge von Herrn Berg an seine Mitarbeiter an ihn zurückdelegiert?
- Inwieweit sind die Zielvereinbarungen für den Bereich von Herrn Berg erfüllt?
- Wie ist die Länge der Besprechungszeiten (ist hier durch das Coaching eine Reduzierung eingetreten)?
- Wie viele Neukunden hat der Bereich von Herrn Berg seit Beginn des Coachings (im Vergleich zu früher) gewonnen?

Entsprechend ließe sich eine Checkliste für die effiziente Durchführung von Besprechungen erstellen:

- Werden Vereinbarungen über den Zeitrahmen getroffen und eingehalten?
- Ist die Ist-Situation dargestellt?
- Hat der Gesprächspartner Gelegenheit, seine Sicht darzustellen?
- Werden verdeckte Erfahrungen nachgefragt?
- Werden Brainstorming-Regeln eingehalten?
- Wird das Ergebnis zusammengefasst?
- Werden Vereinbarungen für die nächsten Schritte getroffen?
- Werden die Vereinbarungen eingehalten?
- Wie lange dauert es, bis ein gegebenes Thema erfolgreich bearbeitet ist?

Schließlich, eine Frage, die im Zusammenhang mit Coaching auch immer wieder gestellt wird, ist die nach dem »Return of Invest«: Zahlt sich Coaching wirtschaftlich aus? Nun lassen sich keine direkten Zuordnungen zwischen Coaching und wirtschaftlichem Erfolg einer Organisation herstellen. Trotzdem kann es hilfreich sein, mögliche Auswirkungen zu bedenken. Exemplarisch sei dazu der »Return-on-Investment-Check« von Sabine Dembrowski (2007) aufgeführt. Das Grundprinzip besteht darin, dass jeweils die monetäre Auswirkung des Coachings in verschiedenen Bereichen geschätzt wird. Das lässt sich dann gegebenenfalls in Form einer Tabelle darstellen:

Indikator	Geschätzter monetärer Wert für das Unternehmen	Prozentualer Anteil des Coachings in Bezug auf den Wert	Prozentsatz Vertrauen in die Schätzung	Total
Gewinnung von Neukunden				
Verbesserung der Qualität				
…				

Der monetäre Wert des Coaching ergibt sich dann aus der Multiplikation der Spalte 2 (Geschätzter monetärer Wert) mit den Spalten 3 und 4. Ein ROI lässt sich dann unter Berücksichtigung der Gesamtkosten berechnen.

Hilfreich ist, die Evaluation bereits zu Beginn des Prozesses zu planen und sich möglicherweise entsprechende Checklisten für einzelne Phasen des Coachingprozesses zu erstellen:

- *Vor Beginn des Coachingprozesses* werden im Rahmen der Auftragsklärung bereits die Indikatoren festgelegt, an denen später der Erfolg des Coachings gemessen werden kann.
- *Zum Abschluss jedes einzelnen Coachinggesprächs* lässt sich die subjektive Einschätzung des Coachee erfragen: Was nimmt der Coachee als Anregung mit? Inwieweit war der Prozess zielführend?

- *Zu Beginn jeder folgenden Sitzung* kann dann die bisherige Wirkung des Coachings auf die Alltagsarbeit erfragt werden: Was hat der Coachee zwischenzeitlich umgesetzt? Was hat geklappt, wo sind Probleme aufgetreten? Wo braucht der Coachee noch weitere Unterstützung?

- *Nach mehreren Sitzungen oder zum Abschluss des gesamten Prozesses* lässt sich die Veränderung insgesamt evaluieren: Welche Veränderungen sind zwischenzeitlich eingetreten? Was hat aus Sicht der verschiedenen Perspektiven (Coachee, Vorgesetzter, Mitarbeiter, Kunden) das Coaching gebracht? Was sollte (in einer weiteren Phase oder nach Abschluss des Coachingprozesses) weiterbearbeitet werden?

Evaluation, das sei abschließend noch betont, ist hilfreich, aber grundsätzlich immer nur ein Unterstützungs- und kein Wertschöpfungsprozess. Das heißt: Herr Berg hat in der Evaluation nicht etwas Neues gelernt, keine neuen Einsichten erworben. Aber für den Auftraggeber, den Coach und den Coachee kann Evaluation durchaus als Unterstützung hilfreich sein, um zu verdeutlichen, was Coaching gebracht hat.

Dabei ist eine Kombination von Kennzahlen und subjektiven Indikatoren (auf der Basis von Interviews oder Fragebogen) in der Regel das geeignete Verfahren. Die subjektiven Einschätzungen können dann Hinweise darauf geben, ob die messbaren Veränderungen tatsächlich Folge des Coachings sind, während die messbaren Daten zeigen, ob eine positive oder negative Einschätzung auf Tatsachen begründet ist.

Evaluation darf nie Selbstzweck sein, sondern im Blick auf die praktischen Zielsetzungen (den Verwendungszweck) sind Aufwand und Vorgehen festzulegen. Nicht selten gibt es dabei relativ einfache Vorgehensweisen, die zu wichtigen Erkenntnissen führen.

Anregung zur Weiterarbeit

Entwickeln Sie selbst ein (einfaches) Evaluationsdesign für Ihren nächsten Coachingprozess:
- Was sind geeignete Leitfragen für eine qualitative Evaluation?
- Versuchen Sie, auf der Basis der obigen Vorschläge einen (kurzen) Fragebogen zu entwickeln.
- Was sind mögliche Kennzahlen, an denen Sie den Erfolg messen können?

Zur Vertiefung auch hier einige Literaturangaben:
- Mario Gollwitzer/Reinhold S. Jäger: Evaluation: Workbook. Beltz PVU, Weinheim und Basel 2007.
- Jost Reischmann: Weiterbildungs-Evaluation: Lernerfolge messbar machen. ZIEL, Neuwied (2. Aufl.) 2006.

Die Stabilisierung der Veränderung

Beim Coaching ist es so wie bei anderen Veränderungen: Sie sind in Gefahr, Stück für Stück zu versanden. Sicher, Herr Berg hat gelernt, klar Position zu beziehen, hat Selbstvertrauen gewonnen, ist im Kreis der Bereichsleiter akzeptiert. Doch dann kommt das Tagesgeschäft, und erfahrungsgemäß wird man dann eher davon aufgefressen, erinnert sich nicht mehr. Was kann getan werden, dass der Erfolg eines Coachings nicht im Alltag untergeht, dass die Erfolge stabil werden?

Stabilisierung ist ein Thema, das innerhalb des Coachings bearbeitet werden sollte. Manchmal kann es hilfreich sein, dieses Thema recht früh vor Abschluss des Coachings aufzugreifen. Auf jeden Fall ist es Thema einer der letzten Coachingsitzungen. In vielen Fällen ist es der Coach, der dieses Thema einbringt: abzuklären, wie der Coachee in Zukunft mit dem, was er gelernt oder an Sicherheit gewonnen hat, umgeht. Im Grunde ergibt sich daraus ein eigenes Coachinggespräch, das in den üblichen Phasen strukturiert ist.

Phase 1: Orientierungsphase. Es ist durchaus legitim, als Coach Themen vorzuschlagen. Sie können betonen, dass Ihnen als Coach dieses Thema wichtig wäre, um den Prozess sauber abzuschließen. Aber es ist der Coachee, der letztlich darüber entscheidet, ob ihm das Thema wichtig ist oder nicht. Wenn, dann ergibt sich folgende Struktur:

- *Festlegung des Themas:* Thema ist die Stabilisierung dessen, was im Coaching erreicht wurde.
- *Festlegung des Coachingziels:* Coachingziel kann sein, Ideen für die Stabilisierung zu bekommen, einen Handlungsplan zu entwickeln und möglicherweise Kontrakte zu schließen, die die Stabilisierung unterstützen können.

Phase 2: Klärungsphase. Die Klärungsphase gibt zugleich die Möglichkeit, zu reflektieren, wie stabil die erreichten Veränderungen sind. Prozessfragen können sein:

- Wie stabil ist das, was der Coachee durch das Coaching erreicht hat? Man kann diese Frage auch als Skalierungsfrage stellen: Insgesamt gesehen, wie stabil sind die Änderungen, die Sie durch das Coaching erreicht haben? Wählen Sie dafür eine Zahl zwischen 0 und 100.
- Was ist stabil? Was ist nicht stabil?
- Was sind Faktoren, die ein Versanden begünstigen können?
- Was sind Faktoren, die die Stabilisierung begünstigen? – Diese Frage führt dann bereits zu der Lösungsphase

Phase 3: Lösungsphase. Ihre Aufgabe als Coach ist es zum einen, durch Prozessfragen Ihrem Coachee Anstöße zu geben. Mögliche Prozessfragen sind:

- Was hat Ihnen in der Vergangenheit geholfen, neues Verhalten zu stabilisieren?
- Erinnern Sie sich an eine Situation, in der Sie ein neues Verhalten (eine neue Einstellung) gelernt haben: Wie war diese Situation? Was hat Ihnen dabei geholfen?

- Was könnte Ihnen helfen, das Erreichte zu stabilisieren?
- Was würde dazu führen, dass das, was Sie durch Coaching erreicht haben, relativ schnell versandet?
- Stellen Sie sich vor, es ist ein halbes Jahr vergangen und Sie wenden immer noch das, was Sie im Coaching gelernt haben, an. Was hat dazu geführt?

Sie sind aber zum anderen als Experte gefordert, Möglichkeiten zu nennen:

- *Sich bestimmte Themen vergegenwärtigen:* Ein Verhalten oder eine Einstellung setzt voraus, dass man sich daran erinnert. Eine Möglichkeit dafür ist, ein Symbol oder einen Anker einzuführen: das Symbol des neuen Führungsverständnisses, das Ihren Coachee immer daran erinnert.
- *Bestimmte Verhaltensweisen üben:* Übung gehört zu den Faktoren, die Lernen begünstigen. Wie kann Ihr Coachee üben, als Führungskraft Position zu beziehen?
- *Eine Vision entwickeln, zu deren Erreichung das neue Verhalten beiträgt:* Handeln wird entscheidend durch Visionen geleitet. Vielleicht ist es hilfreich, hier wieder die im Coachingprozess erarbeitete Vision bewusst zu machen oder eine neue zu entwickeln.
- *Sich zwischendurch selbst Checktermine setzen:* in bestimmten Abständen sich die Zeit nehmen, das eigene Verhalten zu reflektieren: Was hat geklappt? Wo ist Ihr Coachee in Gefahr, wieder in alte Muster zurückzufallen? Möglicherweise kann ihn ein Kollege oder die Sekretärin daran erinnern.
- *Sich ein Unterstützungssystem aufbauen:* Wer kann den Coachee bei der Anwendung unterstützen? Das kann ein Mitarbeiter oder die Sekretärin sein, die ihn immer wieder erinnert, eine Kollegin, mit der er kollegiales Coaching etabliert.

Phase 4: Abschlussphase. Auch hier stellt sich die Frage nach dem Ergebnis: Wird Ihr Coachee die verschiedenen Punkte als Ideen behalten (mit der Möglichkeit, dass diese Punkte ebenfalls versanden)? Oder macht er sich einen Handlungsplan, legt er Meilensteine fest? Möglicherweise können Sie an dieser Stelle neue Kontrakte schließen: Ihren Coachee nach drei Monaten nochmals an die Umsetzung des Coachings erinnern, ihm alle drei Monate eine E-Mail zu schicken (aber auch hier sollte die Zeit begrenzt sein), möglicherweise einen Checktermin nach einem halben Jahr vereinbaren.

Kapitel 10:
Erfolgsfaktoren im Coaching

Der Coachingprozess von Herrn Berg ist abgeschlossen. Insgesamt hat er fast neun Monate gedauert. Es gab Höhen und Tiefen, Phasen, in denen es nach vorne ging, und Phasen, in denen der Coach das Gefühl hatte, auf der Stelle zu treten. Aber das Ergebnis zählt: Herr Berg ist als Bereichsleiter akzeptiert, der Bereich arbeitet erfolgreich. Beate Scholz nutzt die Zeit, selber noch einmal den Prozess zu reflektieren: Was war letztlich entscheidend für den Erfolg?

Eben dieses Thema wollen wir zum Abschluss dieses Buches aufgreifen: Was sind – über die einzelnen Vorgehensweisen hinaus – die Erfolgsfaktoren, von denen letztlich auch der Erfolg Ihres Coachings abhängen wird?

Es gibt kaum Untersuchungen über Erfolgsfaktoren von Coachings, wohl aber über Erfolgsfaktoren von Therapie. Im englischsprachigen Raum ist hier der »Transtheoretical approach« von James O. Prochaska (Prochaska/Norcross 2007) zu nennen. Auf dem Hintergund einer Meta-Analyse verschiedener Untersuchungen zu Therapie kommen sie zu dem Ergebnis, dass hier insbesondere folgende Faktoren eine Rolle spielen:

- *Zwischenmenschliche Faktoren zwischen Therapeut und Klient:* Aufmerksamkeit und Wertschätzung des Therapeuten, aber auch Empathie und Humor.
- *Vertrauen in die Ressourcen des Klienten beziehungsweise in die Kompetenz des Therapeuten:* »Glaube, dass mir geholfen wird.«
- *Kombination stabiler und flexibler Verhaltensweisen des Therapeuten.*

Zu grundsätzlich ähnlichen Ergebnissen gelangt im deutschsprachigen Raum Klaus Grawe (2005; vgl. auch 2001). Er identifiziert folgende allgemeine »Wirkfaktoren«, die gleichermaßen für Coaching gelten dürften:

- *Die therapeutische Beziehung:* Das gilt gleichermaßen für Coaching. Die Beziehung zwischen Coach und Coachee hat entscheidenden Einfluss auf das Ergebnis des Coachingprozesses: Wenn der Coachee seinen Coach als wertschätzend und unterstützend erlebt, wird er eher bereit sein, sich zu öffnen.
- *Ressourcenaktivierung:* Das bedeutet, das Vertrauen in den Coachee zu haben, dass er über die Ressourcen zur Bewältigung seiner Probleme verfügt.
- *Problemaktualisierung:* Die Probleme, die im Coaching bearbeitet werden sollen, werden unmittelbar erfahrbar gemacht. Das kann dadurch geschehen, dass kon-

krete Situationen genau geschildert und die Ursachen dieser Situation analysiert werden, dass sie möglicherweise im Rollenspiel oder mithilfe analoger Vorgehensweisen wieder erlebt werden.

- *Motivationale Klärung:* Der Coach unterstützt den Coachee, sich über die Bedeutung bestimmter Erfahrungen klar zu werden, die dahinter stehenden Empfindungen, aber auch Ziele und Werte zu erkennen.
- *Problembewältigung:* Für die Wirkung von Coaching ist entscheidend, dass der Coachee tatsächlich neue Einsichten und Lösungen findet, die ihm helfen, besser mit der Situation zurechtzukommen.

Einige dieser Aspekte wollen wir im Folgenden etwas genauer beleuchten.

Der Coachingprozess: Struktur und Intuition

Eine klare Struktur des Coachinggesprächs hilft, das Thema und das Ziel im Auge zu behalten und verhindert, dass sich das Gespräch in Nebensächlichkeiten verliert oder in Sackgassen verrennt. Dabei ist das GROW-Modell die zentrale Strukturierung:

- *Goal:* Die Orientierungsphase hilft dem Coachee, sich klar zu werden, was er genau in diesem Gespräch erreichen möchte (Klärung des Ziels ist ein entscheidender Schritt im Problemlösungsprozess) und gibt Ihnen als Coach die Richtung vor, in der Sie das Gespräch führen.
- *Reality:* Die Klärungsphase hilft dem Coachee, sich sein Problem oder allgemein seine Situation zu vergegenwärtigen. Dabei ist entscheidend, dass das Problem nicht allgemein bleibt, sondern dass der Coachee dabei unterstützt wird, sich der konkreten Situation und seines Bilds der Wirklichkeit, aber auch seiner unbewussten Erfahrungen bewusst zu werden.
- *Options:* Die Lösungsphase unterstützt den Coachee, eine neue Perspektive und neue Lösungsmöglichkeiten in den Blick zu nehmen. Entscheidend ist dabei die Einsicht, dass es andere Möglichkeiten gibt, die Situation zu deuten und damit umzugehen.
- *Will:* Es wird ein zentrales Ergebnis oder ein konkreter Handlungsplan fixiert, der dem Coachee Orientierung bietet.

Andere Strukturen haben Sie bei anderen Methoden kennengelernt: bei der Arbeit mit Symbolen erst die Eigenschaften des Symbols und anschließend deren Bedeutung aufzuschreiben (und nicht fortwährend zwischen beiden Ebenen zu mischen), bei der Visualisierung auf die Abstände der Karten im Bild zu achten und nicht reale Situation zu verstehen suchen. Eine Struktur gibt Ihnen als Coach Sicherheit und Ihrem Coachee Orientierung, und sie verhindert, dass man sich in Nebensächlichkeiten verliert – und hilft damit schließlich auch, die vorhandene Zeit effizient zu nutzen.

Aber Coaching ist eben nicht nur Struktur, ist eben nicht einfach ein Abarbeiten nach vorgegebenen Regeln. Vermutlich haben Sie das bereits in Ihrer eigenen Coachingpraxis erfahren: Wenn Sie sich sklavisch an die Struktur halten, wird der Prozess schwerfällig und erfasst möglicherweise nicht die eigentlich wichtigen, im Hintergrund sich andeutenden Themen – wenn Sie andererseits Ihrem Gefühl und Ihrer Intuition folgen, dann ergeben sich leicht überraschende Wendungen.

Damit stoßen wir hier wieder auf ein Thema, das wir schon an verschiedenen Stellen angesprochen haben: das Thema der emotionalen oder intuitiven Intelligenz. Dem Gefühl folgen bedeutet, auch als Coach die eigene emotionale Intelligenz zu nutzen. Wir fassen einige wichtige Punkte zusammen:

- Nehmen Sie sich Zeit, sich auf das Coachinggespräch einzustellen und alles andere auszublenden. Sich Zeit nehmen ist eine der Voraussetzungen für die bewusste Nutzung emotionaler Intelligenz.
- Werden Sie sich Ihrer Intuition bewusst, machen Sie sich klar, dass Ihr Gespür und Ihre Intuition eine wichtige Quelle für die Klärung der Situation und auch für die Steuerung des Prozesses ist.
- Blenden Sie den Inhalt aus, und lenken Sie stattdessen Ihre Aufmerksamkeit auf den Coachee. Achten Sie darauf, was »im Hintergrund« anklingt, wo sich Sprechrhythmus und Tonfall verändern (oft ist das ein Hinweis auf verdeckte Themen). Achten Sie aber ebenso auf die Körpersprache des Coachees: Ist er verkrampft oder locker? Wirkt diese Lockerheit »echt« oder verdeckt sie andere Empfindungen? Wie ist der Gesichtsausdruck? Verändert sich die Körpersprache?
- Nehmen Sie (ansatzweise) die Körperhaltung des Coachees ein und versuchen Sie, seinen Empfindungen nachzuspüren. Sie haben eine gute Chance, die richtigen Gefühle zumindest ansatzweise zu treffen. Aber Vorsicht: Halten Sie dabei stets »professionelle Distanz« in dem Sinne, dass Sie sich nicht von den Empfindungen Ihres Coachees überrollen lassen: Ein Arzt, der sich von »Mitgefühl« mit einem schwerkranken Patienten überrollen lässt, kann diesen Patienten nicht mehr professionell behandeln – grundsätzlich gilt das Gleiche auch für Coaching.
- Achten Sie auf Ihre Empfindungen, die Sie gegenüber dem Coachee haben: Was spüren Sie ihm gegenüber? Dies ist ein Ansatz, der ursprünglich aus der »Übertragungsfokussierten Therapie« im Anschluss an Otto Kernberg stammt, die von der Annahme ausgeht, »dass die durch die Äußerungen des Patienten im Therapeuten hervorgerufenen Gefühle bewusste und unbewusste Mitteilungen seitens des Patienten widerspiegeln« (Kernberg u.a. 2010, 122). Das lässt sich im Grundsatz auch für Coaching anwenden: Ihr Coachee wird immer auch Gefühle bei Ihnen als Coach auslösen. Werden Sie sich dieser Gefühle bewusst und versuchen Sie, die dahinter stehende Botschaft des Coachees zu entschlüsseln. Aber auch hier Vorsicht: Die Gefühle können von Ihnen selbst ausgelöst werden, wenn zum Beispiel der Coachee Themen anspricht, die für Sie selbst noch nicht abgeschlossen sind.
- Schließlich: folgen Sie Ihrer Intuition bei der Anwendung verschiedener Methoden: Machen Sie sich verschiedene Alternativen bewusst (manchmal hilft es,

gleichsam laut zu denken) und achten Sie beim Vergegenwärtigen darauf, welches Gefühl Sie dabei haben.

Ein Faktor ist in diesem Zusammenhang noch zu erwähnen: der Humor.

- Humor regt an, den Gefühlen ihre Freiheit zu lassen,
- er stimuliert das kreative und problemlösende Denken,
- er löst Endorphine aus, die Wohlgefühl auslösen und die Immunabwehr stärken und
- er lehrt uns, uns selbst und unsere Probleme nicht allzu ernst zu nehmen (Salameh 2007, 40ff.).

Eben das macht Humor auch zu einem wirkungsvollen Instrument in Therapie und Coaching. Ein Coach, der zum einen wertschätzend ist, zum anderen es schafft, dass im Coaching auch gelacht wird, schafft Leichtigkeit im Prozess, setzt Ressourcen des Coachees frei. In unseren Coachingprozessen ist es gleichsam Grundsatz, dass – gleichgültig wie schwierig das Thema auch sein mag – in jeder Sitzung auch gelacht wird.

Ein Konzept, das wertschätzenden Humor ganz deutlich in den Mittelpunkt stellt, ist die Provokative Therapie von Frank Farrelly (Farrelly u.a. 1986). Farrelly geht davon aus, dass Menschen über mehr Energien verfügen, als Therapeuten – und auch Coaches – ihnen oftmals zugestehen, dass sie sich ändern können, wenn sie wollen, und dass ein »liebevolles«, das heißt mit hoher Wertschätzung verbundenes »Provozieren« den Klienten oder Coachee veranlasst, diese Energien freizusetzen. Farrelly unterscheidet verschiedene provokative Vorgehensweisen, die sich ebenso im Coaching anwenden lassen:

- »des Teufels Advokat«: Argumente bringen, das Problemverhalten beizubehalten, (vermeintliche) Vorteile für die Beibehaltung des Problems einbringen.
- Negative Schilderung des Klienten provozierend verstärken, die Schwierigkeit oder Unlösbarkeit der Situation herausheben.
- »Direkte Provokation«: übertrieben Vorwürfe machen – dahinter steht die Botschaft: »Sie können es ändern!«.
- »Negativbild«: Körpersprachlich das negative Verhalten des Klienten (zum Beispiel Hilflosigkeit) übertrieben imitieren.
- Durch dumme Sprüche, Zitate, Lebensweisheiten negative Muster unterbrechen.

All diese Interventionen sind nur dann hilfreich, wenn – wie Farrelly es formuliert – sie »mit einem Augenzwinkern« erfolgen, das heißt, wenn gleichzeitig auf der emotionalen Seite die Wertschätzung und der Glaube an die Ressourcen des Coachees deutlich wird.

Humor bedeutet immer, bestehende (oder erwartete) Muster zu unterbrechen. Humor ist immer eine überraschende Wendung: Sie als Coach sagen etwas für den

Coachee völlig Unerwartetes. Verbunden mit Wertschätzung kann eben genau das den Anstoß für den Coachee geben, die Situation nicht für aussichtslos zu halten, sondern sich auf seine Ressourcen zu besinnen.

Anregung zur Weiterarbeit

Alle Hinweise in diesem Kapitel sind zugleich Anregungen, Ihren eigenen Coachingstil zu entwickeln. Probieren Sie selber aus:
- Wie können Sie Struktur und Intuition in Ihren Coachingprozessen in Balance bringen?
- Wie können Sie Coachingprozesse »humorvoll« leichter gestalten und ihnen die Schwere nehmen?

Zur Vertiefung auch hier einige Literaturangaben:
Als Übersicht über Wirkfaktoren von Therapie und Coaching:
- Klaus Grawe: u.a.: Psychotherapie im Wandel. Von der Konfession zur Profession. Hogrefe, Göttingen (5. Aufl.) 2001.

Zum Thema Humor ist immer noch das Buch von Frank Farrelly lesenswert:
- Frank Farrelly u.a.: Provokative Therapie. Springer, Berlin, Heidelberg 1986.

Zahlreiche praktische Anregungen und Beispiele finden Sie auch bei:
- E. Noni Höfner: Glauben Sie ja nicht, wer Sie sind! Grundlagen und Fallbeispiele des Provokativen Stils. Carl-Auer, Heidelberg 2012.

Das Coachingsystem

Alle Untersuchungen über Erfolgsfaktoren betonen im Grunde die Bedeutung der Beziehung zwischen Therapeut und Patient (entsprechend Coach und Coachee). Wir wollen in diesem Abschnitt die Aufmerksamkeit darauf lenken, dabei zugleich den Blick ausweiten: Coach und Coachee bilden ein eigenes soziales System, das Coachingsystem. Es besteht aus Personen (an erster Stelle Coach und Coachee), ihren subjektiven Deutungen, es wird durch Regeln gesteuert, es können Regelkreise im Coaching auftreten, die den Coachingprozess behindern; es ist die Systemumwelt zu berücksichtigen, und es durchläuft eine Entwicklung.

Ein stabiler Coachingprozess setzt ein stabiles Coachingsystem voraus. Der Abbruch eines Coachingprozesses ist nichts anderes als der Zusammenbruch eines sozialen Systems: Das Coachingsystem hat sich als nicht mehr funktionsfähig erwiesen. Daraus ergibt sich eine grundsätzliche Aufgabe für den Coach: das Coachingsystem als ein funktionsfähiges System zu etablieren, während des Coachingprozesses immer auch den Blick auf das Coachingsystem zu richten und schließlich mit dem Abschluss des Coachingprozesses dieses Coachingsystem auch wieder aufzulösen. Diese Fragen sind Gegenstand dieses Kapitels.

Die Personen des Coachingsystems

Personen des Coachingsystems sind Coach und Coachee (gegebenenfalls Coach und mehrere Coachees, wenn es um Teamcoaching geht). Dieses Coachingsystem ist als eigenständiges System von anderen sozialen Systemen abzugrenzen: dem System von Herrn Berg und seinem Team, dem Vorgesetzten-Mitarbeiter-System Magge und Berg sowie möglicherweise anderen sozialen Systemen im Umfeld des Coachees.

Wichtig ist, den Unterschied zwischen den verschiedenen Systemen klar zu definieren: Herr Magge als Vorgesetzter ist nicht Teil des Coachingsystems Frau Scholz und Herr Berg. Sicher kann es auch (vor allem in der Auftragsklärung, aber auch bei Statusgesprächen, in denen sich Herr Berg über den Fortgang des Coachings informiert) hilfreich sein, ein System Scholz plus Berg plus Magge zu etablieren. Aber dieses System ist nicht das Coachingsystem, es hat andere Aufgaben – und es gefährdet den Coachingprozess, wenn dieser Unterschied verwischt wird.

Die subjektiven Deutungen im Coachingsystem

Der Zustand des Coachingsystems und damit der Erfolg des Coachings werden davon abhängen, wie Coachee und Coach die Situation deuten. Ein Coachee, der seinem Coach nicht zutraut, ihn kompetent zu unterstützen, wird über kurz oder lang den Coachingprozess abbrechen. Entsprechend: Wenn der Coach sich Coaching nicht zutraut, wenn er nicht »neutral« ist und seine Rolle nicht ausführen kann, wird mit hoher Wahrscheinlichkeit der Coachingprozess scheitern. Coaching, so hatten wir eingangs gesagt, beginnt beim Coach: sich auf die Situation und seine Rolle einzustellen. Das kann in Form von Leitsätzen geschehen:

> Coaching bedeutet für mich als Coach:
> - Vertrauen in die Ressourcen des Coachees zu haben, dass er seine Lösung finden wird.
> - Die Verantwortung für den Prozess, aber nicht das Ergebnis zu übernehmen und damit dem Coachee die Freiheit zu lassen, seine eigene Entscheidung zu treffen.
> - Und schließlich auch, Vertrauen in die eigenen Fähigkeiten zu haben, den Prozess kompetent steuern zu können

Die materielle Systemumwelt

Auch das ist ein Thema, das insbesondere in der Anfangsphase des Coachingprozesses relevant ist: Wo soll Coaching stattfinden?

Vermutlich können Sie sich leichter vorstellen, wo Coaching nicht stattfinden sollte: Ein Platz in einem Großraumbüro, ein Büro, in dem immer das Telefon klingelt, sind sicherlich ungeeignet. Auch Coaching im häuslichen Wohnzimmer, wo

Coach und Coachee gemütlich auf dem Sofa sitzen, ist nicht die optimale Atmosphäre: Es fällt schwer, sich zu konzentrieren, wenn man bequem auf dem Sofa sitzt. Bessere Möglichkeiten sind:

- Das klassische Setting ist ein eigener Coachingraum. Der kann sich innerhalb des Unternehmens oder der Organisation befinden (vorausgesetzt, man ist ungestört), kann aber auch (falls die Kollegen nichts vom Coaching mitbekommen sollen) ein Besprechungsraum in einem Hotel oder ein Raum des Coachs sein.
- Hilfreich ist eine hinreichende Ausstattung: Flipchart (es kann den Prozess erleichtern, wenn Coach und Coachee gemeinsam davor stehen), Metaplankarten, Stifte.
- Man kann auch Coachingprozesse im Gehen durchführen: Ein gemeinsamer Spaziergang, die Wanderung auf einen Berg, eine Pause auf einer Bank am Waldrand – all das sind Bereiche, bei denen sich der Coachee gut aus dem Tagesumfeld lösen kann.

Wir haben auch schon Coachinggespräche in einer stillen Ecke in einem Restaurant geführt oder auf einem Segelboot. Sprechen Sie das mit Ihrem Coachee ab – und achten Sie zugleich auf Ihr eigenes Gefühl.

Soziale Regeln zur Steuerung des Coachingprozesses

Wie andere soziale Systeme wird auch das Coachingsystem Coach – Coachee durch Regeln gesteuert. Beispiele für solche Regeln sind:

- Der Coachee (gegebenenfalls in Absprache mit dem Auftraggeber) legt Thema und Ziel des Coachings fest.
- Der Coach hat das Recht, Themen, die aus seiner Sicht wichtig sind, vorzuschlagen, aber der Coachee entscheidet.
- Der Coach hat die Aufgabe, den Coachingprozess zu strukturieren und in diesem Zusammenhang zum Beispiel Fragen zu stellen oder bestimmte Methoden vorzuschlagen.
- Der Coach darf auch Ideen oder Anregungen einbringen – aber der Coachee entscheidet, was er davon annimmt.
- Der Coach darf Feedback geben.

Die Einführung dieser Regeln ist wichtigste Aufgabe zu Beginn des Coachingprozesses. Das kann im konkreten Tun erfolgen, indem anhand der Bearbeitung eines konkreten Themas deutlich wird, wie der Coach vorgeht beziehungsweise welche Regeln er zugrunde legt. Regeln können aber auch explizit thematisiert werden: »Sie entscheiden, welches Thema Sie bearbeiten möchten.« Gegebenenfalls wird man auch bestimmte Regeln (darf der Coach den Coachee bei Meetings begleiten?) mit dem Coachee diskutieren. Entscheidend ist, dass diese Regeln transparent sind und von beiden akzeptiert werden. In der Abschlussphase kann abgeklärt werden, ob das Vorgehen für den Coachee in Ordnung ist – und möglicherweise ergibt sich daraus noch eine Abänderung von Regeln: »Ich wünsche mir mehr Feedback von Ihnen.« – Das bedeutet, eine Regel einzuführen oder abzuändern.

Soziale Regeln geben Orientierung im Umgang miteinander. Aber sie können auch diffus, einschränkend oder hinderlich sein. Auch Regeln für die interne Steuerung des Coachingsystems oder zur Abgrenzung nach außen bedürfen somit immer wieder der Überprüfung (vgl. Kapitel 3). Daraus ergeben sich folgende Prozessfragen:

- Welche Regeln steuern das Coachingsystem?
- Inwieweit sind diese Regeln transparent?
- Inwieweit sind diese Regeln sinnvoll?
- Gibt es Situationen, für die zusätzlicher Regelungsbedarf besteht?
- Welche Regeln sollten abgeändert werden? Was wären alternative Regeln?

Regeln zur Abgrenzung der Systemgrenzen nach außen

> Beate Scholz wird von Herrn Magge angesprochen: »Nun sagen Sie doch mal, wie macht sich denn Herr Berg? Macht er Fortschritte? Schafft er es denn?«

Es passiert nicht selten, dass ein Coach vom Auftraggeber angesprochen wird mit der Frage nach dem Verhalten des Coachees. Doch das ist einer der besonders heiklen Punkte: Stellen Sie sich vor, der Coach erzählt dem Vorgesetzten über die Probleme des Coachees – und der Coachee bekommt das mit. Jeder Coachee wird dann seinem Coach nur noch mit Misstrauen begegnen und sich überlegen, was er überhaupt noch sagt – wenn er nicht den Coachingprozess überhaupt abbricht.

Diese Situation hat etwas mit der Systemgrenze zwischen dem Coachingsystem und anderen sozialen Systemen zu tun. Gerade in einer solchen Situation ist eine klare Festlegung von Regeln (sinnvollerweise in einem Auftragsklärungsgespräch zum Beispiel Coach – Coachee – Auftraggeber) erforderlich. Hilfreiche Regeln zur Abgrenzung des Coachingsystems von der Systemumwelt können sein:

- Der Coach gibt von sich aus keine Informationen über den Coachee an den Auftraggeber oder andere Personen weiter.
- Auf Anfragen von außen verweist der Coach auf die vereinbarte Vertraulichkeit.
- Zwischen Coach und Coachee wird vereinbart, was Coachee oder Coach dem Auftraggeber über den Prozess berichten.
- Es können regelmäßige Statusgespräche zwischen Coach, Coachee und Auftraggeber vereinbart werden, in denen über den Stand des Prozesses berichtet wird.
- Die Statusgespräche werden im Rahmen des Coachingprozesses zwischen Coach und Coachee vorbereitet.
- Im Statusgespräch berichtet der Coachee, was er aus seiner Sicht erreicht hat. Coach und Auftraggeber stellen ihre Sicht daneben, wobei Aufgabe des Coachs ist, den Coachee nicht bloßzustellen – aber er kann die Ergebnisse nicht verfälschen.

Die »Systemgrenze« zwischen Coach und Coachee

Versuchen Sie einmal, einen Kollegen, mit dem Sie sich gerade in einem Konflikt befinden, zu coachen. Es wird Ihnen schwerlich gelingen. Sie können ein Konfliktgespräch führen, Sie können ihm offen die Meinung sagen oder sich auch zurückziehen. Aber Sie können ihn nicht coachen. Coaching erfordert »Neutralität« des Coachs und damit eine »Systemgrenze« zwischen Coach und Coachee. Wenn ein Coach »ins System fällt« und diese Systemgrenze verletzt wird, kann er nicht mehr coachen. Als Coach ins System fallen, kann Folgendes heißen.

Ins System fallen kann bedeuten, dass ich als Coach selbst von dem Problem betroffen bin. Auch hier können wir wieder auf die Unterscheidung hinsichtlich des »Problembesitzes« im Anschluss an Thomas Gordon zurückgreifen, die wir bereits im Zusammenhang mit Coaching als Führungskraft eingeführt haben (s. S. 248f.): Wenn Sie als Coach selbst von dem Problem betroffen sind, wird die Systemgrenze nicht mehr gewahrt, Sie »fallen ins System«. Hierfür einige Beispiele:

- Ein Vorgesetzter kann einen Mitarbeiter schwerlich coachen, wenn er sich immer wieder über nicht eingehaltene Termine ärgert.
- Eine Personalreferentin kann Coaching schwerlich bei ihrem eigenen Abteilungsleiter durchführen, insbesondere dann nicht, wenn sie von verschiedenen Lösungsmöglichkeiten persönlich betroffen ist.
- Ein Coach fällt in das System, wenn für ihn das Verhalten der Coachees »zum Problem wird«: etwa, wenn ihn das zögernde Verhalten seines Gesprächspartners zur Verzweiflung bringt.
- Ein Coach ist in Gefahr, ins System zu fallen, wenn Themen angesprochen werden, die für ihn als Person ein (noch nicht genügend bearbeitetes) Problem darstellen. Wenn der Coach hört, welche Schwierigkeiten der Coachee hat, sich gegenüber einem Vorgesetzten durchzusetzen, und wenn er in seiner eigenen Biografie eine ähnliche, für ihn sehr belastende und nicht abschließend bearbeitete Situation erlebt hat, dann besteht eine hohe Wahrscheinlichkeit, dass er nicht mehr »neutral« berät, sondern den Coachee zu drängen versucht, sich doch gegen seinen Vorgesetzten zu wehren.

Ins System fallen kann bedeuten, die »Konstruktion der Wirklichkeit« des Coachees zu übernehmen. So kann zum Beispiel der Coachee Probleme in seinem Team dadurch erklären, dass es an der gesamten Struktur des Unternehmens liegt und dass die Situation ausweglos ist. Wenn man als Coach diese Konstruktion der Wirklichkeit übernimmt, schränkt das den Referenzrahmen möglicher Lösungen ein; der Coach kann den Coachee nicht mehr unterstützen, seinen Referenzrahmen zu verändern.

Übrigens kann das einem Coach, der längere Zeit in einem Unternehmen arbeiten, relativ leicht geschehen. Man macht sich als Coach zwangsläufig ein eigenes Bild von der Wirklichkeit dieses Unternehmens und ist dann leicht in Gefahr, dieses Bild in den Coachingprozess zu übernehmen.

Beim Coaching mit mehreren Personen (Triadencoaching) kann ins System fallen bedeuten, eine Koalition mit einem Coachee (oder einem Experten oder …) einzugehen. Insbesondere in Anfangsphasen, so lange das Coachingsystem noch nicht für alle eindeutig etabliert ist, erhält man als Coach von einem der Coachees häufig offene oder verdeckte Koalitionsangebote.

Regelkreise im Coachingsystem

Wenn Coaching auf der Stelle tritt, Sie als Coach das Gefühl haben, dass es nicht vorwärtsgeht, dann liegt das in der Regel daran, dass sich das Coachingsystem in hinderlichen Regelkreisen verfangen hat. Solche hinderlichen Regelkreise können sein:

- Der Coach macht Vorschläge, der Coachee lehnt sie mit »ja – aber« ab.
- Der Coachee schweift immer wieder vom Thema ab.
- Der Coach wird kritisiert und verteidigt sich.
- Der Coachee stellt im Nachhinein immer wieder fest, dass ihm das Coaching nichts (oder wenig) gebracht hat.
- Der Coach stellt Regeln auf, die nicht eingehalten werden.
- Vereinbarungen am Schluss des Gespräches (zum Beispiel über bestimmte Hausaufgaben, die der Coachee durchführen soll) werden nicht eingehalten.

Aufgabe ist auch hier, solche Regelkreise im Coachingsystem aufzulösen (wir erinnern an das, was wir in Kapitel 4 dazu gesagt haben). Nur hier ist das schwieriger, denn Sie sind selber Betroffener und damit Teil des Regelkreises. Vielleicht helfen Ihnen die folgenden Anregungen:

- Regelkreise nimmt man zunächst nicht rational, sondern emotional wahr. Achten Sie deshalb auf Ihr eigenes Gefühl: Haben Sie den Eindruck, dass es besonders anstrengend ist, dass Sie auf der Stelle treten und der Prozess nicht vorangeht – dann sind Sie mit hoher Wahrscheinlichkeit in einem Regelkreis verfangen.
- Versuchen Sie, Distanz zu gewinnen. Das kann die eigene Reflexion des Coachingprozesses sein oder die Bearbeitung im Rahmen Ihrer Supervision. Manchmal genügt auch eine kurze Unterbrechung. Versuchen Sie zu analysieren, was hier abläuft. Wenden Sie dazu das Vorgehen aus der Analyse von Regelkreisen an: Was tun Sie als Coach? Wie reagiert daraufhin Ihr Coachee? Wie reagieren anschließend Sie? Möglicherweise hilft es Ihnen, den Regelkreis aufzuzeichnen – es wird dann deutlicher, was hier abläuft.
- Versuchen Sie dann, für diese Situation eine »Lösung zweiter Ordnung« zu finden.

Lösungen zweiter Ordnung sind auch hier: etwas anders machen als bisher. Überlegen Sie dafür Möglichkeiten: Was kann eine Lösung zweiter Ordnung sein, wenn der Coachee alle Lösungsversuche als ungeeignet abwehrt, wenn er nichts umsetzt? Möglichkeiten können sein:

- Eine erste Möglichkeit besteht darin, das betreffende Verhalten einfach nicht weiter fortzusetzen. Also keine Anregungen mehr geben, keine Hausaufgaben. Das klingt zwar einfach, kann aber durchaus wirkungsvoll sein. Außerdem: Wenn Ihr Coachee ohnehin nichts von dem umsetzt, was Sie vereinbart haben, dann können Sie sich das durchaus schenken!
- Wechseln Sie von Vorschlägen zu Fragen. Fragen Sie, was Ihr Coachee jetzt braucht. Fragen Sie, was ihn daran hindert, Lösungen umzusetzen oder Vereinbarungen einzuhalten. Fragen Sie ihn, was für Ihren Coachee eine gute Lösung wäre.
- Wechseln Sie von der rationalen zur emotionalen Ebene: Was wäre ein Symbol für eine gute Lösung? Welche Metapher verwendet Ihr Coachee? Was fällt Ihnen an der Körpersprache Ihres Coachees auf?
- Sprechen Sie den Regelkreis an (das bedeutet: Wechseln Sie auf eine Ebene der Metakommunikation): »Ich habe den Eindruck, wir verfangen uns in einem Muster: Ich mache Ihnen Vorschläge, aber die Vorschläge passen nicht.« Aber Vorsicht: Wenn Ihre Metakommunikation als Vorwurf ankommt, können Sie sich leicht in einem neuen Muster (Vorwurf – Verteidigung) verfangen.
- Schließlich können Sie auch eine »paradoxe« Intervention anwenden, indem Sie die Situation als unlösbar darstellen: »Wir haben jetzt alle möglichen Vorgehensweisen durchgespielt, ohne dass sich eine Lösung andeutet. Ich habe den Eindruck, dass das Problem nicht lösbar ist« – in vielen Fällen kann eine solche Äußerung Widerspruch des Coachee hervorrufen: Er will beweisen, dass er sehr wohl das Problem lösen kann.
- Sichern Sie das Vorgehen über Kontrakte ab. Klären Sie gemeinsam mit Ihrem Coachee das weitere Vorgehen der Zusammenarbeit ab und holen Sie sich explizit die Zustimmung zu den weiteren Schritten ein.

Entwicklung und Abschluss des Coachingsystems

Wie jedes andere soziale System ist auch das Coachingsystem der Entwicklung unterworfen: Es entsteht zu einem bestimmten Zeitpunkt. Es entwickelt sich im Laufe der Zeit, wobei sich möglicherweise verschiedene Phasen (Phasen des Fortschritts und Phasen der Stagnation und des Auf-der-Stelle-Tretens) unterscheiden lassen. Und schließlich ist die Beendigung des Coachingprozesses zugleich die Auflösung des Coachingsystems.

Wie für andere soziale Systeme gilt auch hier: die Auflösung des Coachingsystems ist ein eigener Schritt, der leicht übersehen wird, andererseits jedoch wichtig ist. Ansonsten besteht die Gefahr, dass der Coachingprozess selbst allmählich versandet. Für

Sie als Coach gilt: Planen Sie den Abschluss als Auflösung des Coachingsystems. Das heißt im Einzelnen:

- Sich selbst darauf einstellen, dass auch die Auflösung des Coachingsystems als eines sozialen Systems ansteht.
- Dem Coachee (und möglicherweise auch dem Auftraggeber) transparent machen, dass das Coachingsystem ein endliches System ist.
- Den Abschluss planen: Überlegen, was innerhalb des Coachingprozesses noch bearbeitet werden muss, das abschließende Statusgespräch mit dem Auftraggeber planen, sich überlegen, wie der Abschluss gestaltet werden soll.
- Den Abschluss als Ritual gestalten: Wir wissen aus der Ritualforschung, dass Rituale dazu beitragen, Abschlüsse bewusst zu verarbeiten. Überlegen Sie sich, wie Sie den Abschluss gestalten. Möglicherweise kann man in der letzten Coachingsitzung nochmals den Weg betrachten, den Coachee und Coach gemeinsam zurückgelegt haben (und ihn möglicherweise als Weg symbolisieren). Man kann gemeinsam essen gehen (auch das ist ein Ritual), als Coach können Sie Ihrem Coachee ein Symbol für das, was er geschafft hat, auf den Weg geben – das ihn zugleich daran erinnert, das Erreichte nicht versanden zu lassen.
- Sich selbst danach Zeit nehmen, den Coachingprozess zu reflektieren: Was waren die wichtigen Meilensteine? Was waren die Höhepunkte, was die schwierigeren Situationen? Was sind Lernerfahrungen, die Sie daraus für andere Coachingprozesse mitnehmen?

Soziale Systeme sind endlich und kommen zu einem Abschluss. Das fällt auch uns als Coaches nicht immer leicht: Schließlich hat man als Coach auch eine persönliche Beziehung zu dem Coachee aufgebaut, hat in schwierigen Situationen »irgendwie« auch mit ihm mitgelitten (was die notwendige Distanz zwischen Coach und Coachee ja nicht ausschließt), hat sich über seine Erfolge gefreut. Aber gerade dann ist ein klarer Abschluss wichtig. Das schließt nicht aus, dass man sich irgendwann wieder trifft, das schließt auch nicht aus, dass möglicherweise nach einem Jahr ein neuer Coachingprozess mit demselben Coachee beginnt – aber das ist dann nicht das Gleiche, sondern ist ein neuer Anfang und ein neues soziales System.

Das Menschenbild von Coaching

Coaching ist professionelles, methodisch geleitetes Handeln. Das ist in den vorangegangenen Kapiteln immer wieder deutlich geworden. Coaching ist aber zugleich mehr: Es ist eine bestimmte Haltung, die letztlich, so lässt sich zusammenfassend formulieren, ein bestimmtes Menschenbild voraussetzt.

»Menschenbild« bezeichnet etwas, das hinter einzelnen Verhaltensweisen steht. Ob Coaching tatsächlich als Unterstützung und Hilfestellung oder möglicherweise als Versuch der Beeinflussung in eine bestimmte Richtung erfahren wird, resultiert nicht aus dem methodischen Vorgehen, sondern hat etwas mit der Haltung und dem Menschenbild des Coachs zu tun. Zugleich ist der Begriff »Menschenbild« unscharf: Was ist das, das hinter konkreten Verhaltensweisen steht, aber immer in konkreten Handlungen wieder zum Ausdruck kommt?

Das Menschenbild ist gleichsam das Modell, das wir unserem Denken und Handeln zugrunde legen. Im Behaviorismus, um das als Beispiel zu wählen, ist das zugrunde liegende Modell das einer Maschine: Menschen funktionieren wie Maschinen, sie reagieren auf äußere Reize, sie sind damit wie eine Maschine steuerbar. Damit lässt sich der Begriff »Menschenbild« präzisieren:

- Das Menschenbild ist der begriffliche Rahmen zur Beschreibung menschlichen Tuns: Im Behaviorismus sind das vor allem die Begriffe »Verhalten«, »Reiz«, »Reaktion«. Diese Begriffe bilden gleichsam die Brille für die Betrachtung der Wirklichkeit und lenken die Aufmerksamkeit auf das »Verhalten« zum Beispiel eines Mitarbeiters oder einer Teilnehmerin, und auf die »Reize«, die dieses Verhalten ausgelöst haben.
- Auf der Basis dieses Rahmens wird menschliches Tun erklärt: So lässt sich im Behaviorismus das Verhalten eines nicht motivierten Mitarbeiters erklären, dass engagiertes Verhalten in der Vergangenheit zu wenig verstärkt wurde.
- Das Menschenbild definiert zugleich die zentralen Werte, die Grundlage für das Handeln bilden: Im Behaviorismus ist es erlaubt, Menschen zu verändern.
- Schließlich definiert das jeweilige Menschenbild einen Rahmen für konkrete Interventionen. Im Behaviorismus sind es Verstärkung, Löschung und Bestrafung: Um einen Mitarbeiter mehr zu motivieren, bietet sich an, positives Verhalten zu verstärken.

Doch welches Menschenbild bildet die Grundlage von Coaching? Offenbar kein behavioristisches: Es ist nicht Aufgabe des Coachs, den Coachee zu »verändern«. Sondern die Aufgabe von Coaching besteht darin, Menschen in ihrer Entwicklung zu unterstützen. Damit setzt Coaching ein Menschenbild voraus, das Entwicklung der Persönlichkeit überhaupt für möglich hält.

Historisch ist das das Menschenbild der Humanistischen Psychologie, wie sie in der Mitte des 20. Jahrhunderts insbesondere von Abraham Maslow und Carl Rogers, ähnlich auch von Fritz Perls oder Ruth Cohn vertreten wird. Dieses »personenzentrierte« Menschenbild, wie Rogers es nennt, lässt sich durch folgende Thesen kennzeichnen.

- *Menschen besitzen die Fähigkeit, sich zu entwickeln:* Rogers spricht in diesem Zusammenhang von der »Selbstaktualisierungstendenz« des Menschen: »Der Organismus hat eine grundlegende Tendenz, den Erfahrungen machenden Organismus zu aktualisieren, zu erhalten und zu erhöhen« (Rogers 2000, 422). Und an anderer Stelle heißt es: »Der personzentrierte Ansatz stützt sich auf die Selbstverwirklichungstendenz, die in jedem lebenden Organismus vorhanden ist – die Tendenz zu wachsen, sich zu entwickeln, alle seine Möglichkeiten zu verwirklichen«. (Rogers/Schmid 2004, 241).

- *Entwicklung verläuft in Richtung größerer Autonomie:* »Der Organismus ... bewegt sich in Richtung auf größere Unabhängigkeit und Selbstverantwortlichkeit. Seine Bewegung geht ... in Richtung einer wachsenden Selbstbeherrschung, Selbstregulierung und Autonomie« (2000, 422). Damit wird Autonomie zugleich zu dem zentralen Wert – letztlich auch für Beratung und Coaching.
- *Entwicklung wird gesteuert durch das Wechselspiel von Selbstkonzept und Erfahrungen:* Im Normalfall führen solche Situationen, in denen (wie wir formulieren können) eine Diskrepanz zwischen den subjektiven Deutungen und den tatsächlichen Erfahrungen besteht, zu einer Veränderung der subjektiven Deutungen (und damit zu einer Weiterentwicklung). Ein starkes Auseinanderklaffen kann jedoch dazu führen, dass die Aktualisierungstendenz »gehemmt oder vollkommen blockiert« wird (Rogers 1977, 35), dass Spannungen und innere Konfusion auftreten, aber auch Angst, Verletzlichkeit, Bedrohung oder Desorganisation.
- *Die Entwicklung kann unterstützt werden durch Wertschätzung, Empathie und Authentizität (Rogers spricht hier von Kongruenz)* – vielleicht erinnern Sie sich daran, dass wir diese drei Grundhaltungen bereits bei der Darstellung des Coachingprozesses eingeführt haben (s. S. 48f.).

Historisch betrachtet, ist dann die Familientherapeutin Virginia Satir diejenige, die das Menschenbild der Humanistischen Psychologie verbindet mit der Systemtheorie in der Tradition von Gregory Bateson. Auch für Virginia Satir ist Ziel der Therapie Autonomie oder, wie sie formuliert, »Menschen helfen, die Verantwortung für sich selbst zu übernehmen« (Satir u.a. 2000, 47). Satir erläutert Autonomie durch die »fünf Freiheiten«:

- *»Die Freiheit zu sehen und zu hören, was ist, statt zu sehen und zu hören, was sein sollte oder einmal sein wird.*
- *Die Freiheit zu sagen, was du fühlst und denkst, statt zu sagen, was du darüber sagen solltest.*
- *Die Freiheit zu fühlen, was du fühlst, statt zu fühlen, was du fühlen solltest.*
- *Die Freiheit, um das zu bitten, was du möchtest, statt immer auf die Erlaubnis zu warten.*
- *Die Freiheit, um der eigenen Interessen willen Risiken einzugehen, statt sich dafür zu entscheiden, ›auf Nummer sicher zu gehen‹ und ›das Boot nicht zum Kentern zu bringen‹«* (Satir u.a. 2007, 80).

Sie erweitert aber das Konzept von Rogers, indem sie den Blick ausweitet auf das soziale System, auf die anderen Personen der Familie, auf die Familienregeln, aber auch auf die immer wiederkehrenden Verhaltensmuster. Menschen, so ihre zentrale Botschaft, sind abhängig vom sozialen System – aber sie haben auch die Möglichkeit, soziale Systeme zu verändern.

Letztlich ist es eben dieses humanistische Menschenbild, das dem Coaching zugrunde liegt.

Andere Menschen dabei zu unterstützen, sich über ihre Situation klar zu werden, die Situation aus einer anderen Perspektive zu erfassen und neue Lösungen zu finden, setzt – wie bereits dargelegt – ein Menschenbild voraus, das Entwicklung für möglich hält. Coaching bedeutet eben nicht, jemanden zu konditionieren und ihm Anweisungen zu geben, es bedeutet auch nicht, dass der Einzelne in seinem Verhalten so weit festgelegt ist, dass keine Entwicklung mehr möglich ist. Sondern Coaching bedeutet, Vertrauen in die Ressourcen des Coachees zu haben, dass er selbst in der Lage ist, neue Möglichkeiten zu finden, dass er sich als Person weiterentwickeln kann.

Damit setzt Coaching den Grundwert der Autonomie voraus: Coaching ist »Hilfe zur Selbsthilfe« und eben nicht, jemandem die Entscheidung abzunehmen. Coaching bedeutet, den Coachee als jemanden zu sehen, der in der Lage ist, selbstständig Entscheidungen zu treffen. Übrigens ist das auch das Abgrenzungskriterium zwischen Coaching und Therapie: In der Therapie haben wir mit Menschen zu tun, die in ihrer Entscheidungsfähigkeit eingeschränkt sind und externe Hilfe benötigen. Coaching dagegen setzt einen autonomen und damit grundsätzlich handlungsfähigen Coachee voraus.

Autonomie als Grundwert bedeutet konkret, dass der Coachee das Recht hat, im Coaching das für ihn passende Thema zu wählen, dass er es ist, der das Coachingziel festlegt, dass er Vorschläge und Anregungen des Coachs oder von anderen Personen annehmen oder ablehnen kann. Coaching darf die Autonomie des Coachees nicht einschränken. Coaching kann als Prozessberatung den Coachee dabei unterstützen, sich über die Situation, seine Ziele und seine Handlungsmöglichkeiten klar zu werden. Coaching kann auch als Expertenberatung neue Sichtweisen und neue Handlungsmöglichkeiten aufzeigen. Aber Coaching hat dort seine Grenzen, wo der Coachee selbst entscheidet, welche Sichtweise er übernimmt und welche Handlungsmöglichkeit er wählt.

Für einen Coach ist es manchmal nicht ganz einfach, wenn der Coachee die Lösungsmöglichkeit verwirft, die der Coach für die wirkungsvollste und leistungsfähigste hält. Aber die Autonomie des Coachees zu akzeptieren bedeutet, ihm das Recht auf seine Entscheidung zuzugestehen, ihn als autonome Person zu begreifen.

Autonomie gilt aber gleichermaßen für den Coach. Sie als Coach entscheiden, ob Sie bereit sind, mit diesem Coachee zu arbeiten oder nicht, ob Sie sich auf ein bestimmtes Thema und ein bestimmtes Coachingziel einlassen oder nicht, welche Methode oder welche Anregung Sie einbringen. Es gibt eine Reihe von Gründen, bei denen ein Coach im Blick auf die eigene Autonomie Coaching nicht durchführen kann – etwa dann, wenn er vom Problem selbst betroffen ist, wenn er gegenüber dem Coachee (zum Beispiel einem Kollegen oder einer Mitarbeiterin) nicht mehr neutral sein kann, wenn es seine Kompetenz übersteigt (und der Coachee möglicherweise eher therapeutische Behandlung benötigt) oder wenn das Thema mit den eigenen Wertvorstellungen nicht vereinbar ist.

Dass Entwicklung unterstützt wird durch die drei zentralen »Wirkfaktoren« Wertschätzung, Empathie und Authentizität, hat bereits Rogers betont. Es gilt gleichermaßen für das Coaching:

- Wertschätzung als das Vertrauen in den Coachee, selbst Lösungen zu finden.
- Empathie nicht in dem Sinne, dass der Coach versucht, den Inhalt zu verstehen (das haben wir immer wieder betont), sondern als Akzeptieren des Bildes der Wirklichkeit des Coachees und als Nachempfindung der Gefühle und Emotionen, die den Coachee bewegen.
- Authentizität schließlich als die Bewahrung der eigenen Autonomie: als Coach das tun, wozu ich auch wirklich stehen kann.

Was aber im systemischen Coaching über das Menschenbild des Humanismus hinausführt, wohl aber bei Virginia Satir das erste Mal angelegt ist, ist die Ausweitung der Perspektive auf das soziale System. Menschen, so können wir hier als zentrale These formulieren, sind abhängig vom sozialen System – aber sie haben auch die Möglichkeit, das soziale System zu verändern. Sie sind abhängig von Rahmenbedingungen, von gesellschaftlichen Regeln, verfangen in Regelkreise, die sich nicht beliebig auflösen lassen. Aber zugleich sind Menschen auch autonom. Sie können sich entscheiden, ihr Bild der Wirklichkeit verändern und die Situation aus einer anderen Perspektive betrachten. Sie haben immer verschiedene Möglichkeiten, zwischen denen sie entscheiden können. Systemisches Coaching lenkt den Blick auf beide Aspekte: die Abhängigkeit und zugleich die Handlungsmöglichkeiten, die jeder Einzelne im sozialen System immer auch besitzt.

Coaching, so haben wir immer wieder betont, ist methodisch geleitetes Handeln. Es ist zugleich aber auch eine innere Haltung des Coachs, deren Fundament ein personenzentriertes Menschenbild ist und die durch Wertschätzung, Empathie und Authentizität gekennzeichnet ist. Wieweit es gelingt, beide Aspekte zu verbinden, wird schließlich den Erfolg des Coachings ausmachen.

Literaturverzeichnis

Alf-Jährig, R. u.a.: Teamcoaching. Bonn (2. Aufl.) 2010

Allen, D./Reuter, H.: Wie ich die Dinge geregelt kriege. Selbstmanagement für den Alltag. München 2007

Altmann, G. u.a.: Mediation: Konfliktmanagement für moderne Unternehmen. Weinheim und Basel (3. Aufl.) 2005

Andersen, T. (Hrsg.): Das reflektierende Team. Dortmund (5. Aufl.) 2011

Arnold, S. u.a.: Die Skulpturverfahren. In: Cierpka, M. (Hrsg.): Handbuch der Familiendiagnostik. Berlin/Heidelberg (3. Aufl.) 2008, S. 305–333

Atteslander, P.: Methoden der empirischen Sozialforschung. Berlin (12. Aufl.) 2008

Bamberger, G.G.: Lösungsorientierte Beratung. Weinheim (4. Aufl.) 2010

Bandler, R./Grinder, J.: Metasprache und Psychotherapie. Paderborn (11. Aufl.) 2005

Bandler, R./Grinder, J.: Neue Wege der Kurzzeit-Therapie. Paderborn (14. Aufl.) 2007

Bandler, R. u. a.. Reframing. Neurolinguistisches Programmieren und die Transformation von Bedeutung. Paderborn (9. Aufl.) 2010

Bang, R.: Hilfe zur Selbsthilfe für Klient und Sozialarbeiter. München (2. Aufl.) 1963

Bannink, F.: Praxis der Lösungs-fokussierten Mediation: Konzepte, Methoden und Übungen für MediatorInnen und Führungskräfte. Stuttgart 2009

Bateson, G.: Geist und Natur. Frankfurt am Main (8. Aufl.) 2005

Bay, R.H.: Erfolgreiche Gespräche durch aktives Zuhören. Renningen (7. Aufl.) 2010

Bayer, H.: Coaching-Kompetenz: Persönlichkeit und Führungspsychologie. München (2. Aufl.) 2000

Berkel, K.: Konflikttraining. Frankfurt am Main (9. Aufl.) 2008

Berking, M.: Training emotionaler Kompetenzen. Berlin/Heidelberg (2. Aufl.) 2010

Bertalanffy, L. von: Zu einer allgemeinen Systemlehre. In: Biologis Generalis 19/1951, S. 114–129

Besser-Siegmund, C.: Mentales Selbst-Coaching. Paderborn 2006

Besser-Siegmund, C.: Magic words. Paderborn (3. Aufl.) 2008

Bilsky, W.: Werte und Werthaltungen. In: Weber, H./Rammsayer, T.: Handbuch der Persönlichkeitspsychologie und Differentiellen Psychologie. Göttingen u.a. 2005, S. 298–304

Birker, K: Betriebliche Kommunikation. Berlin (3. Aufl.) 2004

Bischof, A./Bischof, K.: Selbstmanagement effektiv und effizient. Planegg (6. Aufl.) 2009

Bitzer, B. u.a.: Betriebliche Konfliktlösung durch Mediation. Heidelberg 2002

Blumer, H.: Der methodologische Standort des Symbolischen Interaktionismus. In: Arbeitsgruppe Bielefelder Soziologen (Hrsg.): Alltagswissen, Interaktion, gesellschaftliche Wirklichkeit. Reinbek 1973, S. 80–146

Bonsen, M. zur: Führen mit Visionen. Wiesbaden 1994

Bortz, J./Döring, N.: Forschungsmethoden und Evaluation. Berlin (4. Aufl.) 2006

Branden, N.: Die 6 Säulen des Selbstwertgefühls. München/Zürich (6. Aufl.) 2008

Brickenkamp, R. (Hrsg.): Handbuch psychologischer und pädagogischer Tests. Göttingen (3. Aufl.) 2002, 2 Bde.

Brommer, U.: Konfliktmanagement statt Unternehmenskrise. Zürich 1994

Brüggemann, H. u.a.: Systemische Beratung in fünf Gängen. Göttingen 2006

Buer, F./Schmidt-Lellek, C.: Life-Coaching. Göttingen 2008

Bührmann, T.: Übergänge in sozialen Systemen. Weinheim und Basel 2008

Caligor, E. u. a.: Übertragungsfokussierte Psychotherapie bei neurotischer Persönlichkeitsstruktur. Stuttgart/New York 2010

Chandler, A. D.: Strategy and structure. Washington 2003

Cooper, R.K./Sawaf, A.: Emotionale Intelligenz für Manager. München 1997

Covey, S.R.: Die 7 Wege zur Effektivität. Offenbach 2005

Cube, F. von u.a.: Führen durch Fordern. München 2005

Damasio, A.R.: Descartes' Irrtum. Berlin 2004

De Shazer, S.: Wege der erfolgreichen Kurztherapie. Stuttgart (9. Aufl.) 2005

De Shazer, S./Dolan, Y.: Mehr als ein Wunder. Heidelberg (2. Aufl.) 2011

Dehner, U.: Leitfaden für das erste Coaching-Gespräch. In: Rauen, C. (Hrsg.): Handbuch Coaching. Göttingen u. a. (3. Aufl.) 2005, 353–367

Dehner,U./Dehner, R.: Coaching als Führungsinstrument. Frankfurt am Main/New York 2004

Dembrowski, S.: Return-on-Investment-Check. In: Rauen, C. (Hrsg.): Coaching-Tools II. Bonn 2007, S. 323–327

Deutscher Bundesverband Coaching (DBVC): Definition Coaching. www.dbvc.de 2009

Dietz, I./Dietz, T.: Selbst in Führung. Paderborn 2007

Dijksterhuis, A.: Das kluge Unbewusste. Denken mit Gefühl und Intuition. Stuttgart 2010

Dörner, D.: Problemlösen als Informationsverarbeitung. Stuttgart u.a. (4. Aufl.)1994

Duncker, K.: Zur Psychologie des produktiven Denkens. Berlin 1974

Duve, C. u. a.: Mediation in der Wirtschaft. Frankfurt am Main 2003

Edelmann, W./Wittmann, S.: Lernpsychologie. Weinheim und Basel (7. Aufl.) 2012

Ellis, A.: Grundlagen und Methoden der Rational-Emotiven Verhaltenstherapie. Stuttgart 2008

Elverfeldt, F. von: Selbstcoaching für Manager. Zürich 2005

Epiktet: Handbüchlein der Moral und Unterredungen. Stuttgart 1984

Farrelly, F. u. a.: Provokative Therapie Berlin, Heidelberg 1986

Faschingbauer, M.: Effectuation: Wie erfolgreiche Unternehmer denken, entscheiden und handeln. Stuttgart 2010

Feldbrügge, R./Brecht-Hadraschek, B.: Prozessmanagement leicht gemacht. München 2008

Fengler, J.: Feedback geben. Weinheim und Basel (4. Aufl.) 2009

Fischer-Epe, M.: Coaching. Reinbek 2011

Fischer-Epe, M./Epe, C.: Selbstcoaching: Hintergrundwissen, Anregungen und Übungen zur persönlichen Entwicklung. Reinbek 2007

Fisher, R. u. a.: Das Harvard-Konzept. Frankfurt am Main (23. Aufl.) 2009

Fliegel, S. u. a.: Verhaltenstherapeutische Standardmethoden. Weinheim (4. Aufl.) 1998

Francis, D./Young, D.: Mehr Erfolg im Team. Hamburg (2. Aufl.) 2007

Frankl, V.: Der Mensch vor der Frage nach dem Sinn. München (21. Aufl.) 2008

Füermann, T./Dammasch, C.: Prozessmanagement. München (3. Aufl.) 2008

Fuchs, H./Huber, A.: Metaphoring. Offenbach 2002

Gapp-Bauß, S.: Stressmanagement: Zu sich kommen statt außer sich geraten. Ahlerstedt (3. Aufl.) 2008

Gausemeier, J./Fink, A.: Führung im Wandel – Ein ganzheitliches Modell zur zukunftsorientierten Unternehmensgestaltung. München/Wien 1999

Gay, F.: Das persolog Persönlichkeits-Profil. Offenbach 2004

Gehm, T.: Kommunikation im Beruf. Weinheim und Basel (4. Aufl.) 2006

Gennep, A. van: Übergangsriten. Frankfurt am Main (3. Aufl.) 2005

Gläser, J./Laudel, G.: Experteninterviews und qualitative Inhaltsanalyse als Instrumente rekonstruierender Untersuchungen. Wiesbaden (4. Aufl.) 2010

Glasl, F.: Selbsthilfe in Konflikten. Stuttgart/Bern (4. Aufl.) 2004

Glasl, F.: Konfliktmanagement. Bern/Stuttgart 2008

Goffman, E.: Interaktionsrituale. Frankfurt am Main (8. Aufl.) 2008

Goldratt, E.M./Cox, J.: Das Ziel. Frankfurt am Main/New York (4. Aufl.) 2008

Goleman, D.: EQ. Emotionale Intelligenz. München 1995

Gollwitzer, M./Jäger, R.S.: Evaluation. Weinheim und Basel 2007

Gordon, T.: Familienkonferenz. München (42. Aufl.) 2004

Gordon, T.: Managerkonferenz. München 2006

Goulding, M./Goulding, R.L.: Neuentscheidung. Ein Modell der Psychotherapie. Stuttgart (7. Aufl.) 2005

Grawe, K. u. a.: Psychotherapie im Wandel. Von der Konfession zur Profession. Göttingen (5. Aufl.) 2001

Grawe, Klaus: Empirisch validierte Wirkfaktoren statt Therapiemethoden. In: Report Psychologie 7/8 2005. S. 311

Greenberg, L. S.: Emotionsfokussierte Therapie. Tübingen 2006

Greif, S.: Coaching und ergebnisorientierte Selbstreflexion. Göttingen 2008

Grochowiak, K./Heiligtag, S.: Die Magie des Fragens. Paderborn 2002

Groddeck, N.: Carl Rogers. Wegbereiter der modernen Psychologie. Darmstadt (3. Auflage) 2010

Groeben, N.: Das Forschungsprogramm Subjektive Theorien. Tübingen 1988

Haas B./Troschke B. v.: Teamcoaching: Exzellenz vom Zufall befreien. Wiesbaden 2010

Haberleitner, E. u. a.: Führen, fördern, coachen. München/Zürich (10. Aufl.) 2008

Hagen, M.: Der zirkuläre Abschluss. In: Rauen, C. (Hrsg.): Coaching-Tools II. Bonn 2007, S. 313–315

Hall, A.D./Fagen, R.E.: Definition of System. In: General Systems 1/1956, S. 18–28

Hammel, S.: Handbuch des therapeutischen Erzählens: Geschichten und Metaphern in Psychotherapie, Kinder- und Familientherapie, Heilkunde, Coaching und Supervision. Stuttgart (2. Aufl.) 2011

Hemel, U.: Wert und Werte. München/Wien (2. Aufl.) 2007

Herkner, W.: Lehrbuch Sozialpsychologie. Bern u.a. 2008

Hillmann, K.-H.: Wertwandel. Würzburg 2003

Hinterhuber, H.H.: Strategische Unternehmensführung. Berlin/New York (8. Aufl.) 2011

Hinterhuber, H.H.: Leadership. Frankfurt am Main (4. Aufl.) 2007

Höfner, E. N.: Glauben Sie ja nicht, wer Sie sind! Grundlagen und Fallbeispiele des Provokativen Stils. Heidelberg 2012

Hofbauer, H./Kauer, A.: Einstieg in die Führungsrolle: Praxisbuch für die ersten 100 Tage. München 2011

Hofmeister, B.: Werte im Management. Saarbrücken 2006

Holtbernd, T./Kochanek, B.: Coaching. Die 10 Schritte der erfolgreichen Managementbegleitung. Köln 1999

Hossiep, R. u.a. (Hrsg.): Persönlichkeitstests im Personalmanagement. Göttingen 2000

Imber-Black, E. u.a.: Rituale. Heidelberg (5. Aufl.) 2006

Jüttemann, G. (Hrsg.): Individuelle und soziale Regeln des Handelns. Heidelberg 1991

Kaluza, G.: Gelassen und sicher im Stress. Heidelberg (3. Aufl.) 2007

Kamlah, W.: Philosophische Anthropologie. Sprachkritische Grundlegung und Ethik. Mannheim 1988

Kanfer, F.H. u.a.: Selbstmanagement-Therapie. Heidelberg (4. Aufl.) 2006

Kaplan, R.S. u. a.: Der effektive Strategieprozess: Erfolgreich mit dem 6-Phasen-System. Frankfurt am Main 2009

Kehr, H.M.: Authentisches Selbstmanagement. Weinheim und Basel 2009

Kensok, P./Dyckhoff, K.: Der Werte-Manager. Paderborn 2004

Kim, W. C. u. a.: Der Blaue Ozean als Strategie. Wie man neue Märkte schafft, wo es keine Konkurrenz gibt. München 2005

Kindl-Beilfuß, C.: Fragen können wie Küsse schmecken. Systemische Fragetechniken für Anfänger und Fortgeschrittene. Heidelberg 2011

Kirchhoff, S. u.a.: Der Fragebogen. Wiesbaden (4. Aufl.) 2008

Klein, S.: Wenn die anderen das Problem sind. Konfliktmanagement, Konfliktcoaching, Konfliktmediation. Offenbach 2006

Knappe, T.A./Straßburg, J.: Einfach Coaching. Berlin 2005

Knoll, J.: Kurs- und Seminarmethoden. Weinheim und Basel (11. Aufl.) 2007

König, E./Volmer, G.: Systemische Organisationsberatung. Grundlagen und Methoden. Weinheim, 1993

König, E./Volmer, G.: Systemisch denken und handeln. Weinheim und Basel 2005

König, E./Volmer, G.: Handbuch Systemische Organisationsberatung. Weinheim und Basel 2008

Korzybski, A.: Science and sanity. Lancaster 1933

Kratz, H.-J.: 30 Minuten für richtiges Feedback. Offenbach (2. Aufl.) 2008

Kraus, M.H.: Mediation – wie geht denn das? Paderborn 2005

Kreyenberg, J.: 99 Tipps zum Coachen von Mitarbeitern. Berlin 2008

Krystek, U./Müller-Stewens, G.: Frühaufklärung für Unternehmen. Stuttgart 2002

Kübler-Ross, E.: Über den Tod und das Leben danach. Güllesheim (40. Aufl.) 2012

Kurz, J.: Für immer aufgeräumt. Offenbach 2007

Laufer, H.: Grundlagen erfolgreicher Mitarbeiterführung. Offenbach (11. Aufl.) 2010

Lefrançois, G.R.: Psychologie des Lernens. Heidelberg (4. Aufl.) 2006

Linden, A./Spalding, M.: Enneagramm und NLP. Paderborn 1996

Linder-Hofmann, B./Zink, M.: Die innere Form. Herrsching 2002

Linder-Hofmann, B./Zink, M.: Achtsamkeit in systemischer Beratung und im Coaching. In: Lernende Organisation 39/2007, S. 63

Linneweh, K.: Stresskompetenz. Weinheim und Basel 2002

Lippitt, G.L./Lippitt, R.: Beratung als Prozess: Was Berater und ihre Kunden wissen sollten. Goch (4. Aufl.) 2006

Loebbert, M.: Storymanagement. Der narrative Ansatz für Management und Beratung. Stuttgart 2003

Looss, W.: Unter vier Augen. Coaching für Manager. Bergisch Gladbach 2006

Lorenz, K.: Antriebe tierischen und menschlichen Verhaltens. München 1969

Luhmann, N.: Soziologische Aufklärung 5. Opladen (3. Aufl.) 2005

Luhmann, N.: Rechtssoziologie. Wiesbaden (4. Aufl.) 2008

Luhmann, N.: Soziale Systeme. Frankfurt am Main 2008a

Lüscher, M.: Der 4-Farben-Mensch. Berlin 2005

Mahlmann, R.: Ein Blick auf die Coaching-Landschaft. In: Sachsenmeier, I. (Hrsg.): Die Coaching-Praxis. Weinheim und Basel 2008, 9–20

Mahlmann, R.: Sprachbilder, Metaphern & Co. Einsatz von bildlicher Sprache in Coaching, Beratung und Training. Weinheim und Basel 2010

Malik, F.: Führen, Leisten, Leben: Wirksames Management für eine neue Zeit. Frankfurt am Main 2006

Martin, E./Wawrinowski, U.: Beobachtungslehre. Weinheim (5. Aufl.) 2006

Mayring, P.: Qualitative Inhaltsanalyse. Grundlagen und Techniken. Weinheim (11. Aufl.) 2010

McDermott, I./O'Connor, J.: NLP für die Management-Praxis. Paderborn 1999

Meichenbaum, D.W.: Kognitive Verhaltensmodifikation. Weinheim 1995

Metz, F./Rinck, E.: Transition-Coaching: Führungswechsel meistern, Risiken erkennen, Businesserfolg sichern. München 2011

Migge, B.: Handbuch Coaching und Beratung. Weinheim und Basel (2. Aufl.) 2007

Migge, B.: Handbuch Business-Coaching. Weinheim und Basel 2011

Mohl, A.: Der große Zauberlehrling. 2 Bde. Paderborn 2006

Mohl, A.: Der Meisterschüler: der Zauberlehrling Teil II. Paderborn (3. Aufl.) 2006a

Mohl, A.: Der Zauberlehrling. Paderborn (9. Aufl.) 2006b

Mohl, A.: Das Metaphern-Lernbuch. Paderborn (4. Aufl.) 2007

Müller, G./Hoffmann, K.: Systemisches Coaching. Heidelberg 2008

Mummendey, H.D.: Die Fragebogen-Methode. Göttingen (5. Aufl.) 2008

Münchhausen, M. von: Wo die Seele auftankt. Frankfurt am Main/New York 2004

Mutafoff, A.: Die sieben Seiten des perfekten Managers. Landsberg (2. Aufl.) 2002

Nagel, R.: Lust auf Strategie. Workbook zur systemischen Strategieentwicklung. Stuttgart 2007

Neuberger, O.: Mikropolitik und Moral in Organisationen: Herausforderung der Ordnung. Stuttgart (2. Aufl.) 2006.

Nussbaum, C.: Organisieren Sie noch oder leben Sie schon? Frankfurt/New York(2. Aufl.) 2012

O'Connor, J./McDermott, I.: Die Lösung lauert überall. Systemisches Denken verstehen und nutzen. Kirchzarten (4. Aufl.) 2006

Pawlowski, K./Riebensahm, H.: Konstruktive Gespräche führen. München (4. Aufl.) 2005

Peterson, D.B./Hicks, M.D.: Leader as Coach. Minneapolis 1996

Peukert, R.: Art. Werte. In: Schäfers, B./Kopp, J. (Hrsg.): Grundbegriffe der Soziologie. Wiesbaden (9. Aufl.) 2006

Polanyi, M.: Implizites Wissen. Frankfurt am Main 1985

Prior, M.: Beratung und Therapie optimal vorbereiten. Heidelberg (4. Aufl.) 2010

Prochaska, J.O/Norcross, J.C.: Systems of psychotherapy: a transtheoretical analysis. Pacific Grove (6. Aufl.) 2007.

Prosch, B.: Praktische Organisationsanalyse. Leonberg 2000

Pümpin, C./Prange, J.: Management der Unternehmensentwicklung. Frankfurt am Main 1991

Radatz, S.: Beratung ohne Ratschlag. Systemisches Coaching für Führungskräfte und BeraterInnen. Wien (5. Aufl.) 2008

Rahm, D.: Gestaltberatung. Grundlagen und Praxis integrativer Beratungsarbeit. Paderborn (10. Aufl.) 2011

Rauen, C.: Coaching: Innovative Konzepte im Vergleich. Göttingen (2. Aufl.) 2001

Rauen, C. (Hrsg.): Coaching-Tools II. Bonn 2007

Rauen, C.: Coaching. Göttingen (2. Aufl.) 2008

Rauen, C. (Hrsg.): Coaching-Tools. Bonn (6. Aufl.) 2008a

Reckwitz, A.: Struktur. Opladen 1997

Reischmann, J.: Weiterbildungs-Evaluation. Neuwied (2. Aufl.) 2006

Rogers, C.R.: Die klientenzentrierte Gesprächspsychotherapie. Frankfurt am Main 2000

Rogers, C.R.: Therapeut und Klient. Frankfurt am Main (19. Aufl.) 2007

Rogers, C.R./Schmid, P.F.: Person-zentriert. Mainz (4. Aufl.) 2004

Rosenstiel, L. von u.a.: Führung von Mitarbeitern. Stuttgart (6. Aufl.) 2009

Rust, S.: Wenn die Giraffe mit dem Wolf tanzt. Burgrain 2006

Sachsenmeier, I. (Hrsg.): Die Coaching-Praxis. Weinheim und Basel 2009

Satir, V.: Kommunikation – Selbstwert – Kongruenz. Paderborn (7. Aufl.) 2004

Satir, V./Baldwin, M.: Familientherapie in Aktion. Paderborn (6. Aufl.) 2004

Satir, V. u. a.: Selbstwert und Kommunikation. München (14. Aufl.) 2000

Satir, V. u. a.: Das Satir-Modell. Paderborn (3. Aufl.) 2007

Schaller, R.: Das große Rollenspiel-Buch. Weinheim und Basel (2. Aufl.) 2006

Schein, E.H.: Process Consultation. Addison 1969, Bd. 1

Schein, E.H.: Unternehmenskultur. Frankfurt am Main 1995

Schein, E.H.: Prozessberatung für die Organisation der Zukunft. Köln 2000

Schlee, J.: Kollegiale Beratung und Supervision für pädagogische Berufe. Stuttgart (3. Aufl) 2012

Schlieper-Damrich, R.: Wertecoaching: beruflich brisante Situationen sinnvoll meistern. Bonn 2008

Schlippe, A. von./Schweitzer, J.: Lehrbuch der systemischen Therapie und Beratung. Göttingen (10. Aufl.) 2007

Schlippe, A. von/Schweitzer, J.: Systemische Interventionen. Göttingen (2. Aufl.) 2010

Schmelzer, H.J./Sesselmann, W.: Geschäftsprozessmanagement in der Praxis. München (6. Aufl.) 2008

Schmid, W.: Mit sich selbst befreundet sein. Von der Lebenskunst im Umgang mit sich selbst. Frankfurt am Main 2004

Schmidt, E.R./Berg, H.G.: Beraten mit Kontakt. Norderstedt 2008

Schmidt, G.: Business Coaching. Wiesbaden 1995

Schmidt-Tanger, M./Stahl, T.: Change Talk. Paderborn (2. Aufl.) 2007

Schmitt, M./Altstötter-Gleich, C.: Differentielle Psychologie und Persönlichkeitspsychologie. Kompakt: Weinheim 2010

Schnell, R. u.a.: Methoden der empirischen Sozialforschung. München/Wien (8. Aufl.) 2008

Schöpfner, A.K.: Frühwarnsysteme im strategischen Management. Saarbrücken 2006

Schreyögg, A.: Coaching. Eine Einführung für Praxis und Ausbildung. Frankfurt am Main/New York (6. Aufl.) 2003

Schreyögg, A.: Coaching für die neu ernannte Führungskraft. Wiesbaden 2010

Schreyögg, A.: Konfliktcoaching: Anleitung für den Coach. Frankfurt am Main (2. Aufl.) 2011

Schulz von Thun, F.: Miteinander reden. Reinbek 2007, 3 Bde.

Schuppisser, S.W.: Stakeholder Management. Bern 2002

Schuster, K.: 11 Managementsünden, die Sie vermeiden sollten. Wie Führungskräfte sich um Karriere, Verstand, Ehepartner und Spaß bringen. München 2009

Schwarz, G.: Konfliktmanagement. Wiesbaden (7. Aufl.) 2005

Schwing R./Fryszer A.: Systemisches Handwerk. Werkzeug für die Praxis. Göttingen 2006

Seiwert, L.J.: Noch mehr Zeit für das Wesentliche. Kreuzlingen/München 2006

Seiwert, L.J.: Das neue 1 × 1 des Zeitmanagement. München 2007.

Seiwert, L.J./Gay, F.: Das neue 1 × 1 der Persönlichkeit. München (5. Aufl.) 2008

Seiwert, L.J.: Wenn du es eilig hast, gehe langsam. Frankfurt am Main (13. Aufl.) 2008

Seligman, M.E.P.: Der Glücksfaktor: Warum Optimisten länger leben. Bergisch Gladbach (8. Aufl.) 2011

Simon, F. B./Rech-Simon, C.: Zirkuläres Fragen: Systemische Therapie in Fallbeispielen. Heidelberg 2009

Sprenger, R.K.: Vertrauen führt. Frankfurt am Main (3. Aufl.) 2007

Stahl, E.: Dynamik in Gruppen. Weinheim (2. Aufl.) 2007

Stehli, M.: Das Reflektierende Team und seine Wirkfaktoren. Theorie und Praxis eines systemischlösungsorientierten Instrumentariums. Rubigen 2008

Steiger, T.M./Lippmann, E.D. (Hrsg.): Handbuch Angewandte Psychologie für Führungskräfte, 2 Bde. Berlin (3. Aufl.) 2008

Steiner, G.: Lernen. Bern (4. Aufl.) 2007

Stevens, J.O.: Die Kunst der Wahrnehmung. Gütersloh 2006

Streich, R.K.: Veränderungsprozessmanagement. In: Reiß, M. u. a. (Hrsg.): Change Management. Stuttgart 1997, S. 237–254

Szabó, P./Berg, I. K.: Kurz(zeit)coaching mit Langzeitwirkung. Dortmund (2. Aufl.) 2009

Thomann, C./Schulz von Thun, F.: Klärungshilfe 2. Konflikte im Beruf. Reinbek 2004

Tietze, K.-O.: Kollegiale Beratung. Problemlösungen gemeinsam entwickeln. Reinbek (3. Aufl.) 2008

Titze, M./Patsch, I.: Die Humor-Strategie: Auf verblüffende Art Konflikte lösen. München (6. Aufl.) 2011

Tödter, U./Werner, J.: Erfolgsfaktor Menschenkenntnis. Berlin 2006

Varga von Kibéd, M./Sparrer, I.: Ganz im Gegenteil. Heidelberg 2005

Vester, F.: Unsere Welt - ein vernetztes System. München (11. Aufl.) 2002

Vester, F.: Neuland des Denkens. München 2002a

Vilsmeier, C.: Feedback geben – mit Sprache handeln. Stuttgart (2. Aufl.) 2002

Wagner, A. C.: Gelassenheit durch Auflösung innerer Konflikte. Stuttgart (2. Aufl.) 2011

Watkins, M.: Die entscheidenden 90 Tage. Frankfurt am Main/New York 2007

Watzlawick, P. u.a. Menschliche Kommunikation. Bern (11. Aufl.) 2007

Wehr, M.: Der Schmetterlingsdefekt. Stuttgart 2002

Weidenmann, B.: Erfolgreiche Kurse und Seminare. Weinheim und Basel (8. Aufl.) 2011

Weidenmann, B.: Handbuch Kreativität. Weinheim und Basel 2010

Welge, M.K./Al-Laham, A.: Strategisches Management. Wiesbaden (5. Aufl.) 2008

Wellensiek, S. K.: Handbuch Integrales Coaching. Weinheim und Basel 2010

Welzer, H.: Transitionen zur Sozialpsychologie biographischer Wandlungsprozesse. Tübingen 1993

White, M.: Landkarten der narrativen Therapie. Heidelberg 2010

Whitmore, J.: Coaching für die Praxis. Staufen (3. Aufl.) 2006

Whitworth, L. u.a.: Co-aktives Coaching. Offenbach 2005

Wieland, J. (Hrsg.): Wertemanagement. Hamburg 2004

Wilken, B.: Methoden der Kognitiven Umstrukturierung. Stuttgart u. a. (5. Aufl.) 2010

Winiarski, R.: KVT in Beratung und Kurztherapie. Weinheim 2012

Wissemann, M.: Wirksames Coaching. Bern 2006

Zimbardo, P./Gerrig, R.J.: Psychologie. München (18. Aufl.) 2008

Personenregister

Sachregister

Anwendungsorientierte Methodensammlung

Eckard König
Gerda Volmer
Handbuch
Systemische
Organisationsberatung
2008. 541 Seiten. Gebunden.
ISBN 978-3-407-36467-8

Beratung von Organisationen – die Bandbreite reicht von Unternehmen bis zu Kommunen, Schulen und Kliniken – ist mittlerweile ein eigenständiger Arbeitsbereich. Von Beraterinnen und Beratern wird dabei eine umfassende Beratungskompetenz erwartet.

Hier setzt dieses Handbuch an: Vor dem Hintergrund der Systemtheorie und gestützt auf langjährige Erfahrung der Autoren ist ein Buch entstanden, das die Grundlagen des systemischen Ansatzes, die einzelnen Schritte im Beratungsprozess sowie mögliche Vorgehensweisen umfassend und zugleich konkret darstellt. Beratcrinnen und Berater finden das methodische Rüstzeug, das sie benötigen, um einzelne Personen, Teams oder komplexe Organisationen erfolgreich beraten zu können. Damit ist das Handbuch sowohl eine umfassende Einführung als auch eine anwendungsorientierte Methodensammlung für Berater, Trainer und Experten in Personal- und Organisationsabteilungen.

Aus dem Inhalt:
- Grundlagen der Organisationsberatung: Erklärungsmodelle menschlichen Handelns
- Der Organisationsberatungsprozess
- Diagnoseverfahren im Rahmen systemischer Organisationsberatung
- Systemische Organisationsberatung komplexer Systeme
- Das Beratungssystem

Beltz Verlag · Weinheim und Basel · Weitere Infos: www.beltz.de

Gezielte Burnout-Prävention

Sylvia Kéré Wellensiek

Handbuch Resilienz-Training

Widerstandskraft und Flexibilität für
Unternehmen und Mitarbeiter
2011. 396 Seiten. Gebunden.
ISBN 978-3-407-36504-0

Die Fähigkeit zu Belastbarkeit und
innerer Stärke wird in der Psychologie
als Resilienz beschrieben.
Resiliente Menschen können auf
Anforderungen wechselnder Situationen flexibel reagieren. Im wirtschaftlichen Kontext geht die Definition des
Begriffs »Resilienz« über die individuelle Fähigkeit hinaus und umfasst

auch die Anpassungsfähigkeit von
Organisationen an Veränderungen.
Dieses Handbuch liefert beides:
Resilienz-Training für Mitarbeiter
und für Unternehmen.
Sylvia Kéré Wellensiek führt die
Leser gekonnt durch profundes
Hintergrundwissen, viele Praxis-
beispiele und zahlreiche Übungen
in die komplexe Thematik ein.

Aus dem Inhalt
Teil I Resilienz – Widerstandskraft und
Flexibilität in Zeiten ständigen Wandels
- Die Bedeutung von Resilienz für
  Unternehmen und ihre Mitarbeiter
Teil II Die gezielte Entwicklung persönli-
cher Resilienz
Teil III Die umfassende Ausbildung
organisationaler Resilienz
- Zehn mögliche Schritte zur organi-
  sationalen Resilienz
Teil IV Die besondere Position der
Führungskraft
- Umgang mit persönlichen Grenzen
- Überlastete Mitarbeiter angemessen
  begleiten
Teil V Das Zusammenspiel im Team und
an den Schnittstellen
- Teamstärke nach innen und außen
Teil VI Burnout-Prävention und Ge-
sundheitsmanagement
- Betriebliches Gesundheitsmanage-
  ment
- Kosten und Nutzen von Prävention
Teil VII Die Verantwortung der Ge-
schäftsführung
- Gesundheit ist ein Thema für die
  Unternehmensstrategie
- Werte konsequent verwirklichen

Beltz Verlag · Weinheim und Basel · Weitere Infos: www.beltz.de